EL LIBRO DE LA ECONOMIA

EL LIBRO DE LA
ECONOMIA

akal

DK

LONDRES, NUEVA YORK, MELBOURNE,
MUNICH Y NUEVA DELHI

www.akal.com

DK LONDRES

EDICIÓN DE ARTE DE PROYECTOS
Anna Hall y Duncan Turner

EDICIÓN SÉNIOR
Janet Mohun

EDICIÓN
Lizzie Munsey

COORDINACIÓN DE ARTE
Michelle Baxter

COORDINACIÓN EDITORIAL
Camilla Hallinan

COORDINACIÓN DE PUBLICACIONES
Sarah Larter

DIRECCIÓN DE ARTE
Philip Ormerod

DIRECCIÓN DE PUBLICACIONES
Jonathan Metcalf

SUBDIRECCIÓN DE PUBLICACIONES
Liz Wheeler

ILUSTRACIONES
James Graham

ICONOGRAFÍA
Louise Thomas

PRODUCCIÓN EDITORIAL
Ben Marcus

COORDINACIÓN DE PRODUCCIÓN
Sophie Argyris

Estilismo de
STUDIO8 DESIGN

DK NUEVA DELHI

EDICIÓN DE ARTE SÉNIOR
Ivy Roy

EDICIÓN DE ARTE
Arijit Ganguly

EDICIÓN DE ARTE AUXILIAR
Sanjay Chauhan y Kanika Mittal

ASESORÍA DE LA DIRECCIÓN DE ARTE
Shefali Upadhyay

EDICIÓN SÉNIOR
Anita Kakar

EDICIÓN
Rupa Rao y Priyaneet Singh

DIRECCIÓN EDITORIAL
Alka Thakur

COORDINACIÓN EDITORIAL
Rohan Sinha

COORDINACIÓN DE MAQUETACIÓN
Balwant Singh

DISEÑO DE MAQUETA
Vishal Bhatia y Bimlesh Tiwary

Producido para DK por
TALLTREE LTD

COORDINACIÓN EDITORIAL
David John

COORDINACIÓN DE PROYECTOS
Sarah Tomley

DISEÑO SÉNIOR
Ben Ruocco

EDICIÓN SÉNIOR
Rob Colson y Deirdre Headon

Publicado originalmente
en Gran Bretaña en 2012 por
Dorling Kindersley Ltd.,
Penguin Group (UK)
80 Strand, London, WC2R 0RL

EDICIÓN DE LA VERSIÓN ESPAÑOLA

Traducción: Montserrat Asensio
y Antón Corriente

Traducción y maquetación:
deleatur, s.l.

Edición exclusiva para España,
Ediciones Akal, S. A., 2013

Sector Foresta, 1
28760 Tres Cantos
Madrid - España
Tel.: 918 061 996
Fax: 918 044 028

www.akal.com

ISBN: 978-84-460-3831-3

Depósito legal: M-10.001-2013

Impreso en China
por Leo Paper Products LTD

Descubre más en **www.dk-es.com**

COLABORADORES

NIALL KISHTAINY, ASESOR EDITORIAL

Niall Kishtainy, especialista en historia económica y desarrollo, es profesor en la London School of Economics. Ha trabajado para el Banco Mundial y la Comisión Económica para África (CEPA) de Naciones Unidas.

GEORGE ABBOT

George Abbot, economista inglés, trabajó en 2012 en la campaña de reelección del presidente Barack Obama. Previamente trabajó con Compass, influyente think tank inglés, en la preparación de documentos como *Plan B: A Good Economy for a Good Society*.

JOHN FARNDON

John Farndon, escritor afincado en Londres, es autor de libros sobre diversas problemáticas contemporáneas e historia de las ideas, incluyendo aproximaciones a las economías en auge de China e India.

FRANK KENNEDY

Frank Kennedy trabajó durante más de 25 años en banca de inversión en la City de Londres como analista de inversión y director de mercados de capital, y lideró un equipo europeo que asesoraba a varias instituciones financieras. Estudió historia económica en la London School of Economics.

JAMES MEADWAY

James Meadway, economista inglés, trabaja en la New Economics Foundation, un *think tank* británico independiente. También ha trabajado como asesor económico del Tesoro del Reino Unido.

CHRISTOPHER WALLACE

Christopher Wallace es director del departamento de economía en la prestigiosa Colchester Royal Grammar School, ubicada en Essex (Reino Unido). Ha sido profesor de economía durante más de 25 años.

MARCUS WEEKS

Marcus Weeks estudió filosofía y trabajó un tiempo como profesor antes de embarcarse en su carrera profesional como escritor. Es autor de diversas obras sobre arte y divulgación científica.

CONTENIDO

LOS INICIOS DEL COMERCIO
400 A.C.–1770 D.C.

LA EDAD DE LA RAZÓN
1770–1820

REVOLUCIÓN INDUSTRIAL Y ECONÓMICA
1820–1929

GUERRA Y DEPRESIÓN
1929–1945

ECONOMÍA DE POSGUERRA
1945–1970

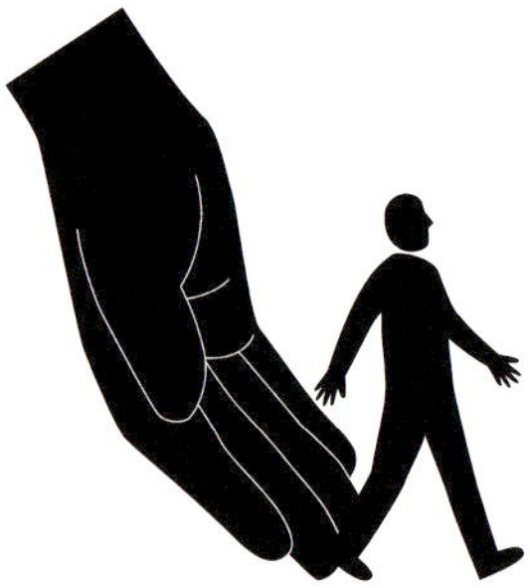

ECONOMÍA CONTEMPORÁNEA
1970–PRESENTE

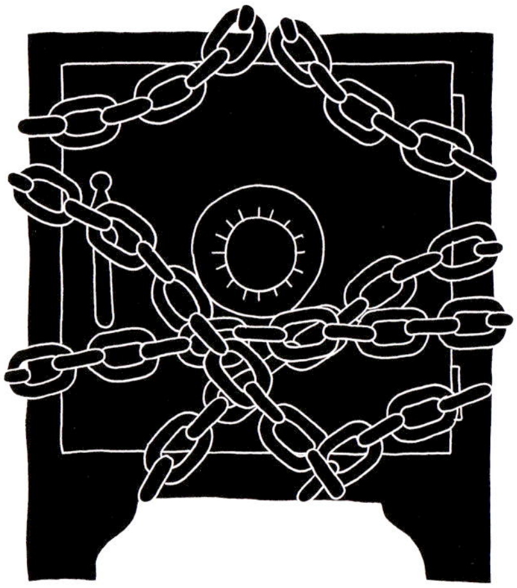

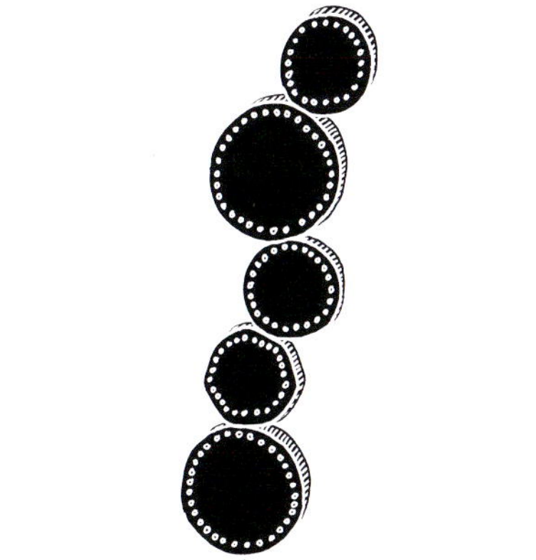

INTRODU

CCION

Pocos nos atreveríamos a asegurar que sabemos mucho sobre economía, quizá porque la consideramos una disciplina compleja, casi esotérica y de escasa relevancia para la vida cotidiana. Por lo general, es vista como un coto privado de profesionales del mundo de la empresa, de las finanzas y del gobierno. Sin embargo, casi todos somos cada vez más conscientes de lo mucho que llega a influir la economía sobre nuestro patrimonio y nuestro bienestar; y es posible que tengamos una opinión clara (y con frecuencia muy firme) acerca de los impuestos o del gasto público, del aumento del coste de la vida, etc. A veces estas opiniones se basan en una reacción instantánea ante una noticia, pero a menudo son temas de conversación en el lugar de trabajo o en la sobremesa. Así, podemos afirmar que la economía nos interesa a todos. A menudo utilizamos los mismos argumentos que los economistas para justificar nuestras opiniones, por lo que conocer sus teorías en profundidad puede ayudarnos a comprender mejor los principios económicos que rigen nuestras vidas.

> En la economía, esperanza y fe coexisten con la pretensión científica y un profundo deseo de respetabilidad.
>
> **John Kenneth Galbraith**
> **Economista canadiense-estadounidense** (1908–2006)

La economía en los medios

Actualmente, el mundo parece sumido en un caos económico, y la importancia de saber algo de economía se antoja más evidente que nunca. Lejos de ser un elemento secundario de los informativos de televisión o limitarse a una sección del periódico, las noticias económicas suelen aparecer en los titulares principales. Ya en 1997, Robert Teeter, estratega de la campaña electoral republicana en EE UU, declaró lo siguiente: «Fijaos en cómo cae la cobertura televisiva [de la política]. Fijaos en cómo crece la abstención. Ahora, lo que mueve al país no es la política, sino la economía y las noticias económicas».

Sin embargo, ¿qué entendemos realmente cuando oímos hablar de desempleo, de crisis de los mercados financieros, de inflación o de déficit comercial? Cuando nos exigen que nos apretemos el cinturón y paguemos más impuestos, ¿entendemos el motivo? Y cuando tenemos la impresión de encontrarnos a merced de temerarios bancos y de multinacionales gigantescas, ¿sabemos cómo han llegado a acumular tanto poder o entendemos por qué aparecieron y por qué siguen existiendo? La economía, como disciplina, da respuesta a este tipo de preguntas.

La gestión a estudio

Pese a lo importante y fundamental que resulta la economía en muchas de las cuestiones que nos afectan directamente, esta disciplina suele ser vista con desconfianza. Muchas personas la consideran aburrida y demasiado académica, por su dependencia de la estadística, las fórmulas y las gráficas. Thomas Carlyle, ensayista escocés del siglo XIX, describió la economía como «una ciencia desoladora, árida, triste y, de hecho, bastante desagradable y perturbadora». Otra percepción común es que «solo tiene que ver con el dinero»; y, aunque esta afirmación tiene parte de verdad, no ofrece en absoluto una idea completa.

Entonces, ¿cuál sería el objeto de dicha disciplina? El término «economía» procede del griego *oikonomia*, que significa «gestión del hogar», y ha pasado a denominar el estudio de la gestión de los recursos y, de un modo más específico, de la producción y el

intercambio de bienes y de servicios. Por supuesto, la actividad de producir bienes y proporcionar servicios es tan antigua como la civilización, pero el estudio del funcionamiento de este proceso en la práctica es relativamente moderno y ha ido apareciendo de forma gradual: tanto filósofos como políticos han expresado sus opiniones acerca de cuestiones económicas desde la época de la antigua Grecia, pero los primeros economistas propiamente dichos aparecieron a finales del siglo XVIII.

Por entonces la disciplina era conocida como «economía política» y surgió como una rama de la filosofía política. Sin embargo, quienes la estudiaban no tardaron en convencerse de la necesidad de diferenciarla como una disciplina en sí misma y empezaron a llamarla «ciencia económica». Posteriormente, el término se abrevió y se popularizó en la forma de «economía».

Una ciencia blanda

¿Es la economía una ciencia? Ciertamente, los economistas del siglo XIX la consideraban como tal y, a pesar de que Carlyle la calificara de «desoladora», de hecho la había dignificado con el apelativo de «ciencia». Gran parte de la teoría económica se modeló a partir de las matemáticas y de la física y tenía el objetivo de determinar las leyes que rigen el comportamiento de la economía, al igual que los científicos habían descubierto las leyes físicas que rigen los fenómenos naturales. Sin embargo, la economía es un producto humano, depende de la conducta racional o irracional de los humanos que intervienen en ella, por lo que esta ciencia se parece más a «ciencias blandas» como la psicología, la sociología o la política.

Es probable que la mejor definición de la ciencia económica sea la del economista británico Lionel Robbins. En 1932, en su *Ensayo sobre la naturaleza y significación de la ciencia económica*, la describió como «la ciencia que estudia la conducta humana entendida como la relación entre objetivos y recursos escasos que pueden utilizarse de distintas maneras». Esta amplia definición continúa siendo la más aceptada en la actualidad. Por lo demás, la diferencia fundamental entre la economía y otras ciencias es que su objeto de estudio son sistemas fluidos. Además de describir y explicar distintas economías y su funcionamiento, los economistas también pueden sugerir cómo construirlas o mejorarlas.

> La primera lección de la economía es la escasez: nunca hay bastante de algo para satisfacer a todos los que lo desean. La primera lección de la política es ignorar la primera lección de la economía.
>
> **Thomas Sowell**
> **Economista estadounidense**
> **(n. en 1930)**

Los primeros economistas

La economía moderna se constituyó como una disciplina autónoma en el siglo XVIII y concretamente con la publicación, en 1776, de *La riqueza de las naciones*, obra del gran erudito escocés Adam Smith. Sin embargo, lo que impulsó el interés por la materia no fueron tanto las obras de los economistas como los enormes cambios que sufrió la propia economía con la revolución industrial. Pensadores anteriores ya habían reflexionado sobre la gestión de los bienes y servicios en las sociedades y habían abordado las cuestiones que iban surgiendo como problemas morales o de filosofía política. Pero la aparición de las fábricas y de la producción en masa trajo consigo una nueva manera de organizar la economía, desde una perspectiva »

más amplia. Este fue el principio de lo que hoy conocemos como economía de mercado.

El análisis que hizo Adam Smith del nuevo sistema, con su completa explicación del mercado competitivo, marcó el camino a seguir. Sugirió que una «mano invisible» guía a los mercados y que las acciones racionales de las personas, que actúan en interés propio, acaban proporcionando al conjunto de la sociedad exactamente lo que necesita. Smith era un filósofo y el tema de su libro era la «economía política»: pero iba más allá de la economía y abarcaba también cuestiones políticas, históricas, filosóficas y antropológicas. Tras Smith surgió una nueva corriente de pensadores económicos que optaron por centrarse exclusivamente en la economía. Todos ellos contribuyeron al conocimiento acerca de la economía, de su funcionamiento y de cómo se debería gestionar, y sentaron las bases de las diversas ramas de la economía.

A medida que esta disciplina fue evolucionando, los economistas identificaron diferentes áreas de estudio. Una de ellas analizaba la economía en su conjunto, ya fuese a nivel nacional o internacional: es la rama que conocemos como «macroeconomía», que aborda temas como el crecimiento y el desarrollo, la medida de la riqueza de los países en términos de producción e ingresos, y sus políticas en relación con el comercio internacional, la fiscalidad, el control de la inflación o el desempleo. Lo que llamamos, por su parte, «microeconomía», investiga las interacciones entre personas y empresas: oferta y demanda, compradores y vendedores, mercados y competencia.

Nuevas escuelas de pensamiento

Naturalmente, entre los economistas aparecieron diferencias de opinión, lo que dio lugar a distintas escuelas de pensamiento. Muchos de ellos, ilusionados con la prosperidad que había traído la moderna economía industrial, defendían el *laissez-faire* y la posibilidad de que la propia competencia en el mercado generara riqueza y estimulara la innovación tecnológica. Otros se mostraban más precavidos en su estimación de la capacidad del mercado para beneficiar a la sociedad e identificaron varios fallos en el sistema. Opinaban que era posible superarlos si el estado intervenía, y defendían el papel del gobierno a la hora de proporcionar determinados servicios y bienes, y de controlar el poder de los productores. El análisis de algunos, especialmente el del filósofo alemán Karl Marx, argüía que la economía capitalista tenía fallos irresolubles y que no sobreviviría.

Las ideas de los primeros economistas «clásicos», como Adam Smith, fueron sometidas a análisis cada vez más rigurosos. A finales del siglo XIX, los economistas con formación científica comenzaron a abordar la disciplina desde las matemáticas, la ingeniería o la física. Estos economistas «neoclásicos» describían la economía sirviéndose de gráficos y fórmulas, y propusieron leyes que regían el funcionamiento de los mercados y que justificaban sus hipótesis.

Hacia finales del siglo XIX, la ciencia de la economía empezó a desarrollar rasgos nacionales peculiares: se consolidaron centros de pensamiento

> La economía estudia los incentivos: cómo se obtiene lo que se quiere o se necesita, especialmente cuando otros quieren o necesitan lo mismo.
> **Steven D. Levitt**
> **Stephen J. Dubner**
> **Economistas estadounidenses**
> **(n. en 1967 y 1963)**

económico en forma de departamentos universitarios y aparecieron claras diferencias entre las principales escuelas de Austria, Gran Bretaña y Suiza, sobre todo en lo concerniente a la conveniencia de cierto grado de intervención estatal en la economía.

Estas diferencias se hicieron aún más evidentes en el siglo XX, cuanto las revoluciones de Rusia y de China dejaron a casi una tercera parte del mundo sometida a regímenes comunistas y con economías planificadas, en lugar de mercados regidos por la competencia. Mientras tanto, el resto del mundo se centraba en la cuestión de si se podía confiar en que los mercados pudieran traer la prosperidad por sí solos. Gran Bretaña y la Europa continental discutían respecto al grado adecuado de intervención estatal, pero la verdadera batalla ideológica tuvo lugar en EE UU durante la Gran Depresión que siguió al crack de Wall Street en 1929.

En la segunda mitad del siglo XX, el centro del pensamiento económico pasó de Europa a EE UU, que se convirtió en la superpotencia económica dominante y que fue adoptando políticas cada vez más liberales. Tras el colapso de la Unión Soviética en 1991, parecía que la economía de libre mercado iba a ser, efectivamente, la ruta hacia el éxito económico, tal y como predijo Smith. Sin embargo, no todo el mundo estaba de acuerdo. Aunque la mayoría de los economistas tenían fe en la estabilidad, la eficiencia y la racionalidad de los mercados, había quienes tenían dudas y desarrollaron nuevos enfoques.

Enfoques alternativos

A finales del siglo XX, nuevas áreas de la economía incorporaron a sus teorías conceptos de disciplinas como la psicología o la sociología, además de avances en los campos de las matemáticas y la física, como la teoría de juegos o la teoría del caos. Estos teóricos advirtieron de las distintas debilidades que presentaba el sistema capitalista. Las crisis financieras de principios del siglo XXI, cada vez más graves y frecuentes, han reforzado la sensación de que el sistema tenía un fallo fundamental; al mismo tiempo, los científicos han señalado que la creciente riqueza económica conlleva un alto coste medioambiental, en forma de un cambio climático potencialmente catastrófico.

Al mismo tiempo que tanto Europa como EE UU han tenido que afrontar los que acaso sean los problemas económicos más graves a los que se han enfrentado jamás, han aparecido economías nuevas, especialmente en el Sudeste Asiático y en los llamados países BRIC (Brasil, Rusia, India y China). El poder económico se está desplazando una vez más, y no cabe duda de que el pensamiento económico evolucionará para contribuir a la gestión de nuestros escasos recursos.

Grecia, la cuna de la ciencia económica y del término «economía», ha sido una de las principales víctimas de las crisis económicas más recientes. En el año 2012, manifestantes en Atenas señalaron que, si bien la democracia también tuvo su origen en Grecia, ahora corre el peligro de ser sacrificada en aras de una solución a la crisis de la deuda. Queda por ver cómo resolverá sus problemas la economía mundial. Los principios económicos que se presentan en este libro pueden servir para comprender cómo hemos llegado a este punto y, quizá, para vislumbrar una salida. ■

> El objetivo de estudiar economía es [...] aprender a evitar que los economistas nos engañen.
>
> **Joan Robinson**
> **Economista británica** (1903–1983)

LOS INIC
DEL COM
400 A.C. — 1770

IOS

ERCIO

D.C.

c. 380 A.C.
Platón describe el **estado ideal**, donde la propiedad es de todos y el trabajo es especializado.

c. 350 A.C.
Aristóteles defiende la **propiedad privada**, pero se opone a la acumulación de dinero.

1265–1274 D.C.
Santo Tomás de Aquino afirma que el **precio de un producto solo es «justo»** si el beneficio no es excesivo y no se recurre al engaño para venderlo.

1397
Se funda en Florencia (Italia) el Banco Medici, una de las primeras **instituciones financieras** basadas en el comercio internacional.

c. 1400
Las **letras de cambio** se convierten en una forma de pago estandarizada en el comercio europeo, amortizables por los bancos comerciales.

1492
Cristóbal Colón llega a América; pronto el oro inundará Europa y la **oferta de dinero** aumentará.

1599
Se funda la Compañía Británica de las Indias Orientales, dedicada al **comercio internacional**; es la primera marca global de la historia.

c. 1630
Thomas Mun defiende una política **mercantilista** y la práctica de la exportación como un medio para aumentar la riqueza de un país.

Los sistemas para ofrecer bienes y servicios a la población evolucionaron a la par que las antiguas civilizaciones. Los primeros sistemas económicos aparecieron de una forma natural a medida que los diversos oficios producían bienes intercambiables. La gente comenzó a comerciar, primero mediante el trueque y después con monedas de metales preciosos, y así el comercio se convirtió en un elemento clave de la vida cotidiana. La actividad de compra y venta de bienes funcionó durante siglos antes de que a alguien se le ocurriera estudiar sus mecanismos.

Los filósofos de la antigua Grecia fueron de los primeros en tratar una serie de temas que luego se conocerían en conjunto como «economía». La *República* de Platón describe la composición política y social de un estado ideal cuya actividad económica se basaría en productores especializados que proporcionarían productos para beneficio de todos. Sin embargo, su discípulo Aristóteles defendió el concepto de propiedad privada, con la que se podía comerciar en el mercado. Dicha discusión aún sigue vigente. Platón y Aristóteles creían que la economía era una cuestión de filosofía moral: en lugar de analizar el funcionamiento de un sistema económico, aportaron ideas sobre cómo debería funcionar. A este tipo de enfoque, que es subjetivo y estudia «cómo debería ser» el objeto de estudio en cuestión, le llamamos «normativo».

El enfoque normativo de la economía continuó hasta bien entrada la era cristiana, y filósofos como santo Tomás de Aquino (p. 23) intentaron definir la ética de la propiedad privada y de los intercambios comerciales. Tomás de Aquino reflexionó sobre la moralidad de los precios y defendió la importancia de los precios «justos» y de que los comerciantes no se lucraran excesivamente.

En las sociedades de la antigüedad la mano de obra se componía básicamente de esclavos; por su parte, la Europa medieval se regía por un sistema feudal en el que los señores protegían a sus siervos a cambio de trabajo o de sus servicios militares. Así pues, los argumentos morales de todos estos filósofos se quedaron con frecuencia en el ámbito de la teoría.

Auge de las ciudades-estado

Ya en el siglo XV se produjo un importante cambio: aparecieron en Europa ciudades-estado que se enriquecieron gracias al comercio internacional. Una nueva y próspera clase de mercaderes sustituyó a los señores feudales como actores clave en la economía, y

1637
Estalla una **burbuja especulativa** en el mercado holandés de los tulipanes; miles de inversores se arruinan.

1668
Josiah Child describe el **libre comercio** y defiende el aumento tanto de las importaciones como de las exportaciones.

1682
William Petty demuestra que la **economía es mensurable** en *Algunas palabras sobre el dinero*.

1689
John Locke afirma que **la riqueza es producto del trabajo**, no del comercio.

1697
Gregory King compila un **resumen estadístico** del comercio en Inglaterra durante el siglo XVII.

1752
David Hume afirma que **los gobiernos deberían financiar** los bienes públicos.

1756
François Quesnay y sus seguidores, los fisiócratas, afirman que **la tierra y la agricultura** son las únicas fuentes de prosperidad económica.

1758
Quesnay elabora su *Cuadro económico*, el primer análisis **«macroeconómico»**.

diversas familias de banqueros financiaban sus actividades comerciales y sus viajes de descubrimiento.

Las nuevas naciones comerciales sustituyeron a las pequeñas economías feudales, y el pensamiento económico se centró en cómo controlar el intercambio de bienes y dinero entre países. El enfoque dominante entonces era el mercantilismo, que atendía sobre todo a la balanza de pagos: la diferencia entre lo que un país gasta en importaciones y lo que obtiene de las exportaciones. La venta de bienes al extranjero se consideraba algo positivo, porque traía dinero al país; por el contrario, la importación se consideraba perjudicial, dado que sacaba dinero del país. Para impedir el déficit comercial y proteger a los productores nacionales de la competencia exterior, los mercantilistas defendían los aranceles a las importaciones.

A medida que el comercio aumentaba, también fue escapando de las manos de los mercaderes y de quienes les financiaban. Con el objetivo de supervisar las grandes operaciones comerciales, se crearon sociedades y empresas que, con frecuencia, contaban con apoyo gubernamental. Estas empresas se fueron dividiendo en «acciones», para facilitar que múltiples inversores pudieran financiarlas. El interés por comprar acciones se intensificó a finales del siglo XVII, lo que llevó a la fundación de muchas sociedades anónimas y de mercados de valores, donde las acciones podían comprarse y venderse.

Una nueva ciencia

El enorme incremento de la actividad comercial renovó el interés por el funcionamiento del sistema económico y propició el nacimiento de la economía como disciplina de estudio. A principios del siglo XVIII, durante la Ilustración, que valoraba la racionalidad por encima de todo, se abordó la «economía política» desde un enfoque más científico. Los economistas trataron de medir la actividad económica y de describir el funcionamiento del sistema, en lugar de limitarse a debatir sobre sus implicaciones morales.

En Francia, los fisiócratas analizaron el flujo del dinero en la economía y crearon el primer modelo macroeconómico. En el centro de la economía situaron la agricultura, y no el comercio o las finanzas. Mientras, en Gran Bretaña, los filósofos políticos desplazaron su atención de las ideas mercantilistas sobre el comercio hacia los productores, los consumidores y el valor y la utilidad de los bienes. Se comenzaba a dibujar el marco de la ciencia económica moderna. ■

LA PROPIEDAD DEBERIA SER PRIVADA

DERECHOS DE PROPIEDAD

EN CONTEXTO

ENFOQUE
Economía y sociedad

PENSADOR CLAVE
Aristóteles (384–322 a.C.)

ANTES
423–347 a.C. Platón afirma en la *República* que un gobernante debería poseer colectivamente la propiedad, por el bien común.

DESPUÉS
1–250 d.C. En el derecho romano clásico, se da el nombre de *dominium* al conjunto de los poderes y derechos que una persona tiene sobre algo.

1265–1274 Para santo Tomás de Aquino, la propiedad privada es natural y buena, pero el bien común es más importante.

1689 John Locke afirma que uno tiene derecho a los frutos de su propio trabajo.

1848 Karl Marx escribe el *Manifiesto comunista*, donde defiende la completa abolición de la propiedad privada.

Desde la primera infancia, al pelearmos por los juguetes, aprendemos qué es poseer algo y el concepto de propiedad personal. A menudo damos por sentado este concepto que, si bien no es inevitable, resulta fundamental para el capitalismo. Karl Marx (p. 105) señaló que la riqueza generada por el capitalismo ofrece a la sociedad «una cantidad inmensa de productos» en régimen de propiedad privada con los que comerciar para lograr un beneficio. Las empresas también son propiedad privada y operan para obtener beneficios en el libre mercado. Sin el concepto de propiedad privada tampoco hay posibilidad de beneficios personales; de hecho, ni siquiera hay motivos para entrar en el mercado. Por lo tanto, no hay mercado.

La protección de la propiedad privada es vital en países capitalistas. Esta casa de Varsovia (Polonia) es la más segura jamás construida: se transforma en un cubo de acero con solo pulsar un botón.

Tipos de propiedad

La «propiedad» abarca un amplísimo abanico de cosas, desde los bienes materiales a la propiedad intelectual (como las patentes o los escritos), y ha llegado a límites que ni siquiera los economistas del libre mercado defenderían, como la esclavitud, que trata a seres humanos como a objetos.

Históricamente, la propiedad material se ha organizado de tres modos. En primer lugar, todo puede ser propiedad común y utilizado por todos cuando lo deseen, a partir de la confianza y la costumbre; así funcionaban las economías tribales, y así funcionan aún pueblos como los huaorani del Amazonas. En segundo lugar, la propiedad puede ser colectiva y utilizarse colectivamente; esta es la esencia del sistema comunista. En tercer y último lugar, la propiedad puede ser privada y cada persona ser libre de hacer con ella lo que desee; sobre esta concepción descansa el capitalismo.

Los economistas modernos tienden a justificar la propiedad privada con argumentos pragmáticos y afirman que es imposible que el mercado

Véase también: Mercados y moralidad 22–23 ▪ Provisión de bienes y servicios públicos 46–47 ▪ Economía marxista 100–105 ▪ Definiciones de la economía 171

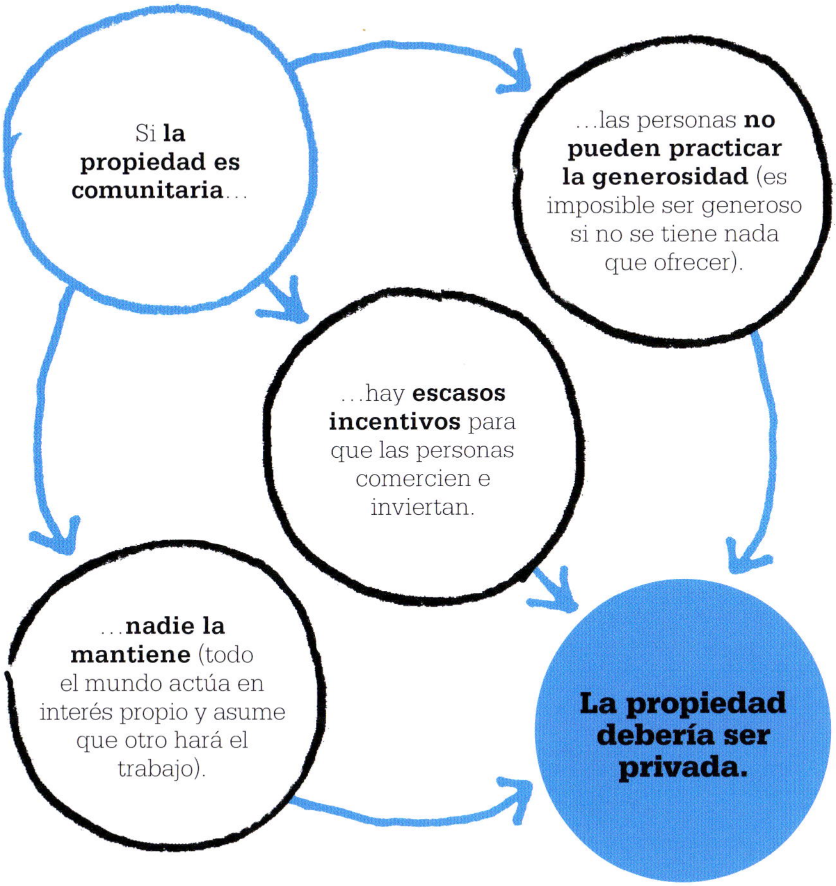

funcione sin cierta división de los recursos. Los primeros pensadores defendieron la propiedad privada desde una perspectiva moral. Aristóteles arguyó que «la propiedad debería ser privada»; señaló que, cuando la propiedad es común, nadie asume la responsabilidad de mantenerla y mejorarla. Además, la generosidad solo es posible si se posee algo que regalar.

El derecho a la propiedad

En el siglo XVII, todas las tierras y viviendas de Europa eran propiedad de los monarcas. Frente a ello, el filósofo inglés John Locke (1632–1704) defendió los derechos individuales y afirmó que si Dios nos ha dado la propiedad de nuestros cuerpos, también debemos poseer las cosas que hacemos. Posteriormente, el filósofo alemán Immanuel Kant (1724–1804) sostuvo que la propiedad privada es una legítima expresión de identidad.

Por su parte, otro filósofo alemán rechazó el concepto de propiedad privada: Karl Marx manifestó que dicho concepto no es más que un instrumento mediante el cual los capitalistas expropian el trabajo de los proletarios, les mantienen en la esclavitud y les alienan. El proletariado queda totalmente excluido de una elite que controla toda la riqueza y el poder. ■

¿Cuán privada?

En toda sociedad moderna hay bienes que se comparten como propiedad colectiva, como las calles y los parques. Otras en cambio, como los coches, son propiedad privada. El derecho a la propiedad, o la propiedad legal, acostumbra a conferir al propietario derechos exclusivos sobre un recurso concreto, pero no siempre. Así, por ejemplo, el propietario de una vivienda de un barrio histórico quizá no tenga permiso para derribarla y construir una fábrica o un rascacielos en su lugar, o ni siquiera cambiar el uso actual del edificio. Los gobiernos de todos los países del mundo se reservan el derecho a anular la propiedad privada cuando lo consideren necesario, por ejemplo, por necesidades de infraestructura o de seguridad nacional. Incluso en EE UU, un país netamente capitalista, el gobierno puede obligar a un propietario a renunciar a sus derechos (si bien, gracias a la 14.ª enmienda a la Constitución se amortigua el golpe, porque exige que se le compense con el precio de mercado).

> Es claramente mejor que la propiedad sea privada, pero su uso debe ser común; y especial tarea del legislador es crear en el hombre esta disposición benevolente.
> **Aristóteles**

¿QUE ES UN PRECIO JUSTO?

MERCADOS Y MORALIDAD

EN CONTEXTO

ENFOQUE
Economía y sociedad

PENSADOR CLAVE
Tomás de Aquino (1225–1274)

ANTES
***C.* 350 A.C.** Aristóteles afirma que el valor de las cosas debe medirse según su «necesidad».

529–534 D.C. El derecho romano protege al hacendado de la obligación de vender sus tierras por debajo del precio justo y con «gran pérdida».

DESPUÉS
1544 El español Luis Saravia de la Calle afirma que el precio se debe fijar por «estimación común» según la calidad y la abundancia.

1890 Alfred Marshall sugiere que la oferta y la demanda fijan automáticamente los precios.

1920 Ludwig von Mises niega la posibilidad del socialismo, ya que solo los precios determinan la necesidad.

Mucha gente se ha sentido «atracada» por un vendedor, por ejemplo, al comprar un helado carísimo en una localidad turística. Sin embargo, según la teoría económica dominante, no existen los atracos en este sentido. El precio de algo es, simplemente, el precio de mercado, el que la gente está dispuesta a pagar. Para algunos economistas, el precio carece de toda dimensión moral: es una función automática de la oferta y la demanda. Los vendedores que piden precios aparentemente excesivos no hacen más que llevar el precio al límite; si superan el nivel que las personas están dispuestas a pagar, estas dejarán de comprar

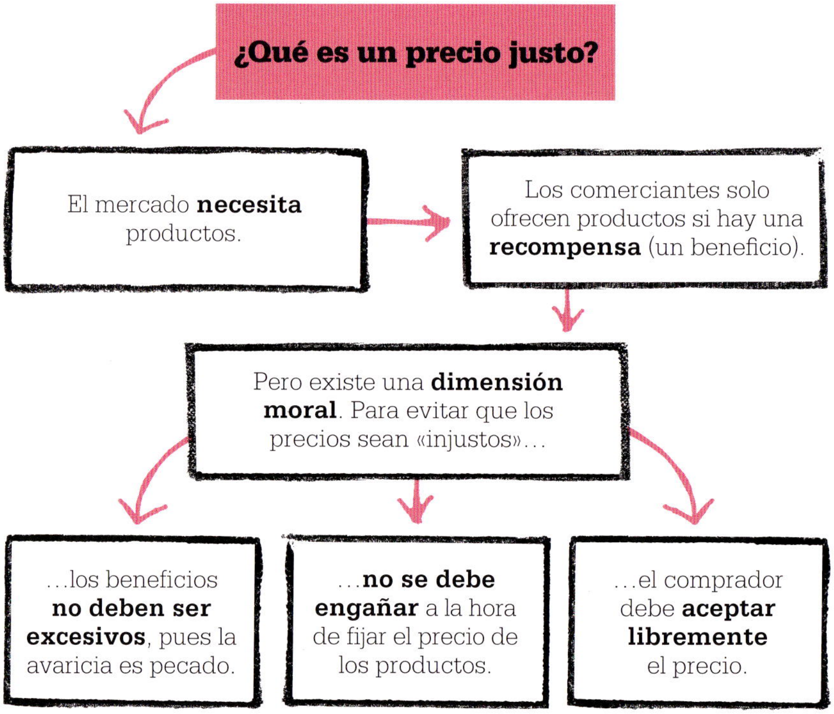

Véase también: Derechos de propiedad 20–21 ▪ Economía de libre mercado 54–61 ▪ Oferta y demanda 108–113 ▪ Economía y tradición 166–167

Las comunidades medievales eran muy sensibles a las variaciones en los precios. En 1321, William le Bole fue arrastrado por las calles de Londres por engañar sobre el peso del pan.

y los vendedores tendrán que bajar los precios. Tales economistas consideran que la dinámica del mercado es la única manera de determinar el precio de algo, porque todo, incluso el oro, carece de un valor intrínseco.

Implicaciones morales

La idea de que el mercado debe fijar los precios choca frontalmente con la opinión expresada por santo Tomás de Aquino en su *Suma teológica*, que incluye uno de los primeros estudios sobre el mercado. Según Tomás de Aquino, el precio tiene una dimensión moral: reconocía que la avaricia es un pecado mortal, pero además entendía que si se privara al comerciante del incentivo del beneficio, dejaría de comerciar y la comunidad quedaría privada de los bienes que necesita.

Tomás de Aquino concluía que el comerciante puede cobrar un «precio justo» que incluya un beneficio suficiente, pero rechazaba el beneficio excesivo, que consideraba pecaminoso. El precio justo es aquel que el comprador accede a pagar tras haber recibido información veraz. El vendedor no está obligado a advertir al comprador de factores que podrían disminuir el precio del producto en el futuro, como la llegada inminente de un cargamento barato del mismo producto.

La cuestión de la moralidad de los precios sigue vigente, y tanto los economistas como la población discuten, por ejemplo, el «precio justo» del salario mínimo o de las bonificaciones a los banqueros. Los defensores del libre mercado, que rechazan la intervención gubernamental, y los abogados del intervencionismo (ya sea por cuestiones económicas o morales) continúan sin ponerse de acuerdo sobre los beneficios y los perjuicios de imponer controles de precios. ▪

> Nadie debería vender nada por más de lo que vale.
> **Tomás de Aquino**

Tomás de Aquino

Santo Tomás de Aquino fue uno de los mayores eruditos que conoció la Edad Media. Nació en Aquino (Sicilia) en 1225 en el seno de una familia aristocrática, a la que, con 17 años de edad, comunicó que estaba decidido a abandonar su vida de riqueza mundana y lujos para ingresar en la orden dominica. Sus familiares se opusieron a sus intenciones y le mantuvieron dos años cautivo. Sin embargo, se trataba de una decisión implacable y la familia acabó por rendirse: finalmente le permitieron ir a estudiar a París y, una vez allí, quedó bajo la tutela del célebre teólogo Alberto Magno (1206–1280). Tomás de Aquino se educó y enseñó en Francia e Italia y en 1272 fundó un *studium generale* (una especie de universidad) en Nápoles (Italia). Sus numerosas obras filosóficas ejercieron una influencia fundamental en la concepción y la configuración del mundo moderno.

Obras principales

1256–1259 *Cuestiones disputadas sobre la verdad.*
1261–1263 *Suma contra los gentiles.*
1265–1273 *Suma teológica.*

CON MONEDA ES INNECESARIO EL TRUEQUE

FUNCION DEL DINERO

EN CONTEXTO

ENFOQUE
Banca y finanzas

ACONTECIMIENTO CLAVE
Qubilay Kan introduce la moneda fiduciaria en el Imperio Mongol, en el siglo XIII.

ANTES
3000 a.C. En Mesopotamia, se utiliza el siclo como unidad monetaria: una unidad de cebada de cierto peso equivale a cierto valor de oro o plata.

700 a.C. En la isla griega de Egina se fabrican las monedas más antiguas conocidas.

DESPUÉS
Siglo XIII Marco Polo lleva pagarés de China a Europa, donde son utilizados por los banqueros italianos.

1696 El Banco de Escocia es la primera entidad comercial que emite papel moneda.

1971 El presidente de EE UU Nixon anula la convertibilidad del dólar estadounidense al oro.

En muchos lugares del mundo, la población evoluciona hacia una sociedad sin monedas, donde los bienes se compran con tarjetas de crédito, transferencias electrónicas y chips de teléfono móvil. Sin embargo, no utilizar efectivo no significa que no se use dinero: efectivamente, este sigue estando en la base de todas nuestras transacciones.

Los perturbadores efectos del dinero, de la usura a la guerra, están a la vista. El dinero se ha usado como ornamentación, tributo (señal de respeto) y en ritos religiosos. Se pagan asesinatos con «dinero de sangre» y se compran esposas con «dinero nupcial», si es que no se da en forma de dote para enriquecer al marido. Es un símbolo de estatus social y del poder de individuos, familias y países.

Los tiwa de Assam (India) intercambian productos mediante trueque durante el Jonbeel Mela, antiguo festival destinado a preservar la armonía y la fraternidad entre las tribus.

Economía de trueque

Sin dinero, únicamente sería posible el trueque. Muchos lo practicamos en cierta medida al devolver favores. Es posible que alguien se ofrezca a arreglar la puerta de su vecino a cambio de que le cuide al niño unas cuantas horas, por ejemplo. Sin embargo, resulta difícil imaginar este tipo de intercambios a gran escala. ¿Qué sucedería si se quiere una barra de pan y lo único con lo que se puede negociar es el propio automóvil? El trueque depende de una coincidencia de necesidades, de modo que, además de que el otro tenga lo que uno desea, uno ha de tener algo que el otro quiere.

El dinero resuelve este problema. Para negociar, no hace falta encontrar a alguien que quiera lo que uno tiene; basta con pagar con dinero. A su vez, el vendedor puede luego usar el dinero para comprar a cualquier otro.

Véase también: Servicios financieros 26–29 ▪ Teoría cuantitativa del dinero 30–33 ▪ Paradoja del valor 63

El dinero es transferible y diferible (puede guardarse y utilizarse en el momento adecuado). Se ha afirmado que las civilizaciones complejas no hubieran evolucionado sin la flexibilidad de intercambio que permite el dinero. Además, el dinero proporciona un baremo con el que establecer el valor de las cosas: si todo tiene un valor monetario, podemos conocer y comparar los costes.

Diferentes tipos de dinero

Existen dos tipos de dinero: el dinero mercancía y el dinero fiduciario. El dinero mercancía tiene un valor intrínseco además del acordado; un ejemplo de ello son las monedas de oro. El dinero fiduciario, que comenzó a utilizarse en China hacia el siglo x, es un objeto de cambio sin otro valor que el que le haya asignado el gobierno.

Una gran parte del papel moneda fue inicialmente un «compromiso de pago» respaldado por reservas de oro. En teoría, los dólares emitidos por la Reserva Federal de EE UU se podían cambiar por su valor en oro. En 1971, los dólares dejaron de ser convertibles en oro, y desde entonces es el Tesoro estadounidense quien fija su valor, con independencia de las reservas de oro. La moneda fiduciaria depende de la confianza de la población en la estabilidad económica del país, que no siempre está garantizada. ■

Con el trueque, **solo se puede comerciar** con alguien que quiera lo que uno ofrece.

Pero la moneda hace innecesario el trueque.

Con dinero, se puede **comprar a cualquiera** que quiera vender.

Con dinero, el vendedor puede **vender a cualquiera** que quiera sus productos.

El dinero puede retenerse hasta el **momento adecuado** para comprar.

El dinero nos ayuda a **medir el valor** de las cosas.

Cuentas de nácar

El wampum es un cordel de cuentas de nácar blancas y negras que tenía un gran valor para algunas tribus amerindias. Antes de la aparición de los colonos europeos en el siglo xv, el wampum se utilizaba sobre todo con fines ceremoniales, y en ocasiones se intercambiaba para registrar acuerdos o pagar tributos. Su valor provenía de sus asociaciones ceremoniales y la dificultad de su elaboración.

La llegada de los europeos, con sus nuevas herramientas, revolucionó el tradicional modo de elaborar el wampum, y los colonos holandeses empezaron a producirlo de forma masiva. Pronto comenzaron a utilizar el wampum para comerciar y comprar bienes a los nativos, que no estaban interesados en las monedas pero apreciaban el wampum, y este se convirtió así en una moneda con un tipo de cambio aceptado. En Nueva York, ocho wampum blancos o cuatro negros equivalían a un stuiver (moneda holandesa de la época). El uso y el valor del wampum empezaron a declinar a partir de la década de 1670.

Bolso shawnee decorado con cuentas de wampum, que algunas tribus amerindias utilizaban como moneda de cambio.

HACER DINERO CON EL DINERO

SERVICIOS FINANCIEROS

EN CONTEXTO

ENFOQUE
Banca y finanzas

PENSADORES CLAVE
Familia Medici (1397–1494)

ANTES
Siglo XIII Los pensadores escolásticos condenan la usura.

DESPUÉS
1873 El periodista británico Walter Bagehot insta a actuar al Banco de Inglaterra como «prestamista de último recurso» del sistema bancario.

1930 Se funda el Banco de Pagos Internacionales, que origina la regulación bancaria internacional, en Basilea (Suiza).

1992 El estadounidense Hyman Minsky publica «The Financial Instability Hypothesis», de gran utilidad a la hora de explicar la crisis financiera de 2007–2008.

Hace muchísimo tiempo que la gente presta y pide prestado; existen evidencias de que ya lo hacía en Mesopotamia (actual Iraq) hace unos 5.000 años. Sin embargo, hasta el siglo XIV no apareció el sistema bancario moderno, y lo hizo en el norte de Italia.

El término «banca» proviene del banco sobre el que se realizaban las transacciones. En el siglo XIV, la península italiana era un conjunto de ciudades-estado que se beneficiaban de la influencia y de los ingresos del papado de Roma. La ubicación de la península era ideal para el comercio entre Asia, África y la emergente Europa, y comenzó a acumularse riqueza, sobre todo en Venecia y Florencia. Venecia dependía del mar, y se fundaron instituciones para financiar y

Véase también: Sociedades anónimas 38 ▪ Ingeniería financiera 262–265 ▪ Incertidumbre del mercado 274–275 ▪ Crisis financieras 296–301 ▪ Pánico bancario 316–321

asegurar las expediciones marítimas. Florencia se centró en la producción y en el comercio con el norte de Europa, y sus comerciantes y financieros se agruparon en el Banco Medici.

Florencia ya albergaba a otras familias de banqueros, como los Bardi o los Peruzzi, y varias entidades financieras, de prestamistas que prestaban dinero con avales sobre bienes a bancos locales que trataban con divisas extranjeras, aceptaban depósitos y prestaban a negocios. Sin embargo, el banco que fundó Giovanni de Medici en 1397 era distinto.

El Banco Medici financiaba expediciones comerciales a larga distancia mediante bienes como la lana. Se diferenciaba de otros bancos en tres aspectos. En primer lugar, adquirió una enorme envergadura: en su culmen, bajo la dirección de Cosme, hijo del fundador, tenía delegaciones en once ciudades, como Londres, Brujas y Ginebra. En segundo lugar, era una red descentralizada, cuyas oficinas estaban dirigidas por un socio minoritario local que recibía una parte de los beneficios. Los Medici eran los socios principales, supervisaban la red comercial, recibían la mayor parte de los beneficios y conservaban la marca de la familia, símbolo de la sólida reputación del banco. En tercer lugar, las delegaciones aceptaban grandes depósitos de ahorradores adinerados, hecho que les permitía multiplicar los préstamos que cedían por una modesta cantidad de capital inicial y, de ese modo, multiplicar los beneficios.

Bases del sistema bancario

Estos elementos del Banco Medici se corresponden con tres conceptos cruciales en la banca actual. El primero es el de «economías de escala». El coste de elaborar un contrato de préstamo es muy elevado para un particular, pero un banco puede elaborar mil contratos por una pequeña parte del coste «por unidad». Las transacciones monetarias (inversiones en efectivo) se adaptan a las economías de escala. El segundo concepto es el de «diversificación del riesgo». Ampliar su alcance geográfico permitió a la familia Medici reducir el riesgo de los préstamos de baja calidad. Además, como los socios minoritarios compartían beneficios y pérdidas, hacían lo posible por prestar con sensatez.

El tercer concepto es el de «transformación de bienes». Los comerciantes querrían depositar sus ganancias o tomar dinero prestado. Un mercader desearía guardar su oro en un lugar seguro y recuperarlo rápidamente si fuese preciso. Otro necesitaría un »

Los banqueros comerciales de finales del siglo XIV, además de prestar dinero y aceptar depósitos, convertían las divisas extranjeras y controlaban la moneda para detectar las falsificadas o prohibidas.

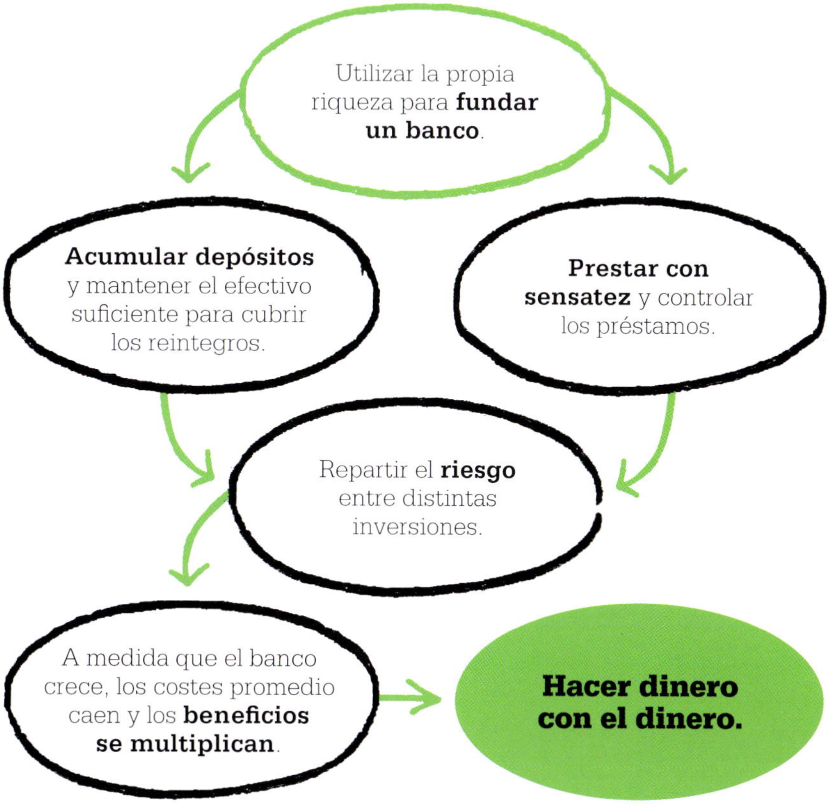

préstamo (lo que supone más riesgo para el banco y ata por más tiempo el dinero). El banco satisface ambas necesidades: toma prestado a corto plazo y presta a largo plazo. El sistema satisfacía a todos: al depositante, al prestatario y, obviamente, al banco, que usaba los depósitos de sus clientes como dinero prestado («apalancamiento»), para multiplicar los beneficios y aumentar la rentabilidad del capital invertido por los propietarios.

Sin embargo, esta práctica hace al banco vulnerable: si gran parte de los depositantes exige su dinero a la vez, es posible que el banco no pueda satisfacer la demanda, pues parte del dinero está invertido en préstamos a largo plazo y el banco tan solo cuenta con una pequeña parte de los depósitos en efectivo disponible. Con todo, es un riesgo calculado, y la ventaja de este sistema es que pone en contacto a ahorradores y prestatarios.

La financiación de las operaciones comerciales a larga distancia era una actividad de alto riesgo en la Europa del siglo XIV. Implicaba tiempo y distancia, y por consiguiente lo que hoy se conoce como el «problema fundamental del intercambio»: el riesgo de que cualquiera salga huyendo con los bienes o con el dinero una vez cerrado el negocio. Las «letras de cambio» resolvieron este problema. Se trataba de un documento que daba fe de que el comprador se comprometía a pagar en una moneda concreta una vez recibidos los bienes. El vendedor podía vender la letra de cambio inmediatamente para obtener efectivo. Los bancos comerciales italianos adquirieron una enorme habilidad en el intercambio de dichos documentos y crearon un mercado monetario internacional.

Al comprar una letra de cambio, el banco se arriesgaba a que el comprador de los bienes no pagara. Por tanto, era fundamental que los bancos conociesen las probabilidades de que alguien devolviera, o no, el préstamo. Prestar dinero –como toda operación financiera– requiere un conocimiento técnico especializado, pues la falta de información (la «asimetría informativa») puede provocar serios problemas. Los prestatarios con menos probabilidades de devolver el dinero son los que suelen pedir más préstamos; y tras recibir el dinero, pueden tener la tentación de no devolverlo. En consecuencia, una de las funciones principales de los bancos es la de prestar con sensatez y controlar a los prestatarios para prevenir el «riesgo moral» de que no devuelvan el préstamo.

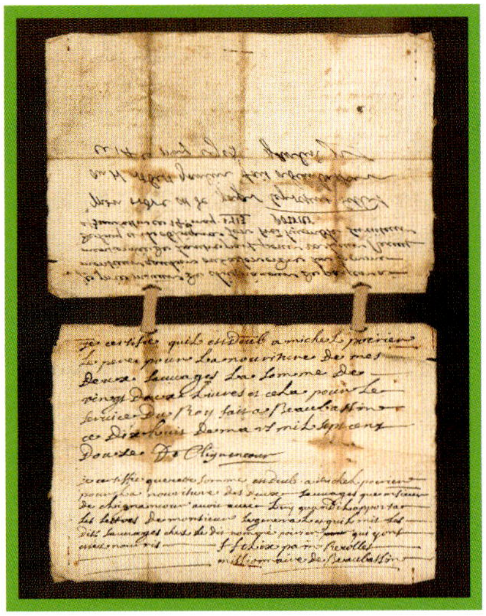

Las letras de cambio, como esta de 1713, se transformaron en los actuales pagarés bancarios. Tanto unos como otras prometen pagar al portador, en un plazo de tiempo, una cantidad de dinero.

Núcleos geográficos

Los bancos se suelen agrupar en un mismo lugar para aprovechar la información y los recursos, lo que explica la formación de los distritos financieros en las grandes ciudades. Los economistas denominan a esto «efecto de red»: la formación de un núcleo financiero beneficia a todos los bancos por la concentración de recursos e in-

Las hipotecas *subprime* (concedidas a personas con escasa capacidad para devolver el dinero) provocaron muchos desahucios y la crisis de 2007–2008.

El siglo XXI y la crisis bancaria

La crisis financiera de 2007 obligó a reconsiderar el sistema bancario. El apalancamiento (dinero prestado) fue un factor clave: hacia 1900 tres cuartas partes de los activos de un banco podían estar financiadas por dinero prestado, pero en 2007 esta proporción alcanzó el 95–99%. El entusiasmo de los bancos por las apuestas sobre los movimientos futuros de los mercados magnificó el apalancamiento y sus riesgos.

La crisis siguió a un periodo de desregulación bancaria. Surgieron innovaciones financieras que parecían lucrativas en un mercado en auge. No obstante, llevaron a rebajar los criterios de crédito, sobre todo a aquellas entidades dedicadas a conceder hipotecas a familias estadounidenses pobres y a los inversores en bonos que se fiaron demasiado de las agencias de calificación de riesgo. Estos son los problemas a los que se enfrentan los bancos desde los Medici: incentivos financieros, mala información y riesgo.

> Un banquero es alguien que te presta su paraguas cuando hace sol, pero que exige que se lo devuelvas en cuanto empieza a llover.
>
> **Mark Twain**
>
> **Escritor estadounidense (1835–1910)**

formación. Florencia fue uno de estos núcleos. La City londinense, con sus orfebres y sus expertos en transporte marítimo, se convirtió en otro. A principios de la década de 1800, la remota provincia interior de Shanxi se convirtió en el principal centro financiero de China. Hoy, Internet ha creado nuevos modos de agruparse *online*.

El beneficio de la especialización explica por qué existen tantos tipos de bancos, que cubren desde depósitos e hipotecas hasta préstamos personales. Además, la forma que adopta un banco le permitirá abordar los distintos problemas de información. Así, las mutualidades y los bancos cooperativos, que son propiedad de los clientes, surgieron en el siglo XIX para reforzar la confianza entre banco y cliente en un momento de cambios sociales. Como los miembros de tales organizaciones se vigilaban entre sí y los directores conocían bien el entorno local, podían conceder los créditos a largo plazo que sus clientes necesitaban. En algunos países, como Alemania, prosperaron notablemente. El banco holandés Rabobank es un ejemplo de modelo cooperativo, al igual que el Banco Grameen de India, especializado en microcréditos.

De todos modos, la concentración también puede conducir a una competencia arriesgada y a una conducta parecida a la de las multitudes. Es fundamental que los bancos conserven su buena reputación, pues tienen un papel transformador –transforman depósitos en préstamos– y sus préstamos-activos son a más largo plazo y más arriesgados y difíciles de convertir en dinero (es decir, menos «líquidos») que sus depósitos-pasivos.

Las malas noticias pueden desencadenar el pánico bancario, y la quiebra de un banco puede tener graves consecuencias para otras entidades bancarias, el gobierno y la sociedad, como aconteció con el Creditanstalt de Austria en 1931, que desencadenó el pánico sobre el marco alemán, la libra esterlina y, luego, el dólar estadounidense, lo cual provocó el pánico bancario en EE UU y contribuyó a la Gran Depresión.

Así, los bancos necesitan ser regulados, y casi todos los países cuentan con normas estrictas acerca de quién puede establecer un banco, la información que este debe publicar y el alcance de sus actividades.

Mercados de valores

La banca constituye la mayor parte del sistema financiero, y las finanzas no son más que la puesta en contacto de personas que tienen más dinero del que necesitan y personas que necesitan más dinero del que tienen, y que lo utilizarán de manera productiva. Los mercados de valores conectan directamente estas dos necesidades por medio de participaciones (acciones que confieren la propiedad de una empresa), bonos (créditos con los que comerciar) y otros instrumentos.

Los mercados de valores pueden ser lugares físicos, como la Bolsa de Nueva York, o mercados regulados en los que se comercia mediante el teléfono o el ordenador, como el mercado internacional de bonos. La concentración a que dan lugar estos mercados facilita la liquidez de las inversiones a largo plazo: pueden venderse y transformarse en dinero con facilidad. Los depósitos también pueden reunirse con el objetivo de reducir los costes de transacción y diversificar el riesgo. Los fondos de inversión, los fondos de pensiones y las compañías de seguros cumplen esta función. ■

La City londinense alberga una gran concentración de bancos construidos sobre el casco urbano medieval. Hoy es el mayor centro mundial del comercio de divisas y del préstamo interbancario.

EL DINERO PROVOCA INFLACION

TEORIA CUANTITATIVA DEL DINERO

EN CONTEXTO

ENFOQUE
Macroeconomía

PENSADOR CLAVE
Jean Bodin (1530–1596)

ANTES
1492 Cristóbal Colón llega a América. El oro y la plata fluyen hacia España.

DESPUÉS
1752 David Hume afirma que el dinero en circulación está directamente relacionado con el nivel de los precios.

1911 Irving Fisher desarrolla una fórmula que explica la teoría cuantitativa del dinero.

1936 John Maynard Keynes cree que la velocidad del dinero en circulación es inestable.

1956 Según Milton Friedman, los cambios en la cantidad de dinero disponible tienen efectos predecibles sobre los ingresos de la población.

En el siglo XVI, los precios comenzaron a subir en Europa de forma inexplicable. Algunos acusaban a los gobernantes de «devaluar» el dinero acuñando monedas con un contenido de oro o de plata cada vez menor; y era cierto, pero Jean Bodin, un abogado francés, arguyó que sucedía algo mucho más importante.

En 1568 Bodin publicó sus *Respuestas a las paradojas de Monsieur de Malestroit*. Jean de Malestroit (m. en 1578) había atribuido la inflación de los precios enteramente a la devaluación de la moneda, pero Bodin demostró que el drástico aumento de precios se mantenía aunque se midiera en plata pura, y explicó que se

Véase también: Función del dinero 24–25 ▪ El multiplicador keynesiano 164–165 ▪ Política monetarista 196–201 ▪ Inflación y desempleo 202–203

debía a la abundancia de oro y plata. España introducía y distribuía estos metales preciosos por Europa, procedentes de sus colonias en América.

Bodin calculó que la cantidad de metales preciosos se había multiplicado por más de 2,5, y sus cálculos resultaron ser sorprendentemente precisos. Economistas posteriores han concluido que en la Europa del siglo XVI los precios se cuadriplicaron al tiempo que se triplicó la cantidad de oro y plata circulante. Bodin también señaló otros factores subyacentes a la inflación: la demanda de artículos de lujo; la escasez de oferta como consecuencia de las exportaciones y el despilfarro; la avaricia de los comerciantes, que controlaban la oferta mediante monopolios; y, por supuesto, la adulteración de la moneda por parte de los gobernantes.

La oferta monetaria

Bodin no fue el primero en detectar los efectos del tesoro americano y el impacto de la abundancia o escasez de dinero sobre los precios. En 1556, Martín de Azpilcueta (también conocido como *Doctor navarrus*) había llegado a esta misma conclusión. Sin embargo, el ensayo de Bodin abordaba también la cuestión de la oferta y la demanda de moneda, el funcionamiento de estos dos elementos de la economía y cómo las fluctuaciones en la oferta de dinero conducían a la inflación. Su detallado estudio se »

Jean Bodin

Jean Bodin nació en Angers (Francia) en 1530, hijo de un maestro sastre. Se educó en París y posteriormente en la Universidad de Toulouse. En 1560 se convirtió en uno de los abogados del rey en París. Su erudición (sobre derecho, historia, política, economía, filosofía y religión) le valió el favor del monarca, y entre 1571 y 1584 fue asistente del poderoso duque de Alençon.

En el año 1576, Bodin se casó con Françoise Trouillart y sucedió a su cuñado como procurador del rey en Laon (norte de Francia). En 1589, el rey Enrique III fue asesinado y estalló una cruenta guerra civil religiosa. Hallándose en Laon, Bodin se vio obligado a posicionarse en favor de la causa católica hasta que el rey protestante, Enrique IV, se hizo con la ciudad. Murió víctima de la peste en 1596, a los 66 años de edad.

Obras principales

1566 *Método para la fácil comprensión de la historia.*
1568 *Respuestas a las paradojas de Monsieur de Malestroit.*
1576 *Los seis libros de la República.*

considera la primera exposición de la teoría cuantitativa del dinero.

El razonamiento que subyace a esta teoría se basa, en gran parte, en el sentido común. ¿Por qué un café es mucho más caro en las zonas altas de la ciudad que en los barrios más pobres? Porque los clientes de las zonas altas tienen más dinero que gastar. Si duplicamos el dinero de que disponen los ciudadanos de un país, parece natural pensar que querrán utilizar su mayor poder adquisitivo para comprar más bienes y servicios. Sin embargo, la oferta de bienes y servicios es limitada, por lo que habrá demasiado dinero en busca de una cantidad de bienes insuficiente, lo que llevará a un aumento de los precios.

Esta secuencia de acontecimientos demuestra la gran importancia de la relación entre la cantidad de dinero disponible en una economía y el nivel general de los precios. La teoría cuantitativa del dinero afirma que al duplicar la oferta de dinero, se duplica el valor de las transacciones (o los gastos o los ingresos). En última instancia, la teoría afirma que duplicar el dinero lleva a duplicar los precios, pero no el valor real de los bienes. El dinero es neutro en lo que concierne al valor relativo y real de los bienes y servicios; por ejemplo, respecto a cuántas chaquetas pueden comprarse con lo que vale un ordenador personal.

Precio real y precio nominal

Muchos economistas posteriores a Jean Bodin siguieron desarrollando su idea y llegaron a la conclusión de que hay una clara diferencia entre la economía real y la economía nominal, o monetaria. Los precios nominales son precios en dinero, susceptibles de cambiar debido a la inflación. Por eso los economistas atienden sobre todo a los precios reales: a cuántas unidades de un producto (chaquetas, ordenadores, horas de trabajo) son necesarias para obtener otro producto, al margen del precio nominal. Según la teoría cuantitativa, las variaciones en la cantidad de dinero pueden influir en los precios, aunque no alteran en absoluto las variables económicas reales, como la producción o el desempleo. Más aún, los economistas se dieron cuenta de que el dinero es, en sí mismo, un «bien» al que las personas quieren acceder por el valor adquisitivo que confiere; pero no quieren dinero nominal, sino «dinero real»: dinero que pueda comprar más.

> La abundancia de oro y plata [...] en el reino es mayor ahora que en los últimos cuatrocientos años.
> **Jean Bodin**

La ecuación de Fisher

Irving Fisher (1867–1947), economista estadounidense, presentó el desarrollo más completo de la teoría cuantitativa del dinero en la fórmula matemática $MV = PT$, donde P es el nivel general de los precios y T las transacciones que tienen lugar en un año.

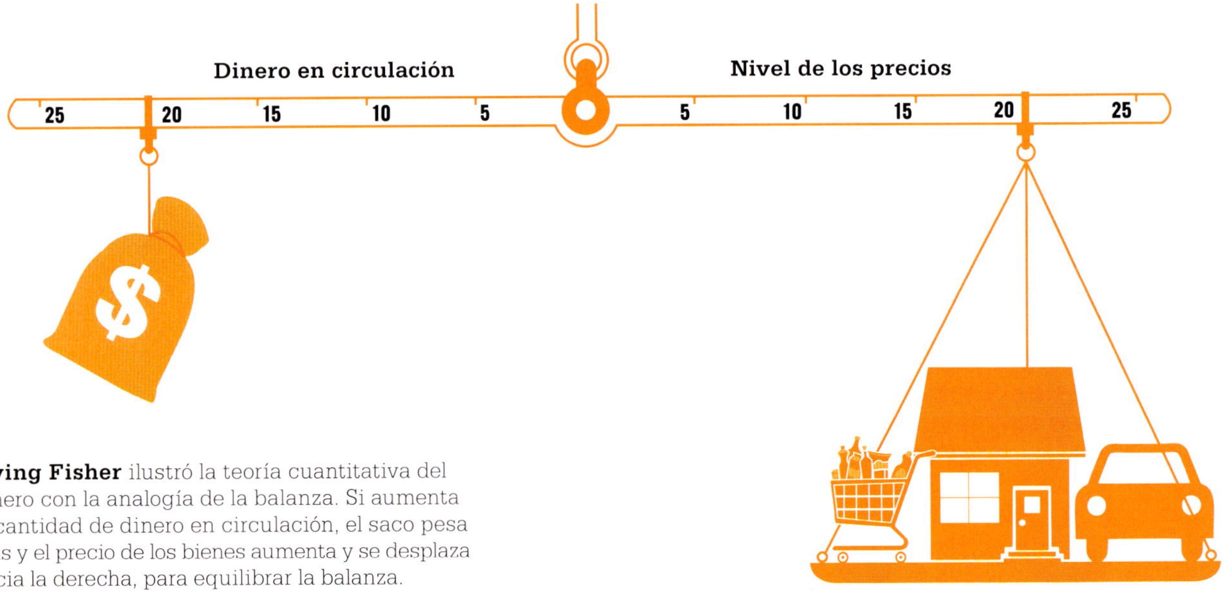

Irving Fisher ilustró la teoría cuantitativa del dinero con la analogía de la balanza. Si aumenta la cantidad de dinero en circulación, el saco pesa más y el precio de los bienes aumenta y se desplaza hacia la derecha, para equilibrar la balanza.

En esta obra de Pieter Brueghel el Viejo, de 1559, los vagabundos se codean con los ricos durante la Cuaresma. El drástico aumento de los precios en el siglo XV endureció la vida de los pobres, llevó a un aumento de la mendicidad y provocó revueltas campesinas.

Por lo tanto, PT (Precios x Transacciones) es el valor total de las transacciones anuales. M es la oferta monetaria. Sin embargo, dado que PT representa un flujo total de productos y M representa una cantidad de dinero que puede reutilizarse una y otra vez, la ecuación necesita un elemento que represente la circulación del dinero. Este flujo circular, que hace que el dinero rote por la economía, es V, o la velocidad del dinero.

La ecuación se convierte en teoría cuando se establecen supuestos acerca de las relaciones entre las letras. Así, los economistas asumen, en primer lugar, que V, la velocidad del dinero, es constante, porque la forma en que usamos el dinero es un hábito que no cambia demasiado de un año a otro; este supuesto es clave en la teoría cuantitativa del dinero. En segundo lugar, se asume que T, la cantidad de transacciones en una economía, solo depende de la demanda de los consumidores y de la tecnología de los productores, y que estos dos elementos fijan los precios. En tercer lugar, se admite que puntualmente puede haber cambios en M (la oferta monetaria), como sucedió con la llegada del tesoro del Nuevo Mundo a Europa. Por tanto, se concluye que si V (velocidad) y T (transacciones) se mantienen constantes y M se duplica, también se duplicarán los precios.

Junto con la diferencia entre precio real y nominal, la teoría cuantitativa del dinero ha aportado la idea de que el dinero tiene un efecto neutro sobre la economía.

Objeciones y reformulación

Sin embargo, ¿es realmente neutro el dinero? Pocos consideran que lo sea a corto plazo. El efecto inmediato de una mayor disponibilidad de dinero es que se gasta en bienes y servicios reales. John Maynard Keynes (p. 161) sostuvo que, aunque quizá fuera neutro a largo plazo, a corto plazo afecta a variables reales como la producción y el desempleo. Las pruebas además sugieren que la velocidad del dinero (V) no es constante, sino que parece aumentar en los periodos de inflación elevada y reducirse en las recesiones, cuando la inflación es baja.

Keynes presentó aún otras objeciones a la teoría cuantitativa del dinero. Propuso que el dinero no solo se usa como un medio de intercambio, sino como una especie de «depósito de valor», es decir, algo que se puede guardar para comprar bienes, como colchón en caso de necesidad o para inversiones futuras. La economía keynesiana afirma que estos motivos se ven menos afectados por los ingresos o las transacciones (PT en la fórmula) que por los tipos de interés. El aumento de los tipos de interés provoca un aumento de la velocidad del dinero.

En 1956, el economista estadounidense Milton Friedman (p. 199) defendió la teoría cuantitativa del dinero y argumentó que la demanda de las personas de dinero real (de dinero que compre más cosas) depende de su riqueza. Afirmó que eran los ingresos de la población los que determinaban esa demanda.

En la actualidad, los bancos centrales emiten moneda electrónicamente y la usan para comprar deuda pública en un proceso conocido como facilitación cuantitativa, con el objetivo de impedir el temido desplome de la cantidad de dinero disponible. Por el momento, el efecto más visible de ello ha sido la reducción de los tipos de interés de la deuda pública. ■

> La inflación es siempre y en todo lugar un fenómeno monetario.
> **Milton Friedman**

HAY QUE PROTEGERSE DE LOS PRODUCTOS EXTRANJEROS

PROTECCIONISMO Y COMERCIO

EN CONTEXTO

ENFOQUE
Economía global

PENSADOR CLAVE
Thomas Mun (1571–1641)

ANTES
***C.* 1620** Gerard de Malynes sostiene que Inglaterra debe regular el comercio exterior a fin de impedir que el oro y la plata salgan del país.

DESPUÉS
1691 El comerciante inglés Dudley North afirma que el consumo es el mayor incentivo para la riqueza de la nación.

1791 El secretario del Tesoro estadounidense, Alexander Hamilton, fomenta la protección de las nuevas industrias.

1817 El británico David Ricardo afirma que el comercio exterior beneficia a todas las naciones.

Década de 1970 Milton Friedman insiste en que el libre comercio ayuda a los países en vías de desarrollo.

El oro constituye la riqueza de un país.

↓

Las **exportaciones** traen oro.

↓

Las importaciones del extranjero **sacan oro** del país.

↓

Los países deben proteger su reserva de oro y **limitar las importaciones**.

↓

Hay que protegerse de los productos extranjeros.

Durante los últimos cincuenta años, numerosos economistas han defendido el libre comercio. Afirman que solo la eliminación de todas las barreras al comercio garantiza que bienes y dinero fluyan con libertad por todo el mundo y que los mercados globales se desarrollen sin inhibiciones. Hay quien discrepa y cree que cuando se da un gran desequilibrio comercial entre dos países, ello afecta al empleo y a la riqueza.

Una visión mercantilista

El debate acerca el libre comercio se remonta a la era mercantilista, que comenzó en la Europa del siglo XVI y prosiguió hasta finales del siglo XVIII. El auge del comercio marítimo holandés e inglés desplazó la riqueza del sur al norte de Europa.

En ese periodo también emergieron las naciones-estado y, con ellas, el concepto de la riqueza de la nación, que se medía según el «tesoro» (cantidad de oro y de plata) que poseía un país. Los mercantilistas creían que el mundo bebía de un «pozo limitado», por lo que la riqueza de cada nación dependía de una «balanza comercial» favorable, en la cual las entradas de oro superaran a las salidas. Si del país salía una cantidad excesiva de oro, la prosperidad de la nación disminuía,

Véase también: Ventaja comparativa 80–85 ▪ Bretton Woods y el comercio internacional 186–187 ▪ Integración del mercado 226–231 ▪ Teoría de la dependencia 242–243 ▪ Desequilibrio global del ahorro 322–325

bajaban los salarios y se perdían empleos. Inglaterra intentó detener la salida de oro con la imposición de leyes suntuarias que limitaban el consumo de productos extranjeros; así, por ejemplo, se aprobaron leyes para controlar los tipos de tela con que se elaboraban las prendas de ropa, a fin de reducir la demanda de importaciones de algodón y seda de alta calidad.

Malynes y Mun

Gerard de Malynes (1586–1641), mercader inglés experto en comercio exterior, opinaba que había que limitar la salida de oro del país, porque si se permitía que saliera en exceso, la moneda perdería valor. Pero otro inglés, Thomas Mun, el teórico mercantilista más importante del siglo, insistía en que lo importante no eran los pagos puntuales al extranjero, sino el equilibrio de la balanza comercial. Aunque quería impulsar las exportaciones y reducir las importaciones por medio de un consumo más frugal de los productos nacionales, no pensaba que gastar oro en el extranjero fuera perjudicial: si se utilizaba para adquirir bienes que luego se reexportaban por una cantidad mayor, al final entraba en el país más dinero del que había salido. De este modo se impulsaba el comercio, se proporcionaba trabajo a la industria del transporte y aumentaba el tesoro de Inglaterra.

Acuerdos de libre comercio

En el siglo XVIII, Adam Smith (p. 61) se mostró en desacuerdo con esta forma de pensar. En *La riqueza de las naciones* insistió en que lo importante no es la riqueza de cada nación, sino la de todas las naciones. Además, el pozo no es del todo limitado: puede crecer con el tiempo, pero solo si el comercio entre naciones es libre. Si se permite el libre comercio, el mercado crecerá continuamente y acabará enriqueciendo a todos los países.

En los últimos cincuenta años, la visión dominante ha sido la de Smith: casi todos los economistas occidentales afirman que las restricciones al comercio entre países entorpecen las economías nacionales. Hoy, las zonas de libre comercio como la Unión Europea (UE), la Asociación de Naciones del Sudeste Asiático (ANSA) y el Tratado de Libre Comercio de América del Norte (TLCAN) son la pauta. Paralelamente, organizaciones globales como la Organización Mundial del Comercio (OMC) y el Fondo Monetario Internacional (FMI) instan a las naciones a reducir aranceles y otras barreras al comercio, con el objetivo de permitir que empresas extranjeras se introduzcan en sus mercados nacionales. Hoy día se critica y se califica de proteccionismo el alzamiento de barreras al comercio internacional.

Sin embargo, hay economistas a quienes preocupa que la exposición a poderosas empresas globales perjudique a los países en desarrollo, incapaces de proteger sus incipientes industrias con medidas proteccionistas, como lo hicieron Gran Bretaña, EE UU o Japón antes de convertirse en potencias económicas. Mientras tanto, China practica una política comercial que recuerda al planteamiento de Mun, pues potencia el excedente comercial y acumula una enorme reserva de divisas extranjeras. ■

En 2010, los agricultores franceses se manifestaron en París para denunciar la drástica caída de los precios de los cereales debido a la liberalización de las cuotas a la importación.

Thomas Mun

Mun nació en 1571 en el seno de una familia de ricos comerciantes londinenses. Tras la muerte de su padre, cuando él tenía tres años, su madre se casó con Thomas Cordell, que se convertiría en uno de los directores de la Compañía Británica de las Indias Orientales. Mun emprendió sus actividades comerciales en el Mediterráneo y en 1615 fue nombrado también director de la Compañía, donde desarrolló sus ideas para defender las cuantiosas exportaciones de plata de la Compañía, sobre la creencia de que así se generaba actividad de reexportación. En el año 1628 la Compañía apeló al gobierno británico para que protegiera su actividad frente a la competencia holandesa, y Mun defendió dicha causa en el Parlamento. Falleció en 1641, tras amasar una fortuna considerable.

Obras principales

1621 *Discurso del comercio.*
***C.* 1630** *La riqueza de Inglaterra por el comercio exterior.*

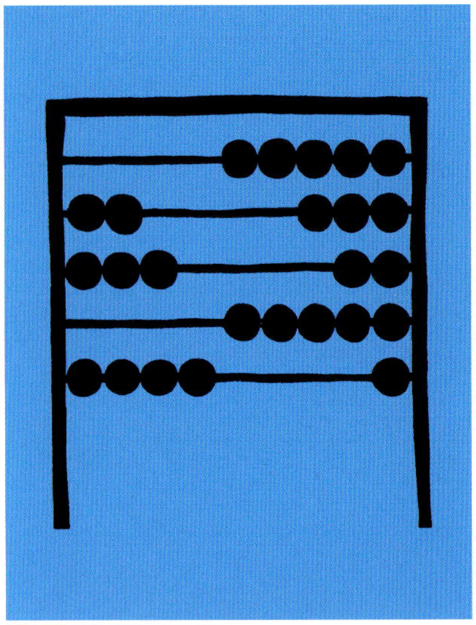

LA ECONOMIA ES MENSURABLE

MEDIDA DE LA RIQUEZA

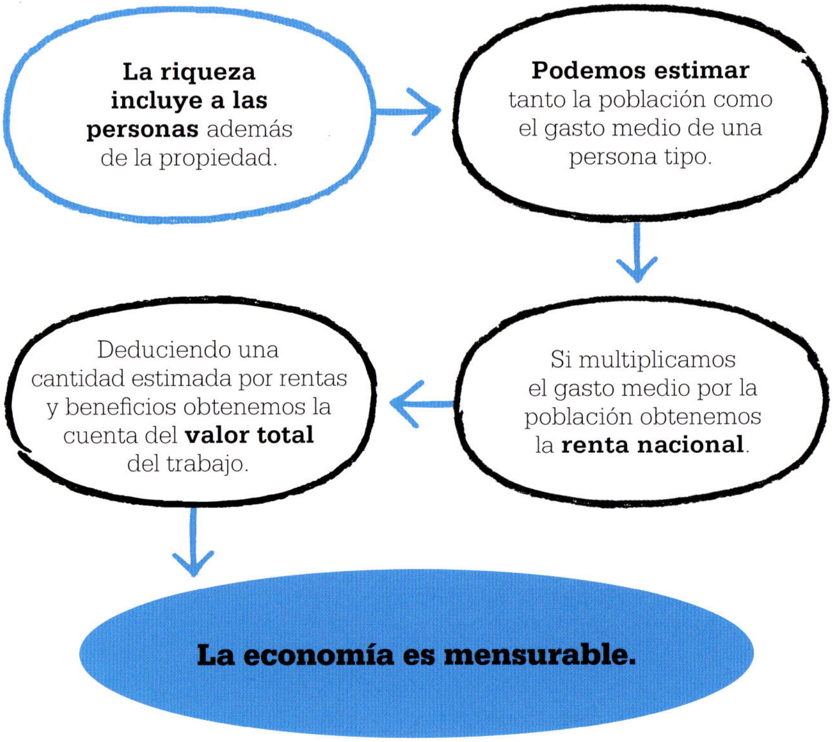

EN CONTEXTO

ENFOQUE
Métodos económicos

PENSADOR CLAVE
William Petty (1623–1687)

ANTES
1620 Francis Bacon, científico inglés, defiende un enfoque científico nuevo, basado en la recogida de datos.

DESPUÉS
1696 El estadístico inglés Gregory King elabora su gran estudio estadístico sobre la población de Inglaterra.

Década de 1930 Colin Clark, economista australiano, acuña el concepto de producto interior bruto (PIB).

1934 El ruso-estadounidense Simon Kuznets elabora las primeras cuentas nacionales modernas.

Década de 1950 El británico Richard Stone introduce la contabilidad nacional de partida doble.

Hoy damos por sentado que la economía puede medirse, y cuantificamos con precisión sus expansiones y contracciones. Sin embargo, no siempre fue así. La idea de medir la economía se remonta a la década de 1670 y al pionero trabajo del científico inglés William Petty. Su aportación consistió en aplicar los nuevos métodos de la ciencia empírica a cuestiones financieras y políticas: utilizó datos del mundo real en lugar de apelar al razonamiento lógico; decidió expresarse solamente «en términos de número, peso o medida». Este enfoque contribuyó a sentar las

Véase también: Flujo circular de la economía 40–45 ▪ Prueba de las teorías económicas 170 ▪ Economía de la felicidad 216–219 ▪ Economía y género 310–311

bases de la disciplina que hoy conocemos como economía.

En su *Aritmética política*, publicada en 1690, Petty utilizó datos reales a fin de demostrar que, contrariamente a la creencia popular, Inglaterra era entonces más rica que nunca. Una de sus innovadoras decisiones consistió en incluir el valor del trabajo, además de las tierras y el capital. Pese a que las cifras de Petty son discutibles, la eficacia de su idea básica es innegable. Sus cálculos incluían el tamaño de la población, el gasto individual, el valor de las rentas, los salarios por persona, etc. Multiplicó todas estas cifras para obtener una cifra total de la riqueza global del país, y logró así una cuenta nacional. Pierre de Boisguilbert (p. 334) y Sébastien le Prestre (1633–1707) desarrollaron métodos similares en Francia.

El estadístico inglés Gregory King (1648–1712) analizó tanto la economía como la población de Inglaterra, Francia y Holanda, y concluyó que ninguno de los tres países contaba con los recursos suficientes para proseguir la guerra en la que se encontraban inmersos (la guerra de los Nueve Años) más allá de 1698. Es posible que sus cálculos fuesen correctos, ya que la guerra terminó en 1697.

La medida del progreso

En la actualidad, la economía se sustenta en la estadística. Los economistas suelen medir el producto interior bruto (PIB), que es el valor total de todos los bienes y servicios que se han intercambiado por dinero en un país durante un determinado periodo de tiempo (generalmente un año). Sin embargo, y aunque se han hecho grandes esfuerzos para estandarizar estos métodos, aún no contamos con un modelo definitivo para calcular las cuentas nacionales.

Recientemente, los economistas han empezado a ampliar la medida de la prosperidad y han formulado nuevos tipos de medidas, como el índice de progreso real, que incluye factores como la distribución de los ingresos, la delincuencia o la contaminación, o como el índice de felicidad del planeta, una medida del bienestar humano y del impacto medioambiental. ▪

La batalla de La Hogue se libró en 1692, durante la guerra de los Nueve Años. El estadístico Gregory King calculó durante cuánto tiempo podría permitirse cada país seguir luchando.

William Petty

William Petty nació en 1632 en el seno de una humilde familia de Hampshire (Inglaterra). Vivió la guerra civil inglesa y llegó a ocupar altos cargos tanto en el gobierno republicano como en la monarquía, después de ser restaurada. De joven, trabajó en Holanda junto con el filósofo político inglés Thomas Hobbes. Tras volver a Inglaterra, enseñó anatomía en la Universidad de Oxford. Petty era un fervoroso defensor de la nueva ciencia y las universidades le resultaban poco estimulantes, por lo que se fue a Irlanda, donde llevó a cabo un monumental estudio sobre las tierras del país.

En la década de 1660, Petty regresó a Inglaterra y se centró en la economía, realizando el trabajo por el que actualmente se le conoce. Pasó el resto de su vida entre Inglaterra e Irlanda. Es considerado como una de las primeras grandes figuras de la economía política. Falleció en 1687, a los 64 años de edad.

Obras principales

1662 *Tratado sobre impuestos y contribuciones.*
1690 *Aritmética política.*
1695 *Quantulumqunque (Algunas palabras sobre el dinero).*

QUE LAS EMPRESAS SALGAN A BOLSA

SOCIEDADES ANONIMAS

EN CONTEXTO

ENFOQUE
Mercado y empresa

PENSADOR CLAVE
Josiah Child (1630–1699)

ANTES
Década de 1500 Los gobiernos otorgan a los comerciantes el monopolio sobre el comercio con determinadas regiones.

1552–1571 Se funda la Bolsa de Amberes y el Royal Exchange de Londres, donde se compran y venden acciones de sociedades anónimas.

DESPUÉS
1680 Los «agentes de bolsa» londinenses se reúnen en la Jonathan's Coffee House para cerrar tratos.

1844 La ley británica de sociedades anónimas facilita la constitución de empresas.

1855 La responsabilidad limitada protege al inversor de estafas como la burbuja de los mares del Sur de 1720 (p. 98).

Los barcos mercantes siempre han logrado financiar las expediciones prometiendo una parte de sus beneficios. Hacia 1500 ofrecían recompensas enormes, pero eran unas operaciones muy arriesgadas que comprometían el dinero durante años antes de dar beneficios. La solución al problema era compartir el riesgo, y así fue como surgieron las sociedades anónimas: los inversores aportaban dinero a cambio de compartir la propiedad de las acciones de la empresa y del derecho a una parte proporcional de los beneficios.

La Compañía de las Indias Orientales

Una de las primeras sociedades anónimas fue la Compañía de las Indias Orientales, fundada en 1599 para desarrollar el comercio entre Gran Bretaña y las Indias Orientales. El «padre de los mercantilistas», Josiah Child, preservó tan hábilmente su derecho al libre comercio que la convirtió en un fenómeno global. A su muerte, la compañía ya contaba con unos 3.000 accionistas que habían suscrito más de 3 millones de libras en acciones, y había conseguido otros 6 millones en bonos. Las ventas alcanzaban los 2 millones de libras anuales.

La idea de la responsabilidad limitada, según la cual los accionistas solo responden con su inversión, surgió de las sociedades anónimas. La venta de acciones es un buen sistema para obtener financiación. Algunos afirman que el hecho de que los accionistas puedan vender sus acciones conlleva una visión cortoplacista, pero las sociedades anónimas siguen estando en la base del capitalismo. ■

El alto riesgo y los grandes beneficios potenciales del transporte marítimo de mercancías se repartían en sociedades anónimas. Este cuadro representa al *John Wood*, en Bombay en 1850.

Véase también: Equilibrio económico 118–123 ■ Gobierno corporativo 168–169 ■ Instituciones en la economía 206–207

LA RIQUEZA PROVIENE DE LA TIERRA

LA AGRICULTURA EN LA ECONOMIA

EN CONTEXTO

ENFOQUE
Crecimiento y desarrollo

PENSADOR CLAVE
François Quesnay
(1694–1774)

ANTES
1654–1656 William Petty lleva a cabo un gran estudio sobre la tierra en Irlanda, para calcular su potencial productivo para el ejército inglés.

DESPUÉS
1766 Adam Smith afirma que la mayor fuente de riqueza es el trabajo, y no la tierra.

1879 El estadounidense Henry George defiende la idea de que la tierra debería ser propiedad común de la sociedad y que solo debería gravarse la tierra, no el trabajo productivo.

Década de 1950 La hipótesis del «agricultor eficiente», lanzada por el estadounidense Theodore Schultz, sitúa la agricultura en el centro del desarrollo económico.

En los últimos años, se ha calificado a los banqueros de parásitos que se lucran con la riqueza creada por el trabajo de otros. François Quesnay (p. 45), hijo de un agricultor francés y una de las grandes mentes del siglo XVIII, seguramente suscribiría esta consideración.

Quesnay creía que la riqueza no está en el oro o en la plata, sino que proviene de la producción agrícola o manufacturera. Argumentaba que la agricultura es tan valiosa porque trabaja con la naturaleza, que multiplica el esfuerzo y los recursos del agricultor, para producir un excedente neto. Por su parte, la manufactura es «estéril» porque el valor de sus productos es igual al valor de la materia prima –si bien teóricos posteriores demostraron que la manufactura también puede producir excedentes.

El orden natural

Con su defensa del valor de la agricultura, Quesnay ejerció una enorme influencia y estimuló el desarrollo de la escuela francesa de pensadores fisiócratas, que creían en la primacía del «orden natural» en la economía.

> Si conociéramos la economía de la agricultura, conoceríamos mejor la economía de la pobreza.
> **Theodore Schultz**
> **Economista estadounidense**
> **(1902–1998)**

Muchos economistas, como Theodore Schultz, han afirmado que el desarrollo agrícola es la base para el progreso en los países pobres. El Banco Mundial declaró en 2008 que el crecimiento en el sector agrícola contribuye a reducir la pobreza más que el crecimiento en cualquier otro sector. Con todo, hoy los economistas también reconocen que la diversificación en el sector industrial y en el sector servicios, lo que incluye a las finanzas, es vital para el desarrollo a largo plazo. ■

Véase también: Demografía y economía 68–69 ▪ Teoría del valor-trabajo 106–107 ▪ Surgimiento de las economías modernas 178–179 ▪ Economía del desarrollo 188–193

EL DINERO
Y LOS BIENES FLUYEN ENTRE PRODUCTORES Y CONSUMIDORES

FLUJO CIRCULAR DE LA ECONOMIA

EN CONTEXTO

ENFOQUE
Macroeconomía

PENSADOR CLAVE
François Quesnay
(1694–1774)

ANTES
1664–1676 El economista inglés William Petty introduce los conceptos de renta y gasto nacionales.

1755 El banquero irlandés Richard Cantillon publica en Francia su *Ensayo*, que trata sobre la circulación del dinero de la ciudad al campo.

DESPUÉS
1885 Karl Marx describe en *El capital*, su obra cumbre, la circulación del capital usando un modelo basado en el trabajo de Quesnay.

Década de 1930 Los estudios de Simon Kuznets, economista ruso-estadounidense, permiten desarrollar la contabilidad nacional moderna.

En economía, se puede pensar a pequeña escala (microeconomía), o bien tratar de abarcar todo el sistema: en esto consiste la macroeconomía. En la Francia del siglo XVIII, un grupo conocido como los fisiócratas intentó pensar a gran escala: deseaban entender y explicar toda la economía como un sistema. Sus ideas sentaron las bases de la macroeconomía moderna.

Los fisiócratas

«Fisiocracia» es una palabra griega que significa «poder sobre la naturaleza». Los fisiócratas estaban convencidos de que las naciones obtenían

Madame de Pompadour, amante de Luis XV, instaló a Quesnay en Versalles como su médico. Para él, ese estilo de vida debería de constituir el epítome del fastuoso excedente de la riqueza de los terratenientes.

su poder económico de la naturaleza, por medio del sector agrícola. Su líder, François Quesnay, era cirujano y médico de Madame de Pompadour, la amante del rey Luis XV; y algunos creyeron ver en su complejo modelo económico una clara representación del sistema circulatorio humano.

En aquella época, el pensamiento económico estaba dominado por el enfoque mercantilista (pp. 34–35). Los mercantilistas opinaban que el Estado tenía que comportarse como un comerciante, desarrollando negocios, adquiriendo oro e interviniendo activamente en la economía mediante impuestos, subsidios, controles y privilegios monopolísticos. Los fisiócratas mantenían la postura inversa y afirmaban que la economía se autorregulaba naturalmente y que solo necesitaba ser protegida de las malas influencias. Favorecían el libre comercio, los impuestos bajos, el derecho a la propiedad y una deuda pública reducida. Los mercantilistas sostenían que la riqueza provenía del tesoro, pero Quesnay y sus seguidores creían que esta se sustentaba en lo que los economistas modernos denominan «economía real», es decir, en los sectores que generan bienes y servicios reales; y consideraban que la agricultura era el más productivo de estos sectores.

Los fisiócratas estaban muy influidos por el pensamiento de un terrateniente francés anterior, Pierre de Boisguilbert, que había afirmado que la agricultura era superior a la industria y que los consumibles eran más valiosos que el oro. Cuantos más bienes se consumieran, decía, más dinero se movería; consideraba el consumo como el motor de la economía. Consideraba también que un poco de dinero en manos de los pobres (que se lo gastan) beneficia más a la economía que si está en manos de los ricos (que se lo guardan). El movimiento o la circulación del dinero resultaba, pues, fundamental.

El cuadro de Quesnay

Quesnay plasmó el sistema fisiocrático sobre la circulación del dinero en su *Cuadro económico*, que publicó y revisó varias veces entre 1758 y 1767. Se trata de un diagrama que, por medio de una serie de líneas conectoras, ilustra el flujo del dinero y de los bienes entre tres grupos de la sociedad: terratenientes, agricultores y artesanos. Los bienes son productos agrícolas y manufacturados (producidos por agricultores y artesanos). Aunque Quesnay utilizó el maíz como ejemplo de producto agrícola, apuntó que en esta categoría se podría incluir cualquier producto obtenido de la tierra, incluidos los productos de minería.

Este modelo de Quesnay se comprende mejor con un ejemplo. Imaginemos que cada uno de los tres gru-

Véase también: Medida de la riqueza 36–37 ▪ La agricultura en la economía 39 ▪ Economía de libre mercado 54–61 ▪ Economía marxista 100–105 ▪ Equilibrio económico 118–123 ▪ El multiplicador keynesiano 164–165

pos empieza con 2 millones de euros. Los terratenientes no producen nada y gastan sus 2 millones en productos agrícolas y manufacturados por igual, y los consumen todos. Por otra parte, reciben 2 millones en rentas, procedentes de sus agricultores (que apenas pueden pagarlas, porque son el único grupo que produce un excedente), por lo que acaban en el mismo punto que empezaron. Los agricultores son el grupo productivo. Gracias a los 2 millones de partida producen productos agrícolas por valor de 5 millones, mucho más de lo que consumen. De estos, venden productos por valor de un millón a los terratenientes, que los consumen; y venden productos por valor de 2 millones a los artesanos, que consumen la mitad y utilizan la otra mitad como materia prima para sus productos. Y esto les deja 2 millones que pueden utilizar para la cosecha del año siguiente. En términos de producción, han vuelto al punto de partida; sin embargo, han obtenido 3 millones en ventas, de los

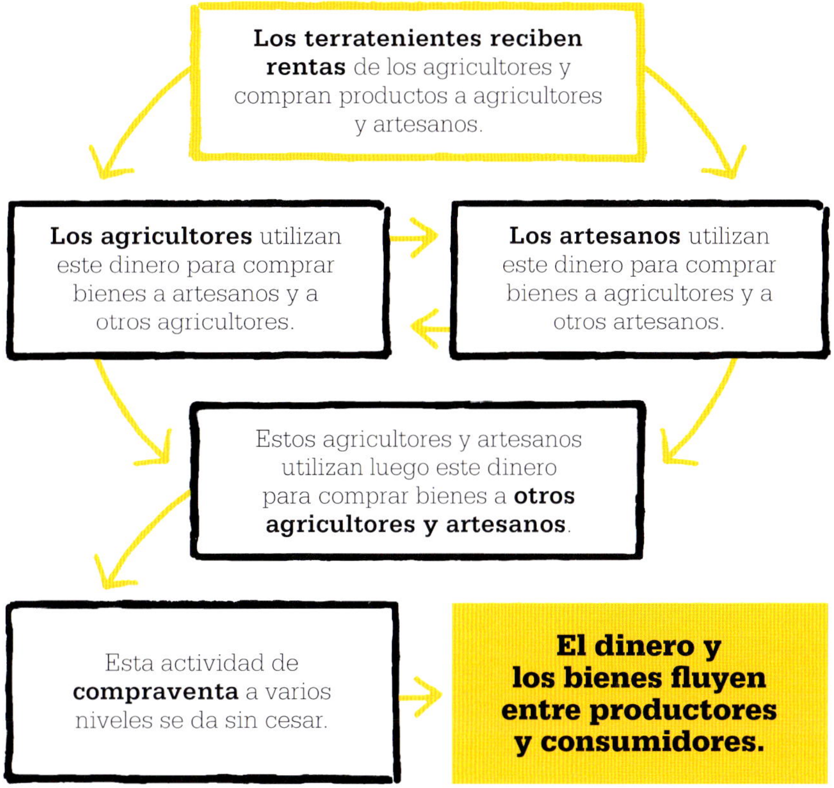

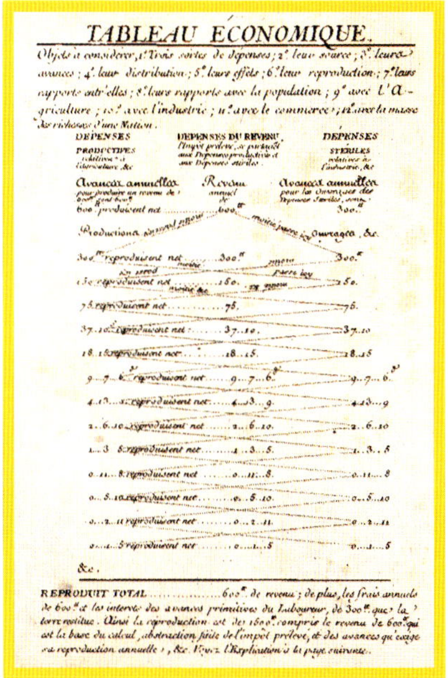

que gastan 2 millones en arriendos y un millón más en productos manufacturados (herramientas, aperos de labranza, etc.).

Quesnay calificaba de «estéril» a cualquier grupo ajeno a los agricultores y los terratenientes, considerando que no podían producir excedentes netos. En este ejemplo, los artesanos utilizan su capital inicial de 2 millones para producir bienes manufacturados por valor de 2 millones, aparte de los que consumen ellos mismos. Venden sus bienes a terratenientes y agricultores por igual, pero gastan todos sus ingresos en adquirir productos agrícolas: un millón para el consumo propio y otro millón en materias primas. Así, han consumido todo lo que tienen.

El modelo elaborado por Quesnay aporta algo más que una simple cuenta anual: muestra cómo los bienes y los productos circulan a lo largo de un año y evidencia por qué este movimiento es tan importante. La venta de productos entre los distintos grupos genera ingresos, que posteriormente se utilizan para comprar más productos, hecho que genera aún más ingresos. Se produce un «efecto multiplicador» (que en el esquema de Quesnay se traduce en una serie de líneas en zigzag) »

El *Cuadro económico* de Quesnay, que muestra el flujo de la riqueza entre agricultores, terratenientes y artesanos, fue el primer intento de explicar cómo funciona una economía nacional.

> Dejemos que la suma total de los ingresos recorra anualmente todo el ciclo de circulación.
> **François Quesnay**

similar al que John Maynard Keynes (p. 161) expuso en la década de 1930, cuando señaló la cadena de efectos beneficiosos que tiene el gasto público en una economía deprimida.

Analizar la economía

Tanto el tipo de preguntas que planteó Quesnay como el modo en que las respondió anticipaban la teoría económica moderna. Quesnay fue uno de los primeros en intentar desvelar las leyes generales que rigen la economía; descompuso la economía en las partes que la componen y luego analizó con rigor las relaciones entre ellas. Su modelo incluía los ingresos, las salidas y las interdependencias entre los distintos sectores. Quesnay sugirió que estos podían coexistir en un estado de equilibrio, una idea que más adelante desarrollaría Léon Walras (p. 120) y que terminaría siendo la base de la teoría económica.

El enfoque adoptado por Quesnay para cuantificar las leyes económicas hace de su *Cuadro económico* el primer modelo macroeconómico de la historia. Las cifras del cuadro fueron el resultado de un riguroso estudio del sistema económico francés, por lo que cuentan con una sólida base empírica. Ese estudio indicaba que la tecnología agrícola era suficiente para que los agricultores generaran un excedente neto de como mínimo el 100%. En nuestro ejemplo, es esto lo que consiguen; parten de 2 millones de euros en maíz, que reciben de vuelta junto con un excedente neto de 2 millones más, que luego pagan en arriendos. Los economistas modernos utilizan este tipo de resultados empíricos para reflexionar sobre el impacto de los cambios de políticas, y Quesnay utilizó su cuadro con un objetivo parecido. Argumentó que si los agricultores pagaban demasiados impuestos, tendrían que reducir su inversión de capital en tecnología agrícola y, por lo tanto, la producción caería por debajo del nivel que la economía necesita para prosperar. Eso llevó a los fisiócratas a defender que debía haber un único impuesto: sobre el valor del alquiler de la tierra.

A partir de sus agudas conclusiones empíricas, Quesnay elaboró toda una serie de recomendaciones políticas, como gastar todos los ingresos, invertir en agricultura, no acumular el capital, una fiscalidad baja y el libre comercio. Atribuía una especial importancia al capital, porque sus agricultores-emprendedores necesitaban créditos baratos para poder pagar las mejoras de la tierra.

Ideas clásicas

La diferenciación entre sectores productivos e improductivos de Quesnay ha ido reapareciendo a lo largo de la historia del pensamiento económico, cuando los economistas contraponen la industria a los servicios, o el sector privado al público. Su atención exclusiva a la agricultura hoy puede parecer desfasada, pues entendemos que tanto la industria como los servicios son fundamentales para el crecimiento económico. Sin embargo, su énfasis en la vertiente «real» de la economía supuso un paso muy importante hacia el pensamiento económico moderno. Y, sobre todo, anticipó la contabilidad nacional moderna, que calcula el rendimiento macroeconómico de las naciones. Una cuenta nacional se basa en el flujo circular de los ingresos y los gastos en la economía. Uno de los conceptos esenciales de la teoría de Quesnay era que el valor

Para los fisiócratas, la inversión en agricultura era clave para garantizar la riqueza de Francia, y la libertad de exportación haría posible mantener la demanda a la vez que limitaba el poder de los comerciantes.

Quesnay fue el primero en ilustrar la interdependencia entre consumidores y productores. Los consumidores dependen de los productores para acceder a bienes y servicios, y los productores dependen de los consumidores para conseguir ventas y mano de obra.

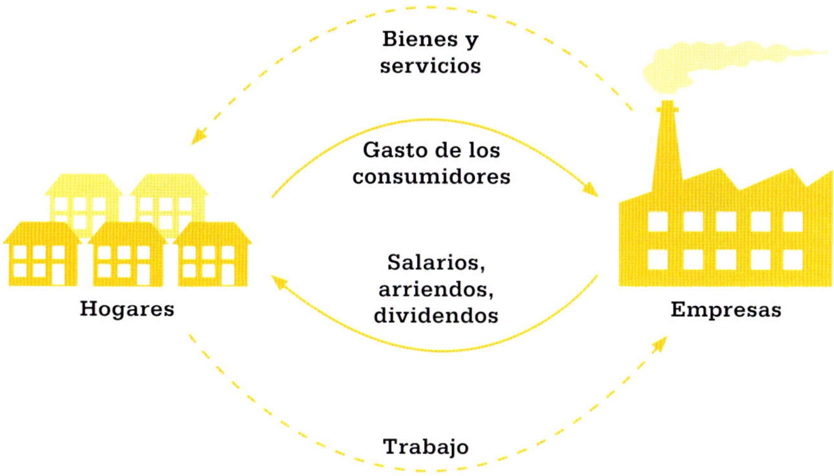

del producto total de una nación es equivalente al total de los ingresos recibidos. En el siglo XX, la gran mayoría de los análisis macroeconómicos han girado en torno al multiplicador keynesiano (pp. 164–165). John Maynard Keynes demostró que el gasto público podía estimular el gasto en general en un «efecto multiplicador». Dicha idea tiene similitudes obvias con el flujo circular de Quesnay, con su susceptibilidad a la expansión y el estancamiento.

> Este sistema […] es acaso la mayor aproximación a la verdad que se ha publicado sobre la materia de la economía política.
> **Adam Smith**

Con todo, lo más importante sea probablemente que los conceptos expuestos por Quesnay de excedente y capital pasaron a ser fundamentales en el análisis del crecimiento económico por parte de los economistas clásicos. Los modelos clásicos tradicionales se centran en tres factores de producción: tierra, trabajo y capital. Los terratenientes reciben arriendos y los derrochan luego en productos de lujo; los trabajadores aceptan salarios bajos y, si se los suben, tienen más hijos. Sin embargo, los emprendedores obtienen beneficios que luego reinvierten productivamente en la industria. Por consiguiente, los beneficios impulsan el crecimiento y el rendimiento económico depende de aquellos sectores económicos que producen excedentes. Quesnay, pues, anticipó muchos de los conceptos e ideas posteriores acerca del crecimiento económico e inspiró a Karl Marx (p. 105), que en 1885 elaboró su propia versión del *Cuadro económico*. Marx dijo de Quesnay que «nunca antes el pensamiento sobre economía política había alcanzado un nivel de genio semejante». ■

François Quesnay

François Quesnay nació cerca de París en 1694, el octavo de los trece hijos de un labrador. A los 17 años se hizo aprendiz de grabador, pero luego pasó a estudiar en la universidad y, finalmente, en 1717 se licenció en el colegio de cirujanos.

Ya como cirujano, Quesnay consiguió labrarse una sólida reputación y comenzó a atender a la nobleza. En 1749 se trasladó al palacio real de Versalles para trabajar como médico personal de Madame de Pompadour. En 1752 logró salvar la vida del hijo del rey, enfermo de viruela, y en agradecimiento se le concedió un título nobiliario, así como el suficiente dinero para comprar una finca para su hijo.

Su interés por la economía despertó hacia principios de la década de 1750, y en el año 1757 conoció al marqués de Mirabeau, con quien formó el grupo de *les économistes*: los fisiócratas. Falleció en 1774.

Obras principales

1758 *Cuadro económico.*
1763 *Filosofía rural* (con el marqués de Mirabeau).
1766 *Análisis de la fórmula aritmética del cuadro económico.*

LA EDAD
DE LA R
1770–1820

AZON

1766

Anne-Robert-Jacques Turgot defiende la **exención fiscal** del comercio y la industria.

Década de 1770

David Hume denuncia el fuerte proteccionismo comercial y afirma que los gobiernos no deben primar la exportación sobre la importación.

1771

Richard Arkwright instala en Inglaterra un **molino de algodón mecanizado** y luego introduce la maquinaria que abriría el camino a la industrialización.

1774

Turgot es nombrado ministro de finanzas en Francia, e intenta **reformar el sistema fiscal** y gravar a los terratenientes ricos.

1776

Adam Smith publica la obra: *Investigación sobre la naturaleza y causas de la riqueza de las naciones*.

1776

La puesta en marcha de la primera máquina de vapor de James Watt en varias fábricas británicas señala el verdadero inicio de la **revolución industrial**.

1776

El Congreso estadounidense proclama la **Declaración de Independencia de los Estados Unidos**.

Década de 1780

El primer ministro británico William Pitt el Joven adopta las propuestas de Smith sobre la **liberalización del mercado**.

Hacia finales del siglo XVIII, la mayor parte del mundo empezó a experimentar drásticos cambios políticos. La conocida como Edad de la Razón produjo científicos cuyos descubrimientos dieron lugar a unas nuevas tecnologías que transformarían el sistema productivo. Paralelamente, las revoluciones inspiradas por los filósofos políticos en Francia y EE UU ejercieron un enorme impacto sobre el viejo y el nuevo mundo. En el ámbito de la economía, un nuevo enfoque científico sustituía a la antigua visión mercantilista de una economía impulsada gracias al comercio protegido y dependiente de las exportaciones como medio para conservar la riqueza. En el año 1815, una vez finalizadas las guerras napoleónicas, Europa, y Gran Bretaña en particular, comenzaron a industrializarse a una escala sin precedentes en la historia. Era preciso un nuevo enfoque para satisfacer las demandas de este nuevo mundo económico que emergía con gran rapidez.

El hombre económico

El escocés Adam Smith (p. 61) fue el economista que tuvo más éxito ante este nuevo reto. Su vasta formación en la filosofía de algunos pensadores de la Ilustración británica, como John Locke o David Hume (p. 47), le llevó inicialmente a abordar el tema desde la persepectiva de la filosofía moral. Pero en *La riqueza de las naciones*, su famoso estudio publicado en 1776, presentó ya un completo análisis de la economía de mercado y de su contribución al bienestar económico de la población. En la base de su tesis se encontraba el «hombre económico racional». Smith defendía la idea de que las personas toman las decisiones económicas de manera racional y pensando siempre en el propio interés, no en el de la sociedad. Cuando se les permite actuar de ese modo en una sociedad libre y con unos mercados competitivos, una «mano invisible» guía a la economía en beneficio de todos. Esta fue la primera descripción detallada de una economía de libre mercado que, según Smith, garantizaba tanto la prosperidad como la libertad, y actualmente se considera un hito en el desarrollo de la ciencia económica.

El enfoque de la teoría económica aportado por Smith contribuyó a establecer lo que con frecuencia ha dado en llamarse economía «clásica». Su análisis de una economía de mercado competitiva era, básicamente, una descripción de lo que hoy en día conocemos como capitalismo. Sin embargo, *La riqueza de las naciones* era

1789
La **toma de la Bastilla** en París desata la Revolución Francesa.

1791
Jeremy Bentham plantea su teoría del **utilitarismo**, cuyo objetivo es «la mayor felicidad de la mayoría».

1795
Edmund Burke critica la intervención del Estado en la regulación de salarios y precios.

1798
Thomas Malthus advierte del peligro de que la población supere a los recursos y de lo que eso conllevaría.

1803
Jean-Baptiste Say propone la **ley de los mercados de Say**: en una economía nunca puede haber ni escasez de demanda ni saturación de productos.

1817
David Ricardo sienta las bases de la **economía clásica**, abogando por el libre mercado y la especialización del trabajo.

1819
Jean Charles Léonard de Sismondi describe los **ciclos económicos** y la diferencia entre el crecimiento a largo plazo y los altibajos a corto plazo.

1819
EE UU sufre su **primera gran crisis financiera** tras un periodo de crecimiento sostenido.

mucho más que una simple descripción de la economía en su conjunto (o «macroeconomía»). También analizaba otras muchas cuestiones como la división del trabajo y su contribución al crecimiento, y los distintos factores que permiten determinar el valor de las cosas. La publicación de la obra de Smith coincidió con el inicio de la revolución industrial en Gran Bretaña, un periodo caracterizado por una enorme prosperidad y un crecimiento económico acelerado, que fue impulsado por la nueva tecnología y la innovación. Las ideas de Smith encontraron un público bien dispuesto a entender cómo funcionaba la economía y cómo beneficiarse de ella. Su trabajo gozó de una gran influencia y planteó muchas de las cuestiones que atañen a la gestión de la economía de una sociedad industrializada. En concreto, Smith abordó la función del gobierno en una sociedad capitalista, argumentando que su intervención debía ser muy limitada.

Fin del proteccionismo

El economista británico David Ricardo (p. 84) fue sin duda uno de los más influyentes seguidores de Smith. Era un gran defensor del libre comercio y dio la puntilla final al proteccionismo cuando logró constatar que todos los países, incluso los menos productivos, podían llegar a beneficiarse del libre comercio. Asimismo, analizó en profundidad y de forma crítica cómo la deuda y el gasto público afectaban a la economía. Otro de los fervientes seguidores de Adam Smith fue Thomas Malthus (p. 69), clérigo y académico británico que en la actualidad es conocido sobre todo por sus lúgubres predicciones acerca de lo que supondría que la población creciera a una velocidad mayor que los recursos que la mantienen. Por su parte, la fisiocracia francesa –especialmente Anne-Robert-Jacques Turgot (p. 65) y François Quesnay (p. 45), ambos defensores de un sistema fiscal justo, y Jean Baptiste Say (p. 75), el primero en describir la relación entre la oferta y la demanda en la economía de mercado– también adoptó muchas de las ideas de Smith.

Naturalmente, no todo el mundo estuvo de acuerdo con el análisis llevado a cabo por Adam Smith, y en el siglo XIX no tardó en surgir una fuerte reacción en contra de la idea de una economía capitalista con un mercado completamente libre. Con todo, los economistas clásicos de principios del periodo industrial plantearon numerosas cuestiones que a día de hoy continúan estando en el centro de la ciencia económica actual. ■

EL HOMBRE ES RACIONAL, FRIO Y CALCULADOR

EL HOMBRE ECONOMICO

EN CONTEXTO

ENFOQUE
Toma de decisiones

PENSADOR CLAVE
Adam Smith (1723–1790)

ANTES
***C.* 350 A.C.** El filósofo griego Aristóteles mantiene que la motivación económica primaria es el interés personal innato.

Década de 1750 El francés François Quesnay afirma que el interés personal motiva toda la actividad económica.

DESPUÉS
1957 El estadounidense Herbert Simon señala que no podemos adquirir y procesar toda la información disponible sobre todos los temas: nuestra racionalidad es limitada.

1992 El estadounidense Gary Becker recibe el premio Nobel por su obra sobre la elección racional dentro del ámbito de la discriminación, la delincuencia y el capital humano.

Como individuos, actuamos en **interés propio**.

↓

Deseamos mejorar nuestro **bienestar personal** mediante el consumo de bienes y servicios y la consecución de objetivos.

↓

Tomamos decisiones tras **recoger información y calcular** qué acciones pueden acercarnos a nuestros objetivos sin resultar demasiado costosas.

↓

El hombre es racional, frío y calculador.

La mayoría de los modelos económicos parten del supuesto de que las personas son, fundamentalmente, seres interesados y racionales. Así es el *Homo oeconomicus*, el «hombre económico» de la economía clásica. El concepto, que es aplicable tanto a hombres como a mujeres, asume que los individuos tomamos decisiones en base a una evaluación racional de la información y con el objetivo de maximizar nuestro bienestar personal. Así, elegimos la opción que ofrece la máxima utilidad (satisfacción) con el mínimo esfuerzo. El primero en formular esta idea fue Adam Smith (p. 61) en *La riqueza de las naciones*, publicada en 1776.

La idea central de Smith era que la interacción económica humana se rige fundamentalmente por el interés personal, y se explicaba diciendo que si tenemos la cena en la mesa, no es gracias a la benevolencia del carnicero, el bodeguero y el panadero, sino porque estos han actuado en su propio interés. Los proveedores toman decisiones racionales para maximizar sus beneficios; que eso nos permita comer les importa bien poco.

Ya en el siglo XIX, John Stuart Mill (p. 95) desarrolló las ideas de Smith. Mill veía en las personas seres que desean acumular riqueza, entendida

Véase también: Economía de libre mercado 54–61 ▪ Burbujas económicas 98–99 ▪ Economía y tradición 166–167 ▪ Mercados e incidencias sociales 210–213 ▪ Expectativas racionales 244–247 ▪ Economía del comportamiento 266–269

esta no solo como dinero, sino como todo aquello que es bueno. Creía que a las personas las mueve la voluntad de alcanzar el máximo bienestar posible, empleando el mínimo esfuerzo posible para alcanzar ese objetivo.

Costes y beneficios

Hoy en día, el concepto de *Homo oeconomicus* se conoce como teoría de la elección racional, según la cual las personas toman todo tipo de decisiones económicas y sociales en función de los costes y beneficios asociados. Así, por ejemplo, si un delincuente desea robar un banco, sopesará los beneficios (la riqueza, el respeto de otros delincuentes) y los costes (el esfuerzo de planificar el golpe, la probabilidad de ser detenido) antes de decidir definitivamente si hacerlo o no.

Los economistas opinan que las acciones son racionales si se toman tras calcular detenidamente los costes y beneficios en relación con la consecución del objetivo. Puede que la economía tenga poco o nada que ver con el objetivo en cuestión, y asimismo, ciertos objetivos pueden parecer irracionales a la mayoría de la gente. Así, aunque a casi todos pueda parecernos peligroso inyectarnos fármacos de origen dudoso a fin de mejorar el rendimiento físico, esta podría ser una decisión racional para muchos atletas en un contexto competitivo.

Algunos han puesto en duda que este concepto de *Homo oeconomicus* sea realista. Afirman que no tiene en cuenta la imposibilidad de sopesar todos los factores relevantes a la hora de tomar una decisión: el mundo es demasiado complejo para obtener y procesar toda la información necesaria para calcular los costes y beneficios de cada una de nuestras acciones. En la práctica, acostumbramos a tomar decisiones rápidas basadas en la experiencia, en reglas prácticas y en la costumbre.

La teoría falla, asimismo, cuando entran en conflicto objetivos a corto y a largo plazo. Así, por ejemplo, es posible que alguien compre una hamburguesa para calmar el hambre rápidamente, a pesar de saber que es una elección poco saludable. La economía del comportamiento ha empezado a estudiar la conducta humana que se aparta de la propia del *Homo oeconomicus* a la hora de tomar decisiones. Aunque es posible que la idea del «hombre económico» no sea totalmente precisa en su explicación de la conducta individual, muchos economistas afirman que sigue resultando útil a la hora de analizar la conducta de las empresas, orientadas a maximizar sus beneficios. ■

Los monjes que llevan una vida de ayuno y oración y rechazan los bienes materiales con la expectativa de una vida mejor después de la muerte actúan racionalmente según sus creencias, al margen de lo que otros puedan pensar.

La inversión de los padres en sus hijos, especialmente en educación, es una fuente muy importante del capital de una economía, según Becker.

Economía familiar

El estadounidense Gary Becker (n. en 1930) fue uno de los primeros en aplicar la teoría económica a áreas que se consideraban propias de la sociología. Sostiene que las decisiones sobre la vida familiar se toman en función de un análisis de costes y beneficios. Becker, por ejemplo, cree que el matrimonio funciona como un mercado, y ha analizado cómo influyen en los emparejamientos las características económicas. También concluye que los parientes se ayudan entre sí no por amor sino por interés personal, con la esperanza de obtener una recompensa económica. Además, opina que la inversión en los hijos está motivada por el hecho de que suele procurar más dividendos que los tradicionales planes de pensiones. Sin embargo, la ley no obliga a los hijos a mantener a sus padres, por lo que son educados con un sentido de obligación y deber que les compromete con el cuidado de sus padres. Según Becker, el estado del bienestar perjudica al sistema familiar, ya que reduce la interdependencia.

LA MANO INVISIBLE DEL MERCADO PONE ORDEN

ECONOMIA DE LIBRE MERCADO

EN CONTEXTO

ENFOQUE
Mercado y empresa

PENSADOR CLAVE
Adam Smith (1723–1790)

ANTES
1714 El pensador holandés Bernard Mandeville ilustra las consecuencias involuntarias del interés personal.

1755–1756 El banquero irlandés Richard Cantillon describe una versión del «orden espontáneo».

DESPUÉS
1874 Léon Walras explica cómo la oferta y la demanda conducen a un equilibrio general.

1945 El austriaco Friedrich Hayek defiende la idea de que las economías de mercado producen un orden eficiente.

Década de 1950 Kenneth Arrow y Gérard Debreu fijan las condiciones que permiten que el libre mercado conduzca a resultados sociales óptimos.

En opinión del pensador escocés Adam Smith, Occidente ya había sufrido una gran revolución antes del siglo XVIII, cuando los países pasaron de ser sociedades agrícolas a comerciales. Durante la Edad Media, las ciudades se desarrollaron y se unieron mediante caminos y carreteras. Llegaban a las ciudades alimentos frescos y otros productos, y los mercados y la compraventa pasaron a formar parte de la vida cotidiana. La innovación científica produjo unidades de medida fiables y estandarizadas, junto a nuevos modos de producción, y a partir de la miríada de principados que formaban Europa aparecieron naciones-estado centralizadas. La población disfrutaba de una nueva libertad y empezaba a intercambiar bienes en su propio beneficio, no en el de su señor.

Smith se preguntó cómo los actos de individuos libres podían resultar en un mercado estable y ordenado en el que se hacía posible producir, comprar y vender lo que se deseara, sin demasiado excedente y sin escasez de oferta. ¿Cómo era eso posible sin una mano que guiara el proceso? La respuesta la ofreció en su gran obra *La riqueza de las naciones*, publicada en 1776. El hombre, con su libertad, y su rivalidad y deseo de beneficios, es «guiado por una mano invisible que le conduce a un objetivo que no forma parte de su intención»; es decir que, sin saberlo, actúa en beneficio del interés general de la sociedad.

La fábula de las abejas de Bernard Mandeville planteaba que actuar en interés propio beneficia al conjunto de la sociedad, como la conducta interesada de las abejas beneficia a la colmena.

Laissez-faire

Esa idea del «orden espontáneo» no era nueva: el holandés Bernard Mandeville ya la propuso en *La fábula de las abejas*, que narra la historia de un panal que prospera por los «vicios» (la conducta interesada) de sus abejas. Cuando estas se vuelven virtuosas (y ya no actúan por su propio interés, sino por el colectivo), la colmena se hunde. Smith no interpretaba el concepto de interés personal como algo vicioso. Pensaba que los seres huma-

Este cuadro representa el mercado londinense de Covent Garden en 1774. Smith opinaba que los mercados eran esenciales en una sociedad justa. Con libertad para comprar y vender, la gente disfrutaría de una «libertad natural».

Véase también: El hombre económico 52–53 ▪ División del trabajo 66–67 ▪ Equilibrio económico 118–123 ▪ El mercado competitivo 126–129 ▪ Destrucción creativa 148–149 ▪ Liberalismo económico 172–177 ▪ Mercados e incidencias sociales 210–213

nos poseen una disposición natural para el trueque y el intercambio, así como para la mejora personal; bajo su punto de vista, son seres sociales que actúan según imperativos morales y «juegan limpio» al competir entre sí.

Smith creía que los gobiernos no deben interferir en el comercio, idea que compartían otros pensadores escoceses, como el filósofo David Hume (p. 47). Un autor francés anterior, Pierre de Boisguilbert, habló de *«laisse faire la nature»* (dejar a la naturaleza seguir su curso) refiriéndose a los negocios. La expresión *laissez-faire* se usa en economía para propugnar la no intervención gubernamental. En opinión de Smith, el gobierno tiene la importante función de impartir justicia y proporcionar defensa y ciertos «servicios públicos» (pp. 46–47) que a las entidades privadas les resultaría difícil ofrecer, como las carreteras.

Smith era muy optimista. El filósofo inglés Thomas Hobbes ya había asegurado antes que sin una autoridad fuerte, la vida humana sería «desagradable, brutal y corta». Thomas Malthus (p. 69), economista británico, estudió el mercado y predijo que el resultado directo del aumento de la riqueza sería una hambruna masiva. Tras Smith, Karl Marx (p. 105) predijo que el mercado llevaría a la revolución. Sin embargo, Smith creía que la sociedad era totalmente funcional y que el sistema económico funcionaba bien, como una máquina. Aunque en su obra de cinco volúmenes solo menciona una vez la «mano invisible» del mercado, su presencia se siente a menudo. Smith describe cómo este sistema de «libertad perfecta» puede generar resultados positivos. En primer lugar, proporciona los bienes que las personas desean. Si la demanda de un producto supera a la oferta, los consumidores compiten entre sí y el

precio sube; y esto, a su vez, genera una coyuntura para que los productores, que compiten entre sí por vender más productos, obtengan beneficios.

Esta tesis ha sobrevivido al paso de los años. En un artículo de 1945 titulado «El uso del conocimiento en la sociedad», el austriaco Friedrich Hayek (p. 177) demostró que los precios responden al conocimiento y a los deseos de los consumidores, que alteran las cantidades que se piden y ofrecen en el mercado. Hayek señalaba que era imposible que un planificador central pudiera recoger tanta información dispersa; en este sentido, suele admitirse que el comunismo cayó en Europa del Este porque la planificación central no ofrecía los bienes que la población deseaba. »

Con todo, esta tesis de Smith ha recibido críticas. Así, por ejemplo, es posible que el mercado solo ofrezca los productos que desean los ricos y pase por alto los deseos de los pobres. Además, también responde a deseos perjudiciales, por lo que puede alimentar la drogodependencia o la obesidad.

Precios justos

Smith estableció también que el sistema de mercado genera precios «justos». Aseguraba que todos los bienes poseen un precio natural que refleja el esfuerzo invertido en ellos. La tierra utilizada en la producción de un producto debería dar su renta natural. El capital utilizado en la manufactura debería proporcionar sus beneficios naturales. El trabajo empleado debería ganar su salario natural. Los precios del mercado y los márgenes de beneficio pueden alejarse de sus valores naturales durante ciertos periodos de tiempo, por ejemplo, en épocas de escasez. En este caso, aparecen oportunidades para obtener beneficios y los precios aumentan, pero tan solo hasta que la competencia atrae a nuevas empresas al mercado y los precios recuperan su nivel natural. Si se hunde la demanda en un sector, los precios caerán y los salarios bajarán, pero si otro sector crece, ofrecerá salarios elevados para atraer trabajadores. Según Smith, los niveles del «mercado» y los «naturales» acaban equiparándose: es lo que los economistas modernos llaman equilibrio.

Para que los precios sean justos, la competencia es vital. Smith fue crítico con los monopolios del sistema mercantilista y sus exigencias de que los gobiernos controlaran el comercio exterior. Si solo hay un proveedor de un producto determinado, la empresa puede mantener el precio por encima del natural. Smith explicaba que si veinte comercios venden el mismo producto, el mercado será más competitivo que si solamente lo venden dos. Con una competencia efectiva y escasas barreras a la entrada en el mercado (algo también básico, según Smith), los precios tienden a bajar. Tal concepción subyace a la postura de la teoría económica dominante respecto a la competencia, aunque economistas posteriores, como el austroestadounidense Joseph Schumpeter (p. 149), opinarían que también la innovación puede reducir los precios, incluso en ausencia de competencia. Cuando aparecen innovaciones que disminuyen el coste de los productos y aumentan su calidad, terminan con las empresas existentes en una oleada de destrucción creativa.

> El consumo es el único fin y propósito de toda producción.
> **Adam Smith**

Ingresos justos

Smith argumentaba también que las economías de mercado proporcionan ingresos justos que después se dedican a la compra de productos. Se trata de un «flujo circular» sostenido en el que el dinero que se paga como salario regresa a la economía cuando el

Smith describió los modos como el trabajo, los terratenientes y el capital (en esta imagen, invertido en los caballos y el arado) cooperan para que el sistema económico avance y prospere.

trabajador compra productos, y luego vuelve al trabajador en forma de salario para que el ciclo prosiga. El capital invertido en recursos para la producción contribuye a incrementar la productividad del trabajo, y de ese modo los empresarios pueden permitirse pagar unos salarios más elevados. Y lo harán, porque tienen que competir entre sí por los trabajadores.

En cuanto al capital, Smith aseguró que el nivel de beneficios que el capital puede obtener mediante la inversión equivale aproximadamente al tipo de interés. Esto es así porque los empresarios compiten entre sí por pedir créditos para invertir en oportunidades rentables. Con el tiempo, los beneficios que da un determinado sector empiezan a caer, ya que el capital se acumula y las oportunidades de beneficio se agotan. Las rentas suben a medida que los ingresos aumentan y se utilizan más tierras.

Smith comprendió la interdependencia de la tierra, el trabajo y el capital, lo que supuso un gran salto adelante. Explicó que los trabajadores y los terratenientes tienden a consumir sus ingresos, pero que los empresarios son más prudentes y suelen invertir sus ahorros en capital accionario. Detectó que los salarios varían en función de los diferentes niveles de «capacidad, habilidad y criterio», y que hay dos tipos de trabajo: el productivo (agrícola o manufacturero) y el «improductivo» (que proporciona los servicios necesarios para el trabajo productivo). Ahora bien, los resultados del sistema de mercado actual son muy desiguales y se alejan de las previsiones de Smith.

Crecimiento económico

Smith afirmaba que la propia mano invisible estimula el crecimiento económico. Dicho crecimiento tiene una doble fuente. Por una parte, están las eficiencias que se obtienen por medio de la división del trabajo (pp. 66–67).

La demanda en un mercado puede cambiar por muchos motivos y, cuando esto sucede, el mercado responde modificando la oferta. Esto es algo espontáneo, y un mercado que fomenta la competencia entre personas interesadas no necesita ni guías ni planes.

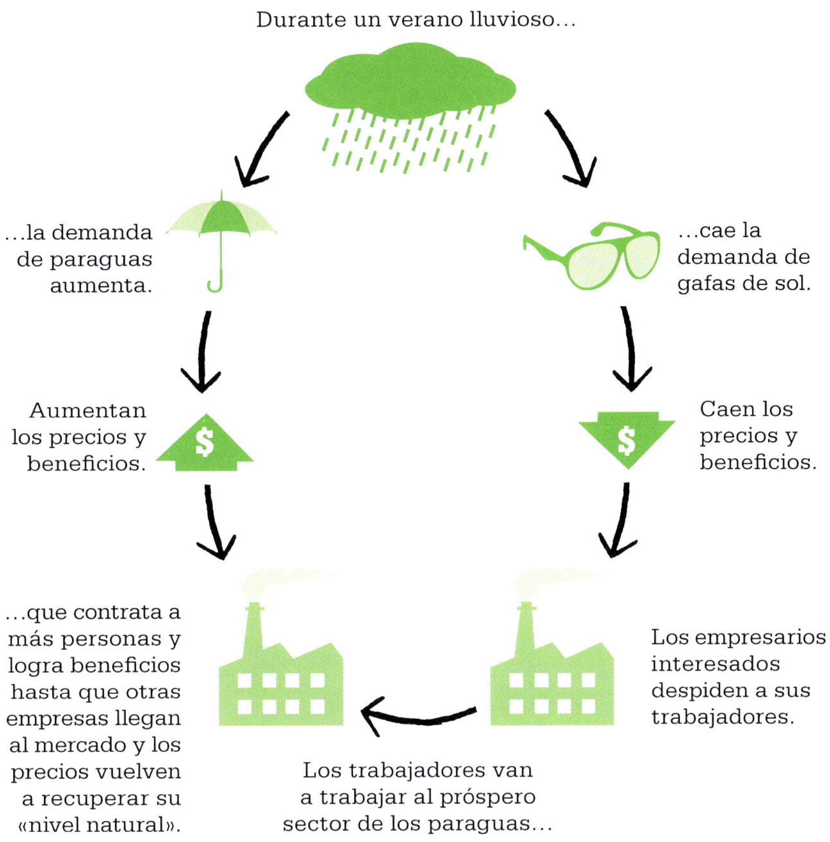

Los economistas llaman a esto «crecimiento smithiano». A medida que se producen y se consumen más productos, la economía crece y, con ella, los mercados. Y cuando los mercados crecen, aumentan las oportunidades de especialización del trabajo.

El segundo motor del crecimiento es la acumulación de capital, impulsada por el ahorro y por la oportunidad de beneficio. Smith demostraba que hay diversos factores que pueden ralentizar el crecimiento, como el fracaso comercial, la ausencia de los recursos necesarios para mantener el capital accionario fijo, un sistema monetario deficiente (el papel moneda »

> Si tenemos la cena en la mesa, no es por la benevolencia del carnicero, el bodeguero y el panadero, sino porque estos han actuado en su propio interés.
> **Adam Smith**

crece más rápido que el oro) o una elevada proporción de trabajadores no productivos. Sostenía que el capital es más productivo en la agricultura que en la industria, donde a su vez es más productivo que en el comercio o el transporte. En última instancia, la economía crecerá hasta alcanzar un estado próspero y estable. En este aspecto, Smith subestimó el efecto de la tecnología y la innovación (como señalaría Schumpeter).

> Lo primero que aprende todo gobierno del anterior es cómo vaciar los bolsillos de la población.
> **Adam Smith**

Legado clásico

Smith trazó un completo sistema que incluía tanto los pequeños detalles (microeconomía) como la imagen general (macroeconomía). Contemplaba el corto y el largo plazo, y sus análisis eran tanto estáticos (el estado del comercio) como dinámicos (la economía en movimiento). Examinaba la clase trabajadora y diferenciaba entre emprendedores –como agricultores y propietarios de fábricas– y obreros. En definitiva, Smith fijó los parámetros de la economía «clásica», que se centra en los factores de producción (capital, trabajo y tierra) y en los beneficios que producen. Posteriormente, la teoría del libre mercado adoptó una forma diferente, «neoclásica», en la teoría del equilibrio general, que aspiraba a explicar cómo los precios de toda una economía podían alcanzar un equilibrio estable. Empleando las matemáticas, economistas como Léon Walras (p. 120) y Vilfredo Pareto (p. 133) revisaron la teoría de Smith acerca de los beneficios sociales de la mano invisible. Kenneth Arrow y Gérard Debreu (pp. 208–213) mostraron cómo realiza todo esto el libre mercado, pero también señalaron que para ello se necesitan condiciones muy estrictas y poco realistas.

La historia no terminó ahí. Tras la Segunda Guerra Mundial, la idea del *laissez-faire* quedó latente. Sin embargo, a partir de la década de 1970, las políticas keynesianas, defensoras del intervencionismo gubernamental en la economía, parecieron empezar a desplomarse y el liberalismo recuperó impulso. Las semillas de este resurgimiento se pueden hallar en los escritos sobre la economía de mercado de Milton Friedman (p. 199) y de la escuela austriaca, sobre todo de Friedrich Hayek (p. 177), que manifestaban su escepticismo acerca del bien que podían hacer los gobiernos intervencionistas y su convencimiento de que los mercados libres fomentaban el progreso social. Aunque los keynesianos también reconocían el poder de los mercados, creían que necesitaban un empujón para funcionar bien.

En las décadas de 1960 y 1970, las teorías basadas en las expectativas racionales (pp. 244–247) y en la razón dieron un fuerte impulso al enfoque del libre mercado. Así, la teoría de la elección pública presenta al gobierno como a un grupo de personas que actúan en interés propio, priorizan el beneficio personal y consiguen dinero sin pensar en un bien general. La macroeconomía neoclásica parte del supuesto de Smith según el cual los mercados acaban autorregulándose y añade que las intervenciones de los gobiernos resultan ineficaces, porque la gente comprende el funcionamien-

Los mercados locales, como este de Kerala (India), presentan todos los rasgos del libre mercado de Smith, y muestran cómo la oferta y el precio se ajustan a la demanda de forma natural.

to del sistema económico y prevé las implicaciones de toda acción gubernamental, lo que anula su efecto. Aun así, hoy casi todos los economistas creen que los mercados pueden fracasar, y aducen la disparidad de información que poseen los participantes en el mercado. George Akerlof desarrolló esto en *The Market for Lemons* (pp. 274–275). Por su parte, la economía del comportamiento ha cuestionado el concepto de racionalidad (pp. 266–269) y cree que la irracionalidad humana es uno de los motivos por los que fallan los mercados.

Smith no previó las desigualdades a que puede dar lugar el libre mercado en su forma actual. En los mercados de valores y de divisas, la noción de «justicia» es casi irrelevante.

La cuestión del *laissez-faire* continúa generando gran controversia en la teoría económica actual y divide a los economistas políticamente. Los que se sitúan a la derecha defienden el liberalismo, mientras que los que se sitúan a la izquierda defienden el intervencionismo keynesiano. La crisis de 2007–2008 ha reavivado el debate: para los liberales confirma sus teorías sobre los ciclos económicos, mientras que los keynesianos señalan el fracaso del mercado. Nouriel Roubini (n. en 1959), el economista estadounidense que predijo la crisis, aludía a quienes han distorsionado las ideas de Smith cuando dijo que «décadas de fundamentalismo liberal han abonado las semillas de la crisis». ■

> La sociedad humana, contemplada bajo una luz filosófica y abstracta, parece una máquina grandiosa, inmensa.
> **Adam Smith**

Adam Smith

Smith, fundador de la teoría económica moderna, nació en Kirkcaldy (Escocia) en 1723, solo seis meses después de fallecer su padre. Este sabio solitario y distraído ingresó a los 14 años de edad en la Universidad de Glasgow, más tarde estudió en Oxford durante seis años y por último regresó a Escocia para impartir clases de lógica en la Universidad de Glasgow. En 1750 conoció al filósofo David Hume, con quien entabló una estrecha amistad.

En 1764, decidió dimitir de su cargo en Glasgow para viajar a Francia como tutor del duque de Buccleuch, un aristócrata escocés. Allí, Smith conoció a los fisiócratas (pp. 40–45) y al filósofo Voltaire, y comenzó a trabajar en *La riqueza de las naciones*, obra a la que dedicó diez años de su vida antes de aceptar el cargo de comisario de Aduanas de Escocia. Murió en 1790, a los 67 años.

Obras principales

1759 *Teoría de los sentimientos morales.*
1762 *Lecciones sobre jurisprudencia.*
1776 *Investigación sobre la naturaleza y causas de la riqueza de las naciones.*

EL ULTIMO TRABAJADOR APORTA MENOS A LA PRODUCCION QUE EL PRIMERO

RENDIMIENTOS DECRECIENTES

EN CONTEXTO

ENFOQUE
Mercado y empresa

PENSADOR CLAVE
Anne-Robert-Jacques Turgot (1727–1781)

ANTES
1759 El francés François Quesnay muestra, en el *Cuadro económico*, la teoría económica de los fisiócratas.

Década de 1760 Guérineau de Saint-Péravy, fisiócrata francés, argumenta en un ensayo sobre fiscalidad que la ratio de salidas e ingresos es fija.

DESPUÉS
1871 El austriaco Carl Menger arguye, en la obra *Principios de economía política*, que el precio se determina en el margen.

1956 En *A Contribution to the Theory of Economic Growth*, el estadounidense Robert Solow aplica el concepto de beneficios marginales decrecientes a las previsiones de crecimiento de los países.

Anne-Robert-Jacques Turgot (p. 65) pertenecía a un grupo de pensadores franceses para quienes la agricultura era el origen de la riqueza de las naciones.

Turgot, interesado por la fiscalidad y la producción agrícola, desarrolló una teoría que explica cómo, al ir añadiendo trabajadores al proceso de producción, la productividad de cada trabajador adicional es distinta. Guérineau de Saint-Péravy, también fisiócrata, había sugerido que la producción que añade cada trabajador adicional es constante; es decir, que cada trabajador adicional produce lo mismo que el anterior. Frente a eso, en 1767 Turgot señaló que la tierra no preparada produce muy poco tras la siembra; si se ara una vez, la producción aumenta; si se ara dos veces, la producción puede cuadruplicarse. No obstante, llega un momento en que el trabajo adicional genera cada vez menos producción extra, hasta que los trabajadores adicionales no añaden ya nada a la producción, porque la fertilidad del terreno se ha agotado.

> La fertilidad de la tierra es como un muelle que se comprime […] el efecto de las sucesivas cargas disminuye gradualmente.
> **A.-R.-J. Turgot**

El papel de la tecnología

La teoría de Turgot es que si se añade más de un factor variable (trabajadores) a un factor fijo (tierra), el último trabajador aportará menos que el primero a la producción. Esta se conoce como teoría de los «beneficios marginales decrecientes», y es uno de los pilares básicos de la teoría económica moderna. No solo explica por qué producir más es más costoso, sino también por qué a los países les cuesta enriquecerse si la población aumenta pero la tecnología no mejora. ■

Véase también: Flujo circular de la economía 40–45 ▪ Demografía y economía 68–69 ▪ Teorías del crecimiento económico 224–225

¿POR QUE LOS DIAMANTES SON MAS CAROS QUE EL AGUA?

PARADOJA DEL VALOR

EN CONTEXTO

ENFOQUE
Teorías del valor

PENSADOR CLAVE
Adam Smith (1723–1790)

ANTES
1691 El filósofo inglés John Locke relaciona el valor de un producto con su utilidad (es decir, la satisfacción que este proporciona).

1737 El matemático suizo Daniel Bernoulli analiza de qué manera los jugadores evalúan las opciones en que interviene el azar y plantea la «paradoja de San Petersburgo», que se resuelve aplicando el concepto de utilidad marginal.

DESPUÉS
1889 El austriaco Eugen von Böhm-Bawerk desarrolla la teoría subjetiva del valor (el valor de un objeto depende de las necesidades de la persona, más que del objeto en sí mismo) partiendo del concepto de utilidad marginal.

En 1769, Anne-Robert-Jacques Turgot (p. 65) señalaba que, a pesar de ser indispensable, el agua no se considera un bien precioso en países sin problemas de escasez. Siete años después, Adam Smith (p. 61) desarrolló dicha idea y observó que, aunque no hay nada más útil que el agua, esta no puede intercambiarse por apenas nada; y aunque un diamante tenga poco valor en términos de utilidad, «normalmente puede intercambiarse por una enorme cantidad de otros bienes». En otras palabras: parece haber una contradicción entre los precios de algunos productos y su importancia para la gente.

Utilidad marginal

Puede ayudar a entender semejante paradoja el concepto de utilidad marginal: la cantidad de placer obtenido con el consumo de la última unidad de un bien determinado. En el año 1889, el economista austriaco Eugen von Böhm-Bawerk lo explicó mediante el ejemplo del agricultor y los cinco sacos de trigo. El uso que el agricultor hace de ese trigo varía desde lo importante (alimentarse) hasta lo trivial (alimentar a los pájaros). Si pierde un saco de trigo, se limitará a no alimentar a los pájaros. Si bien necesita trigo para alimentarse, el precio que está dispuesto a pagar por ese quinto saco de trigo es muy bajo, porque le proporciona escaso placer (alimentar a los pájaros).

El agua es un recurso abundante, pero los diamantes son escasos. Un diamante adicional tiene una utilidad marginal muy elevada, por lo que su precio es mucho mayor que el de un vaso de agua adicional. ■

Los diamantes valen más que el agua pues, por muchos que se tengan, cada uno de ellos es sumamente valioso; el agua, en cambio, es menos valiosa por unidad a medida que su cantidad aumenta.

Véase también: Teoría del valor-trabajo 106–107 ▪ Utilidad y satisfacción 114–115 ▪ Coste de oportunidad 133

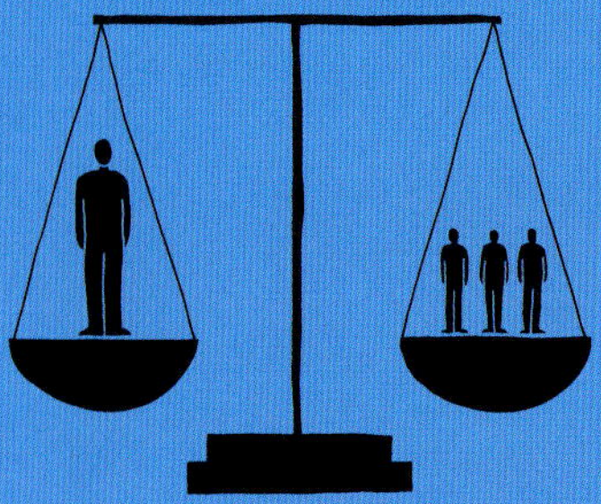

FIJEMOS IMPUESTOS JUSTOS Y EFICIENTES

CARGA FISCAL

EN CONTEXTO

ENFOQUE
Política económica

PENSADOR CLAVE
Anne-Robert-Jacques Turgot (1727–1781)

ANTES
1689–1763 Costosas guerras y un sistema fiscal ineficiente que eximía a los terratenientes y a los gremios abonan el terreno para una crisis financiera y la Revolución Francesa.

DESPUÉS
1817 En la obra *Principios de economía política y tributación*, el británico David Ricardo opina que los impuestos tendrían que gravar el lujo.

1927 El matemático británico Frank Ramsay subraya la vital importancia de la elasticidad de los precios.

1976 En *The Design of Tax Structure*, Anthony Atkinson y Joseph Stiglitz sugieren que la imposición uniforme es óptima.

El problema de la «incidencia fiscal», o quién debe soportar la carga impositiva, cautivó a Anne-Robert-Jacques Turgot, ministro de finanzas francés entre 1774 y 1776. La cuestión no es tan sencilla como «quién debe pagar impuestos», dado que afecta a múltiples aspectos, como los precios, los beneficios, el consumo o los ingresos disponibles. Los cambios en estos elementos pueden provocar consecuencias inesperadas. La «carga fiscal» (que supone una disminución de dinero, felicidad o bienestar) puede pasar de un grupo a otro. Si alguien tiene previstas unas vacaciones y un impuesto nuevo sobre los combustibles en-

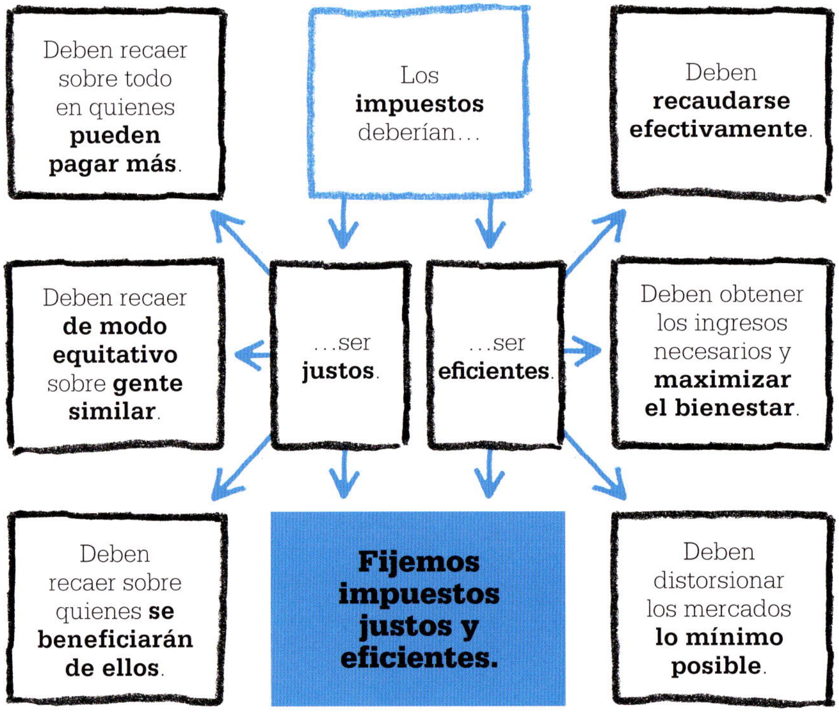

Véase también: Flujo circular de la economía 40–45 ▪ Eficiencia y justicia 130–131 ▪ Externalidades 137 ▪ Teoría del segundo mejor 220–221 ▪ Impuestos e incentivos económicos 270–271

carece el precio del billete de avión, tal impuesto le hará infeliz. El nuevo impuesto a los combustibles ha reducido su bienestar, pero no necesariamente los beneficios de la línea aérea.

¿Quién debe pagar impuestos?

Según Turgot, los impuestos alteran el libre mercado y por ello debían ser simplificados; los poderosos no debían quedar exentos de ellos, y había que atender a los detalles de la implementación de la política fiscal. Sugería un único impuesto sobre el producto neto del país –esto es, el valor de todos sus bienes y servicios una vez descontada la depreciación.

Turgot estaba influido por los fisiócratas, que creían que solo la agricultura (la tierra) produce excedentes. Los otros sectores no los producen y no pueden permitirse pagar impuestos; siempre intentarán compensarlos con el aumento de precios, cargándoselos finalmente a los terratenientes. Los agricultores dedican gran parte de sus excedentes a pagar arriendos a los terratenientes, que no producen nada; por eso, Turgot sostenía que los hacendados deberían pagar impuestos sobre los arriendos recibidos.

Economistas posteriores pulieron los principios de justicia y eficiencia que deberían caracterizar a un sistema fiscal óptimo. Justicia supone que deben pagar más quienes se lo pueden permitir; que grupos similares han de pagar impuestos similares; y que quienes se benefician del gasto público deben contribuir al mismo. Eficiencia significa ser efectivo en la recaudación y maximizar el bienestar de la sociedad al tiempo que se obtienen los ingresos precisos. Según los economistas, la eficiencia consiste en alterar el mercado lo menos posible y en evitar entorpecer los incentivos al trabajo y a la inversión.

Un diseño fiscal perfecto

Las últimas décadas han visto grandes avances en la sofisticación del diseño fiscal, en un intento de integrar la justicia y la eficiencia. La teoría de los «mercados perfectos», por ejemplo, sugiere que los impuestos sobre los bienes deberían ser uniformes y aplicarse únicamente a los bienes «finales» (para su venta al cliente final);

Los aristócratas de Versalles fueron el objetivo de las reformas fiscales de Turgot en 1776. El ministro sugirió que no debían estar exentos de pagar impuestos, por lo que orquestaron su despido.

los impuestos sobre la renta deberían asociarse a la capacidad y no a los ingresos; y los impuestos sobre los beneficios y el capital de las empresas deberían ser mínimos. El análisis del «fallo de mercado», por otra parte, sugiere que los impuestos sobre perjuicios como la contaminación aumentan el bienestar de la población.

En general, las políticas fiscales han seguido el camino marcado por estas teorías, teniendo en cuenta al mismo tiempo la aceptabilidad política y la recaudación. ■

Anne-Robert-Jacques Turgot

Nacido en París en 1727, Turgot estaba destinado al clero hasta que, en 1751, recibió una herencia que le permitió emprender una carrera profesional en la administración. A fines de la década de 1760 ya se había acercado a los fisiócratas, y más tarde conoció a Adam Smith. Entre 1761 y 1774 fue administrador regional (intendente) de Limoges. Tras la coronación de Luis XVI en 1774, Turgot pasó a ser ministro de finanzas e inició distintas reformas para impulsar el libre comercio. En 1776 abolió los gremios y puso fin a una política gubernamental que utilizaba los trabajos forzados para construir carreteras, y en su lugar instituyó un impuesto sobre las carreteras. El rey no lo aprobó y despidió a Turgot; sus reformas, que según algunos podrían haber evitado la terrible revolución de 1789, fueron derogadas. Falleció en 1781 a los 54 años de edad.

Obras principales

1763 *Sobre los impuestos en general.*
1766 *Reflexiones sobre la producción y la distribución de las riquezas.*
1776 *Los seis edictos.*

DIVIDE LA PRODUCCION DE ALFILERES Y PRODUCIRAS MAS ALFILERES

DIVISION DEL TRABAJO

EN CONTEXTO

ENFOQUE
Mercado y empresa

PENSADOR CLAVE
Adam Smith (1723–1790)

ANTES
380 A.C. En la *República*, el filósofo griego Platón explica cómo surge y se desarrolla una ciudad si explota los beneficios de la división del trabajo.

1705 El filósofo holandés Bernard Mandeville acuña la expresión «división del trabajo» en su obra más célebre, *La fábula de las abejas*.

DESPUÉS
1867 Karl Marx sostiene que la división del trabajo aliena a los trabajadores, y que es un mal necesario que terminará superándose.

1922 El austriaco Ludwig von Mises afirma que la división del trabajo no es alienante y que proporciona grandes beneficios, como más tiempo libre.

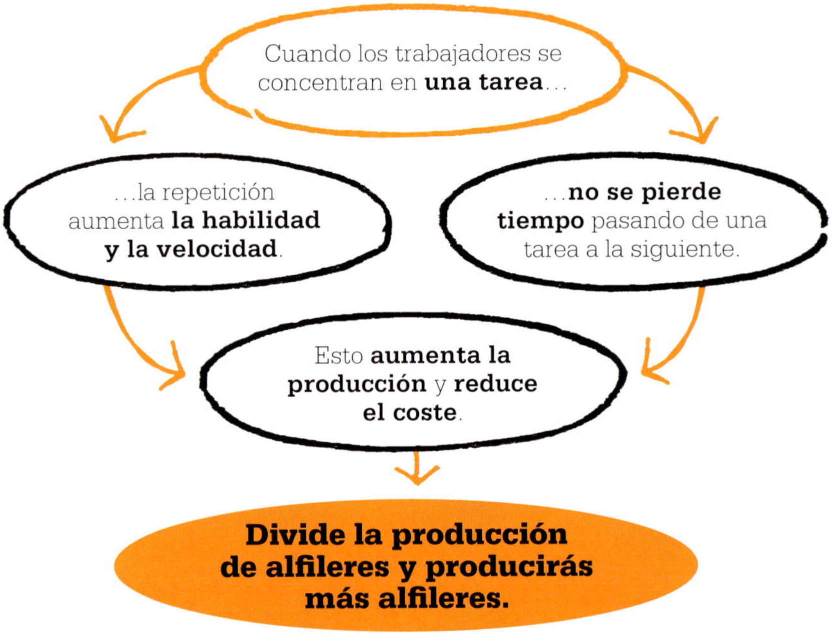

Cuando se trabaja en equipo, en primer lugar hay que decidir quién hará qué. Adam Smith (p. 61) convirtió esta división del trabajo en un concepto económico básico. Al inicio de su célebre obra *La riqueza de las naciones*, de 1776, Smith describe cómo afecta a la producción que una sola persona se encargue de todo el proceso necesario para hacer algo, o que diferentes personas se encarguen de cada una de las tareas que conforman el proceso de producción. Si un operario se propone fabricar un alfiler y se encarga él mismo de todos los pasos necesarios, es posible que no fabrique ni un alfiler al día. Sin embargo, si se divide el proceso entre varios trabajadores y cada uno se especializa en una única tarea, podrían fabricar varios alfileres en un solo día. Smith concluye que la

Véase también: Ventaja comparativa 80–85 ▪ Economías de escala 132 ▪ Surgimiento de las economías modernas 178–179

En un ajetreado almacén, el trabajo puede dividirse en múltiples tareas: inventario, contabilidad, informática, distribución, transporte, etc.

división del trabajo proporciona «en todo arte un incremento proporcional del poder productivo del trabajo».

El motor del crecimiento

Adam Smith no fue el primero en señalar el valor de la división del trabajo. Unos 2.200 años antes, Platón ya había afirmado que los estados necesitan especialistas, como agricultores y arquitectos, para satisfacer sus necesidades. El filósofo musulmán Algazel (1058–1111) señaló que si tuviéramos en cuenta todas las tareas necesarias para hacer un pan, desde la siembra hasta la cosecha, comprobaríamos que intervienen más de mil trabajadores.

Muchos pensadores antiguos asociaron la división del trabajo al desarrollo de ciudades y mercados. Algunos consideraron que la división del trabajo era la causa del crecimiento, mientras que otros propusieron que las ciudades en crecimiento permitían la división del trabajo.

La innovación de Smith consistía en situar la división del trabajo en el centro del sistema económico y subrayar su papel como motor del crecimiento. Según su teoría, cuanto más especializados estén los trabajadores y las empresas, más crecerá el mercado y mayor será el rendimiento de las inversiones.

Un mal necesario

Años después, Karl Marx (p. 105) percibió el poder de esta idea, pero consideraba que la división del trabajo era un mal necesario y temporal. En su opinión, la especialización laboral aliena y condena a los trabajadores a ocupar la desalentadora función de una máquina que lleva a cabo tareas repetitivas. Marx estableció una distinción entre la división técnica del trabajo, como cada una de las tareas especializadas que implica la construcción de una casa, y la división social, que se veía reforzada por las jerarquías de poder y de estatus.

Actualmente, la división del trabajo es la norma en la mayoría de las empresas. Muchas grandes empresas externalizan tareas que desempeñaban sus trabajadores y la delegan en mano de obra extranjera más barata, con lo que hoy la división del trabajo ha alcanzado una nueva dimensión internacional. ▪

> Cada expansión de la división personal del trabajo aporta ventajas a todos los que participan en él.
> **Ludwig von Mises**

¿Made in USA?

En ocasiones, cuando el índice de desempleo o la solidez de la economía de un país son motivo de preocupación, se estimula la adquisición de los productos nacionales. Sin embargo, dada la globalización de la división del trabajo, es complicado saber dónde se ha hecho un producto. Así, por ejemplo, Apple es una empresa estadounidense, por lo que puede que un consumidor crea que si compra un iPhone contribuye a crear empleos en EE UU. Sin embargo, de todos los procesos necesarios para producir un iPhone, los únicos que se llevan a cabo en EE UU son el diseño y la promoción del producto y del software.

El montaje de los iPhone se realiza en China, y los operarios ensamblan piezas (como los procesadores, las carcasas o las pantallas) fabricadas en Corea del Sur, Japón, Alemania y seis países más. Además, cada una de las piezas ha sido montada a su vez por varios especialistas repartidos por todo el mundo. El iPhone, elaborado por miles de personas, es un producto verdaderamente global.

Trabajadoras de una cadena de producción en China montan unos procesadores con piezas procedentes de hasta nueve países distintos.

EL CRECIMIENTO DEMOGRAFICO NOS EMPOBRECE

DEMOGRAFIA Y ECONOMIA

EN CONTEXTO

ENFOQUE
Crecimiento y desarrollo

PENSADOR CLAVE
Thomas Malthus (1766–1834)

ANTES
Siglo XVII El pensamiento mercantilista sostiene que el crecimiento demográfico beneficia a la economía.

1785 El marqués de Condorcet, filósofo francés, propone una reforma social que mejore el nivel de vida.

1793 William Godwin, filósofo inglés, defiende la redistribución de los recursos naturales para ayudar a los pobres.

DESPUÉS
Década de 1870 Karl Marx ataca las ideas de Malthus y le acusa de defender el *status quo*.

1968 Garrett Hardin, ecologista estadounidense, advierte de los peligros de la superpoblación en su ensayo *La tragedia de los comunes*.

Durante el siglo XVIII, los pensadores ilustrados empezaron a reflexionar sobre cómo mejorar la sociedad mediante reformas sociales y económicas. En esta época optimista Thomas Malthus fue la voz del pesimismo, y afirmó que el crecimiento demográfico condena a las sociedades a la pobreza. Según él, el impulso sexual humano provoca que la población crezca cada vez a mayor velocidad, pero la ley de los rendimientos decrecientes hace que la producción de alimentos no pueda aumentar al mismo ritmo: a más trabajadores labrando una porción fija de terreno, menos producción se añade.

Los supervivientes de un terremoto en Pakistán reciben alimentos. Thomas Malthus se oponía a dicha clase de ayudas, porque ayudando a los pobres se les anima a tener más hijos.

El resultado final es un desequilibrio creciente entre población y suministro de alimentos.

Sin embargo, también existe una fuerza compensatoria: la desnutrición y las enfermedades consecuencia de la carestía de alimentos conducen a un incremento de la mortalidad y, por lo tanto, impiden que el desequilibrio se descontrole. Menos alimentos que repartir significa además que se pueden criar menos niños, por lo que la tasa de natalidad baja. Así se alivia la presión sobre la tierra y el nivel de vida recupera el equilibrio.

La trampa malthusiana

Además de impedir una hambruna total, los cambios en las tasas de natalidad y de mortalidad impiden que la población disfrute de un alto nivel de vida durante demasiado tiempo. Supongamos que la economía recibe un gran e inesperado impulso gracias al descubrimiento de nuevos territorios. Esa tierra adicional aumenta de repente la producción de alimentos, y hay más alimento para cada persona. La salud de la población se refuerza y la tasa de mortalidad se reduce. Un nivel de vida más alto permite tener más hijos. Juntas, estas fuerzas conducen a un crecimiento demográfico. Pero la producción de alimentos no

Véase también: La agricultura en la economía 39 ▪ Rendimientos decrecientes 62 ▪ Teorías del crecimiento económico 224–225

puede mantener ese ritmo y la economía vuelve al nivel de vida inferior previo. Este ciclo se conoce como la trampa malthusiana: el alto nivel de vida siempre acaba siendo sofocado por el crecimiento demográfico. Así, suceda lo que suceda, una economía siempre vuelve al nivel de producción de alimentos que basta para mantener a una población estable.

Malthus preveía un estancamiento económico, con la población trabajando para sobrevivir y con un crecimiento restringido por la enfermedad y el hambre. Sin embargo, su modelo, una economía de agricultores que trabajan penosamente con sencillas herramientas en una porción de tierra fija, ya estaba desfasado a inicios del siglo XVIII. Las nuevas tecnologías permitieron que la misma cantidad de tierra y de trabajo produjera más alimentos y que cada obrero produjera más. El progreso tecnológico implicó que la creciente población disfrutara de unos niveles de vida cada vez más elevados. Hacia el año 2000, la población de Gran Bretaña triplicaba la de la época de Malthus y sus ingresos se habían multiplicado por diez.

Con el tiempo, la tecnología ha posibilitado superar las restricciones de la tierra y la demografía. Malthus no lo previó. Hoy, sus ideas resuenan en el temor de que los niveles de población lleguen a superar la capacidad de la Tierra de modos que ni la nueva tecnología pueda contrarrestar. ■

Thomas Malthus

Thomas Robert Malthus nació en Surrey (Inglaterra) en 1766. Nació con el labio leporino y el paladar hendido, y siempre padeció un defecto en el habla. Su padre, un hacendado rural, le proporcionó una educación liberal. Sus padrinos fueron los célebres filósofos David Hume y Jean-Jacques Rousseau.

En Cambridge, y antes de ordenarse presbítero de la Iglesia de Inglaterra en 1788, tuvo como tutor a William Fend, un disidente religioso. Al igual que su profesor, nunca temió la controversia, y en 1798 publicó su *Ensayo sobre el principio de la población*, que le hizo famoso. En el año 1805, la Compañía de las Indias Orientales le nombró profesor de economía política de su institución universitaria. Esta asignatura no se enseñaba todavía en la universidad, por lo que se le podría considerar el primer economista académico. Falleció en 1834, a los 68 años.

Obras principales

1798 *Ensayo sobre el principio de la población.*
1815 *Investigación sobre la naturaleza y progreso de la renta.*
1820 *Principios de economía política.*

TODA REUNION DE COMERCIANTES ES UNA CONSPIRACION PARA SUBIR LOS PRECIOS

COLUSION Y CARTELES

EN CONTEXTO

ENFOQUE
Mercado y empresa

PENSADOR CLAVE
Adam Smith (1723–1790)

ANTES
Década de 1290 Wenceslao II de Bohemia promulga leyes que prohíben la connivencia entre mercaderes de oro para subir los precios.

Década de 1590 Mercaderes holandeses monopolizan el comercio de especias en las Indias Orientales.

DESPUÉS
1838 El economista francés Augustin Cournot describe la competencia de los oligopolios.

1890 Se aprueba la primera ley antimonopolios en EE UU.

1964 En *A Theory of Oligopoly*, el estadounidense George Stigler analiza los problemas derivados de los cárteles.

La competencia es básica para un buen funcionamiento del libre mercado: la existencia de varios productores en un mismo mercado impulsa la producción y a la vez mantiene los precios bajos, pues compiten para atraer a los consumidores. En cambio, si un proveedor es único (un monopolio) puede optar por limitar la producción y subir los precios.

El oligopolio se halla entre estos dos extremos: unos pocos proveedores (en ocasiones, no más de dos o de tres) dominan el mercado de un producto determinado. En teoría, la competencia entre productores en un oligopolio beneficia a los consumidores, pero los productores cuentan con una alternativa para aumentar sus benefi-

Véase también: Efectos de la competencia limitada 90–91 ▪ Monopolios 92–97 ▪ El mercado competitivo 126–129 ▪ Mercados e incidencias sociales 210–213 ▪ Teoría de juegos 234–241

cios: cooperar. Si toman esta opción y acuerdan no hacerse la competencia, actúan como si fueran un monopolio y acuerdan las condiciones del mercado en beneficio propio.

Formación de cárteles

Los economistas llaman a esta connivencia entre empresas «colusión». El acuerdo de precios resultante disminuye la eficiencia de los mercados. Adam Smith (p. 61) sabía de la importancia del interés personal en el libre mercado, pero sospechaba lo bastante de la motivación de los proveedores como para advertir que «las personas con el mismo oficio raras veces se reúnen para divertirse o entretenerse, sino que las conversaciones devienen en una conspiración contra el público o en algún tipo de connivencia para subir los precios».

Los productores colaboran entre sí desde que existen los mercados, y empresas de muy diversos sectores comerciales han formado asociaciones en beneficio mutuo. En EE UU, en el siglo XIX, se usaba el término *trust* para designar este tipo de prácticas monopolísticas; actualmente se utiliza el término «cártel», y la colaboración puede funcionar tanto a nivel nacional como internacional. El concepto ha adquirido una connotación negativa a pesar de haber sido una característica importante en las economías de EE UU y Alemania durante las décadas de 1920 y 1930.

British Airways fue condenada a pagar más de 300 millones de libras en 2007, después de que Virgin Atlantic admitiera que ambas compañías se reunieron para negociar posibles aumentos de precios.

En el siglo XX, la Unión Europea y EE UU promulgaron leyes para desalentar la colusión. Sin embargo, los cárteles de productores aún caracterizan las economías de mercado, ya sea bajo la forma de simples acuerdos entre empresas, como cuando Unilever y Procter & Gamble acordaron en 2011 el precio del detergente en polvo en Europa, o de asociaciones comerciales internacionales, como la Asociación Internacional de Transporte Aéreo (IATA). La función original de la IATA era fijar los precios del transporte, pero sigue existiendo como representante de la industria aeronáutica. Los cárteles se pueden formar también por la colaboración entre gobiernos de países productores de un mismo producto, como en el caso de la Organización de los Países Exportadores de Petróleo (OPEP), fundada en 1960 a fin de coordinar los precios del petróleo en los países miembros.

Desafíos para los cárteles

Crear y mantener un cártel presenta dificultades, sobre todo en lo concerniente a los precios y a la confianza » entre los miembros. Sus integrantes no pueden limitarse a fijar los precios; también deben acordar las cuotas de producción que les permitirán mantener esos precios y, obviamente, decidir cómo repartirán los beneficios. Cuantos menos miembros haya, más sencillo resultará negociar. Los cárteles son más sólidos si pocas empresas aportan la mayoría de la oferta.

El segundo problema es garantizar que los miembros del cártel cumplan las normas. Para los productores, el atractivo de la colusión reside en la posibilidad de subir los precios, pero este interés personal es también uno de los puntos débiles del sistema. Los miembros de un cártel pueden hacer trampa y producir más de lo acordado para ofrecer precios más bajos que sus colaboradores. En efecto, esta es una versión del dilema del prisionero (p. 238), en el que dos presos pueden escoger entre confesar o permanecer en silencio. Si ambos callan o ambos confiesan, recibirán penas suaves; pero si uno de ellos confiesa, ganará la libertad, mientras que su compañero recibirá una pena más dura. La mejor estrategia para ambos es permanecer callados (lo que conlleva la pena de cárcel más corta), pero existe la tentación de confesar, con la esperanza de que el otro calle y obtener así la libertad. Las estrategias aplicables en este ejemplo clásico son las mismas que se podrían aplicar a los cárteles, porque la recompensa para todos los integrantes es mayor si colaboran que si compiten, pero si uno quebranta el acuerdo obtendrá beneficios todavía mayores, mientras que el resto sufrirá las consecuencias.

En la práctica, esto es lo que tiende a suceder en los cárteles, en especial si las cuotas no se dividen equitativamente. Los doce miembros de la OPEP, por ejemplo, se reúnen regularmente para acordar la producción y el precio del petróleo, pero en pocas ocasiones se cumplen los acuerdos. Los miembros menos ricos y más pequeños ven la oportunidad de obtener beneficios adicionales y superan su cuota de producción, con lo que introducen un elemento de competitividad y debilitan el poder del cártel en su conjunto. Basta con que un miembro infrinja los acuerdos para que las operaciones del cártel se vean perjudicadas; y cuantos más miembros lo componen, mayor es el riesgo de que alguno se salte las normas.

Un cártel puede acordar precios y operar como un monopolio virtual. Si nadie ofrece al consumidor un precio más bajo, el precio único puede ser muy superior a los costes de producción, y el cártel obtiene así grandes beneficios.

Cumplir los acuerdos

A menudo, un miembro del cártel (el más poderoso en términos de producción) emerge como responsable del cumplimiento de las normas. Así, por ejemplo, si la eficacia de la OPEP se ve amenazada porque un país como Angola produce más para aumentar su beneficio, Arabia Saudí, el mayor miembro del cártel, puede tomar medidas a fin de impedirlo. En tanto que primer productor con el menor coste de producción, puede incrementar su producción y reducir los precios hasta niveles que castiguen o incluso hundan a los países más pequeños, mientras que sus propios beneficios solo se verán reducidos a corto plazo. Con todo, en muchos casos, la reticencia de los miembros más importantes a reducir sus beneficios y la tentación de saltarse las normas acaban conduciendo a la disolución de los cárteles.

La dificultad de crear y mantener un cártel implica que estas «conspiraciones» son menos frecuentes de lo

> No podemos tolerar los gobiernos opresivos ni la oligarquía industrial en forma de monopolios y cárteles.
>
> **Henry A. Wallace**
> **Político estadounidense** (1888–1965)

que Adam Smith podría haber esperado. En la década de 1960, el economista estadounidense George Stigler demostró que la desconfianza natural hacia los competidores actúa en contra de la colusión en un cártel, y que la formación de cárteles disminuye a medida que entran más empresas en un mercado. Como consecuencia, incluso en los sectores en los que hay pocos grandes productores, como el de las videoconsolas o el de la telefonía móvil, suele optarse por la competencia y no por la cooperación.

De todos modos, los pocos cárteles que existen suponen tal amenaza para el mercado que los gobiernos se sienten obligados a intervenir. Durante el siglo XX, la presión de los consumidores que se oponían a la fijación de precios llevó a que se promulgaran leyes «antimonopolio» (recuadro, dcha.) que prohibieron los cárteles en la mayoría de países. Como es muy difícil probar la colusión, muchas de estas leyes ofrecen inmunidad al primer miembro del cártel que confiese (como en el dilema del prisionero), con lo que aumentan los incentivos para disolver el cártel. Esta medida resultó muy útil en 2007, cuando Virgin Atlantic Airlines, preocupada por una investigación sobre si los precios de sus vuelos estaban fijados, confesó su colusión con British Airways, que tuvo que pagar una multa enorme.

En 2011 se investigó a las operadoras de telefonía móvil holandesas por sospecha de prácticas monopolísticas, como la fijación de los precios de los paquetes de datos en teléfonos de prepago.

> “Los economistas tienen sus méritos, pero no creo que la ley antimonopolio sea uno de ellos.”
> **George Stigler**

La aprobación del gobierno

Algunos economistas liberales, como Stigler, son escépticos acerca de la necesidad de este tipo de leyes, dada la inestabilidad de los cárteles. Con frecuencia, los gobiernos se muestran ambiguos y consideran que cierta colaboración entre empresas es incluso deseable. Así, la política de precios de la IATA fue considerada una colusión, pero la OPEP se ve con mejores ojos y se considera un bloque comercial cuyas políticas llevan a la estabilidad. Ese mismo argumento se ha usado para defender los cárteles públicos en ciertos sectores, como el del petróleo o el acero, en algunos países en épocas de depresión. Una cooperación entre productores regulada por el gobierno puede estabilizar la producción y los precios, proteger a los productores más pequeños y al consumidor, y lograr que su sector sea más competitivo a nivel internacional. Estos cárteles públicos proliferaron en Europa y EE UU durante las décadas de 1920 y 1930, pero la mayoría desapareció después de la Segunda Guerra Mundial. Los cárteles nacionales siguen siendo una característica de la economía japonesa. ■

Leyes antimonopolio

Tanto cárteles como monopolios suelen considerarse elementos perjudiciales para la eficiencia del libre mercado y el bienestar económico en general. La gran mayoría de los gobiernos han intentado impedir, con leyes de competencia o antimonopolio, dicha clase de colusiones. La primera de estas intervenciones tuvo lugar en EE UU en 1890, cuando la ley Sherman prohibió los contratos y los acuerdos que pudieran limitar el comercio interestatal o internacional. Le siguieron otras, como la ley Clayton de 1914, que prohibía la bajada local de los precios para «congelar» a la competencia. En general, los economistas se han mostrado escépticos ante las leyes antimonopolio, entre otros motivos debido a su difícil aplicación. Han señalado que la cooperación no siempre lleva a prácticas colusivas como las licitaciones fraudulentas o la fijación de precios, y muchos consideran que una gran parte de las políticas antimonopolio responden a la presión política más que al análisis económico.

Esta ilustración de 1906 satiriza al político Nelson Aldrich por «tejer» en EE UU una red de aranceles en contra de la competencia extranjera que subió los precios locales.

LA OFERTA CREA SU PROPIA DEMANDA

SATURACION DEL MERCADO

EN CONTEXTO

ENFOQUE
Macroeconomía

PENSADOR CLAVE
Jean-Baptiste Say
(1767–1832)

ANTES
1820 El británico Thomas Malthus explica la posibilidad tanto del subempleo como de la superproducción.

DESPUÉS
1936 John Maynard Keynes opina que la oferta no crea su propia demanda y que la falta de demanda puede ralentizar la producción y, por lo tanto, generar desempleo.

1950 El austriaco Ludwig von Mises afirma que la negación de Keynes es la primera de las falacias keynesianas acerca de la economía.

2010 El australiano Steven Kates defiende la ley de Say y califica la economía keynesiana de «enfermedad conceptual».

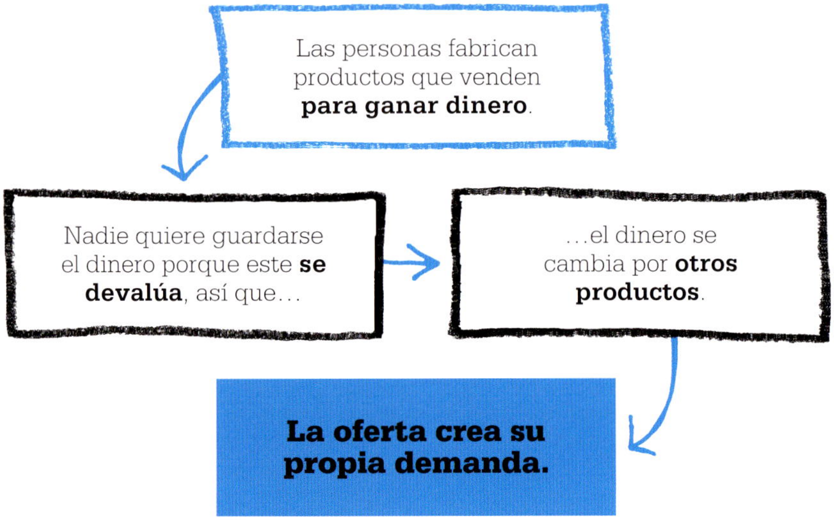

En 1776, Adam Smith publicó su gran obra *La riqueza de las naciones* (pp. 54–61), en ella explicaba que los comerciantes que conocía solían atribuir a dos motivos el fracaso de los negocios: la escasez de dinero o el exceso de producción. El primero de estos dos mitos lo desmontó él mismo con su explicación de la función del dinero en la economía, y del segundo se encargó el economista francés Jean-Baptiste Say, que en 1803 escribió un *Tratado de economía política* donde explicaba la imposibilidad de la superproducción.

Say sostenía que en cuanto se fabrica un producto, se crea un mercado para otros «hasta cubrir por completo su propio valor». Esto significa, por ejemplo, que el dinero que recibe el sastre por confeccionar y vender una camisa se utiliza más tarde para comprar pan al panadero y cerveza al bodeguero. Say creía que las personas no desean acumular dinero, por lo que el valor total de los productos disponibles equivaldría al valor total de los productos solicitados. La formulación de lo que conocemos como ley de Say dice que «la oferta crea su

Véase también: Economía de libre mercado 54–61 ▪ Equilibrio económico 118–123 ▪ Depresión y desempleo 154–161

propia demanda», aunque en realidad Say nunca empleó esta frase; probablemente la acuñó el economista estadounidense Fred Taylor en 1921, en sus *Principles of Economics*.

Para Say, la importancia de semejante idea residía en que si la oferta genera demanda por un valor equivalente, la superproducción o la saturación de la economía en su conjunto son imposibles. Por supuesto, las empresas pueden errar en sus cálculos sobre la demanda de un producto y producir demasiado, pero tal y como afirmó posteriormente el economista estadounidense de origen austriaco Ludwig von Mises (p. 147), las pérdidas no tardan en expulsar del mercado a los emprendedores que yerran, y los recursos que dejan de utilizar se reorientan a otros sectores de la economía más rentables. De hecho, resulta imposible producir en exceso globalmente, pues los deseos del ser humano superan en mucho a su capacidad de producción.

La ley de Say se ha convertido en uno de los principales puntos de controversia entre los economistas clásicos y los keynesianos. Los primeros, como Say, afirman que la producción, o la oferta, es un factor determinante para el crecimiento económico, mientras que los keynesianos arguyen que el crecimiento solamente procede del aumento de la demanda.

¿Por qué guardar dinero?

En su obra maestra de 1936, *Teoría general de la ocupación*, John Maynard Keynes (p. 161) criticó la ley de Say centrándose en la función del dinero en la economía. Say había planteado que todo el dinero que se gana se gasta más tarde en la adquisición de otros productos; en otras palabras, que la economía funciona como un sistema de trueque. Por el contrario, Keynes sugirió que, en ocasiones, las personas pueden decidir guardar el dinero en lugar de adquirir productos. Acaso quieran ahorrar parte de sus ingresos. Cuando los ahorros no son créditos solicitados a terceros (a un banco, por ejemplo) y no se invierten en la economía (como, por ejemplo, capital empresarial), ese dinero deja de circular. Si la población guarda su dinero, el valor de los productos disponibles termina superando al de la demanda. Este estado de «demanda negativa» se denomina «insuficiencia de la demanda» y, según Keynes, podría llevar al desempleo generalizado.

La crítica situación de la economía mundial durante la Gran Depresión de inicios de la década de 1930 pareció confirmar la teoría de Keynes, especialmente cuando se comparaba con la ley de Say, que afirmaba que el desempleo tan solo podía darse en algunos sectores y durante periodos cortos de tiempo. ■

Say concebía la oferta y la demanda como un trueque: cambiamos el dinero ganado por los productos deseados. La imagen representa el intercambio de verduras por carne en un mercado inca.

Jean-Baptiste Say

Say nació en Lyon (Francia) en 1767, hijo de un mercader textil protestante. A los 18 años se trasladó a Inglaterra, donde fue aprendiz de mercader antes de regresar a París para trabajar en una compañía de seguros. Vio la Revolución Francesa de 1789 como algo positivo, porque logró poner fin a la persecución religiosa de los protestantes hugonotes, terminó con una economía básicamente feudal y amplió las posibilidades comerciales.

En 1794 comenzó a trabajar como editor de una publicación política, desde la que promovió las ideas de Adam Smith. En 1799 le invitaron a incorporarse al gobierno francés; aun así, Napoleón rechazó algunas de sus propuestas y su obra fue censurada hasta 1814. En este periodo amasó una fortuna con una fábrica de algodón; durante los últimos años de su vida dio clases de economía en París. Murió en 1832, a los 66 años.

Obras principales

1803 *Tratado de economía política.*
1815 *De la Inglaterra y de los ingleses.*
1828 *Curso completo de economía política práctica.*

LA DEUDA DE HOY SON LOS IMPUESTOS DE MAÑANA

PRESTAMO Y DEUDA

EN CONTEXTO

ENFOQUE
Política económica

PENSADOR CLAVE
David Ricardo (1772–1823)

ANTES
1799 Gran Bretaña introduce el impuesto sobre la renta durante la guerra contra Francia. La deuda pública roza el 250% de la renta nacional.

DESPUÉS
1945 Tras la Segunda Guerra Mundial, el gasto público, los impuestos y los préstamos aumentan en las economías desarrolladas para satisfacer el estado del bienestar.

1974 El estadounidense Robert Barro recupera la equivalencia ricardiana: la población gasta del mismo modo tanto si el gobierno emite deuda pública como si aumenta los impuestos.

2011 La crisis de la deuda europea se intensifica y se abre el debate sobre los límites de los impuestos y de la deuda pública.

El gasto público, ¿debe financiarse **con deuda o con impuestos**?

Si el gobierno **emite deuda** ahora…

…la población sabrá que más adelante **los impuestos aumentarán** para pagar esa deuda.

Si el gobierno **aumenta los impuestos** ahora…

…la población tendrá que **pagar más impuestos**.

Es irrelevante que el gobierno decida subir los impuestos ahora o después, porque la deuda de hoy son los impuestos de mañana.

El gasto público, ¿se debería financiar con deuda o con impuestos? El economista británico David Ricardo fue el primero en dar una respuesta detallada a dicha pregunta, durante las costosas guerras napoleónicas contra Francia (1803–1815). En *Principios de economía política y tributación*, publicado en 1817, aseguraba que el sistema de financiación debería ser irrelevante. El contribuyente tiene que ser consciente de que la deuda pública de hoy generará más impuestos en el futuro; y, como acabará pagando impuestos antes o después, debería ahorrar una

Véase también: El hombre económico 52–53 ▪ Carga fiscal 64–65 ▪ El multiplicador keynesiano 164–165 ▪ Política monetarista 196–201 ▪ Ahorrar para gastar 204–205 ▪ Expectativas racionales 244–247

cantidad equivalente a los impuestos que pagaría hoy para así poder hacer frente a los que pagará en un futuro. Ricardo sugería que la población entiende las limitaciones presupuestarias del gobierno y que seguirá gastando del mismo modo tanto si aquel opta por la deuda pública como si se decanta por los impuestos, dado que sabe que al final acabará pagando lo mismo. Esta teoría vino a conocerse como «equivalencia ricardiana».

Por ejemplo, imaginemos una familia cuyo padre es jugador y pide dinero prestado a sus hijos. Un día les dice que ese mes pueden disponer de su dinero, dado que esta vez le ha pedido un préstamo a su amigo Álex. Tomás, el despreocupado hijo pequeño, se gasta todo el dinero. Sin embargo, Juan, el hijo mayor y más sensato, advierte que el mes próximo su padre tendrá que devolver a Álex el dinero prestado más los intereses, por lo que es muy posible que le pida; así que guarda el dinero, pues sabe que tendrá que dárselo a su padre dentro de un mes. Es consciente de que, en realidad, sus ingresos no han variado, por lo que no tiene motivos para modificar sus gastos.

Ricardo teorizaba, y nunca sugirió que la equivalencia ricardiana fuera evidente en el mundo real. De hecho, opinaba que el común de la población padecería la misma ilusión fiscal que Tomás en nuestro ejemplo y que se gastaría el dinero del cual creía disponer. Sin embargo, algunos economistas modernos han afirmado que los ciudadanos no sufren tal ilusión.

El debate moderno

La idea resurgió en 1974 en un artículo del estadounidense Robert Barro (n. en 1944), y el análisis moderno se ha centrado en el estudio de las condiciones bajo las cuales las personas gastan, con independencia de los impuestos o de la deuda pública. Uno de los supuestos es que la gente toma decisiones racionales y tiene una capacidad de previsión perfecta; sabe que los gastos de hoy son los impuestos de mañana. Sin embargo, no parece que este sea el caso.

Otro de los inconvenientes es que la vida humana es finita. Si la población actúa en interés propio, parece poco probable que se preocupe por los impuestos que puedan aparecer una vez hayan muerto. Sin embargo, Barro sugirió que los padres se preocupan por sus hijos, y que las herencias sirven en parte para pagar aquellos impuestos que puedan surgir tras su fallecimiento. Así, al tomar decisiones, las personas tienen en cuenta el impacto de los impuestos incluso más allá de su muerte.

Gasto público

La equivalencia ricardiana, también llamada en ocasiones «neutralidad de la deuda», es un tema de gran actualidad, debido al elevado nivel de gasto, deuda e impuestos de los gobiernos modernos. La nueva economía clásica ha recurrido a la aportación de Ricardo con el objetivo de denostar las políticas keynesianas, que utilizan el gasto público para incrementar la demanda e impulsar así el crecimiento. Sostiene que si la población sabe que el gobierno está gastando dinero a fin de impulsar una economía deprimida, sus expectativas racionales harán que prevea una subida de impuestos en el futuro, por lo que no responderá ciegamente a ese aumento del dinero circulante en el sistema. De todos modos, las pruebas prácticas (a favor o en contra) no son concluyentes. ■

Grecia tuvo que pedir cuantiosos créditos en 2011 para no quebrar. Las protestas que siguieron dejaron claro que hay unos límites para lo que un gobierno puede recaudar o pedir prestado.

Nueva macroeconomía clásica

Robert Barro, Robert Lucas y Thomas Sargent, economistas estadounidenses, formaron en la década de 1970 la escuela de la nueva macroeconomía clásica. Entre sus principios clave se hallan las expectativas racionales (pp. 244–247) y el equilibrio del mercado (la creencia de que los precios se adaptan a una posición de equilibrio espontáneamente). Sostienen que esto también es aplicable al mercado de trabajo: los salarios se fijan mediante el ajuste de la oferta (la gente que busca trabajo) y la demanda (los puestos de trabajo). Así, quien quiera trabajar puede hacerlo, siempre que acepte el salario del momento; y el desempleo, por lo tanto, es voluntario. Por otro lado, el supuesto de las expectativas racionales asume que, a la hora de tomar decisiones, las personas tienen en cuenta el pasado y el futuro, por lo que el hecho de que el gobierno decida emitir deuda o recaudar no las lleva a engaño.

EL COMERCIO BENEFICIA A TODOS

VENTAJA COMPARATIVA

EN CONTEXTO

ENFOQUE
Economía global

PENSADOR CLAVE
David Ricardo (1772–1823)

ANTES
433 A.C. Atenas impone a Megara sanciones comerciales, en una de las primeras guerras comerciales registradas.

1549 El político inglés John Hales da voz a la opinión, cada vez más generalizada, de que el comercio es malo para el país.

DESPUÉS
1965 El estadounidense Mancur Olson demuestra que los gobiernos responden más a las demandas de un grupo concentrado que a las de un grupo disperso.

1967 Los suecos Bertil Ohlin y Eli Heckscher desarrollan la teoría comercial de Ricardo y estudian la evolución temporal de la ventaja comparativa.

Las teorías de David Ricardo, ilustre economista británico del siglo XVIII, están claramente moldeadas por la sociedad en que vivió y por su vida personal. Vivió en Londres en una época en que el mercantilismo (pp. 34–35) dominaba el pensamiento económico y defendía la necesidad de limitar estrictamente el comercio internacional; así, los gobiernos introducían políticas a fin de aumentar las exportaciones y reducir las importaciones, en un claro intento de enriquecer al país mediante la entrada de oro. En Inglaterra esta política se remontaba a la época isabelina. Y Ricardo opinaba que, a largo plazo, era muy probable que el proteccionismo terminara limitando la capacidad del país para aumentar su riqueza.

Inicios del proteccionismo

A David Ricardo sobre todo le preocupaba un impuesto conocido como las Leyes de los Cereales. Durante las guerras napoleónicas (1803–1815) fue imposible importar trigo europeo, por lo que su precio en Inglaterra subió y muchos terratenientes incrementaron la proporción de tierras que solían dedicar a esta cosecha. Sin embargo, en 1812, cuando la guerra comenzó a decaer, el precio del trigo se desplomó, por lo que los terratenientes (que controlaban el Parlamento) promulgaron las Leyes de los Cereales, que limitaban la importación del trigo extranjero y establecían un precio mínimo. Cuando la guerra finalizó en 1815, se volvió a recurrir a estas leyes con objeto de elevar de nuevo el precio del grano. Las leyes protegían a los agricultores, pero también llevaron el precio del pan más allá de lo que podían pagar los más pobres, en un momento en que los soldados y marineros recién llegados tenían dificultades para encontrar trabajo.

Véase también: Proteccionismo y comercio 34–35 ▪ Integración del mercado 226–231 ▪ Teoría de la dependencia 242–243 ▪ Tipos de cambio y monedas 250–255 ▪ Los tigres asiáticos 282–287 ▪ Comercio y geografía 312

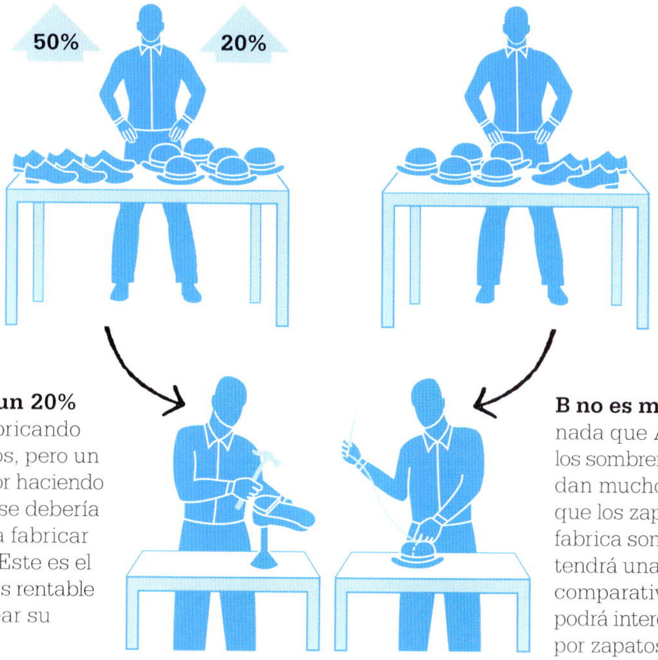

Si A es un 20% mejor fabricando sombreros, pero un 50% mejor haciendo zapatos, se debería dedicar a fabricar zapatos. Este es el modo más rentable de emplear su tiempo.

B no es mejor en nada que A, pero los sombreros se le dan mucho mejor que los zapatos. Si fabrica sombreros, tendrá una ventaja comparativa y los podrá intercambiar por zapatos con A.

Ricardo se opuso a estas Leyes de los Cereales, aunque él mismo era un rico terrateniente. Sostenía que empobrecerían a Gran Bretaña, y desarrolló una teoría que se ha convertido en la base de todas las que han justificado el libre comercio entre países.

Ventaja comparativa

Adam Smith (p. 61) ya había señalado que las diferencias climáticas entre Gran Bretaña y Portugal permitirían a ambas beneficiarse del comercio. Un trabajador en Gran Bretaña podía producir más lana que otro en Portugal, que, a su vez, podía producir más vino que uno en Gran Bretaña. Cualquiera capacitado para producir más por unidad de recursos alberga una «ventaja comparativa». Smith decía que tanto Gran Bretaña como Portugal saldrían beneficiados si se especializaban en lo que hacían mejor e intercambiaban sus excedentes. La aportación de Ricardo consistió en ampliar la tesis de Smith para analizar si los países podían beneficiarse de la especialización y del comercio cuando una de las partes tenía una ventaja absoluta en ambos productos. ¿Valdría la pena comerciar si uno de los países podía producir más vino y más lana por trabajador que el otro?

Otra manera de abordar el asunto consiste en considerar si una persona que es mejor que otra tanto fabricando sombreros como zapatos tendría que repartir su tiempo entre ambas tareas o elegir una y después comerciar con el trabajador menos habilidoso, que realizaría la otra (diagrama, izda.). Supongamos que un trabajador es un 20% mejor que otro fabricando sombreros, pero un 50% mejor fabricando zapatos; ambos saldrán beneficiados si él se dedica exclusivamente a fabricar zapatos (el producto en el que realmente destaca) y el otro se dedica a la fabricación de sombreros (el producto que hace menos mal).

La lógica del argumento tiene que ver con los costes relativos de la producción, en términos del tiempo que se emplea o se pierde. Como el trabajador mejor es tan bueno fabricando zapatos, el coste de fabricar sombreros es muy alto para él, pues deberá »

En 1819, una multitud se reunió en Manchester para protestar contra las Leyes de los Cereales que, al limitar las importaciones de trigo, mantenían su precio muy elevado. La protesta fue reprimida con brutalidad.

El aumento de la importación de neumáticos de China llevó a EE UU a imponer restricciones comerciales en 2009, lo que provocó un enfrentamiento comercial y el deterioro de las relaciones diplomáticas entre ambos países.

sacrificar tiempo que podría dedicar a los zapatos. Pese a que en términos absolutos el otro trabajador produzca zapatos y sombreros de peor calidad, el coste relativo de la fabricación de sombreros es inferior en su caso, ya que pierde menos produciendo zapatos que el otro trabajador. Por lo tanto, este trabajador cuenta con una ventaja comparativa con los sombreros, y el otro con una ventaja comparativa con los zapatos. Si dos países, pues, se especializan en los productos en que presentan una ventaja comparativa, podrán producir más unidades y el comercio permitirá que ambos reciban más productos y a mejor precio.

La ventaja comparativa resuelve la paradoja que planteó Adam Smith: incluso las naciones peores en la producción de bienes (aquellas con una «desventaja absoluta») pueden exportarlos y obtener un beneficio.

La ventaja en el siglo xx

¿Qué determina la ventaja comparativa? Los suecos Eli Heckscher y Bertil Ohlin explicaron que esta deriva de la abundancia relativa de capital y de fuerza de trabajo de cada país. Los países ricos en capital disponen de una ventaja comparativa en productos intensivos en capital, como la maquinaria. Los países ricos en fuerza de trabajo tienen una ventaja comparativa en productos intensivos en mano de obra, como los agrícolas. El resultado es que los países tienden a exportar los bienes que emplean su factor de producción más abundante; así, los países ricos en capital, como EE UU, suelen exportar bienes manufacturados. El análisis de Heckscher y Ohlin llevó a otra predicción. El comercio no solo reduciría la diferencia de precios entre países, sino también las diferencias salariales: la especialización de los países ricos en fuerza de trabajo en sectores intensivos en mano de obra llevaría a un aumento salarial, al tiempo que en los países ricos en capital se daría la tendencia contraria. Por lo tanto, pese al crecimiento general a corto plazo, al final habrá ganadores y perdedores; de ahí la oposición a la apertura comercial.

David Ricardo

David Ricardo es considerado uno de los mayores economistas de la historia. Sus padres, procedentes de Holanda, llegaron a Inglaterra y él nació en Londres en 1772; a los 14 años de edad empezó a trabajar para su padre, que era agente de bolsa. Con solo 21 años se fugó con Priscilla Wilkinson, una cuáquera. Las diferencias religiosas entre sus familias provocaron que ambas repudiaran a la pareja, por lo que Ricardo fundó su propia agencia de bolsa. Previó la derrota francesa en Waterloo (1815), compró bonos del gobierno inglés, y así se hizo rico. Se relacionó con importantes economistas de la época, como Thomas Malthus (p. 69) o John Stuart Mill (p. 95). En 1819 se jubiló y se convirtió en miembro del Parlamento. Ricardo falleció repentinamente en 1823 a causa de una infección de oído, dejando una fortuna valorada en más de 120 millones de dólares actuales.

Obras principales

1810 *The High Price of Bullion.*
1814 *Essay on the Influence of a Low Price of Corn.*
1817 *Principios de economía política y tributación.*

> La disminución de dinero en un país, y el aumento en otro, no dependen del precio de un único producto, sino del de todos.
> **David Ricardo**

Los gritos que hoy reclaman proteccionismo son tan fuertes como lo fueron en los tiempos de Ricardo. En el año 2009, China acusó a EE UU de «proteccionismo desenfrenado» por los elevados aranceles que impuso a la importación de neumáticos. Esta decisión se tomó por la presión de los trabajadores estadounidenses, que habían visto cómo las importaciones de neumáticos crecían de los 14 a los 46 millones entre 2004 y 2008, por lo que la producción estadounidense de neumáticos bajó, cerraron fábricas y el paro aumentó. Por otro lado, EE UU ya había acusado antes a China por subvencionar injustamente su propia industria de neumáticos, hecho que aumentó las tensiones. China respondió con la amenaza de incrementar los aranceles sobre las aves de corral y los automóviles estadounidenses. Los efectos de los aranceles se hacen sentir en toda la economía; y así, la protección obtenida por los productores de neumáticos estadounidenses se vio contrarrestada por impactos negativos. El aumento del precio de los neumáticos elevó el precio de los automóviles estadounidenses, por lo que perdieron competitividad y vendieron menos unidades. Las represalias chinas, además, perjudicaron a las exportaciones de EE UU. Algunos trabajadores de las empresas productoras de neumáticos conservaron su puesto, pero en el conjunto de la economía se perdieron muchos empleos.

Proteccionismo actual

El estadounidense Mancur Olson ha descrito por qué los políticos aplican medidas que pueden perjudicar a la economía en general, aun conociendo sus consecuencias. Ha señalado que aquellos que exigen los aranceles (por ejemplo, grandes productores nacionales y sus trabajadores) sufren un impacto evidente a causa de las importaciones baratas. Sin embargo, la cantidad potencialmente mayor de consumidores que deben pagar precios más altos a causa de los aranceles, y los trabajadores de industrias asociadas que podrían perder su empleo por los efectos colaterales, están dispersos por toda la economía.

Comercio contemporáneo

Hoy la mayoría de economistas apoya la postura ricardiana básica sobre el comercio y, en concreto, opinan que ha ayudado a los países industrializados actuales. Según los economistas estadounidenses David Dollar y Aart Kraay, durante décadas, el comercio ha ayudado a crecer y a reducir la pobreza de países en desarrollo; señalan que los países que han reducido sus aranceles han crecido a mayor velocidad y han sufrido menos pobreza.

Otros economistas han cuestionado que el comercio ayude siempre a los países en vías de desarrollo. El estadounidense Joseph Stiglitz (p. 338) sostiene que estos países sufren con frecuencia carencias institucionales y fallos del mercado, por lo que una liberalización comercial demasiado rápida puede resultar muy costosa.

Además, hay varias contradicciones entre la teoría y la práctica. Así, cuando el gobierno indio eliminó los aranceles al barato aceite de palma indonesio, la medida tuvo el efecto de aumentar el nivel de vida de cientos de millones de indios, tal y como predijo Ricardo, pero también acabó con el medio de subsistencia de un millón de agricultores que cultivaban los cacahuetes para producir el aceite que ahora había sido sustituido por aceite de palma. En un mundo ricardiano perfecto, los productores de cacahuetes habrían pasado a producir otro bien, pero en la práctica es imposible, porque su inversión en capital es inmóvil: una máquina de procesar cacahuetes no sirve para otra cosa.

Los críticos de Ricardo creen que, a largo plazo, este tipo de consecuencias entorpecen la industrialización y la diversificación de los países más pobres. Además, aunque los países industrializados ricos sean hoy grandes comerciantes, al inicio de su andadura no practicaron el libre comercio. Los procesos de construcción de la ventaja comparativa a largo plazo pueden ser más complejos que lo que sugiere el modelo de Ricardo. Algunos opinan que Europa y luego los tigres asiáticos (pp. 282-287) pudieron crecer porque la protección comercial les permitió desarrollar habilidades antes de abrirse el comercio. ■

Los productos asiáticos llegan a Occidente en grandes contenedores. Se estima que el 75% de los productos de un carro de la compra estadounidense típico son importaciones asiáticas.

REVOLUC
INDUSTR
Y ECONO
1820–1929

ION
IAL
MICA

LAS LLAMADAS TELEFONICAS SON MAS CARAS SI NO HAY COMPETENCIA

MONOPOLIOS

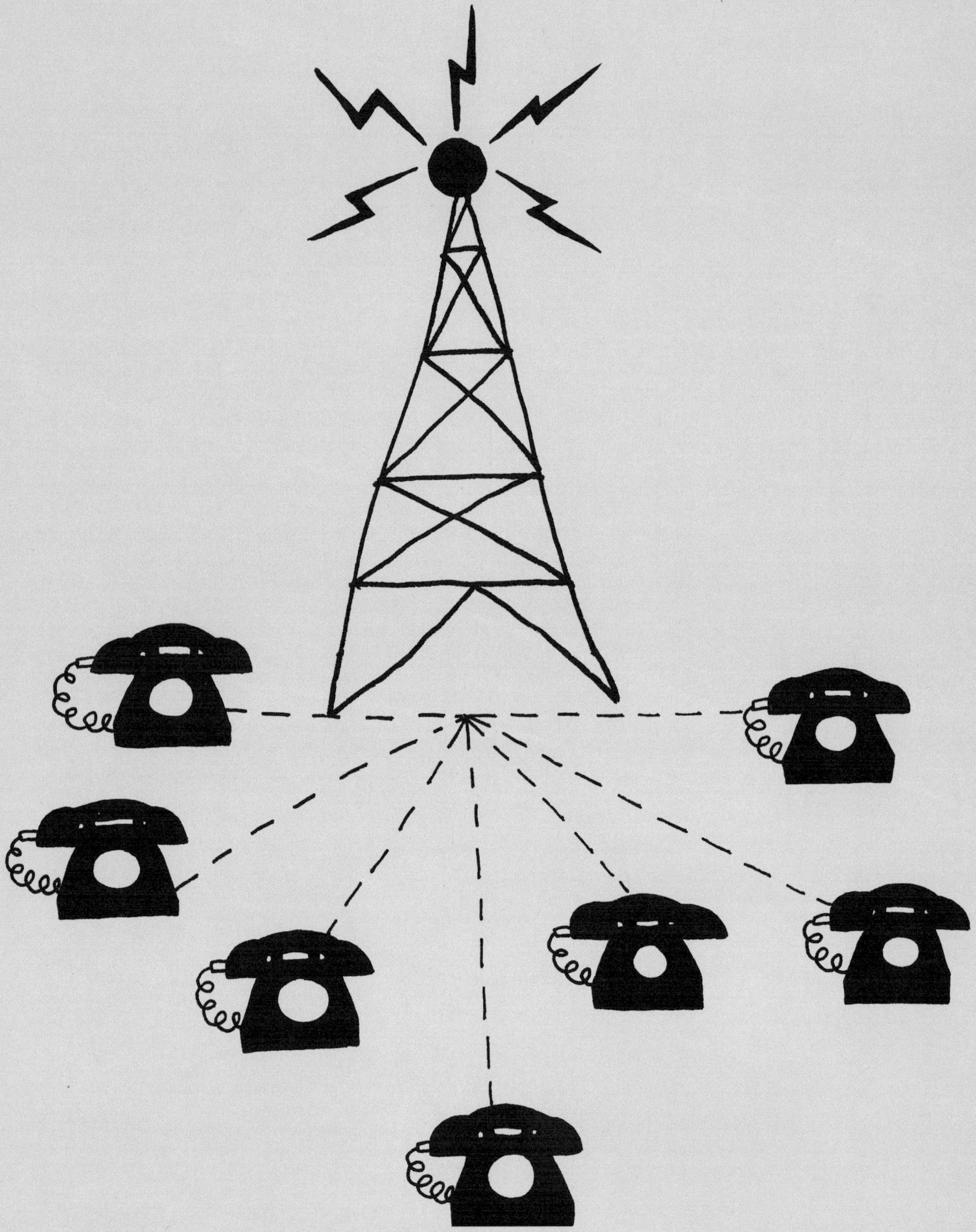

EN CONTEXTO

ENFOQUE
Mercado y empresa

PENSADOR CLAVE
John Stuart Mill (1806–1873)

ANTES
***C.* 330 A.C.** Aristóteles describe, en la *Política*, el impacto de los monopolios.

1776 Adam Smith advierte de los peligros de los monopolios en *La riqueza de las naciones*.

1838 El economista francés Antoine Cournot analiza el impacto que tendría sobre el precio una reducción del número de empresas.

DESPUÉS
1890 Alfred Marshall desarrolla un modelo de monopolio.

1982 El estadounidense William Baumol redefine la competencia en *Contestable Markets and the Theory of Industry Structure*.

Una situación de monopolio se da cuando una única empresa controla un determinado mercado, como por ejemplo el de la telefonía móvil. Tal empresa puede ser el único proveedor de un producto o servicio, o contar con una cuota de mercado dominante. En gran número de países, se dice que una empresa tiene un monopolio si supera el 25% de la cuota de mercado.

Hace miles de años que sabemos que el monopolio sobre un producto o sector mantiene el nivel de los precios por encima del que sería si varias empresas participasen en el mercado. Aristóteles (384–322 a.C.) ya advirtió del problema a propósito de una anécdota de la vida del filósofo griego Tales de Mileto. La gente se burlaba de Tales por su condición de filósofo, diciendo que además de ser la suya una profesión inútil, no daba dinero. Para demostrar que se equivocaban, compró todos los molinos de aceite de la región en invierno, cuando eran más baratos, y en verano, cuando se hicieron necesarios, los vendió a precios muy elevados valiéndose de su poder monopolístico. Se hizo rico: demostró que un filósofo podía hacerse rico si se lo proponía. Los economistas interpretan esta anécdota como una advertencia del poder que pueden acumular los monopolios.

El poder del mercado

El politólogo inglés John Stuart Mill publicó en el año 1848 sus *Principios de economía política*, donde reflejaba gran parte del debate sobre si la falta de competencia provocaba el aumento de los precios. La opinión general era que había sectores que tendían a una ausencia de competencia, como consecuencia o bien de factores artificiales, como la imposición de aranceles a las importaciones, o bien de circunstancias naturales, como el hecho de que las empresas fueran cada vez mayores. Las grandes empresas habían empezado a dominar el mercado porque la industria del siglo XIX necesitaba cada vez más capital: las empresas que podían crecer y, de ese modo, acaparar la cuota de mercado necesaria para financiar las inversiones, podían usar su poder de mercado para expulsar a los competidores más pequeños y subir los precios.

Durante la revolución industrial, el carbón, los ferrocarriles y el agua

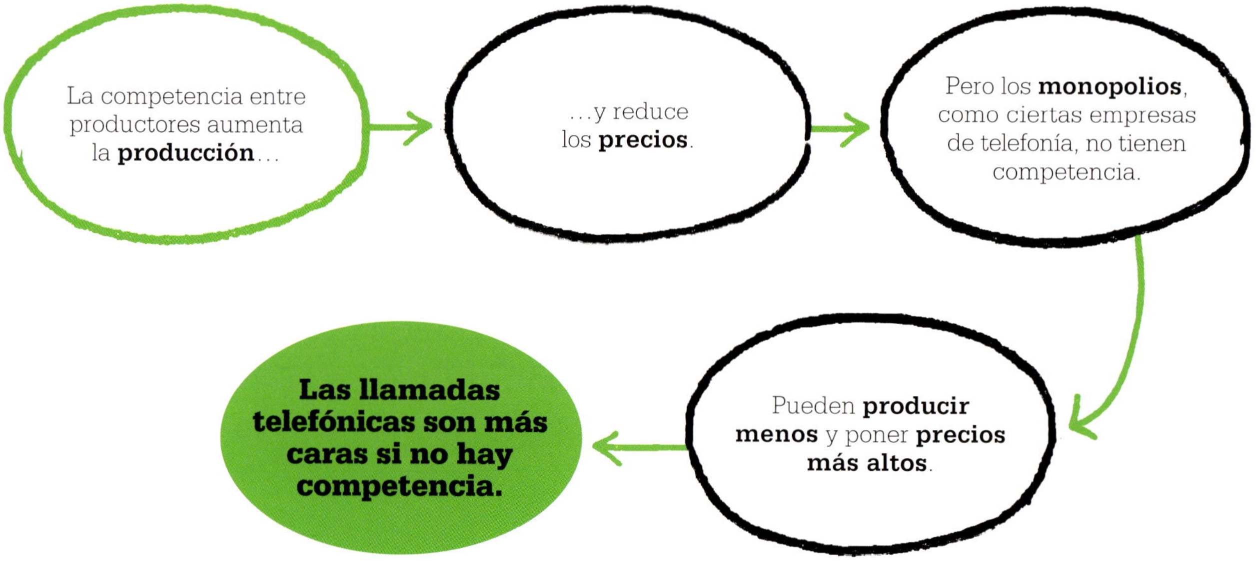

Véase también: Colusión y cárteles 70–73 ▪ El mercado competitivo 126–129 ▪ Economías de escala 132 ▪ Destrucción creativa 148–149

mostraron una tendencia a la concentración de la propiedad. En cuanto a la minería, porque la propiedad de la tierra se concentraba en muy pocas manos. Y en cuanto a los ferrocarriles y el agua, porque no había alternativas a unas pocas empresas que ofrecían dichos servicios, ya que la escala de las infraestructuras necesarias para ofrecerlos era tal que en caso de existir más empresas, nadie hubiera podido cubrir los costes. Como Adam Smith (p. 61) antes que él, Mill creía que estas características de los mercados no conducían necesariamente a un monopolio; no obstante, la consecuencia más probable era la colusión entre las empresas, que fijarían precios altos, de modo que los consumidores afrontarían costes elevados, como sucede con los monopolios.

Trabajadores y monopolios

Mill vio que la falta de competencia no se limita a subir los precios en el mercado de bienes. Los efectos monopolísticos también pueden afectar al mercado laboral. Señaló el caso de los orfebres, que disfrutaban de unos salarios mucho más elevados que los de otros trabajadores con aptitudes parecidas, porque se les consideraba íntegros, una virtud rara y difícilmente probable. Había, pues, una importante barrera a la entrada en el sector, por lo que los orfebres podían exigir un precio monopolístico por su trabajo. Mill advirtió además que el caso de los orfebres no era único: una gran parte de la clase obrera no podía acceder a profesiones cualificadas, porque estas exigían años de estudio y formación. El coste de mantener a alguien durante este largo proceso estaba fuera del alcance de la mayoría de las familias, por lo que las que podían permitírselo tenían acceso a salarios superiores a los esperables. En opinión de algunos historiadores, otro ejemplo de lo mismo lo hallamos en »

Los ferrocarriles eran un ejemplo de monopolio en la época de John Stuart Mill. Tender líneas nuevas resultaba caro y poco práctico si otras empresas realizaban ya esa misma ruta.

John Stuart Mill

Nació en Londres en 1806, en el seno de una rica familia que se convertiría en una gran dinastía intelectual. Su padre era muy exigente y le educó en casa, con un programa arduo y acelerado que incluía el griego desde los tres años de edad. El objetivo de Mill era continuar y desarrollar la obra filosófica de su padre. La presión a que se vio sometido durante la infancia fue la causa, al menos en parte, de los problemas mentales que sufriría en la veintena.

Mill fue una de las grandes mentes de su época y siempre habló en favor de causas poco populares, como la Revolución Francesa o los derechos de las mujeres; también se opuso con vehemencia a la esclavitud. Mantuvo un idilio con Harriet Taylor –según él, la inspiradora de la mayor parte de su obra– durante veinte años que causó un gran escándalo en su círculo privado. Falleció en 1873, a los 66 años de edad.

Obras principales

1848 *Principios de economía política.*
1861 *El utilitarismo.*
1869 *El sometimiento de la mujer.*

LAS MASAS PROVOCAN LA LOCURA COLECTIVA

BURBUJAS ECONOMICAS

EN CONTEXTO

ENFOQUE
Macroeconomía

PENSADOR CLAVE
Charles Mackay (1814–1889)

ANTES
1637 El horticultor holandés P. Cos publica su catálogo de tulipanes, que aporta datos útiles para determinar el precio de estas flores.

DESPUÉS
1947 En *El comportamiento administrativo*, el economista estadounidense Herbert Simon presenta la idea de «racionalidad limitada»: las malas decisiones se deben a la falta de capacidad, información y tiempo.

1990 Peter Garber critica la obra de Mackay en *Primeras burbujas famosas.*

2000 El estadounidense Robert Shiller publica *Exuberancia irracional*, donde analiza las distintas causas de las burbujas económicas y las políticas que podrían impedirlas en el futuro.

En 1841, el periodista escocés Charles Mackay publicó *Delirios populares extraordinarios y la locura de las masas*, un clásico de los estudios psicológicos sobre los mercados y las conductas irracionales de la gente que actúa como un rebaño. El libro analiza algunos de los ejemplos más famosos de la historia de la especulación desmedida, como la tulipomanía (década de 1630), y la burbuja del Mississippi (1719–1720) o la de los mares del Sur (1720).

Mackay defendió la hipótesis de que las masas actúan en una especie de locura especuladora colectiva que puede hacer subir los precios de los bienes mucho más allá de su valor intrínseco. Cuando esto acontece, se habla de «burbuja económica». Como una pompa de jabón, los precios suben y la burbuja crece, pero cada vez es más frágil y acaba estallando.

Esta representación de la tulipomanía según Hendrik Pot, de 1640, muestra a la diosa de las flores junto a unos hombres ebrios que pesan monedas. Otros les siguen, desesperados por subir al carro.

La tulipomanía

La fiebre holandesa del tulipán en la década de 1630 es uno de los primeros y más célebres ejemplos de burbuja económica. A inicios del siglo XVII, los tulipanes de Constantinopla adquirieron gran popularidad entre las clases altas holandesas y alemanas, y su demanda se disparó. Se consideraba que el tulipán reflejaba la riqueza y sofisticación de su propietario, y y la clase media holandesa se obsesionó con la colección de las especies raras. En 1636, la demanda de especies raras de tulipán era tan intensa que se compraban y se vendían en el mercado de valores de Ámsterdam.

Muchos particulares se enriquecieron a gran velocidad, lo que se convirtió en una tentación generalizada; todos, de nobles a criados, cayeron en ella y se lanzaron al mercado del tulipán, convencidos de que esta pasión duraría para siempre. Sin embargo, cuando los ricos dejaron de plantar tulipanes en sus jardines, su atractivo disminuyó y todo el mundo

Véase también: Oferta y demanda 108–113 ▪ Economía del comportamiento 266–269 ▪ Pánico bancario 316–321 ▪ Desequilibrio global del ahorro 322–325

se percató de que la locura llegaba a su fin. Se empezó a vender a la desesperada, la confianza se desplomó y el precio del tulipán cayó por los suelos. Fue una catástrofe para quienes habían solicitado créditos para invertir.

Cómo se crean las burbujas

El economista estadounidense Peter Garber sostiene que, en tales coyunturas, el especulador compra un bien sabiendo que lo hace a un precio muy superior a su «valor fundamental», ya que espera que el precio siga subiendo antes de desplomarse. Los precios no pueden subir siempre, por lo que esta conducta se basa en el supuesto irracional de que «aquel que me comprará el producto es más tonto que yo y no sabe que se avecina un desplome de precios». Con todo, Garber cree que a veces hay razones reales tras el incremento de precios, como la moda francesa de que las damas adornaran sus vestidos con tulipanes raros. En cualquier caso, ante una burbuja, el consejo es siempre el mismo: «Compradores, estad advertidos». ■

La burbuja del siglo XXI

La burbuja de las puntocom estalló en marzo del año 2000 y fue la primera del siglo XXI. Se trató de una burbuja prototípica, con precios que subieron por la mera especulación más que por cambios en el valor real (basado en la producción o los activos). Los inversores asumieron que Internet cambiaría el mundo, por lo que la inversión en el comercio electrónico parecía una oportunidad única.

Estas nuevas empresas no poseían historia comercial, sus ventas eran reducidas y apenas daban beneficios, pero atrajeron cientos de miles de millones de dólares en inversiones. La gente creía que cualquiera de estas empresas era potencialmente una AOL, cuyos clientes habían pasado de 200.000 a un millón en dos años y luego aumentaron a un ritmo de un millón al mes. La avaricia venció al miedo y todos se lanzaron a invertir. Sin embargo, entre marzo de 2000 y octubre de 2002, el mercado de las acciones de las puntocom vio retirarse de repente más de 7 billones de dólares.

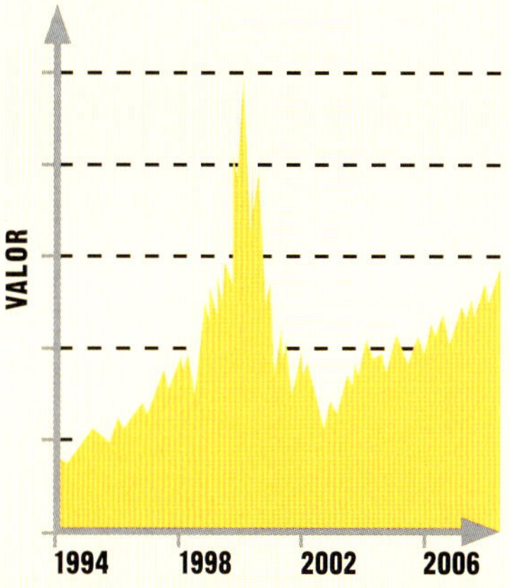

La burbuja puntocom tocó techo en el año 2000. En todo el mundo sus precios eran objeto de conversaciones de sobremesa: señal inequívoca de que el estallido era inminente.

QUE LA CLASE DOMINANTE TIEMBLE ANTE LA REVOLUCION COMUNISTA

ECONOMIA MARXISTA

EN CONTEXTO

ENFOQUE
Sistemas económicos

PENSADOR CLAVE
Karl Marx (1818–1883)

ANTES
1789 La revolución pone fin al antiguo régimen feudal y aristocrático de Francia.

1816 El filósofo alemán G. W. F. Hegel explica su dialéctica en la *Ciencia de la lógica*.

1848 Estallan revoluciones en toda Europa, lideradas por miembros descontentos de las clases media y trabajadora.

DESPUÉS
1922 Vladimir Lenin lidera la fundación de la URSS con principios marxistas.

1949 Mao Zedong se convierte en el padre fundador de la República Popular China.

1989 La caída del muro de Berlín simboliza el colapso del comunismo en Europa oriental.

Aunque la mayoría de la teoría económica se centra en la economía de libre mercado, no debemos olvidar que durante casi todo el siglo XX hasta una tercera parte del mundo estuvo bajo una forma u otra de régimen comunista. La economía de dichos estados era centralizada y planificada. Los filósofos políticos comenzaron a buscar diferentes alternativas al capitalismo desde que aparecieron las economías de libre mercado modernas. Sin embargo, no se llegó a formular un verdadero argumentario económico comunista hasta mediados del siglo XIX, cuando Karl Marx (p. 105) escribió su crítica del capitalismo.

Si bien suele considerarse a Marx como un pensador político, lo cierto es que, sobre todo, era economista. Creía que la organización económica de la sociedad constituye la base de su organización tanto política como social; y que la economía, por tanto, impulsa el cambio social. Marx entendía la historia no en términos de guerra o colonialismo, sino como una progresión de distintos sistemas económicos que daban lugar a nuevas formas de organización social.

Junto con los mercados surgieron los comerciantes, y junto con las fábricas surgió el proletariado. El feudalismo había sido remplazado por el capitalismo, que, a su vez, sería sustituido por el comunismo. En el *Manifiesto comunista* del año 1848, Marx defendió que este cambio vendría de la mano de una revolución. Con objeto de explicar lo que él veía como un cambio inevitable, analizó el sistema capitalista y sus carencias inherentes en *El capital*, obra en tres volúmenes publicada entre 1867 y 1894.

Sin embargo, Marx no era absolutamente crítico con el capitalismo. Lo consideraba una etapa histórica necesaria para el progreso económico que había sustituido a sistemas obsoletos, como el feudalismo (en que los siervos estaban ligados por ley a un señor feudal) y el mercantilismo (en que los gobiernos controlaban el comercio exterior). Describió casi con admiración cómo había impulsado la innovación tecnológica y la eficiencia industrial. Pero opinaba que el capitalismo no era más que una etapa pasajera y un sistema imperfecto, cuyos fallos llevarían inevitablemente a su caída y sustitución.

En junio de 1848, los trabajadores parisinos se alzaron contra el gobierno y levantaron barricadas. Una oleada de alzamientos recorrió Europa, pero fueron reprimidos con rapidez.

En el núcleo de su análisis se encontraba la clara división de la sociedad en la «burguesía», una minoría que posee los medios de producción, y el «proletariado», una mayoría que compone la mano de obra. En opinión de Marx, es esta división lo que caracteriza al capitalismo.

Explotación de los trabajadores

Con la aparición de la industria moderna, la burguesía se convirtió en la clase dominante, debido a que la propiedad de los medios de producción le permitía controlar al proletariado,

Véase también: Derechos de propiedad 20–21 ▪ Teoría del valor-trabajo 106–107 ▪ Negociación colectiva 134–135 ▪ Planificación central 142–147 ▪ Economía social de mercado 222–223 ▪ Escasez en economías planificadas 232–233

que constituía la mayoría de la población. Los trabajadores producían bienes y servicios a cambio de un salario, y los propietarios del capital (industriales y propietarios de fábricas) vendían esos bienes y servicios para conseguir un beneficio. Si, tal y como aseguraba Marx, el valor de un producto se deriva del trabajo necesario para lograr producirlo, los capitalistas deben fijar el precio del producto final añadiendo al coste inicial de un producto el coste de la mano de obra, y luego el beneficio. En un sistema capitalista, el trabajador debe producir más valor del que recibe en forma de salario. De este modo, los capitalistas obtienen una plusvalía de los trabajadores: el beneficio.

Si los capitalistas quieren maximizar los beneficios, resulta evidente que les interesa mantener al mínimo los salarios, pero también necesitan introducir mejoras tecnológicas para incrementar la eficiencia, condenando con frecuencia a la mano de obra a un trabajo monótono o degradante, si no al desempleo. Marx consideraba que esta explotación de la mano de obra es una característica necesaria del capitalismo, que niega a los trabajadores tanto una recompensa »

Hacia mediados del siglo XIX, las nuevas tecnologías y la especialización del trabajo aumentaron la eficiencia de la industria. El resultado, según Marx, era una mano de obra explotada y alienada.

Bajo el **capitalismo**...

...los **medios de producción** se hallan en manos de una minoría.

Esa **minoría explota** el trabajo de la mayoría para obtener beneficios.

Pero así, sin darse cuenta, **forma y educa** a los trabajadores.

Los **trabajadores advierten** la situación y quieren poner fin a su opresión.

...el **afán de beneficios** lleva a la superproducción de los productos demandados y se desploma la economía.

El capitalismo se tambalea constantemente; la economía sufre una serie interminable de **crisis económicas**.

La **inestabilidad económica** lleva al malestar social.

Estalla una revolución: los **trabajadores deponen a la clase dominante** y asumen el control de los medios de producción.

Que la clase dominante tiemble ante la revolución comunista.

Sin nada que perder a excepción de sus cadenas, un trabajador se libera simbólicamente de sus opresores en un cartel conmemorativo de la Revolución Rusa de 1917, inspirada directamente por las ideas de Karl Marx.

económica adecuada como la satisfacción laboral, alienándoles del proceso de producción. Y esta alienación conduciría inevitablemente a un fuerte descontento social.

Competencia y monopolios

La competencia entre productores es otro de los elementos fundamentales del capitalismo. Para competir en un mercado, las empresas no solamente deben tratar de reducir los costes de producción, sino además ofrecer unos precios más bajos que los de la competencia. Algunos productores no lo consiguen y se ven obligados a quebrar, y en ese momento otros asumen una mayor parte de la cuota de mercado. En opinión de Marx, la tendencia apuntaba a que cada vez habría menos productores, que controlarían los medios de producción, y que la riqueza se concentraría en manos de una burguesía cada vez más reducida. A largo plazo, esto crearía monopolios que explotarían a los consumidores además de a los trabajadores. Al mismo tiempo, la antigua burguesía y los desempleados se sumarían a las filas del proletariado.

Marx pensaba que la competencia era la causa de otro fallo del sistema capitalista: el deseo de entrar en aquellos mercados en que los beneficios crecen fomenta el aumento de la producción, en ocasiones al margen de la demanda real. Esta sobreproducción no solo lleva al derroche, sino también a un estancamiento e incluso al declive de economías enteras. El capitalismo carece de planificación por naturaleza y se rige exclusivamente por las complejidades de los mercados: las crisis económicas son el resultado inevitable de un desajuste entre la oferta y la demanda. Así, el crecimiento en las economías capitalistas nunca presenta una progresión lineal, sino que se va viendo interrumpido por crisis periódicas que, según Marx, serán cada vez más habituales. Y las consiguientes privaciones de estas crisis las sufriría especialmente el proletariado.

En opinión de Marx, todos estos fallos aparentemente irreparables de la economía capitalista finalmente conducirían a su colapso. Para explicar cómo sucedería esto, empleó una teoría del filósofo alemán Hegel, que argumentó que las ideas contradictorias se resuelven en un proceso dialéctico: toda idea o situación («tesis») contiene en sí misma una contradicción («antítesis»), y de dicho conflicto florece una idea o situación nueva y más rica («síntesis»). Así, Marx veía las contradicciones inherentes a las economías, manifestadas en los conflictos entre clases, como impulsoras del cambio histórico.

Marx describió la explotación y la alienación del proletariado por parte de la burguesía capitalista como un ejemplo de contradicción social, en la que la tesis (el capitalismo) contiene su propia antítesis (los trabajadores explotados). La opresión y la alienación de los trabajadores, junto a la inestabilidad inherente a las economías capitalistas, que pasan de una crisis a otra, acabarían desembocando en un malestar social general. La revolución del proletariado, por tanto, era tan inevitable como imprescindible para dar paso al sucesor del capitalismo en la progresión histórica (la síntesis): el comunismo. En las últimas líneas del *Manifiesto comunista* Karl Marx alentaba así la revolución: «Los proletarios nada tienen que perder en ella, salvo sus cadenas. Y tienen un mundo que ganar. ¡Proletarios de todos los países, uníos!».

Revolución

Marx predijo que la caída de la burguesía dejaría en manos del proletariado los medios de producción. En un principio, esto conduciría a lo que denominó «dictadura del proletariado», una forma de socialismo en que el poder económico estaría en manos de la mayoría. Pero este no sería más que un primer paso hacia la total abolición de la propiedad privada en favor de la propiedad común en un estado comunista.

> La burguesía [...] obliga a todas las naciones a adoptar el modo de producción burgués, so pena de extinción.
>
> **Karl Marx**
> **Friedrich Engels**

En contraste con su profundo análisis sobre el capitalismo, Marx escribió relativamente poco acerca de los detalles de la economía comunista que iba a sustituirlo, excepto que se basaría en la propiedad común y sería planificada, para garantizar el ajuste entre la oferta y la demanda. El comunismo acabaría con la desigualdad y la inestabilidad inherentes al capitalismo, y Marx lo consideraba como la culminación de una progresión histórica. No resulta sorprendente que su crítica de la economía capitalista fuera recibida con hostilidad; la mayoría de los economistas de la época consideraban el libre mercado como una garantía de prosperidad y de crecimiento económico, al menos para cierta clase de gente. Aun así, Marx tuvo sus seguidores, sobre todo entre los pensadores políticos, y su predicción de la revolución comunista fue correcta, si bien erró respecto al lugar: él la esperaba en los industrializados EE UU y Europa, pero se dio en países rurales como Rusia y China.

Marx no vivió para ver la instauración de estados comunistas como la URSS y la República Popular China, y nunca pudo imaginar lo ineficientes que resultarían ser en realidad estas economías planificadas. En la actualidad, tan solo unas pocas economías comunistas sobreviven (Cuba, China, Laos, Vietnam y Corea del Norte). La cuestión de si estos estados fueron realmente «marxistas» bajo el liderazgo de gobernantes como Stalin o Mao continúa generando controversia, pero lo cierto es que muchos economistas han interpretado el colapso del comunismo en Europa oriental y la liberalización de la economía china como la prueba de que las teorías de Marx eran erróneas.

En 1959, los revolucionarios de Fidel Castro tomaron el poder en Cuba. Esta revolución nacionalista se transformó en una revolución comunista cuando Castro se alió con la Unión Soviética.

Economías mixtas

Durante las décadas que siguieron a la Segunda Guerra Mundial, Europa occidental desarrolló una «tercera» vía entre el comunismo y el capitalismo. Muchos de los estados que hoy día componen la Unión Europea aún funcionan como economías mixtas con distintos niveles de intervención y propiedad estatal, aunque algunos, sobre todo Gran Bretaña, se han alejado del modelo mixto hacia una política económica más liberal, en que el estado tiene un papel muy limitado.

Con el comunismo desacreditado y con un capitalismo cuyo fin no parece estar más cercano que en los tiempos de Marx, da la impresión de que el pensador alemán se equivocó al pensar que el dinamismo capitalista conduciría a la crisis y a la revolución. Sin embargo, la teoría económica marxista nunca ha dejado de tener seguidores, y las recientes crisis financieras han llevado a una revaluación de sus ideas. Una desigualdad creciente, la concentración de la riqueza en unas pocas grandes empresas, las frecuentes crisis económicas y la «crisis de crédito» de 2008 se han atribuido al modelo del libre mercado. Y así, aunque no llegan a defender la revolución, ni siquiera el socialismo, cada vez más pensadores (y no todos ellos de izquierdas) empiezan a considerar en serio algunos puntos de la crítica de Marx al capitalismo. ■

Karl Marx

Karl Heinrich Marx nació en 1818 en Tréveris (que entonces formaba parte de Prusia), hijo de un abogado judío convertido al catolicismo. Estudió derecho, pero su interés por la filosofía le llevó finalmente a doctorarse en esta disciplina en la Universidad de Jena. En el año 1842 decidió trasladarse a Colonia y empezó a trabajar como periodista, pero sus radicales ideas socialistas no tardaron en ser censuradas y se vio obligado a huir a París junto con Jenny, su esposa.

En París conoció a Friedrich Engels, un industrial de origen alemán con quien Marx entabló una sólida amistad y compartió la autoría del célebre *Manifiesto comunista*, publicado en 1848. Aunque un año más tarde se instaló de nuevo en Alemania, cuando las revoluciones fueron aplastadas regresó a Londres, donde pasó el resto de su vida dedicado a escribir, sobre todo *El capital*. Falleció en la pobreza en 1883, a pesar de la continua ayuda económica de Engels.

Obras principales

1848 *Manifiesto comunista* (con Friedrich Engels).
1858 *Contribución a la crítica de la economía política.*
1867, 1885 y 1894 *El capital.*

EL VALOR DE UN PRODUCTO DERIVA DEL ESFUERZO NECESARIO PARA PRODUCIRLO

TEORIA DEL VALOR-TRABAJO

EN CONTEXTO

ENFOQUE
Teorías del valor

PENSADOR CLAVE
Karl Marx (1818–1883)

ANTES
1662 El inglés William Petty afirma que la tierra es un don de la naturaleza y que, por lo tanto, todo el capital es «trabajo realizado».

1690 El filósofo inglés John Locke sostiene la idea de que los trabajadores merecen el fruto de su esfuerzo.

DESPUÉS
1896 El austriaco Eugen von Böhm-Bawerk recoge las diversas críticas a la teoría del valor-trabajo desarrollada por Marx en *La conclusión del sistema marxiano*.

1942 El estadounidense Paul Sweezy publica su *Teoría del desarrollo capitalista*, obra en la que defiende la teoría del valor-trabajo de Marx.

Los recursos naturales son un **don de la naturaleza**.

El trabajo añadido a los recursos naturales produce **materias primas**.

El trabajo añadido a las materias primas produce **maquinaria y materias elaboradas**.

El trabajo añadido a la maquinaria y a las materias elaboradas produce **bienes**.

El valor de un producto deriva del esfuerzo necesario para producirlo.

La importancia del trabajo a la hora de determinar el valor de los bienes es algo que ya consideraron los filósofos de la antigua Grecia. Desde mediados del siglo XVII y durante doscientos años, esta idea dominó todo el pensamiento económico. En las sociedades primitivas, preindustriales, aplicar el criterio del trabajo a la hora de establecer por qué bien podía intercambiarse otro era relativamente sencillo. Si, por ejemplo, un artesano necesitaba una semana entera para acabar de tejer una red de pesca, era muy poco probable que la cambiara por una cuchara de madera tallada en una sola mañana. Sin embargo, la cuestión comenzó a complicarse en el siglo XVIII, tras la aparición de las sociedades industriales. Los economistas clásicos Adam Smith (p. 61) y David Ricardo (p. 84) desarrollaron sendas teorías sobre el valor asociado al trabajo, pero fue el filósofo alemán Karl Marx (p. 105) quien elaboró la formulación más conocida de la teoría del valor-trabajo, y lo hizo en su obra magna, *El capital*.

Véase también: La agricultura en la economía 39 ▪ Paradoja del valor 63 ▪ Economía marxista 100–105 ▪ Oferta y demanda 108–113 ▪ Utilidad y satisfacción 114–115 ▪ Coste de oportunidad 133 ▪ Planificación central 142–147

> Todos los bienes valiosos son fruto del trabajo humano.
> **Karl Marx**

Trabajo y coste

El planteamiento de Marx era que la cantidad de trabajo necesaria para producir un bien debe ser proporcional a su valor, lo cual suele argumentarse de la siguiente manera: si un corte de pelo requiere media hora de trabajo, a 40 euros la hora, su coste será de 20 euros. Si además, para realizarlo, requiere tijeras y cepillos que cuestan un total de 60 euros, y en cada corte se pierde un euro debido a su desgaste, el valor total del corte de pelo es de 21 euros. Las propias tijeras costaron 20 euros porque se necesitaron 45 minutos para forjarlas a partir de un trozo de acero que costaba 12,50 euros. Ese mismo razonamiento se puede aplicar a la hora de aclarar por qué el trozo de acero costó 12,50 euros, repasando el tiempo y los costes implicados en su producción a partir del hierro. Y es posible rastrear el gasto que suponen todos los procesos intermedios hasta llegar a los recursos naturales, que son gratuitos; por consiguiente, el valor se ha creado a través del trabajo.

Marx señaló que resultaba demasiado difícil calcular de esa forma el valor de los productos, por lo que este se debería determinar partiendo del trabajo «congelado» que contienen. O también por la cantidad «normal» de trabajo esperable para su producción; así, tal vez un peluquero poco eficiente tarde una hora en realizar un corte de pelo, pero eso no debería incrementar su valor en 20 euros. Marx no negaba que la oferta y la demanda del mercado influyeran en el valor o el precio de los bienes a corto plazo; no obstante, aseguraba que, a largo plazo, la estructura y la dinámica básica del sistema de valor debía proceder del trabajo. ■

Trabajo y felicidad

Marx sostenía que al ser humano le mueve el deseo de vincularse con otros seres humanos, y que eso le hace feliz. Y añadía que el ser humano manifiesta dicho deseo a través del trabajo.

Cuando alguien fabrica algo, ese producto es un reflejo de su personalidad. Cuando un tercero lo compra, el productor es feliz, no únicamente porque ha satisfecho la necesidad de otro, sino también porque, gracias a su adquisición, el comprador ha confirmado la «bondad» del productor.

Marx creía que el capitalismo destruye este rasgo esencial de la humanidad, porque aliena al trabajador de sus productos: ya no controla lo que produce, sino que es contratado para producir algo sin aportar creatividad y que tiene muy pocas posibilidades de consumir o intercambiar. Así, la naturaleza cooperativa de la sociedad es anulada, porque las personas quedan aisladas en la competencia por el trabajo, y esta separación de los frutos del propio trabajo provoca infelicidad.

Mientras la teoría del valor-trabajo dominó el pensamiento económico, recibió diversas críticas en forma de paradojas:

Si los castillos de arena son fruto del trabajo, ¿por qué carecen de valor?
Marx respondió que no todo lo que se ha hecho con trabajo tiene un valor. El trabajo puede malgastarse en bienes que nadie desea.

¿Cómo podemos valorar una obra de arte por las horas que se emplearon en su realización?
La respuesta a esta crítica es que las obras de arte son una excepción a la regla, porque son únicas. Por tanto, no hay una cantidad de trabajo promedio a partir de la cual deducir un precio.

¿Por qué los vinos añejos que pasan años en barrica aumentan de valor si no requieren un trabajo adicional?
La respuesta a esto es que al trabajo se añade un coste adicional: el de esperar a que el vino madure.

LOS PRECIOS DEPENDEN DE LA OFERTA Y LA DEMANDA

OFERTA Y DEMANDA

EN CONTEXTO

ENFOQUE
Teorías del valor

PENSADOR CLAVE
Alfred Marshall (1842–1924)

ANTES
***C.* 1300** El erudito islámico Ibn Taymiyya publica un estudio sobre los efectos de la oferta y la demanda sobre los precios.

1691 John Locke, filósofo inglés, sostiene que los precios de los productos se ven directamente influidos por la proporción entre compradores y vendedores.

1817 El británico David Ricardo afirma que la mayor influencia sobre los precios son los costes de producción.

1874 Léon Walras, economista francés, estudia el equilibrio de los mercados.

DESPUÉS
1936 El británico J. M. Keynes identifica la oferta y la demanda de toda una economía.

La oferta y la demanda son, sin duda, dos de las piedras angulares de la teoría económica. La interacción entre la cantidad de producto disponible en el mercado y el deseo de los consumidores de adquirir dicho producto sienta las bases del mercado.

La gran importancia de la oferta y la demanda en las relaciones económicas comenzó a estudiarse ya en la Edad Media. El erudito escocés Juan Duns Escoto reconoció que, aunque el precio debe ser justo para el consumidor, también debe tener en cuenta los costes de fabricación y ser justo para el productor. Posteriormente se investigaron los efectos de los costes de la oferta sobre los precios finales, y algunos economistas como Adam Smith (p. 61) y David Ricardo (p. 84) vincularon el precio de un producto con el trabajo necesario para su fabricación: es lo que hoy se conoce como teoría clásica del valor-trabajo.

En la década de 1860 empezaron a desarrollarse nuevas teorías económicas, conocidas como neoclásicas, que cuestionaron estas ideas. La escuela neoclásica introdujo la teoría de la utilidad marginal (pp. 114–115), según la cual la satisfacción que un consumidor obtiene o pierde al tener

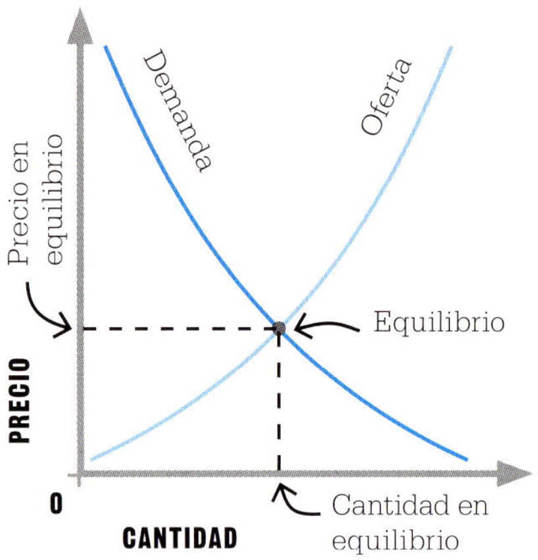

Esta gráfica, conocida como la «tijera de Marshall», ilustra la relación entre la oferta y la demanda. La intersección de ambas da el precio.

más o menos de un producto afecta a la demanda y al precio del producto en cuestión.

Alfred Marshall, economista británico, conjugó el análisis de la oferta con el nuevo enfoque neoclásico sobre la demanda. Comprobó que la oferta y la demanda cooperan con el fin de generar el precio de mercado. La importancia de su obra reside en que ilustró las variaciones en la dinámica de la oferta y la demanda en los mercados a corto plazo (como el

Alfred Marshall

Alfred Marshall nació en Londres en 1842 y creció en Clapham, antes de obtener una beca para ingresar en la Universidad de Cambridge. Allí estudió matemáticas, y luego se centró en la metafísica y la ética. Su trabajo le llevó a considerar la economía como un medio práctico en el que Marshall podía aplicar sus convicciones éticas.

En 1868 asumió la titularidad de una asignatura de moral creada especialmente para él, y se dedicó a esta disciplina hasta 1875, cuando visitó EE UU y decidió centrarse en la economía política. Se casó con Mary Paley, una ex alumna suya, y en 1877 fue nombrado rector del University College de Bristol (Reino Unido). En 1885 regresó a Cambridge como profesor de economía política, puesto que conservó hasta su jubilación en el año 1908. Desde 1890 hasta su muerte, acaecida en 1924, se le consideró la figura preeminente de la ciencia económica británica.

Obras principales

1879 *The Economics of Industry* (con Mary Paley Marshall).
1890 *Principios de economía.*
1919 *Industry and Trade.*

Véase también: Paradoja del valor 63 ▪ Teoría del valor-trabajo 106–107 ▪ Utilidad y satisfacción 114–115 ▪ Paradojas del gasto 116–117 ▪ Equilibrio económico 118–123 ▪ Elasticidad de la demanda 124–125 ▪ El mercado competitivo 126–129

“Cuanta más cantidad se ofrezca de algo en el mercado, menor será el precio al que encuentre compradores.

Alfred Marshall”

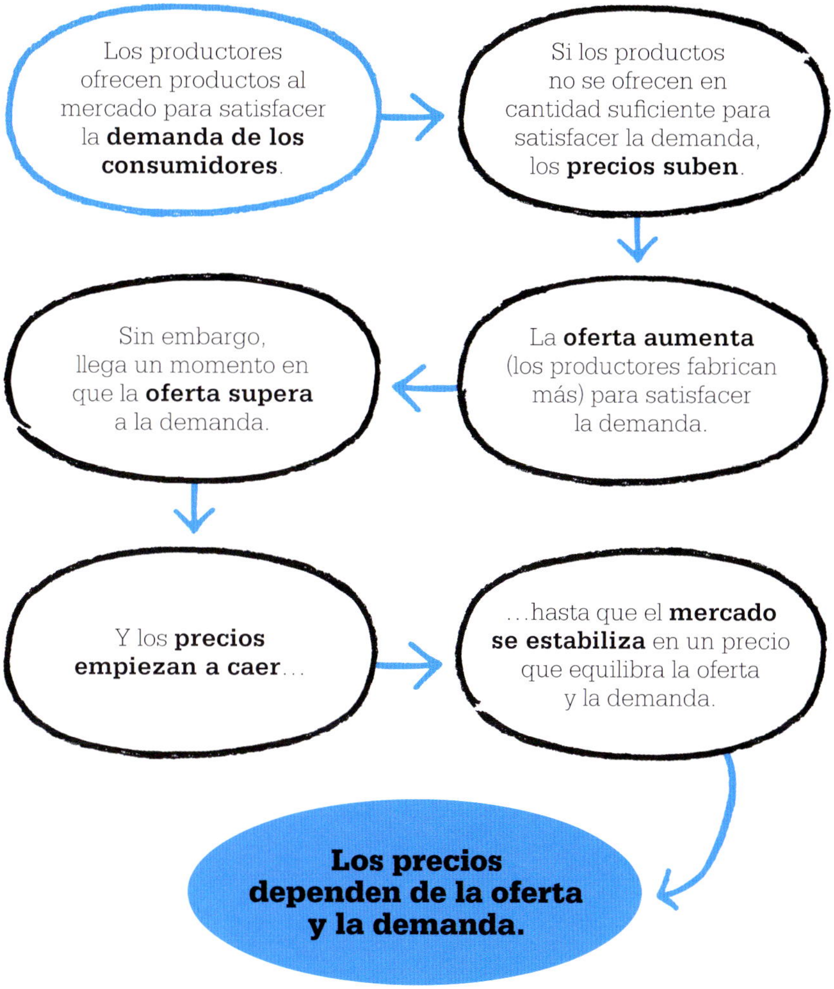

de los bienes perecederos) en contraposición a los mercados a largo plazo (como el del oro). Aplicó las matemáticas a las teorías económicas y pergeñó la llamada «tijera de Marshall»: una gráfica en que la oferta y la demanda son dos líneas que se cruzan y cuyo punto de intersección representa el «precio de equilibrio», donde se compensan perfectamente las necesidades de la oferta (el productor) y la demanda (el consumidor).

La ley de la oferta

La cantidad de productos que decide producir una empresa dependerá del precio al que pueda venderlos. Si los diversos costes de producción (mano de obra, materias primas, maquinaria, instalaciones) superan lo que el mercado está dispuesto a pagar por el producto, la producción no se considerará rentable y se reducirá o se detendrá. Si, por el contrario, el precio de mercado supera significativamente a los costes de producción, la empresa intentará aumentarla para obtener los máximos beneficios posibles. La teoría, además, asume que la empresa carece de influencia sobre el mercado y debe aceptar lo que este le ofrezca.

Así, por ejemplo, si los costes de producción de un ordenador ascendieran a 200 euros y el precio de mercado se encontrara por debajo de este valor, la producción no sería rentable. Por el contrario, si el precio de mercado fuera de 1.000 euros, el fabricante intentaría producir cuantos fuera posible para maximizar los beneficios. La ley de la oferta se puede visualizar mediante la curva de oferta (p. anterior), en la cual cada punto de la curva ilustra cuántas unidades de un producto en concreto estará dispuesta a producir una empresa a un precio determinado.

Por otra parte, se debe distinguir entre costes fijos y costes variables. El ejemplo anterior asume que mientras la producción aumenta, el precio de producción unitario se mantiene estable. Pero no es así. Si el fabricante de ordenadores solo puede producir 100 unidades diarias y la demanda es de 110, deberá valorar si abrir otra fábrica le resulta rentable, con » los inmensos costes adicionales que ello conlleva, o si es mejor vender los ordenadores a un precio ligeramente superior para reducir la demanda a 100 unidades diarias.

Naturaleza de la demanda

La ley de la demanda adopta la perspectiva del consumidor en lugar de la del productor. Cuando aumenta el precio de un bien, la demanda cae de forma inevitable (excepto para ciertos bienes esenciales, como los medicamentos), porque algunos consumidores ya no pueden permitírselo o deciden que disfrutarán más si gastan su dinero en otra cosa. En el ejemplo anterior, si un ordenador costara 50 euros, el volumen de ventas sería muy elevado, ya que la mayoría de las personas podría permitirse comprar uno; en cambio, si un ordenador costara 10.000 euros, la demanda sería muy baja, porque solo los muy ricos podrían pagar ese precio. Si los precios suben, la demanda baja.

También hay un límite a cuánto pueden caer los precios a fin de estimular la demanda. Si el precio de un ordenador bajara de los 5 euros, todo el mundo podría comprar uno, pero nadie necesita más de dos o tres ordenadores. Los consumidores se darían cuenta de que emplearían mejor el dinero si lo gastaran en otra cosa, y la demanda caería.

> Cuando el precio de la demanda iguala al de la oferta, la cantidad producida no tiende ni a aumentar ni a disminuir: está en equilibrio.
> **Alfred Marshall**

En efecto, el precio no es el único factor que afecta a la demanda. Las preferencias y actitudes de los consumidores también son un factor importante. Si algún producto se pone de moda, toda la curva de la demanda se desplaza hacia la derecha: los consumidores piden más unidades a cualquier nivel de precio. Debido a la posición estática de la curva de la oferta, el precio aumenta. Los productores pueden manipular estas preferencias a través de técnicas como la publicidad, por lo que son capaces de influir sobre la forma y posición de la curva de la demanda.

Encontrar un equilibrio

El objetivo de los consumidores es el de pagar el precio más bajo posible, mientras que el de los productores es vender al máximo precio posible. Si los precios son demasiado altos, los consumidores pierden el interés y se alejan del producto. Por el contrario, si los precios son demasiado bajos, el fabricante deja de tener incentivos económicos para seguir produciendo el producto. Hay que encontrar un punto medio, un precio de equilibrio que satisfaga tanto a consumidores como a productores. Ese precio se encuentra en el punto donde la curva de oferta y la curva de demanda se cruzan: ese es el punto en que los consumidores están satisfechos al comprar y los productores al vender.

Con todo, son muchos los factores que complican estas leyes tan sencillas. La posición y el tamaño del mercado, al igual que el tiempo, son fundamentales a la hora de determinar el precio. Así pues, el precio al que los fabricantes están dispuestos a vender se ve influido por factores ajenos al coste de producción.

Imaginemos un puesto de frutas y verduras en un mercado. El agricultor llega después de haber pagado los costes de producción, las semillas, la mano de obra necesaria para plantar y cosechar, y el transporte al mercado. Sabe que, para obtener un bene-

Al final de la jornada, los vendedores acaso tengan que tirar las manzanas que no hayan vendido. La urgencia por vender a tiempo es un factor determinante al fijar el precio de los bienes perecederos.

Los productores de bienes como la Coca-Cola pueden influir en la demanda mediante publicidad que promocione el producto y la marca. Si la demanda sube, es posible que el precio también lo haga.

ficio, necesita vender cada manzana a 1,20 euros. Por consiguiente, al inicio de la jornada decide vender sus manzanas a 1,20 euros. Si las ventas van bien, tal vez crea que puede aumentar los beneficios y suba el precio a 1,25 euros, lo que ralentizará la venta, pero si logra vender todas las manzanas, estará satisfecho. Sin embargo, si ve que se acerca el fin de la jornada y que aún le quedan muchas manzanas por vender, es posible que decida bajar el precio hasta 1,15 euros para así evitar quedarse con un excedente de manzanas que, probablemente, se echarán a perder antes de que tenga oportunidad de venderlas.

> El precio de cualquier bien sube o baja en función de la proporción de compradores y de vendedores. [Esta regla] es aplicable a todo lo que pueda comprarse o venderse.
>
> **John Locke**

En este ejemplo, los costes de su producción son fijos y el factor determinante es la urgencia de vender la cosecha. El caso resulta útil para ilustrar las diferencias entre mercados a corto plazo y mercados a largo plazo. El agricultor decidirá cuántos manzanos plantará para la próxima cosecha en función de cómo le hayan ido las ventas este año, por lo que el mercado debería alcanzar un equilibrio.

El mercado del agricultor está limitado, además, por la distancia. Solamente le resulta rentable vender sus productos dentro de un determinado radio. El coste de enviar sus manzanas al extranjero implicaría que sus precios fueran poco competitivos respecto a los de los productores autóctonos. Asimismo, supone que, hasta cierto punto, tiene libertad para subir un poco los precios, pues sus clientes no viajarán en busca de alternativas.

El mercado de los bienes globales, como el oro, presenta la situación inversa. Es un mercado a largo plazo, en el que los vendedores no tienen prisa alguna por vender; saben que los productos conservarán su valor. Cuanto mayor sea el mercado y más generalizado sea el conocimiento del mismo, más probable es que el precio del producto haya encontrado su equilibrio. Así, el mínimo cambio en el precio de mercado es significativo y dará lugar a una avalancha de compraventa.

Pese a que estos ejemplos complican todavía más el mercado, en ellos se sigue cumpliendo la regla básica de que los proveedores solo venderán a un precio que les resulte aceptable, mientras que los compradores únicamente comprarán a un precio que les parezca razonable.

Los ejemplos se refieren a un mercado donde se comercia con bienes materiales, pero la oferta y la demanda son relevantes en cualquier razonamiento económico. Así, el modelo puede aplicarse, por ejemplo, al mercado laboral. El trabajador es aquí el proveedor, que vende su trabajo, y los empresarios son los consumidores, que tratan de encontrar una mano de obra lo más barata posible. Los mercados financieros también son analizados según el sistema de la oferta y la demanda; en dicho caso, el tipo de interés actúa como el precio.

Los economistas se refieren al trabajo de Marshall como un análisis del «equilibrio parcial», porque describe cómo un mercado particular alcanza el equilibrio mediante las fuerzas de la oferta y la demanda; pero una economía se compone de múltiples mercados que interactúan. El complejo problema de cómo todos ellos pueden confluir en un estado de «equilibrio general» fue analizado por Léon Walras (p. 120), coetáneo de Marshall. ■

EL ULTIMO BOMBON SE DISFRUTA MENOS QUE EL PRIMERO

UTILIDAD Y SATISFACCION

EN CONTEXTO

ENFOQUE
Teorías del valor

PENSADOR CLAVE
William Jevons (1835–1882)

ANTES
1871 En *Principios de economía política*, el austriaco Carl Menger presenta la teoría de la utilidad marginal decreciente.

DESPUÉS
1890 El estadounidense Alfred Marshall publica *Principios de economía*, donde traza la curva de demanda basándose en la utilidad marginal.

1944 Los estadounidenses John von Neumann y Oskar Morgensten amplían la teoría de la utilidad a situaciones con resultados inciertos.

1953 En *El comportamiento del hombre racional frente al riesgo*, el francés Maurice Allais demuestra que la conducta de las personas difiere de lo que predice la teoría de la utilidad.

La demanda está **inversamente relacionada** con el precio: la una aumenta cuando el otro disminuye.

Esto significa que los consumidores solo comprarán más de un producto **si el precio disminuye**, porque...

...cada unidad adicional consumida proporciona **menos placer** que la anterior; así, por ejemplo...

...el último bombón se disfruta menos que el primero.

Aristóteles fue el primero en percatarse de que el exceso de algo útil es inútil. La idea de que cuanto más consumimos de un producto determinado menor es la satisfacción que nos proporciona ha cristalizado en la teoría económica con el nombre de ley de la utilidad marginal decreciente (UMD). La utilidad es el placer o el dolor derivados de la decisión de consumir. «Marginal» alude a los cambios en el «margen», por ejemplo, al comernos un bombón más. En su *Teoría de la economía política* (1871), el economista William Jevons demostró la posibilidad de medir la utilidad en relación con la cantidad de producto disponible.

Curvas de demanda

El concepto de UMD fue adquiriendo importancia a medida que los economistas se esforzaban en entender qué determina el precio de los bienes. Si todo el mundo coincide, en general, en que cada bombón adicional añade menos utilidad, es lógico pensar que solo se demandarán más bombones si su precio disminuye; los bombones adicionales proporcionan menos satisfacción y, por consiguiente, solo se comprarán si cuestan menos dinero. La demanda resultante se relaciona negativamente con el precio, y

Véase también: Paradoja del valor 63 ▪ Teoría del valor-trabajo 106–107 ▪ Oferta y demanda 108–113 ▪ Riesgo e incertidumbre 162–163

esto, junto con la oferta, contribuye a determinar el precio de equilibrio o «natural» de un bombón.

Existen múltiples y notables excepciones a la ley de la UMD, como el hecho de encontrar la última pieza de un rompecabezas, lo cual resulta extraordinariamente satisfactorio. Las sustancias adictivas, como las drogas o el alcohol, también serían excepciones: cuanto más se consumen, más placer parecen producir. Por lo demás, el principio de la UMD parte de ciertos presupuestos, como el de que el consumo debe ser continuo; así, por ejemplo, es más probable que se cumpla si la caja de bombones se consume de una sola sentada que a lo largo de toda una semana.

Una contribución positiva

La ley de la UMD tiene un considerable número de importantes aplicaciones, como la justificación de una distribución de la renta más equitativa para generar un mayor bienestar en la sociedad. Si el gobierno pidiera un euro a una persona muy rica para dárselo a otra muy pobre, la utilidad total de la sociedad debería aumentar.

La teoría de la utilidad se ha extendido a situaciones en que la gente debe tomar decisiones enfrentándose a la incertidumbre y al riesgo, sobre la base de sus preferencias personales y del cálculo de las probabilidades de distintos resultados. El matemático estadounidense Leonard J. Savage mostró, en la década de 1950, cómo personas distintas toman decisiones diferentes: las decisiones se ven afectadas por los distintos niveles de utilidad que las personas atribuyen a los productos, pero también por su tolerancia al riesgo; las personas con aversión al riesgo elegirán aquellas opciones que minimicen el nivel de riesgo a que se enfrentan. ■

El concepto de utilidad marginal decreciente se refleja en la relación inversa entre la oferta y la demanda. Cuanta más cantidad de un producto tiene una persona, menos está dispuesta a pagar por cada unidad adicional.

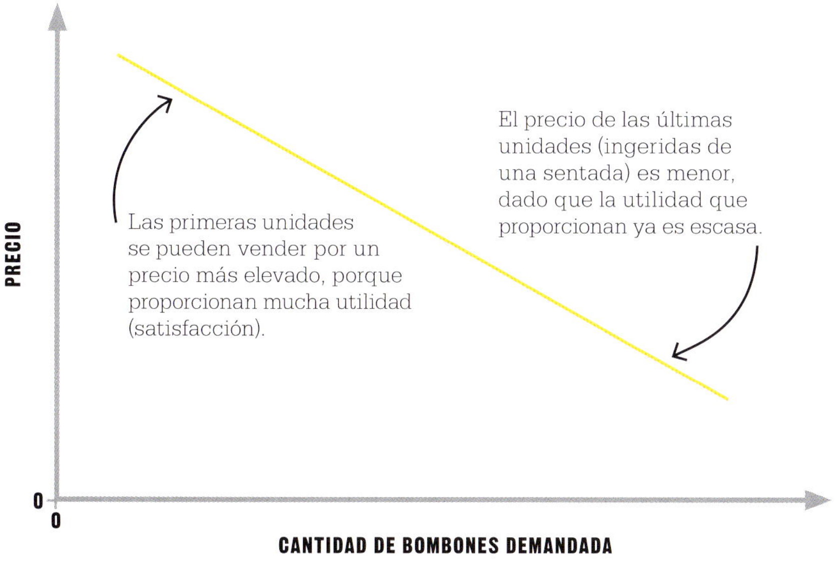

William Jevons

William Jevons nació en 1835 en Liverpool (Inglaterra), hijo de un comerciante de hierro que escribió sobre asuntos legales y económicos y que le inculcó el interés por la economía. En 1855, el negocio paterno quebró y los problemas económicos le obligaron a interrumpir sus estudios de ciencias naturales en el University College London (UCL) para trabajar en Australia como ensayador. A su regresó al UCL, cinco años más tarde, completó sus estudios.

En 1863, obtuvo una plaza de profesor en la Universidad de Manchester, donde conoció a Harriet Taylor, con quien luego se casó. En 1876, la familia se trasladó a Londres y él empezó a impartir clases en el UCL. A pesar de su mala salud, fue un prolífico e importante escritor en los campos de la economía y de la lógica. Es famoso por su piano lógico, un ordenador mecánico que podía analizar la veracidad de un argumento. Murió ahogado por accidente en 1882, a los 47 años de edad.

Obras principales

1865 *The Coal Question.*
1871 *La teoría de la economía política.*
1874 *Principles of Science.*

CUANDO EL PRECIO AUMENTA, ALGUNOS COMPRAN MAS

PARADOJAS DEL GASTO

EN CONTEXTO

ENFOQUE
Toma de decisiones

PENSADOR CLAVE
Robert Giffen (1837–1910)

ANTES
1871 El austriaco Carl Menger explica que la demanda de un producto está determinada por su utilidad marginal.

DESPUÉS
1909 En *Free Trade in Being*, el británico Francis Edgeworth cuestiona la existencia de los bienes Giffen.

1947 El estadounidense George Stigler rechaza los ejemplos de Marshall de bienes Giffen en su trabajo *Notes on the History of the Giffen Paradox*.

2007 Los estadounidenses Robert Jensen y Nolan Miller reavivan el debate en la obra *Giffen Behaviour: Theory and Evidence*, que informa sobre la existencia de un bien Giffen en áreas urbanas pobres de China.

En 1865, el economista británico Alfred Marshall (p. 110) demostró que oferta y demanda determinan el precio de los bienes. Y después de explicar las leyes generales –como que cuanto mayor es la demanda, menor es el precio–, indicó la posibilidad de una interesante excepción. Sugirió que, en determinadas circunstancias, un incremento de los precios puede provocar un sorprendente aumento de la demanda; y atribuyó el descubrimiento de esta excepción a un conocido economista y estadístico escocés de la época, sir Robert Giffen. Hoy, los productos cuya demanda aumenta con el precio se conocen como «bienes Giffen».

El bien Giffen original fue el pan, el producto básico más importante para la capa más pobre de la población británica en el siglo XIX. La clase trabajadora más pobre dedicaba gran parte de sus ingresos a comprar pan, un alimento vital pero considerado inferior a la carne, que se veía como un lujo. Marshall observó que a medida que el precio del pan subía, los pobres se veían obligados a gastar una proporción mayor de sus ingresos en pan para conseguir las calorías necesarias para sobrevivir: tenían que

Véase también: Oferta y demanda 108–113 ▪ Elasticidad de la demanda 124–125 ▪ Consumo suntuario 136

comprar pan en vez de carne. De manera que, si el precio del pan subía, también lo hacía la demanda.

Bienes inferiores

La existencia de bienes Giffen depende de varias condiciones. En primer lugar, el producto en cuestión debe ser un bien inferior, es decir, un bien que las personas compran menos a medida que sus ingresos aumentan porque hay alternativas mejores (en este caso, la carne sería la alternativa superior al pan). En segundo lugar, el consumidor debe gastar gran parte de sus ingresos en este producto, de ahí que los ejemplos se concentren en las capas más pobres de la sociedad. Finalmente, no puede haber alternativas al producto. En el caso del pan, no hay producto básico más barato.

Dadas estas condiciones de partida, un aumento en el precio del pan tiene dos consecuencias. La primera es que la gente compra menos pan, pues la satisfacción que produce por euro gastado disminuye si se compara con otros productos. Este efecto de sustitución haría que el pan siguiera la regla general de que la subida de precios hace que caiga la demanda. Sin embargo, si aumenta el precio del pan, se reduce la capacidad de gastar en otros productos, y como el pan es un bien inferior, la reducción de ingresos hará que aumente la demanda de pan. Lo que hace tan singulares a los bienes Giffen es que, como los pobres gastan gran parte de su dinero en pan, el efecto renta es tan notable que supera al efecto sustitución, por lo que, cuando el precio aumenta, hay personas que compran más. Otro ejemplo de bien Giffen fue la patata en Irlanda durante la hambruna de 1842–1853, cuando, al parecer, el aumento de los precios de la patata dio lugar a un aumento de su demanda.

Pruebas escurridizas

Francis Edgeworth (1845–1926), otro economista británico, criticó a Marshall por defender la existencia de un bien que contradice la regla básica de la demanda sin tener pruebas de ello. En teoría, los bienes Giffen son coherentes con la conducta de los consumidores –la interacción de los efectos renta y sustitución– que subyace a las curvas de demanda. Sin embargo, si los bienes Giffen existen, podemos afirmar que son muy raros: las pruebas proceden de contextos muy específicos y algunos de los casos más conocidos son dudosos. Aun así, los economistas siguen buscándolos. En 2007, un estudio de dos economistas de Harvard, Robert Jensen y Nolan Miller, aportó pruebas de «conducta Giffen» en la demanda de arroz entre las familias más pobres de China. ▪

Una niña compra arroz en Bangladesh, cuyo gobierno subvencionó los productos básicos en 2011 para mejorar la seguridad alimentaria de las capas más pobres.

Una nueva limusina Rolls Royce se expone en una feria de China. Según los economistas, el alto precio de estos coches es lo que los hace deseables.

Bienes Veblen

Los bienes Veblen llevan el nombre de Thorstein Veblen, economista de EE UU que formuló la teoría del «consumo suntuario» (p. 136). Son raros, porque su demanda aumenta a medida que lo hacen los precios. Sin embargo, a diferencia de los bienes Giffen, que tienen que ser inferiores, estos deben ser un signo de estatus social elevado.

Aquí, la predisposición a pagar precios más elevados responde al afán de ostentación, más que al de adquirir algo de mejor calidad. Por tanto, un bien Veblen no debería ser de calidad significativamente superior a la de sus equivalentes más económicos. Si su precio cae tanto que ya no sirve para excluir a los menos afortunados, los ricos dejarán de comprarlo.

Hay muchas pruebas de dicha conducta en los mercados de los relojes, del automóvil o de ciertas marcas de ropa. La reducción del precio puede causar un aumento temporal de las ventas, pero estas no tardan en empezar a caer.

EL SISTEMA DE LIBRE MERCADO ES ESTABLE

EQUILIBRIO ECONOMICO

EN CONTEXTO

ENFOQUE
Mercado y empresa

PENSADOR CLAVE
Léon Walras (1834–1910)

ANTES
1851 El británico Francis Edgeworth publica *Psíquica matemática*, donde presenta una valoración matemática de la ciencia económica.

DESPUÉS
1906 El italiano Vilfredo Pareto desarrolla una nueva teoría del equilibrio que tiene en cuenta tanto la compatibilidad de los incentivos como las limitaciones individuales.

Década de 1930 John Hicks, Oskar Lange, Maurice Allais, Paul Samuelson y otros siguen estudiando y desarrollando la teoría del equilibrio general.

1954 Los economistas Kenneth Arrow y Gérard Debreu logran demostrar matemáticamente el equilibrio general.

Hace ya mucho tiempo que a los economistas les atrae la posibilidad de que la economía pueda comportarse con la misma predictibilidad matemática que otras leyes científicas, como las leyes del movimiento de Newton, por ejemplo. Las leyes de Newton reducen la totalidad del complejo y vibrante universo físico a solo tres relaciones matemáticas fiables y sencillas. ¿Es posible encontrar unas relaciones semejantes dentro del complejo y cambiante mundo de los mercados?

En 1851, un profesor universitario británico, Francis Edgeworth, publicó *Psíquica matemática*, uno de los primeros trabajos matemáticos sobre economía. Edgeworth se dio cuenta de que la economía trata sobre relaciones entre variables, lo que significa que se puede traducir en ecuaciones. Asimismo, consideraba los beneficios económicos en términos utilitarios: pensaba que los resultados podían medirse en términos de unidades de felicidad o de placer.

Hubo también otros economistas interesados por este enfoque matemático de la economía. En Alemania, Johann von Thünen desarrolló toda una serie de ecuaciones con objeto de calcular salarios justos y el modo más rentable de trabajar la tierra. En Francia, Léon Walras, un académico que llegaría a ser considerado como «el más grande de los economistas», intentó descubrir alguna estructura científica y matemática que permitiera explicar toda la disciplina. Walras estaba plenamente convencido de la posibilidad de descubrir leyes económicas que convirtieran la economía en una «ciencia moral pura», que iría de la mano de la «ciencia natural pura» de Newton. Su teoría del equilibrio general pretendía explicar

Walras afirmó que la suma de todo el exceso de demanda de una economía equivale a cero. Un exceso de demanda de manzanas, dentro de una economía consistente en manzanas y en cerezas, implica un exceso de oferta de cerezas.

Léon Walras

Léon Walras nació en Normandía (Francia) en 1834. De joven se dejó cautivar por la bohemia de París, pero su padre le convenció de que la transformación de la economía en una ciencia podía llegar a ser una tarea realmente romántica. Él, no obstante, continuó con su estilo de vida bohemio hasta que, totalmente arruinado, en 1870 se vio obligado a traslarse a Lausana como profesor de economía. Fue allí donde desarrolló su célebre teoría del equilibrio.

Según Walras, la organización de la sociedad era una cuestión «artística», separada del ámbito científico de la economía. Tenía un gran sentido de la justicia social y defendió la nacionalización de las tierras, preludio de su distribución equitativa. En 1892 se retiró a la ciudad de Clarens, junto al lago Lemán, donde se dedicó a pescar y a reflexionar sobre la economía hasta su muerte, en 1910.

Obras principales

1874 *Éléments d'économie politique pure.*
1896 *Études d'économie sociale.*
1898 *Études d'économie politique appliquée.*

Véase también: Flujo circular de la economía 40–45 ▪ Economía de libre mercado 54–61 ▪ Oferta y demanda 108–113 ▪ Eficiencia y justicia 130–131 ▪ Mercados e incidencias sociales 210–213 ▪ Complejidad y caos 278–279

la producción, la fijación de precios y el consumo en el conjunto de una economía.

Oferta y demanda

Walras comenzó analizando de qué modo funcionaban los intercambios: las interacciones de los precios de los bienes, la cantidad de bienes disponibles y la demanda de los mismos. En otras palabras, intentó descubrir la relación entre la oferta y la demanda. Opinaba que el valor de un bien a la venta depende fundamentalmente de su *rareté*, esto es, de su rareza o escasez, con lo que Walras se refería a la intensidad con que se necesita algo. En este punto diferiría de muchos de sus contemporáneos, como Francis Edgeworth o William Jevons (p. 115), que sostenían que la clave del valor de un bien reside en su utilidad, en la satisfacción que proporciona.

Walras empezó a elaborar modelos matemáticos para describir las relaciones entre la oferta y la demanda. Estos revelaban que, a medida que un precio aumenta, la demanda cae y la oferta asciende. Cuando la oferta y la demanda son equivalentes, el mercado alcanza el equilibrio. Esto reflejaba el mismo patrón de fuerzas contrapuestas que evidenciaban las leyes del movimiento de Newton.

Equilibrio general

Para ilustrar este equilibrio, imaginemos que el precio de mercado actual de un teléfono móvil es de 20 euros. En un mercado local, los vendedores tienen 100 teléfonos y piden 20 euros por cada unidad. Si acudieran al mercado 100 compradores y estuvieran dispuestos a pagar 20 euros por un móvil, el mercado de móviles baratos estaría en equilibrio, porque la oferta y la demanda estarían perfectamente equilibradas, y no habría ni escasez »

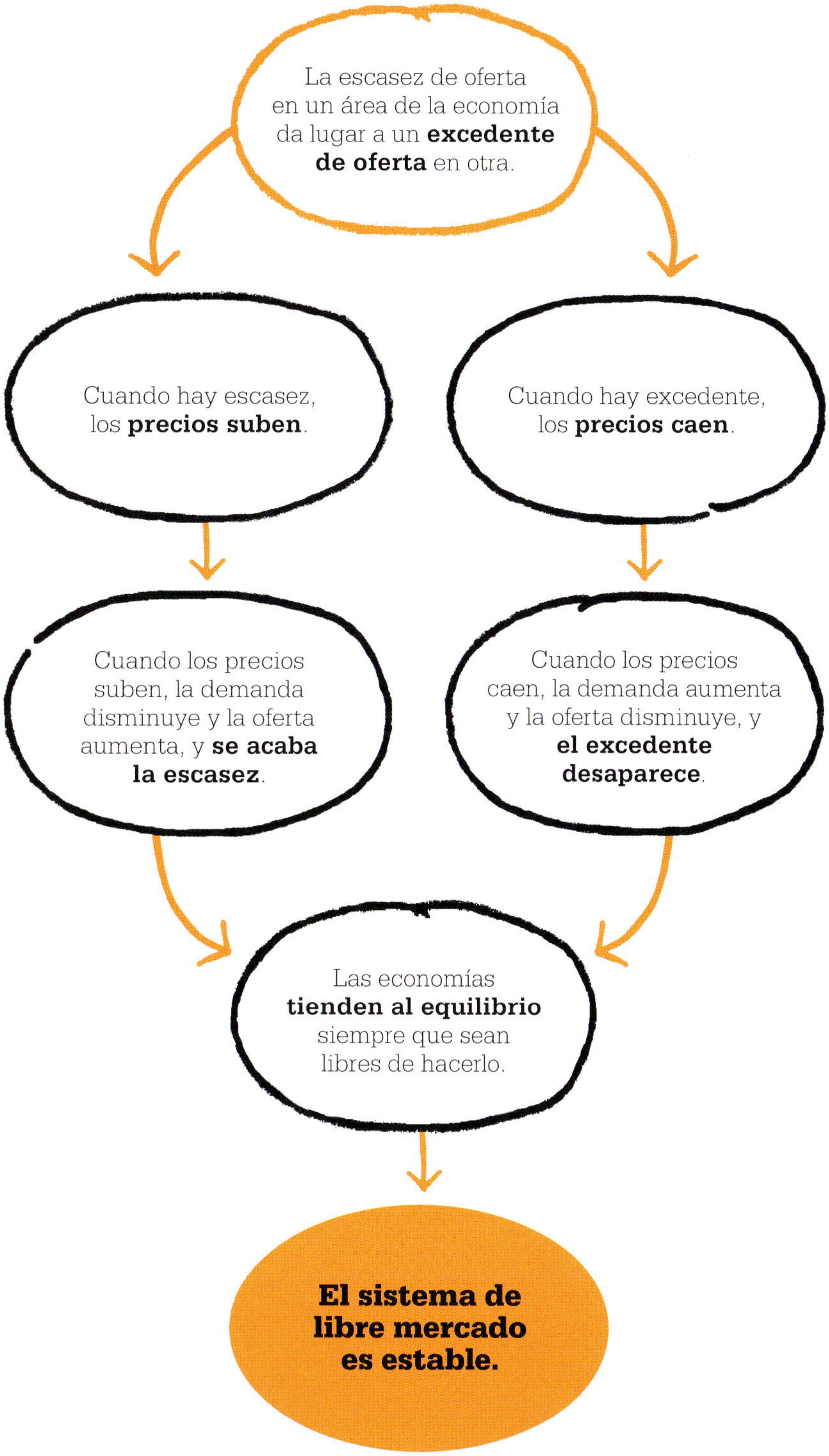

Un subastador registra las pujas en una subasta de ganado. Léon Walras imaginó a un «subastador» que recoge y proporciona una información perfecta para el mercado: publica los precios y las operaciones de compraventa solo se dan en el punto de equilibrio.

ni excedente. Walras aplicó la idea de equilibrio a toda la economía y desarrolló una teoría del equilibrio general, basada en el supuesto de que los excedentes de cualquier producto en un área son consecuencia de unos precios demasiado altos. Los precios se consideran «demasiado elevados» por comparación, por lo que si los precios de un mercado son «demasiado elevados», tiene que existir otro mercado donde los precios sean «demasiado bajos», lo que da lugar a excedentes en el mercado con los precios más elevados.

Walras creó un modelo matemático para toda la economía, en el que incluyó bienes como el trigo o las sillas y factores de producción como el capital o la mano de obra. En él, todo estaba relacionado entre sí y dependía de todo lo demás. Walras insistió en que tal interdependencia resultaba clave; los cambios de precios no se dan en el vacío, sino que son consecuencia de cambios en la oferta o la demanda. Además, cuando los precios cambian, todo lo demás cambia a su vez. Un pequeño cambio en una parte de la economía puede desencadenar cambios en todo el conjunto de la economía. Imaginemos, por ejemplo, que estalla una guerra en un país que es un importante productor de petróleo. Los precios del petróleo subirán en todo el mundo, lo que tendrá consecuencias sobre los gobiernos, las empresas y los individuos: desde la subida del precio del combustible hasta un mayor coste de la calefacción doméstica, con la consiguiente renuncia a la compra de otros bienes menos necesarios.

Hacia el equilibrio

Walras consiguió reducir su modelo matemático de una economía a unas cuantas ecuaciones con cantidades y precios. Llegó a dos conclusiones. La primera, que un estado de equilibrio general era teóricamente posible. La segunda fue que allí donde apareciera una economía nueva, un mercado libre podría llevarla al equilibrio general. Así pues, un sistema de libres mercados podía ser intrínsecamente estable.

Walras explicó todo esto mediante el concepto de *tâtonnement* (tanteo): una economía «tantea» el terreno con el fin de alcanzar un equilibrio del mismo modo que los escaladores tantean las paredes de una montaña durante el ascenso. Walras imaginaba a un «subastador» a quien tanto compradores como vendedores presentarían información sobre cuántos bienes comprarían o venderían a distintos precios. El subastador anunciaría los precios, unos precios en que la oferta igualaría a la demanda en el mercado; y solo entonces comenzarían las operaciones de compraventa.

Fallos del modelo

Walras insistió en que se trataba de un modelo meramente matemático, diseñado con el objetivo de ayudar a los economistas; en ningún caso pretendía ser una descripción del mundo real. En general, su obra fue ignorada por sus contemporáneos, muchos de los cuales consideraban que las interacciones del mundo real son demasiado complejas y caóticas como para permitir el desarrollo de un verdadero estado de equilibrio.

A un nivel más técnico, las ecuaciones de Walras resultaban demasiado complejas para que pudieran entenderlas la mayoría de los economistas, y este fue otro motivo por el que fue ignorado, si bien uno de sus

> El equilibrio […] se restablece automáticamente en cuanto se ve alterado.
> **Léon Walras**

> Habría [...] una serie de precios, uno para cada bien, que equipararía la oferta y la demanda para todos los bienes.
> **Kenneth Arrow**

alumnos, Vilfredo Pareto (p. 131), desarrollaría posteriormente su trabajo en nuevas direcciones. Asimismo, en la década de 1930, veinte años después del fallecimiento de Walras, John von Neumann, el brillante matemático estadounidense de origen húngaro, volvió a examinar sus ecuaciones. Neumann descubrió ciertos fallos en ellas: algunas de las soluciones daban un precio negativo, lo que significaba que los vendedores pagaban a los compradores.

John Maynard Keynes (p. 161) fue particularmente crítico con el enfoque de Léon Walras. Argumentó que la teoría del equilibrio general no refleja la realidad porque las economías nunca están en equilibrio. Sentenció asimismo que no sirve de nada pensar en un impulso hacia el equilibrio a largo plazo, ya que «a largo plazo, todos criamos malvas».

Sin embargo, economistas estadounidenses como Kenneth Arrow y Lionel Mackenzie, y franceses como Gérard Debreu (p. 211), recuperaron las ideas de Walras en la década de 1950 y desarrollaron un modelo más brillante (pp. 210–213). Usando puras matemáticas, Arrow y Debreu dedujeron las condiciones bajo las cuales se daría el equilibrio económico general de Walras.

Economías computables

Los avances de la tecnología informática durante la década de 1980 permitieron a los economistas calcular los efectos de las interacciones entre numerosos mercados de economías reales. Estos modelos de equilibrio general computable (EGC) aplicaron el concepto de interdependencia de Walras a situaciones concretas, con objeto de analizar el impacto de los cambios de precios y de las políticas gubernamentales.

El interés del EGC radica en que organismos de enorme envergadura, como gobiernos, el Fondo Monetario Internacional o el Banco Mundial, lo pueden utilizar para elaborar rápidos cálculos que revelan el estado de toda una economía, así como para valorar los efectos de posibles modificaciones en distintos parámetros.

En la actualidad, una de las primeras cosas que aprenden los estudiantes de economía es el análisis del equilibrio parcial (que considera las fuerzas que equilibran la oferta y la demanda en un mercado particular). Las aportaciones de Walras sobre el equilibrio general siguen inspirando a la teoría económica más puntera. Para la mayoría de los economistas, el equilibrio y la existencia de fuerzas que devuelven a la economía a este estado siguen siendo principios fundamentales. Estas ideas constituyen acaso la esencia de la corriente dominante del análisis económico. ■

Cuando los precios resultan demasiado elevados en un mercado, la consecuencia es un exceso de oferta. Los precios se ajustan para eliminar los excesos de oferta o demanda en una economía, en un proceso al que Walras denominó *tâtonnement*.

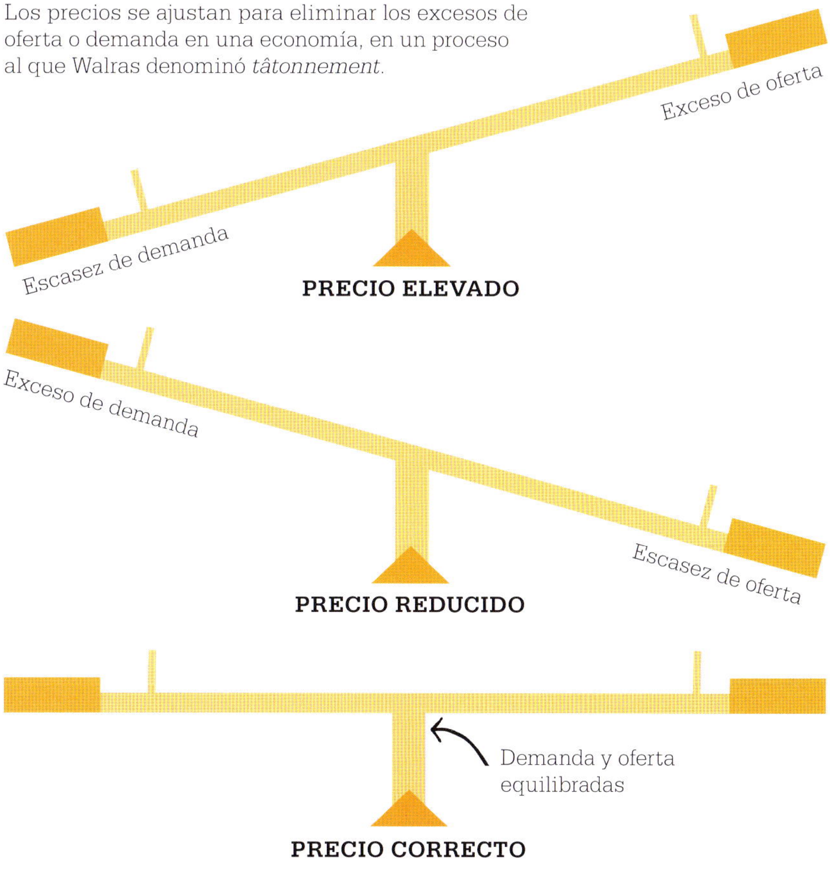

SI LE SUBEN EL SUELDO, NO COMPRE PAN: COMPRE CAVIAR

ELASTICIDAD DE LA DEMANDA

EN CONTEXTO

ENFOQUE
Toma de decisiones

PENSADOR CLAVE
Ernst Engel (1821–1896)

ANTES
1817 El británico David Ricardo critica las rentas sobre la tierra debido a que su oferta no puede responder al precio.

1871 El austriaco Carl Menger afirma que la utilidad marginal decreciente (el valor de cada unidad adicional) afecta a la demanda.

DESPUÉS
1934 El británico John Hicks usa el concepto de elasticidad para medir la facilidad con la que se pueden sustituir los productos.

1950 El argentino Raúl Prebisch y el británico de origen alemán Hans Singer logran demostrar, por separado, que los beneficios del comercio tan solo favorecen a los países ricos que producen bienes manufacturados.

La «elasticidad» de la demanda es su sensibilidad a las modificaciones en otro factor, como el precio. Aunque la primera definición del concepto, en 1890, suele atribuirse al economista británico Alfred Marshall (p. 110), cinco años antes el economista alemán Ernst Engel publicó un artículo en el que explicaba cómo los cambios en los ingresos alteran el nivel de demanda. La elasticidad de la demanda pronto se convirtió en una de las herramientas de análisis económico más empleadas.

Marshall fue uno de los primeros en formalizar la teoría de que la demanda cae a medida que los precios suben. A partir de aquí analizó cómo la demanda de productos diferentes (como el pan o el caviar) cambia en distinta medida al variar sus precios. Marshall advirtió que cuando variaban los precios de productos básicos, como el pan, su demanda apenas se veía afectada; el pan no es muy sensible a los cambios de precio, porque tiene pocos sustitutos. Por el contrario, la demanda de artículos de lujo es mucho más sensible a los precios; se dice que estos productos presentan «elasticidad de precio». Marshall comprobó que la demanda de bienes de lujo, como el caviar, entre la gente con ingresos medios es mucho más sensible a los cambios de precio que entre las personas muy ricas, que se pueden permitir cuanto deseen.

La ropa de diseño es uno de los lujos que más ingresos acapara a medida que estos aumentan; en cambio, los productos básicos absorberán menos ingresos.

La ley de Engel

Ernst Engel aseguró que, a medida que la gente se enriquece, su consumo de alimentos aumenta en menor medida que su capacidad adquisitiva. La demanda de alimentos presenta «inelasticidad de ingresos», idea que se denominaría ley de Engel. El economista alemán examinó los presupuestos familiares de 199 hogares

Véase también: Oferta y demanda 108–113 ▪ Utilidad y satisfacción 114–115 ▪ Paradojas del gasto 116–117 ▪ El mercado competitivo 126–129

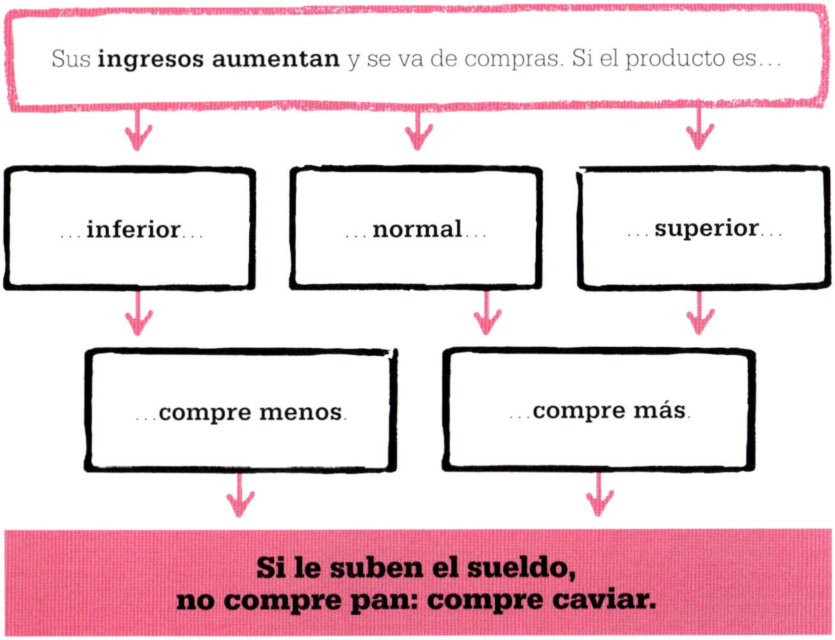

belgas y demostró que, mientras la demanda de productos básicos crecía más despacio que los ingresos, la demanda de los productos de lujo aumentaba como mínimo a la misma velocidad que los ingresos. Se han identificado dos tipos de bienes. El primer tipo –bienes normales– incluye aquellos cuya demanda asciende en línea con los ingresos. Una clase especial de bienes normales son los artículos de lujo –bienes superiores–, cuya demanda aumenta proporcionalmente más que los ingresos. El segundo tipo de bienes –los bienes inferiores– son aquellos cuya demanda cae cuando los ingresos aumentan.

Algunos grupos de bienes, como los alimentos, incluyen productos de lujo y de primera necesidad (como el caviar y el pan, respectivamente), lo cual supone que valorar el impacto del aumento de los ingresos sobre el conjunto de los alimentos puede llevar a error. A esto todavía se añade otra complicación: un producto no es siempre normal o inferior: su calificación puede variar en función del nivel de ingresos. Dado un incremento de los ingresos, las personas muy pobres pueden optar por comprar más pan, las que viven cómodamente pueden comprar caviar, y las muy ricas pueden cenar pepitas de oro… ■

> Cuanto más pobre es un hogar, mayor proporción de los ingresos dedica a la alimentación.
> **Ernst Engel**

Ernst Engel

Ernst Engel nació en Dresde (Alemania) en el año 1821, pero estudió ingeniería de minas en la Escuela de Minas de París, donde recibió la influencia de Frédéric Le Play, un pionero en el estudio de los presupuestos familiares. Tras volver a su país natal, se convirtió en director de la oficina de estadística de Sajonia y más tarde de Prusia; por entonces formuló la ley que hoy lleva su nombre.

En 1881 firmó un artículo en que atacaba el proteccionismo agrícola del canciller Otto von Bismarck, lo cual provocó que no tardara en ser «jubilado» por motivos de salud. Miembro de la histórica escuela de economía alemana, Engel fue un escritor prolífico, y creía en las políticas reformistas para lograr mejorar la situación de la clase obrera. Probablemente su mayor legado fue su influencia en la creación de instituciones dedicadas al análisis estadístico en muchos países europeos. Falleció a los 76 años de edad, en 1896.

Obras principales

1857 *Producción y consumo en Sajonia.*
1883 *El valor de las personas.*
1895 *El coste de la vida para los trabajadores belgas.*

LAS EMPRESAS NO FIJAN LOS PRECIOS, LOS ACEPTAN

EL MERCADO COMPETITIVO

EN CONTEXTO

ENFOQUE
Mercado y empresa

PENSADOR CLAVE
Alfred Marshall (1842–1924)

ANTES
1844 Jules Dupuit, ingeniero francés, acuña el concepto de excedente del consumidor, una medida del bienestar que permite evaluar el impacto de la competencia.

1861 El irlandés John Elliott Cairnes aclara la lógica de las teorías de la competencia de J. S. Mill y de David Ricardo.

DESPUÉS
1921 El estadounidense Frank Knight desarrolla el concepto de competencia perfecta.

1948 En *Individualismo y orden económico*, Friedrich Hayek critica la visión de Marshall de la competencia perfecta.

A finales del siglo XVIII, Adam Smith (p. 61) investigó los efectos de la competencia sobre la capacidad de las empresas para fijar precios y obtener beneficios por encima de su nivel «natural». Pero no se llevó a cabo ningún análisis formal de dicha situación hasta que el economista británico Alfred Marshall (p. 110) publicó *Principios de economía*, en 1890. Pese a las críticas que le acusan de no reflejar la verdadera naturaleza de la competencia, las ideas del modelo de Marshall siguen constituyendo una parte fundamental de la teoría económica dominante.

Competencia perfecta

El modelo desarrollado por Marshall a fin de explicar por qué las empresas no pueden fijar sus propios precios se

Véase también: Monopolios 92–97 ▪ Oferta y demanda 108–113 ▪ Liberalismo económico 172–177 ▪ Discriminación de precios 180–181 ▪ Mercados e incidencias sociales 210–213

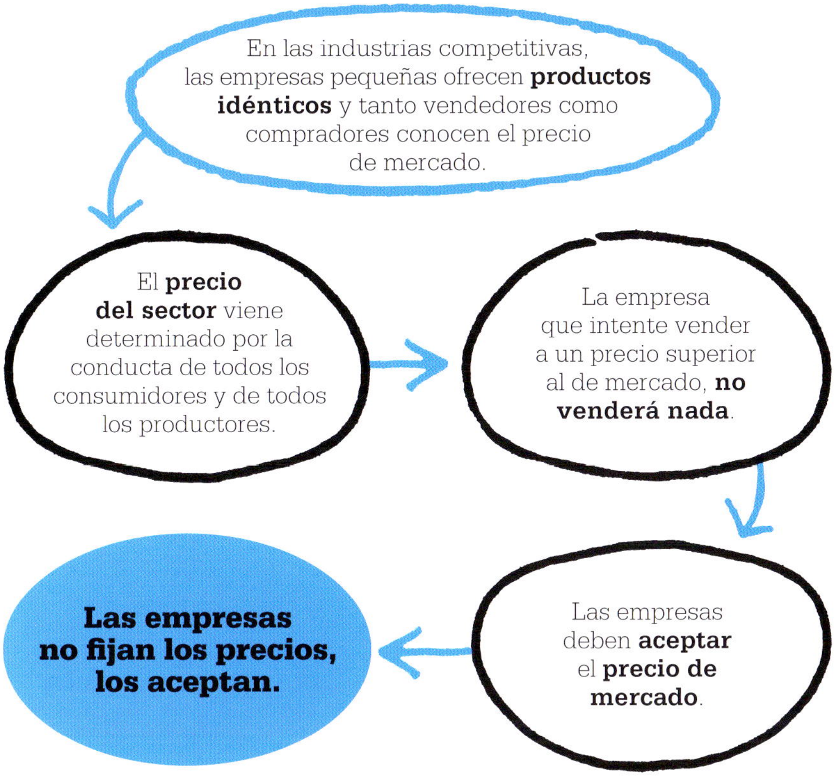

> Un mercado perfecto es un barrio [...] en el que hay muchos compradores y vendedores, todos tan alerta y tan informados sobre los asuntos de los otros, que el precio de un producto es siempre prácticamente idéntico en todo el barrio.
> **Alfred Marshall**

conoce como «competencia perfecta», si bien Marshall prefería las denominaciones de «competencia libre» y «mercados perfectos». Este modelo se basaba en una serie de supuestos derivados de las teorías de los economistas clásicos acerca de las condiciones del mercado y las conductas de las empresas.

El primer supuesto considera que existen tantas empresas que venden a tal cantidad de clientes un mismo producto, que cada empresa y cada cliente por separado representan una parte insignificante del mercado. El segundo supuesto asume que todas las empresas intentan vender un producto idéntico. El tercero, que todas las empresas son libres de entrar o salir del mercado a voluntad, y que pueden trasladar o adquirir los factores de producción que necesiten para producir bienes con total facilidad.

La competencia en acción

El mercado de divisas satisface las condiciones de la competencia perfecta y es un ejemplo útil para estudiar su funcionamiento. Globalmente, hay tantas empresas que venden divisas que cada una no supone más que una diminuta parte del mercado de dólares, por ejemplo. Venden a millones de compradores que necesitan adquirir dólares y, al mismo tiempo, cada uno de los compradores supone una ínfima parte del mercado.

El segundo supuesto asume que el dólar o el euro que un turista puede adquirir en cada agencia de cambio es idéntico, por lo que le es indiferente comprar a una o a otra. Y según el tercer supuesto, cualquiera puede comenzar a vender y a comprar divisas sin ningún tipo de barrera legal, social o tecnológica que se lo impida: entrar en el mercado es sencillo.

En un mercado perfecto, la información es perfecta: todos los participantes saben exactamente cuál es el «precio corriente». Tanto los que venden como los que adquieren divisas saben cuánto se paga por esa moneda en cada momento. Además, todas las empresas lo saben todo sobre las demás en lo concerniente a sus costes de producción. Dicha transparencia impide que el consumidor pague un precio superior al debido y garantiza que las empresas sepan cuál es el modo mejor y más barato de ofrecer su producto. Por lo demás, las empresas son interesadas y desean obtener los máximos beneficios posibles; los trabajadores buscarán el trabajo mejor pagado y los inversores capitalistas buscarán los mercados con los beneficios más elevados. »

Los supuestos del modelo de Marshall tienen consecuencias precisas para las empresas en industrias perfectamente competitivas. Una de las más destacables es que las empresas carecen de poder para fijar los precios de sus productos. Hay tantas empresas que venden productos idénticos que si una tratara de venderlos a un precio superior al de sus competidores, no vendería ninguno. Y esto está casi garantizado, porque el consumidor conoce perfectamente los precios que piden todas las empresas. Así, el precio de mercado depende de la interacción entre todas las empresas y los consumidores, y todas las empresas deben aceptar que hay un precio específico al que podrán vender sus productos. Tienen que «aceptar» el precio, no pueden determinarlo.

Ventas competitivas

La representación estándar de la industria perfectamente competitiva de Marshall (gráfica, abajo) plasma esta idea. En cualquier momento, el trigo tendrá un precio (por ejemplo, 350 euros por tonelada) que será fijado por el sector. A este precio (una línea de puntos en la gráfica), todas las explotaciones agrícolas podrán vender tanto trigo como quieran, pero no venderán nada si deciden subir el precio por encima de ese nivel (porque los compradores pueden acudir a cualquier vendedor). También pueden decidir venderlo a un precio inferior si lo desean, pero dicha opción no les supondrá beneficio alguno: un precio inferior no atraerá más demanda, porque en una competencia perfecta, cada hacienda no representa más que una ínfima parte de la oferta mundial total (si hablamos de trigo, esta son unos 700 millones de toneladas). Si bajaran el precio, pues, solo conseguirían reducir sus beneficios. Lo único que deben hacer es decidir cuánto producir para maximizar los beneficios. En el caso que ejemplifica la gráfica, son 3.000 toneladas, que el agricultor sabe que podrá vender por 350 euros la tonelada.

En el ejemplo, la hacienda decide vender el trigo por mucho más que el coste de producción. Vende 3.000 toneladas a 350 euros la tonelada, y obtiene unos ingresos de 1,05 millones de euros. Los costes, no obstante, ascienden a 450.000 euros (150 euros × 3.000 toneladas). Los beneficios de la hacienda son los ingresos menos los costes, o sea, 600.000 euros. En casos como este, algunos economistas clásicos como David Ricardo (p. 84) aseguraban que «el precio de mercado se aleja del precio natural». Con todo, en un mercado perfectamente competitivo, estos elevados beneficios no pueden sostenerse a largo plazo.

> Los trabajadores buscarán aquellos empleos y los capitalistas aquellos modos de invertir su capital en que [...] los salarios y los beneficios sean más elevados.
>
> **John Elliott Cairnes**
> **Economista irlandés (1824–1875)**

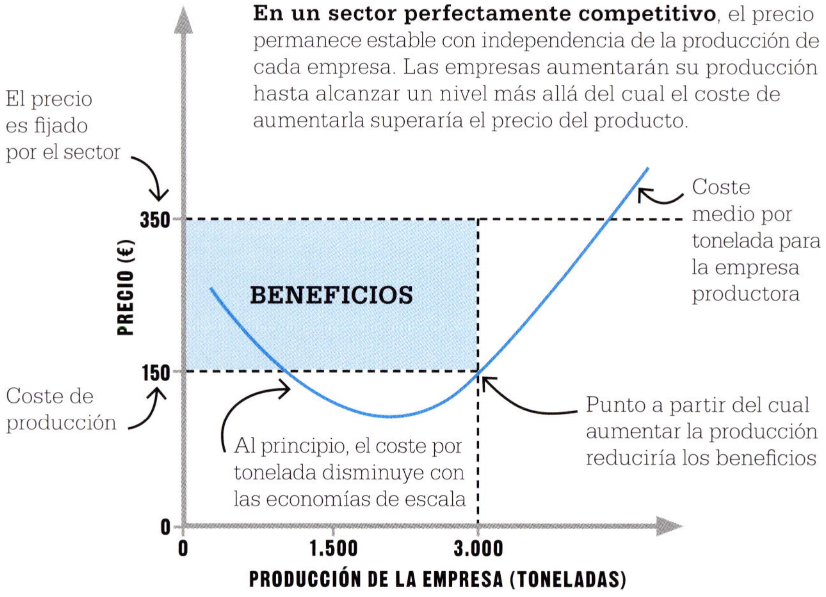

En un sector perfectamente competitivo, el precio permanece estable con independencia de la producción de cada empresa. Las empresas aumentarán su producción hasta alcanzar un nivel más allá del cual el coste de aumentarla superaría el precio del producto.

Beneficios a corto plazo

Economistas clásicos como Smith y Ricardo eran conscientes de las consecuencias, en un mercado competitivo, de fijar un precio muy por encima del necesario para cubrir costes. El elevado nivel de beneficios incentivaría a empresas nuevas a entrar en el mercado. La ausencia de barreras a la entrada en un mercado perfecto hace posible que cualquier empresa pueda entrar en él con facilidad. En nuestro ejemplo, es fácil imaginar a agricultores abandonando la producción de cebada para sembrar trigo, si resultara más rentable. La consecuencia del aumento de productores sería un aumento de la oferta total, y la presión competitiva llevaría a una reducción de los precios, por lo que en poco tiempo las empresas solo obtendrían un nivel de beneficios «normal»: el precio se limitaría a cubrir los costes de producción y los beneficios extraordinarios (en azul en la gráfica) desaparecerían.

Cuando una empresa viola los supuestos que subyacen a la competencia perfecta, puede obtener grandes beneficios a largo plazo. Así, si hay barreras tecnológicas o legales a la entrada en el sector, los beneficios extraordinarios no se ven afectados por la competencia. La forma más extrema de esta situación es el monopolio. Para maximizar los beneficios, el monopolista fija un precio más elevado y produce menos que si estuviera en un mercado competitivo. Por eso los economistas creen que los mercados perfectamente competitivos son más beneficiosos para la sociedad que los monopolísticos. En un mercado perfectamente competitivo, la producción aumenta a medida que nuevas empresas entran en el mercado, y los precios caen en la medida en que la competencia reduce los beneficios.

Una perfección imposible

El modelo de competencia perfecta de Marshall ha sido objeto de intensos debates. En primer lugar, existen pocos sectores reales –si es que hay alguno– que se aproximen a los supuestos necesarios para que el modelo resulte útil. De hecho, ni el mercado de divisas ni el agrícola parecen ser buenos ejemplos de la teoría de la competencia perfecta, debido a que existen grandes empresas capaces de influir sobre los precios y porque los gobiernos pueden manipular –y manipulan– esos mercados. Los defensores de la competencia perfecta argumentan que el modelo representa una forma teórica e ideal de mercado que permite entender la conducta de las empresas, incluso aunque no haya sectores que cumplan realmente sus condiciones.

Otra crítica más profunda apunta a que la competencia perfecta, tal y como la describe Marshall, carece de verdadero sentido. De hecho, no hay «competencia» en este modelo, que presenta a empresas que producen bienes idénticos, que responden pasivamente a los precios y que aceptan que solo conseguirán beneficios normales. Esto está muy lejos de la situación que presenta Smith, donde las empresas intentan desesperadamente ofrecer productos distintos y de más calidad que sus competidores, buscan vender a precios más elevados, e introducen periódicamente nuevas tecnologías que reducen los costes y aumentan los beneficios.

Los comerciantes compiten entre sí para fijar el precio de bienes como el trigo. En un mercado competitivo, un comerciante aislado carece de poder para influir sobre el precio.

En el siglo XX, se sucedieron los ataques al modelo de la competencia perfecta con relación a este punto. El economista británico de origen austriaco Friedrich Hayek (p. 177) afirmó que la competencia es un proceso de descubrimiento dinámico, en el que el emprendedor busca oportunidades para obtener beneficios en un mundo en permanente cambio; es algo más que la estéril copia de precios sugerida por el modelo de Marshall. ■

Riesgo, incertidumbre, beneficio

Frank Knight (p. 163), economista estadounidense, publicó en 1921 *Riesgo, incertidumbre y beneficio*, donde analizaba los efectos de la incertidumbre sobre el modelo de competencia perfecta de Marshall. Knight definió el riesgo como una incertidumbre mensurable; por ejemplo, la probabilidad de que una botella de champán explote. La proporción de botellas que explotan es casi constante, por lo que puede añadirse este factor a los costes o asegurarse contra él. Así, el riesgo no altera el equilibrio competitivo; los emprendedores no obtienen beneficios como recompensa por asumir riesgos predecibles. La verdadera incertidumbre, por otro lado, es inmensurable y se deriva, sobre todo, de que no podemos predecir el futuro. Según Knight, los emprendedores aceptan la responsabilidad de trabajar con un futuro desconocido y toman decisiones sobre esta base. Como el futuro es incierto, el empresario no sabe cuánto ganará.

BENEFICIAR A UNA PERSONA SIN PERJUDICAR A OTRAS

EFICIENCIA Y JUSTICIA

EN CONTEXTO

ENFOQUE
Economía del bienestar

PENSADOR CLAVE
Vilfredo Pareto (1848–1923)

ANTES
1776 Adam Smith relaciona el interés personal y social en *La riqueza de las naciones.*

1871 Según el británico William Jevons, el valor de un bien solo depende de su utilidad.

1874 El francés Léon Walras diseña una serie de ecuaciones para determinar el equilibrio general de una economía.

DESPUÉS
1930–1950 John Hicks y Paul Samuelson, entre otros, emplean el óptimo de Pareto como base de la economía del bienestar moderna.

1954 El francés Gérard Debreu y el estadounidense Kenneth Arrow demuestran la relación matemática entre el óptimo de Pareto y el libre mercado.

En el siglo XIX, un grupo de filósofos británicos, conocidos como utilitaristas, defendieron que la felicidad se puede medir y sumar, o agregar; pero el economista italiano Vilfredo Pareto no estaba de acuerdo con semejante postura. En su *Manual de economía política* presentó una definición del bienestar social que ha acabado por dominar la economía moderna. Su teoría se basa en un *ranking* de felicidad relativa (o «utilidad ordinal»), más que de felicidad absoluta (o «utilidad cardinal»).

Pareto partía de que todos conocemos nuestras preferencias personales y hacemos lo que más nos favorece. Si todos seguimos nuestras preferencias, limitados como estamos por los obstáculos a que nos en-

Véase también: Economía de libre mercado 54–61 ▪ Equilibrio económico 118–123 ▪ Mercados e incidencias sociales 210–213

frentamos, la sociedad pronto llegará a un punto en que nadie podrá mejorar su situación sin empeorar la del prójimo. Este estado se conoce como óptimo o eficiencia de Pareto.

El óptimo de Pareto

Imaginemos una pareja, Juan y Ana, y que a ambos les gusta el arroz. Si tenemos un paquete de arroz, cualquier reparto del mismo entre los dos (incluso si uno se quedara con todo) sería óptimo, porque solo consideramos que perjudicamos a otro si le *quitamos* el arroz. Esto es lo que diferencia al óptimo de Pareto de la justicia.

En la mayoría de situaciones hay muchos bienes y preferencias. Si, por ejemplo, a Juan le gusta el arroz pero no el pollo, y a Ana le gusta el pollo pero no el arroz, un reparto en el que Juan lo tuviera todo sería ineficiente según Pareto; en cambio, transferir a Ana el pollo de Juan le ayudaría a ella sin entrañar un perjuicio para él. A menudo las preferencias no resultan tan claras: es probable que a los dos les guste tanto el arroz como el pollo, pero en distinta medida. En ese caso, Ana y Juan podrían intercambiar pequeñas cantidades de arroz y de pollo hasta alcanzar un reparto óptimo.

Llegar a un acuerdo

El empleo del óptimo de Pareto reduce la necesidad de juzgar sobre los intereses contradictorios. La evitación de este tipo de juicios es uno de los aspectos que diferencia la economía positiva (que describe cómo son las cosas) de la economía normativa (que describe cómo deberían ser). Pareto afirmó que el libre mercado es eficiente según su definición del término, y así formalizó la idea de Adam Smith de que el interés personal y la competencia en el libre mercado operan a favor del bien común (pp. 54–61). ■

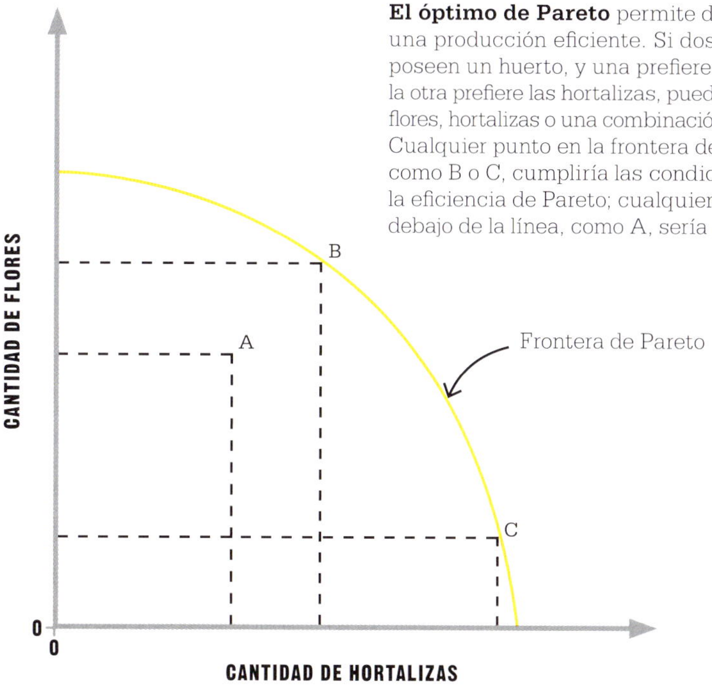

El óptimo de Pareto permite determinar una producción eficiente. Si dos personas poseen un huerto, y una prefiere las flores y la otra prefiere las hortalizas, pueden sembrar flores, hortalizas o una combinación de ambas. Cualquier punto en la frontera de Pareto, como B o C, cumpliría las condiciones de la eficiencia de Pareto; cualquier punto por debajo de la línea, como A, sería ineficiente.

Vilfredo Pareto

Vilfredo Pareto nació en París en 1848, hijo de un marqués italiano y de madre francesa. La familia se trasladó a Italia cuando él tenía cuatro años. Estudió en Florencia y luego en Turín, donde se doctoró en ingeniería. Mientras trabajaba como ingeniero civil, comenzó a interesarse por la economía y el libre comercio.

En el año 1893, su amigo el economista italiano Maffeo Pantaleoni le recomendó para ocupar la cátedra de economía política de la Universidad de Lausana (Suiza) como sucesor de Léon Walras (p. 120). Pareto ocupó el cargo a los 45 años de edad; fue a partir de entonces cuando realizó sus principales aportaciones en el campo de la economía, como sus teorías acerca de la distribución de la riqueza. Impartió clases hasta 1911. Fue un autor prolífico, y su trabajo abarca la sociología, la filosofía y las matemáticas, además de la economía. Murió en Ginebra en 1923.

Obras principales

1897 *Curso de economía política.*
1906 *Manual de economía política.*
1911 *Economía matemática.*

CUANTO MAS GRANDE ES UNA FABRICA, MENORES SON LOS COSTES

ECONOMIAS DE ESCALA

EN CONTEXTO

ENFOQUE
Mercado y empresa

PENSADOR CLAVE
Alfred Marshall (1842–1924)

ANTES
1776 El escocés Adam Smith explica cómo, en las grandes empresas, la división del trabajo reduce los costes unitarios.

1848 John Stuart Mill sugiere que solo las grandes empresas consiguen adaptarse a ciertos cambios empresariales, lo que puede conducir a la creación de monopolios naturales.

DESPUÉS
1949 El sudafricano Petrus Johannes Verdoorn demuestra que un mayor crecimiento da lugar a una mayor productividad gracias a la economía de escala.

1977 Alfred Chandler publica la obra *La mano visible*, donde describe el auge tanto de las grandes corporaciones como de la producción en masa.

Desde los comienzos de la revolución industrial se hizo evidente que las empresas mayores podían producir a un coste menor. Cuando una empresa crece y produce más, usa más trabajadores, maquinaria y materias primas, por lo que la gran empresa tiene costes superiores. Sin embargo, también produce más a un coste unitario menor. Esta reducción de los costes medios se conoce como economía de escala.

En 1890, el economista británico Alfred Marshall (p. 110) estudió este fenómeno en *Principios de economía*. Señaló que cuando las empresas aumentan su producción, lo único que pueden hacer a corto plazo es modificar el número de trabajadores para producir más. Como cada trabajador adicional añade menos producción que los anteriores, el coste por unidad producida aumenta. Sin embargo, a largo plazo, si una empresa es capaz de duplicar el tamaño de la mano de obra, y de la fábrica y la maquinaria, se beneficiará de la especialización del trabajo y sus costes bajarán.

Ya en la década de 1960, el economista estadounidense, Alfred Chandler (1918–2007), sostuvo que el crecimiento de las grandes corporaciones había dado lugar a una nueva revolución industrial a inicios del siglo XX: las grandes empresas controlaban sectores enteros, porque producían más con costes menores y acabaron expulsando del mercado a la competencia; muchas de ellas disfrutaron de un «monopolio natural». ■

Chandler describió el desarrollo de grandes corporaciones estadounidenses, como las del sector automovilístico, en gigantescas cadenas de producción.

Véase también: Rendimientos decrecientes 62 ▪ División del trabajo 66–67 ▪ Monopolios 92–97 ▪ El mercado competitivo 126–129

EL COSTE DE IR AL CINE ES LA DIVERSION QUE SE HABRIA OBTENIDO PATINANDO

COSTE DE OPORTUNIDAD

EN CONTEXTO

ENFOQUE
Teorías del valor

PENSADOR CLAVE
Friedrich von Wieser
(1851–1926)

ANTES
1817 El británico David Ricardo opina que el valor de un bien lo determina la cantidad de horas de trabajo que son necesarias para producirlo.

DESPUÉS
1920 Según afirma el británico Alfred Marshall en *Principios de economía*, oferta y demanda contribuyen a fijar los precios.

1949 El austriaco Ludwig von Mises sostiene en su obra *La acción humana* que los precios proporcionan una información importante para el mercado.

1960 En la obra *Producción de mercancías por medio de mercancías*, el italiano Piero Sraffa cuestiona el coste de oportunidad.

A finales del siglo XIX, los economistas continuaban discutiendo acerca de qué determina el valor de un producto. En 1914, el economista austriaco Friedrich von Wieser propuso que el valor de algo viene determinado por aquello a lo que se ha tenido que renunciar para poder conseguirlo. Arguyó que, en un mundo donde las personas tienen deseos infinitos pero los recursos para satisfacerlos son limitados, dicha escasez conlleva forzosamente la necesidad de optar. En *Teoría de la economía social* (1914), llamó a este fenómeno «coste de oportunidad». En 1935, el economista estadounidense Lionel Robbins afirmaría que la tragedia de la vida humana consiste en que escoger una cosa simpre significa renunciar a otra.

El coste real

Ello implica que, por ejemplo, el coste real de ir al cine no se limita al precio de la entrada, sino que incluye la diversión que se habría obtenido en la siguiente opción de ocio, como ir a patinar. Así, aunque escoger una acción determinada conlleva un coste económico, el llamado coste de oportunidad incluye algo más. Es imposible ir al cine y a patinar al mismo tiempo. Incluso cuando no hay coste económico puede haber un coste de oportunidad. Wieser opinaba que, en última instancia, el precio de un producto depende de cuánto se desea, lo cual se mide según lo que los consumidores están dispuestos a sacrificar para conseguirlo, más que por el coste de producción. ■

> “La economía revela el conflicto de la elección, que es una de las características permanentes de la existencia humana.”
> **Lionel Robbins**

Véase también: El hombre económico 52–53 ▪ Teoría del valor-trabajo 106–107 ▪ Utilidad y satisfacción 114–115

LOS TRABAJADORES DEBEN UNIRSE POR SU BIEN

NEGOCIACION COLECTIVA

EN CONTEXTO

ENFOQUE
Economía y sociedad

PENSADOR CLAVE
Beatrice Webb (1858–1943)

ANTES
1793 Las sociedades fraternales obtienen reconocimiento legal en Reino Unido.

1834 Trabajadores en EE UU y Europa comienzan a unirse en organizaciones nacionales.

Década de 1870 El poder sindical francés y alemán se alía con los movimientos socialistas.

DESPUÉS
Décadas de 1920 y 1930 Durante la Gran Depresión, los sindicatos luchan por los derechos de los trabajadores.

1955 Los sindicatos de EE UU se unen en la AFL-CIO.

Década de 1980 Comienza la decadencia del sindicalismo por la privatización de los servicios públicos y diversas medidas políticas que limitan su poder.

Los trabajadores dependen de los empresarios para **subsistir**.

Hay muchos trabajadores y pocos empresarios, por lo que estos dominan el **equilibrio de poder**.

Un trabajador **carece de poder** por sí solo, porque es fácilmente reemplazable.

Así, los empresarios **dictan las condiciones** a los trabajadores.

Pero, **si se unen**, los trabajadores pueden invertir el equilibrio de poder.

Los trabajadores deben unirse por su bien.

La reformadora social británica Beatrice Webb acuñó en 1891 la expresión «negociación colectiva», con la que describía el proceso por el que los trabajadores se organizan en sindicatos, que negocian en su nombre salarios y condiciones laborales con la empresa. Ella y Sidney Webb, su marido, combatieron la pobreza y con sus libros consiguieron cambios a nivel gubernamental. En 1894 publicaron *Historia del sindicalismo*, donde documentaban el auge sindical en Gran Bretaña durante su revolución industrial, cuando las nuevas fábricas acogieron a multitud de trabajadores. Las condiciones de trabajo eran durísimas, la seguridad laboral, casi inexistente, y los salarios solían rozar el nivel de subsistencia.

Véase también: Economía marxista 100–105 ▪ Teoría del valor-trabajo 106–107 ▪ Depresión y desempleo 154–161 ▪ Economía social de mercado 222–223 ▪ Rigidez salarial 303

> Si varios trabajadores se unen y envían a representantes para negociar en nombre del grupo, su posición cambia de golpe.
> **Beatrice Webb**
> **Sidney Webb**

Las Combination Acts de 1799 y de 1800 prohibieron los sindicatos, y cualquier trabajador que se uniera a otro para lograr aumentos de sueldo o reducción de jornada era condenado a tres meses de prisión. Estas leyes se derogaron en 1824, y enseguida reaparecieron sindicatos, sobre todo en la industria textil. Con todo, una serie de huelgas llevó a la promulgación de una nueva ley que limitaba el derecho de los sindicatos a reunirse para abordar la negociación colectiva.

El incremento del número de trabajadores afiliados a sindicatos en la Europa del siglo XIX abrió una brecha entre quienes veían en los sindicatos a los herederos de los gremios artesanales, que negociaban para mejorar sus condiciones laborales, y quienes los veían como la vanguardia de una revolución que lucharía por un mundo mejor para todos los trabajadores.

Una lucha que continúa

Con el tiempo, la negociación colectiva se adoptó de manera generalizada, dado que beneficia a trabajadores y empresarios: simplifica el proceso de acuerdo de condiciones drásticamente, pues, a menudo, un mismo acuerdo puede aplicarse a todo un sector.

No obstante, desde la década de 1980, los sindicatos y el poder de negociación colectiva se han visto muy reducidos. El economista estadounidense Milton Friedman (p. 199) señaló que el sindicalismo obtiene salarios superiores para sus miembros a expensas de puestos de trabajo, y que hace bajar los salarios en sectores sin sindicatos. Pueden ser estas causas, u otras más políticas, las que llevan a algunos gobiernos a reducir el poder de los sindicatos, prohibiendo, por ejemplo, huelgas solidarias.

Estos funcionarios se manifiestan en Madrid en 2010 contra la supresión de puestos de trabajo. Hoy, en casi todos los países, los sindicatos son más poderosos en el sector público que en el privado.

Asimismo, la globalización de los procesos productivos ha aislado dentro de cada país a los grupos de trabajadores. Las condiciones laborales de los trabajadores que producen un producto global suelen acordarse a nivel local con la empresa, en vez de fijarse para el sector en todo el país. ▪

Beatrice Webb

Nació en Gloucestershire (Reino Unido) en 1858. Su padre era un miembro radical del parlamento, y ella creció con un gran interés por las cuestiones sociales, sobre todo por los problemas estructurales que subyacen a la pobreza. Conoció a Sidney Webb en 1891, y la pareja se convirtió en un elemento clave del movimiento laborista británico. Formularon la idea del «mínimo nacional»: un salario y una calidad de vida mínimos por debajo de los cuales no debería permitirse caer a ningún trabajador. Fundaron la London School of Economics y el periódico *The New Statesman*. Los Webb ayudaron a modelar el movimiento sindicalista. Además, elaboraron planes de acción tanto para el Servicio Nacional de Salud británico como para los sistemas de asistencia social de diversos países de todo el mundo. Beatrice Webb falleció en 1943.

Obras principales

1894 *Historia del sindicalismo* (con Sidney Webb).
1919 *The Wages of Men and Women.*
1923 *The Decay of Capitalist Civilization.*

EL PROTESTANTISMO NOS HA HECHO RICOS

RELIGION Y ECONOMIA

EN CONTEXTO

ENFOQUE
Economía y sociedad

PENSADOR CLAVE
Max Weber (1864–1920)

ANTES
1517 Martín Lutero publica sus 95 tesis y hace estallar el conflicto religioso que conducirá a la Reforma.

1688 La Revolución Gloriosa destierra el catolicismo de Gran Bretaña y prepara el terreno para la primera revolución industrial del mundo.

DESPUÉS
1993 El sociólogo sueco Kurt Samuelsson argumenta que los líderes puritanos no fomentaron en realidad ninguna conducta capitalista.

2009 El italiano Davide Cantoni publica *Los efectos económicos de la Reforma protestante*, donde afirma no haber hallado efecto alguno del protestantismo en el crecimiento económico.

Max Weber, sociólogo y economista alemán, mostró un enorme interés por los distintos niveles de éxito económico de diversos países del siglo XVI al XIX. En *La ética protestante y el espíritu del capitalismo*, argumentó que los mejores resultados económicos del norte de Europa y de Estados Unidos en comparación con los de las sociedades católicas mediterráneas y sudamericanas se debían a las creencias protestantes acerca de la predestinación, la vocación y el trabajo.

Entre los católicos, el juicio divino es un acontecimiento futuro: para

Véase también: El hombre económico 52–53 ▪ Economía y tradición 166–167 ▪ Instituciones en la economía 206–207 ▪ Información de mercado e incentivos 208–209 ▪ Capital social 280

Según Weber, el herrero del pueblo tenía un papel importante en la comunidad porque en el desempeño de su vocación divina trataba con muchas personas.

alcanzar la salvación se debe llevar una vida decente y hacer el bien. Por el contrario, la doctrina protestante, especialmente la calvinista, afirmaba que había unos «elegidos» predestinados a la salvación, que llevarían una vida virtuosa como consecuencia precisamente de su elección. Sus acciones en esta vida no les llevarían a la salvación, simplemente demostrarían que estaban predestinados al Cielo. La Biblia fomenta, entre otras virtudes, el esfuerzo y la frugalidad, y los protestantes pretendían encarnar esas cualidades y demostrar así que se hallaban entre los elegidos, mientras que los demás estaban condenados. Rechazaban el lujo y reinvertían sus beneficios en sus negocios.

Vocaciones divinas

Si bien el catolicismo sostenía que la única vocación divina era la religiosa, los protestantes consideraban que las personas podían ser llamadas por Dios a cualquiera de los oficios seculares. La creencia de que así servían a Dios les animaba a trabajar con fervor religioso y les impulsaba a producir más bienes y a ganar más dinero.

Weber finalmente llegó a la conclusión de que la fe protestante lleva inevitablemente a una sociedad capitalista, porque da a los creyentes la oportunidad de considerar como una muestra de devoción la búsqueda de beneficios, y no como una conducta moralmente sospechosa y motivada por la avaricia o la ambición. La idea de la predestinación implica además que los creyentes no tienen por qué preocuparse de cuestiones como las desigualdades sociales o la pobreza, porque la riqueza material evidencia la riqueza espiritual.

> Dios ayuda a los que se ayudan.
> **Max Weber**

Sin embargo, la tesis de Weber es fácilmente refutable. La primera potencia europea en los siglos XVI y XVII era el muy católico Imperio español. También existen ejemplos contradictorios en el auge de países asiáticos que jamás han sido protestantes, o ni siquiera cristianos. Hoy día, Japón es la tercera economía mundial y China crece a gran velocidad. ■

Max Weber

Además de economista, Karl Emil Maximilian Weber fue uno de los padres fundadores de la sociología moderna. Nació en 1864 en Erfurt (Alemania) y creció en una familia próspera, cosmopolita e intelectual. Su padre era un cordial funcionario y su madre una estricta protestante calvinista.

Estudió derecho en Heidelberg y Berlín, y luego impartió clases de economía en varias universidades alemanas, hasta que la muerte de su padre en 1897 le sumió en una depresión que le incapacitó para la enseñanza. Después de servir como voluntario en la Primera Guerra Mundial, sus opiniones políticas cambiaron y se convirtió en un feroz crítico del káiser. Weber inspiraba un gran respeto entre la clase política, y tras la guerra contribuyó a la redacción de la constitución de la República de Weimar. En el año 1918 retomó la docencia, pero en 1920 falleció de neumonía.

Obras principales

1904–1905 *La ética protestante y el espíritu del capitalismo.*
1919 *La política como vocación.*
1923 *Historia económica general.*

LOS POBRES NO SON MALOS, SON DESAFORTUNADOS

POBREZA

EN CONTEXTO

ENFOQUE
Economía y sociedad

PENSADORES CLAVE
John Stuart Mill (1806–1873)
Amartya Sen (n. en 1933)

ANTES
1879 Se publica el gran éxito de ventas *Progreso y miseria*, donde el estadounidense Henry George exige la creación de un impuesto sobre la tierra a fin de aliviar la pobreza.

Década de 1890 Charles Booth y Seebohm Rowntree estudian la pobreza en Reino Unido.

DESPUÉS
1958 El estadounidense John Kenneth Galbraith aborda el tema de la pobreza en la obra *La sociedad opulenta*.

1973 El indio Amartya Sen propone un nuevo índice para medir la pobreza.

2012 Según el Banco Mundial, ganar menos de un dólar al día se considera pobreza extrema.

Casi todas las **causas de la pobreza** escapan al control de la persona.

Los pobres carecen de **propiedad privada**.

En muchos países, la **educación** es de pago y los pobres no pueden acceder a ella.

Esto conlleva unas **perspectivas laborales pobres** y una mala salud.

Los pobres no son malos, son desafortunados.

En los países con rentas altas, el gasto público suele suponer entre un 30 y un 50% del gasto total. Alrededor de la mitad de este gasto se dedica a prestaciones sociales. En términos históricos, un gasto social tan alto es algo relativamente reciente, cuyo origen se halla en las décadas de 1930 y 1940.

La historia del gasto social no es breve. Ya en el siglo XVI, las Leyes de Pobres de Inglaterra, que ordenaban la ayuda a los necesitados, asumían que había tres tipos de pobres: los pobres dignos (ancianos, niños y enfermos); los desempleados dignos (que están dispuestos a trabajar, pero no encuentran empleo); y los pobres indignos (mendigos). Los dos primeros grupos recibían donativos de dinero y de alimentos por parte de sus conciudadanos, pero los integrantes del tercer grupo eran tratados como verdaderos criminales. Con la industrialización, la visión que se tenía de los pobres cambió, y en el siglo XVIII mu-

Véase también: Demografía y economía 68–69 ▪ Economía del desarrollo 188–193 ▪ Teoría de la intitulación 256–257

Este grabado de Gustave Doré, de 1872, ilustra las insalubres condiciones de vida de los pobres de Londres. Como en otras ciudades europeas, personas y alimañas competían por un espacio muy escaso.

chas personas opinaban que los pobres eran los únicos responsables de su pobreza. Los economistas británicos David Ricardo (p. 84) y Thomas Malthus (p. 69) pidieron la abolición de las Leyes de Pobres, con el argumento de que los donativos desincentivaban la búsqueda de empleo.

Aunque esta era una postura generalizada, el filósofo británico John Stuart Mill (p. 95) propuso una visión alternativa en 1848. Defendió que la economía solo debía preocuparse de la producción, y que la distribución de la riqueza era un asunto social. En su obra política solía defender la limitación de las funciones del gobierno, pero en este caso pensaba que debía intervenir para ayudar a quienes no podían ayudarse a sí mismos y para ofrecer a los ciudadanos la educación necesaria para ganarse la vida.

La ampliación del derecho de sufragio en Europa durante los siglos XIX y XX vino acompañada de un aumento de las demandas de gasto social y de redistribución de la riqueza, y entonces se desarrollaron sistemas de sanidad y educación públicas.

La pobreza en el siglo XXI

A partir de 1800, se abrió una enorme brecha de riqueza entre Norteamérica y Europa, y el resto del mundo. La pobreza es un problema persistente en el sur de Asia y el África subsahariana. Y ante el reto de la reducción de la pobreza, los economistas insisten en la importancia de la salud, la educación y el transporte, además de las ayudas directas a los pobres.

El economista indio Amartya Sen (p. 257) ha afirmado que la pobreza tiene que ver con las limitaciones de «capacidad y funcionamiento» (lo que las personas pueden llegar a hacer o ser), más que con los bienes o servicios a los que se tiene acceso. Dicha idea se ve reflejada en los continuos debates sobre si la línea de la pobreza es absoluta (satisfacción de las necesidades básicas) o relativa (como el porcentaje de ingresos medios). ■

Objetivos de desarrollo

En el año 2000, los 189 países miembros de la ONU firmaron los Objetivos de Desarrollo del Milenio, que acordaron alcanzar para 2015; eran ocho propósitos: erradicación de la pobreza y el hambre (en concreto, reducir a la mitad el número de personas que padecen pobreza extrema); enseñanza universal; igualdad de género; salud infantil; salud materna; lucha contra el sida, la tuberculosis, la malaria y otras enfermedades; sostenibilidad ambiental; y cooperación global.

Según el Banco Mundial, el porcentaje de personas en los países en vías de desarrollo que ganan menos de un dólar al día se redujo de un 30,8% en 1990 a un 14% en 2008, tras ajustar los precios de diferentes productos en varios países. Esto se logró sobre todo gracias al progreso de determinados países de Asia oriental. Con todo, un solo dólar diario es un nivel desesperado. La «línea de pobreza» media en países en vías de desarrollo es de dos dólares diarios; en 2008, los ingresos de 2.500 millones de habitantes de estos países (el 43%) no llegaban a este nivel.

Mendicidad en Fortaleza (Brasil). Según la ONU, hoy los pobres sufren «condiciones deshumanizantes», y uno de sus principales objetivos es la reducción de la pobreza mundial.

EL SOCIALISMO ES LA ABOLICION DE LA ECONOMIA RACIONAL

PLANIFICACION CENTRAL

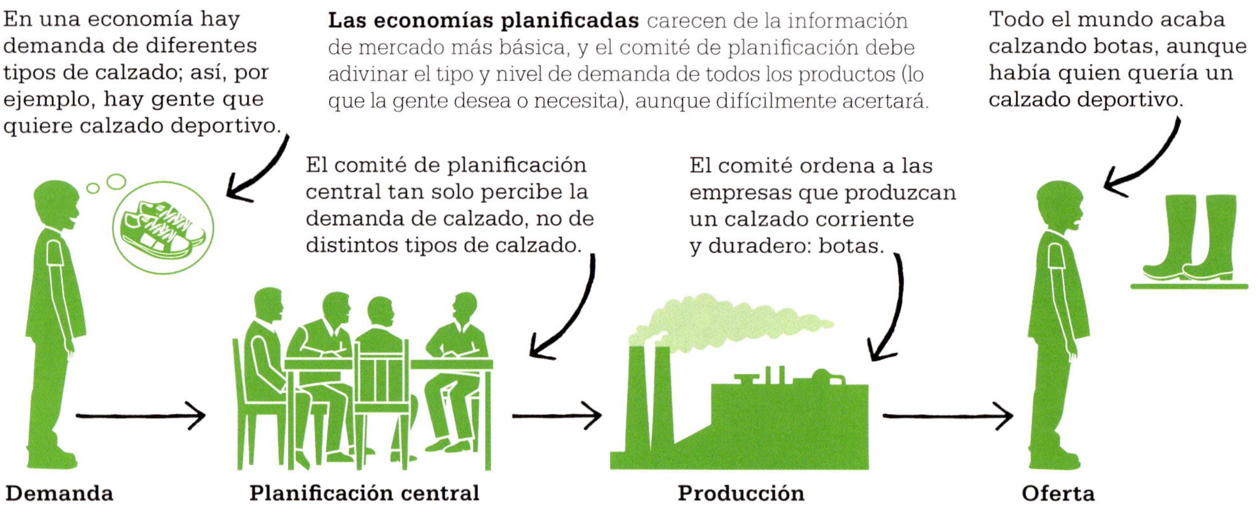

para el funcionamiento interno de las fábricas. Ludwig von Mises sopesó distintas alternativas al dinero, como la idea de Marx de valorar los productos en función del número de horas de trabajo necesarias para producirlos. Sin embargo, dicha medida no tiene en cuenta la escasez relativa de los diferentes materiales, las distintas calidades del trabajo o el tiempo real (en contraposición a las horas de trabajo) que requiere el proceso de producción. Solo los precios de mercado tienen en cuenta todos estos factores.

Precios variables

Ni Von Mises ni sus seguidores de la escuela austriaca pensaban que las sociedades pudieran alcanzar y mantener de forma «natural» un equilibrio en un nivel determinado. Sostenían que la economía se encuentra en un constante desequilibrio; cambia continuamente y quienes participan en ella están sumidos en la incertidumbre. Por consiguiente, un planificador central no puede limitarse a adoptar los precios que imperaban anteriormente bajo una economía de mercado. Si el planificador central depende de los precios de un sistema distinto, ¿cómo puede el socialismo sustituir a la economía de mercado?

El desafío de Von Mises dio lugar a varias respuestas. Algunos economistas afirmaron que el planificador central podría equilibrar oferta y demanda mediante un proceso de ensayo y error, similar al que Léon Walras (p. 120) propuso para hallar el equilibrio en una economía de mercado. Sin embargo, este enfoque matemático no se diferenciaba mucho del de Barone, y la escuela austriaca consideraba poco realista cualquier debate sobre el equilibrio matemático.

Algunos de los defensores de Von Mises, como Lionel Robbins o Friedrich Hayek (p. 177), añadieron que este tipo de cálculos eran poco prácticos. Además, el sistema socialista no podía replicar el proceso de asunción de riesgos en situaciones de incertidumbre que los emprendedores asumen en el sistema de mercado. En 1936, los economistas Oskar Lange y Abba Lerner propusieron un sistema de «socialismo de mercado» en el que las diversas empresas son propiedad del Estado y buscan maximizar sus beneficios con los precios fijados por aquel. Frente a esto, Hayek, el nuevo adalid de la escuela austriaca, afirmó que tan solo el libre mercado podía proporcionar los incentivos y la información necesarios.

El socialismo en acción

La Unión Soviética comenzó con una forma de socialismo de mercado que parecía funcionar bien, aunque existían problemas persistentes. Hubo intentos periódicos de reforma: los objetivos se desplazaron de la producción a las ventas, y se intentó dotar de más capacidad de decisión a las empresas estatales. Pero estas ocultaban a los planificadores centrales sus recursos, perseguían los objetivos por medio de atajos que no satisfacían las necesidades del cliente, y dejaban a un lado las tareas que quedaban fuera de sus planes. Los gastos eran enormes y la producción estaba muy por debajo de los objetivos. El colapso del sistema pareció confirmar las preocupaciones de la escuela austriaca sobre los incentivos y la información.

Von Mises era igualmente crítico ante cualquier forma de intervención de los gobiernos en la economía de mercado. Argumentaba que la intervención produce efectos secundarios perjudiciales que llevan a una mayor intervención, hasta que, de manera gradual, la sociedad se ve abocada a un socialismo total. En una economía de mercado, las empresas obtienen sus beneficios sirviendo a los consumidores, y en su opinión, y en la de la escuela austriaca, una actividad tan noble no debería sufrir ningún tipo de restricción. La escuela austriaca no acepta el concepto de fallo del mercado o, a lo sumo, lo entiende como un fracaso del gobierno. Opina que son los gobiernos, y no las empresas privadas, quienes dan lugar a los monopolios. Y las externalidades (los resultados que no se reflejan en los precios del mercado) como la contaminación, o son tenidas en cuenta por los consumidores o son resueltas por organizaciones voluntarias o por personas cuyos derechos de propiedad se ven afectados por la externalidad.

Para los economistas de la escuela austriaca, una de las peores formas de intervención gubernamental está relacionada con la moneda: cuando inflan la oferta de dinero (por ejemplo, imprimiendo más papel moneda) los tipos de interés bajan demasiado y se invierte mal. Al estallar una burbuja solo queda aceptar los fallos comerciales y su consiguiente depresión. Recomiendan abolir los bancos centrales y basar la moneda en un patrón real, como el oro. La escuela austriaca cree firmemente en el *laissez-faire*.

En el año 1900 había cinco escuelas de pensamiento económico dominantes: la marxista, la escuela historicista alemana (también crítica con el sistema de mercado) y tres versiones diferentes del enfoque del libre mercado, a saber, la escuela clásica inglesa (liderada por Alfred Marshall), la de Lausana (centrada en la ecuación matemática del equilibrio general) y la austriaca (liderada por Carl Menger, p. 335). Las escuelas inglesa y de Lausana vinieron a representar la corriente económica dominante, pero la austriaca optó por un camino más radical. Solo recientemente, tras la crisis financiera de 2008 y con la progresiva retirada del socialismo, ha empezado a ganar popularidad. ■

Una economía socialista se considera a sí misma como una vasta cadena de producción que ensambla todo lo que necesita la economía. En la Segunda Guerra Mundial, este estilo productivo funcionó con relativa eficiencia.

Ludwig von Mises

Líder de la escuela económica austriaca, Ludwig von Mises nació en 1881 en Lemberg (Austria-Hungría). Hijo de un ingeniero ferroviario, estudió en la Universidad de Viena, donde pudo asistir con regularidad a los seminarios del economista Eugen von Böhm-Bawerk. Entre 1909 y 1934 Von Mises trabajó en la Cámara de Comercio de Viena, ejerciendo como asesor económico para el gobierno austriaco. En el mismo periodo enseñaba teoría económica en la universidad, donde atrajo a un vasto número de seguidores, si bien nunca obtuvo una plaza de titular. En 1934, preocupado por la creciente influencia nazi en Austria, decidió trasladarse a la Universidad de Ginebra. En agosto de 1940, poco después de la invasión de Francia por las fuerzas alemanas, emigró a EE UU, donde enseñó teoría económica en la Universidad de Nueva York entre 1948 y 1967. Falleció en 1973.

Obras principales

1912 *La teoría del dinero y del crédito.*
1922 *El socialismo. Análisis económico y sociológico.*
1949 *La acción humana.*

EL CAPITALISMO DESTRUYE LO VIEJO Y CREA LO NUEVO

DESTRUCCION CREATIVA

EN CONTEXTO

ENFOQUE
Sistemas económicos

PENSADOR CLAVE
Joseph Schumpeter
(1883–1950)

ANTES
1867 Karl Marx sostiene que el capitalismo avanza mediante crisis, que repetidamente van destruyendo gran parte de las fuerzas productivas.

1913 Según el alemán Werner Sombart, la destrucción despeja el camino hasta la creación, del mismo modo que la escasez de madera llevó al uso del carbón.

DESPUÉS
1995 El estadounidense Clayton M. Christensen distingue entre la innovación disruptiva y la innovación de apoyo.

2001 Los estadounidenses Richard Foster y Sarah Kaplan creen que ni las corporaciones más excepcionales son capaces de vencer indefinidamente a los mercados.

Cuando una recesión se hace notar y el empleo desciende, se suele exigir a los gobiernos que intervengan para contrarrestar estos efectos. Pero el economista austriaco Joseph Schumpeter, en plena Gran Depresión de la década de 1930, manifestó su discrepancia respecto a este proceder, e insistió en que son las recesiones lo que permite avanzar al capitalismo, porque eliminan lo ineficiente y abren camino a un nuevo crecimiento, en un proceso que Karl Marx (p. 105) ya describió como «destrucción creativa».

Schumpeter creía que los emprendedores son la clave del progreso capitalista. Según Adam Smith (p. 61), los beneficios procedían de los rendimientos del capital y para Marx se obtenían mediante la explotación del trabajo, pero Schumpeter dijo que los beneficios surgen de la innovación, cuyo origen no está ni en el capital ni

Véase también: Economía de libre mercado 54–61 ▪ Auge y caída 78–79 ▪ Economía marxista 100–105 ▪ Saltos tecnológicos 313

en el trabajo. Veía en los emprendedores un tipo de individuos proactivos, distintos de las clases capitalista y obrera, que innovan y crean nuevos productos y formas de producción en situaciones de incertidumbre.

La respuesta creativa del emprendedor ante los cambios económicos le conduce a destacar sobre los propietarios de las empresas existentes, que solo saben aportar «respuestas adaptativas» para mitigar el cambio económico. Obligado a pedir créditos para llevar a cabo sus innovaciones, el emprendedor asume riesgos y debe vencer resistencias. Altera el sistema antiguo y crea nuevas oportunidades de beneficios. Para Schumpeter, a la hora de crear mercados nuevos, la innovación es mucho más eficaz que la «mano invisible» de Smith o la competencia propia del libre mercado.

Innovar

Schumpeter argüía que, aunque gracias a una innovación puede abrirse un nuevo mercado, pronto otros empiezan a imitar al innovador original y a mermar sus beneficios; y, con el tiempo, el mercado comienza a estancarse. Las recesiones son un medio clave para seguir abriendo camino y para eliminar la madera muerta, por doloroso que resulte el proceso.

El iPhone es una de las aportaciones de Steve Jobs, el visionario estadounidense que cambió toda una industria y obligó a la competencia a desarrollar productos que pudieran competir con él.

> Lo nuevo compite con lo antiguo [...] no en igualdad de condiciones, sino con una ventaja decisiva que puede significar el fin de lo antiguo.
> **Joseph Schumpeter**

Últimamente, el economista estadounidense Clayton M. Christensen, con otros estrategas empresariales, han distinguido dos tipos de innovación: la «de apoyo», que nutre un sistema existente y suele consistir en mejoras tecnológicas; y la «disruptiva», que supone un avance real, pues desequilibra y transforma el mercado mediante la innovación de producto. Así, aunque Apple no inventó la tecnología del reproductor digital de música, combinó un producto de diseño (el iPod) con un programa de descarga de música (iTunes), con lo que proporcionó una nueva manera de acceder a la música.

Según Marx, la destrucción creativa otorgaba al capitalismo una gran energía, pero a la vez generaba crisis explosivas que acabarían destruyéndolo. Schumpeter estaba de acuerdo, aunque opinaba que la destrucción sería consecuencia de su éxito, no de su fracaso. Veía los monopolios como un motor de innovación, condenados no obstante a crecer hasta llegar a ser enormes corporaciones cuya burocracia acabaría ahogando el espíritu emprendedor que les dio vida. ▪

Joseph Schumpeter

Joseph Schumpeter nació en 1883 en Moravia, que en aquel momento pertenecía al Imperio austrohúngaro. Su padre era un empresario alemán, pero murió cuando él tenía cuatro años, y su madre decidió trasladarse con el pequeño Schumpeter a Viena. Allí, volvió a contraer matrimonio con un aristócrata vienés, que contribuyó a lanzar la fulgurante carrera del joven economista que, además de impartir clases de economía en diversas universidades, llegó a ocupar el cargo de ministro de Finanzas en Austria y presidió el Banco Biedermann.

Tras la quiebra del banco en el año 1924, y ante el auge del nazismo en Austria y Alemania, Schumpeter decidió emigrar a EE UU. Trabajó como profesor en la Universidad de Harvard, donde formó a un importante grupo de fervientes seguidores. Falleció en 1950, a los 66 años de edad.

Obras principales

1911 *Teoría del desarrollo económico.*
1939 *Ciclos económicos.*
1942 *Capitalismo, socialismo y democracia.*
1954 *Historia del análisis económico.*

GUERRA Y DEPRE

1929–1945

SION

1929
Stalin anuncia la colectivización obligatoria de la agricultura en la Unión Soviética.

1929
El Crack de Wall Street (una brusca caída del valor de las acciones en la bolsa de EE UU) marca el inicio de la **Gran Depresión**.

1930
Se funda en EE UU la Econometric Society para estudiar los aspectos **matemáticos** y **estadísticos** de la economía.

1931
Friedrich Hayek rechaza la interferencia del Estado y afirma que esta desemboca en la represión.

1931
Se suspende el **patrón oro** (sistema monetario que ligaba el valor de la moneda de cada país al oro).

1932
Lionel Robbins formula su definición de la economía como **«la ciencia de los recursos escasos»**.

1933
John Maynard Keynes publica en *The New York Times* una carta abierta al presidente Roosevelt en la que recomienda el gasto público para incentivar la economía.

1933
Ragnar Frisch distingue entre **macroeconomía** y **microeconomía**.

Tras la Primera Guerra Mundial, varios acontecimientos en Europa y EE UU pusieron a prueba la confianza en el pensamiento económico tradicional. Los conflictos sociales y políticos desembocaron en una revolución comunista en Rusia, y la hiperinflación provocó el colapso de la economía alemana.

En la década de 1920, EE UU gozó de tal prosperidad que en 1928 el presidente Herbert Hoover afirmó: «En EE UU estamos más cerca del triunfo final sobre la pobreza de lo que jamás se ha estado en la historia de país alguno». Un año después tuvo lugar el Crack de Wall Street: el valor de las acciones se desplomó y miles de empresas cerraron. En 1932 había más de 13 millones de estadounidenses sin trabajo. EE UU reclamó los enormes préstamos hechos previamente a Europa, y los bancos europeos se vinieron abajo. Durante gran parte de la década, muchos países de todo el mundo sufrieron una depresión grave, y fue en esta época cuando el economista británico Lionel Robbins formuló su famosa definición de la economía como «la ciencia de los recursos escasos».

Un nuevo enfoque

La confianza en la capacidad del libre mercado para aportar estabilidad y crecimiento se vio sacudida, y los economistas buscaron nuevas estrategias para tratar los males económicos, sobre todo el desempleo. Algunos comenzaron a estudiar los problemas institucionales de las economías capitalistas desarrolladas. Los estadounidenses Adolf Berle y Gardiner Means, por ejemplo, mostraron cómo los gestores dirigían las empresas en beneficio propio en lugar del de la empresa. La necesidad más acuciante era hallar un medio para estimular la economía, lo cual requería un enfoque totalmente nuevo. La solución la aportó el británico John Maynard Keynes (p. 161), quien comprendió las limitaciones de un mercado totalmente libre y a salvo de toda intervención. Allí donde las generaciones anteriores habían confiado en los mecanismos del propio mercado para corregir las deficiencias del sistema, Keynes recomendó la intervención estatal, y en particular el gasto público, para estimular la demanda y sacar a las economías de la depresión.

Aunque al principio sus ideas se recibieron con escepticismo, fueron logrando apoyos. Su modelo concebía la economía como una máquina que podían regular los gobiernos por medio del ajuste de variables como la oferta de dinero y el gasto público.

1933
El presidente de EE UU, Roosevelt, presenta el **New Deal**, una serie de políticas de intervención estatal para fortalecer la economía.

1936
Keynes publica la *Teoría general*, que plantea su enfoque de la macroeconomía y el **papel vital del Estado** en la economía.

1937
John Hicks describe el **modelo IS-LM**, modelo matemático del efecto multiplicador keynesiano.

1939
Estalla la **Segunda Guerra Mundial** en Europa.

Década de 1940
Simon Kuznets identifica los **ciclos económicos** y pone los cimientos de la economía del desarrollo.

1944
Karl Polanyi desafía el pensamiento económico tradicional con una **perspectiva cultural** de la economía.

1944
Se firman los acuerdos de **Bretton Woods**, que regulan las relaciones financieras de los grandes estados industriales.

1945
Termina la Segunda Guerra Mundial y se inicia una fase de **reconstrucción económica**.

En 1933, las ideas de Keynes fueron la base en que se apoyó el presidente de EE UU Franklin D. Roosevelt para estimular la economía por medio del llamado New Deal. El dinero público se destinó a grandes proyectos de infraestructura, y todos los bancos quedaron bajo control federal. El New Deal fue la base de la política económica en EE UU y Europa tras la Segunda Guerra Mundial.

El economista noruego Ragnar Frisch (p. 336) señaló los dos modos en que se puede estudiar una economía: en parte (microeconomía) o como un sistema total (macroeconomía). El nuevo campo de la econometría (el análisis matemático de los datos económicos) surgió como una herramienta útil para la planificación y las predicciones económicas. La macroeconomía moderna se inspiró en Keynes; pero, pese a la solución que este propuso para la depresión de la década de 1930, muchos economistas seguían considerando la intervención estatal como algo poco saludable para el mercado. Para algunos estadounidenses era ajena a su modo de vida, mientras que en Europa se asimilaba al socialismo. El propio Keynes la consideraba parte de la tradición liberal británica, en la que la cruda realidad de la economía es atemperada por consideraciones de índole social.

Diferencias globales

La economía desarrolló ciertos rasgos nacionales, con distintas escuelas de pensamiento inspiradas en diferentes tradiciones culturales. En Austria surgió una escuela radical que proponía un mercado totalmente libre, basándose en gran parte en la obra de Friedrich Hayek (p. 177). Desde una postura anticomunista y procapitalista, argumentaba que la libertad y la democracia en Occidente estaban ligadas a sus economías de libre mercado, mientras que la tiranía de los regímenes comunistas, con economías planificadas y centralizadas, anulaba dicha libertad. Otros llevaron esta postura más allá, argumentando que unos mercados competitivos son esenciales para el crecimiento, como demostraba el nivel de vida superior de los países capitalistas occidentales.

La emigración de muchos pensadores alemanes y austriacos a Gran Bretaña y EE UU en la década de 1930 difundió estas ideas, y más adelante, a medida que se debilitaba la confianza en la economía keynesiana, una nueva generación de economistas reintrodujo la idea de que los mercados deben permanecer libres. ■

EL DESEMPLEO NO ES UNA OPCION

DEPRESION Y DESEMPLEO

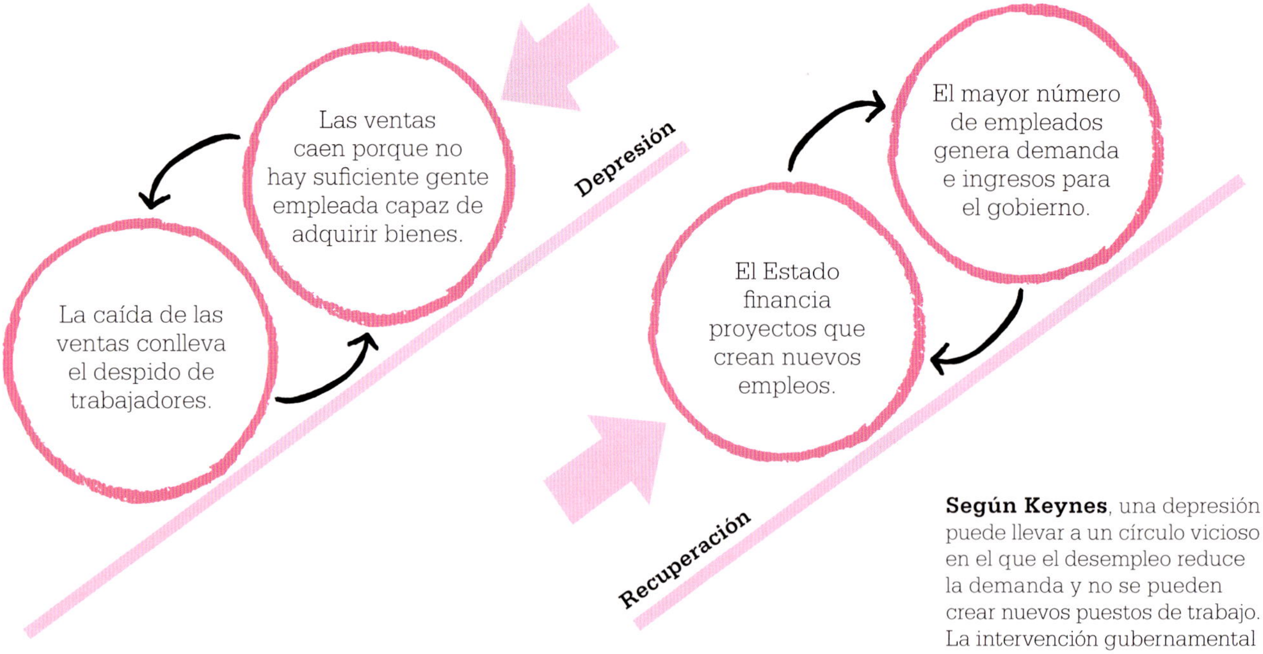

Según Keynes, una depresión puede llevar a un círculo vicioso en el que el desempleo reduce la demanda y no se pueden crear nuevos puestos de trabajo. La intervención gubernamental genera un círculo virtuoso al estimular la demanda.

la empresa o enfrentarse a los empleados para reducir sus ganancias por unidad producida. Solo la última de estas opciones, según Keynes, podía restaurar un equilibrio real a nivel nacional.

Sin embargo, después del desplome de la bolsa en EE UU en 1929 y de la Gran Depresión que barrió el mundo a continuación, Keynes cambió de postura. El colapso financiero había atrapado a las economías del mundo en un ciclo de caída de la producción (que en EE UU llegó al 40%). En 1931, los ingresos nacionales de EE UU habían caído desde un nivel de 87.000 millones de dólares antes de la crisis hasta 42.000 millones; en 1933, 14 millones de estadounidenses estaban sin trabajo: sus figuras poblaban el paisaje, y la rápida caída del nivel de vida resulta evidente en las imágenes de pobreza y desesperación de la época. Aquella debacle inspiró a Keynes la *Teoría general*.

La Gran Depresión

Keynes tomó el mundo de la Gran Depresión como punto de partida. Los mecanismos comunes del mercado parecían incapaces de crear la presión necesaria para corregir el problema del elevado y persistente desempleo involuntario. En general, el número de las personas empleadas lo determina el nivel de los salarios reales, relativo a los precios de los bienes y servicios ofertados. En tiempos de recesión, los precios de los bienes tienden a caer más deprisa que los niveles salariales, pues la demanda de los bienes se reduce y, en consecuencia, su precio cae, mientras que los trabajadores se resisten a que reduzcan sus salarios. Esto provoca que los salarios reales aumenten. Entonces, dado el alto nivel de los salarios reales, crece el número de los individuos dispuestos a trabajar, pero el número de trabajadores demandado por las empresas disminuye, puesto que son más caros. El resultado es el desempleo.

> “La dificultad no reside en las nuevas ideas, sino en la huida de las antiguas.
> **John Maynard Keynes**”

Salarios rígidos

Una manera de eliminar el desempleo sería que los trabajadores excedentes (aquellos que no trabajan) presionaran para hacer caer los salarios, mostrándose dispuestos a trabajar por salarios inferiores. Los

Hombres en busca de empleo en una agencia de Chicago, fotografía tomada en 1931. Solo dos años más tarde, en 1933, más de 10 millones de estadounidenses habían perdido su empleo. El gobierno respondió a dicho problema con las medidas del New Deal.

economistas clásicos creían que los mercados eran lo bastante flexibles para ajustar y reducir los salarios reales, pero Keynes sugirió que los salarios podían ser «rígidos» (p. 303) y no ajustarse: entonces el desempleo involuntario persistiría. Keynes argumentó que los trabajadores no podían variar su precio aceptando salarios menores, y señaló que después de un colapso de la demanda como el de la Gran Depresión, las empresas podían estar teóricamente dispuestas a emplear a más trabajadores con unos salarios reales menores, pero que de hecho no podían hacerlo, debido a que la demanda de producción está constreñida por la falta de demanda de la economía en su conjunto para los bienes que producen. Los trabajadores quieren aportar más y las empresas producir más, pues de otro modo tanto las fábricas como las máquinas están infrautilizadas. En consecuencia, la falta de demanda atrapa a trabajadores y empresas en un círculo vicioso de desempleo y subproducción.

El papel del gobierno

Keynes vio que la solución al problema del desempleo involuntario estaba más allá del control de las empresas y los trabajadores, y que residía en que los gobiernos gastaran más en la economía, para que así la demanda general de productos creciese. Ello animaría a las empresas a contratar más trabajadores a medida que aumentaban los precios, los salarios reales caerían y la economía volvería al pleno empleo. Para Keynes, no importaba de qué modo el Estado gastara más. En sus palabras, «el Tesoro podía llenar botellas viejas de billetes y enterrarlas [...] y dejar en manos de la iniciativa privada, guiada por los principios contrastados del *laissez-faire*, el desenterrarlas». Con tal de que el gobierno inyectara demanda en la economía, el sistema en su conjunto se recuperaría.

Salarios reales

La *Teoría general* no es fácil de comprender –el propio Keynes la encontraba «compleja, mal organizada, y a veces oscura»– y hoy se sigue debatiendo qué quiso decir exactamente, en particular en relación con la diferencia entre desempleo involuntario y voluntario. Una de las explicaciones de que el desempleo elevado sea involuntario se basa en la idea de que la demanda de trabajo de una empresa la determina el salario real que la empresa debe pagar. Los trabajadores y las empresas únicamente pueden negociar el salario para tal trabajo o tal industria, y no tienen control sobre el nivel de precios de la economía en general. De hecho, los salarios más bajos reducirán por lo general los costes de producción »

He aquí la tasa de desempleo en varios países entre 1919 y 1939. Aunque en la década de 1920 la mayoría de las economías se recuperaron, en la década siguiente sufrieron un aumento brutal del desempleo con la Gran Depresión.

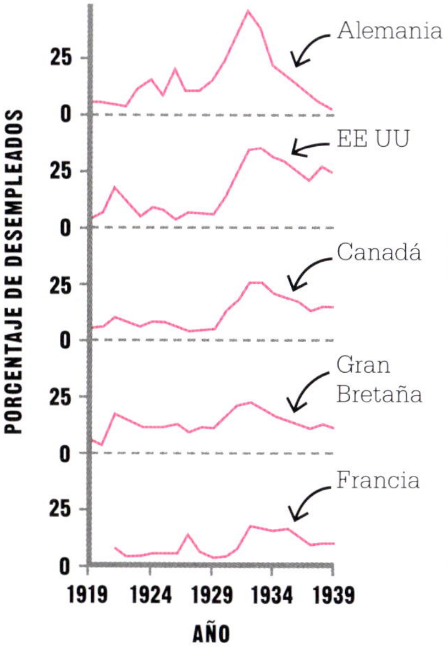

y por lo tanto también el precio de los bienes; en consecuencia el salario real no caerá lo suficiente para eliminar el desempleo. Así pues, el desempleo es involuntario porque no hay nada que los trabajadores puedan hacer al respecto.

Es común la opinión de que los sindicatos, por medio de la acción concertada, son capaces de resistirse al ajuste de los salarios hasta el nivel requerido para el pleno empleo, de tal modo que se impide a los desempleados acceder al trabajo. Keynes situaba esta clase de desempleo en la categoría voluntaria, argumentando que en tal caso los trabajadores en su conjunto han acordado abierta o tácitamente no trabajar por un salario menor del que perciben. El razonamiento de Keynes difiere del de los economistas posteriores, que está dominado por modelos matemáticos. Una gran parte de la macroeconomía de posguerra consistió precisamente en aclarar la aportación de Keynes y enmarcarla en modelos más formales y ecuaciones. El británico John Hicks (p. 165) formuló las ideas keynesianas en términos de un modelo financiero conocido como IS-LM. Tras la guerra, este fue el modelo macroeconómico estándar, y sigue siendo una de las primeras lecciones que aprenden los alumnos de economía.

Nuevas interpretaciones

Las perspectivas actuales sobre la obra de Keynes apuntan a que lo que más interesa a los trabajadores es su salario comparado con el de otros trabajadores. Los trabajadores tienen una noción de su puesto en una teórica «liga» de salarios, y por ello se opondrían ferozmente a cualquier reducción que les hiciera descender. Interesa señalar que un incremento general de los precios debido a la inflación, que conllevaría una reducción de los salarios reales, topa con menos resistencia porque afecta a todos los trabajadores por igual.

Las teorías económicas conocidas como modelos de salarios de eficiencia (p. 302) se preguntan por qué las empresas no reducen los salarios con el objetivo de incrementar los beneficios, y la respuesta es que una reducción salarial podría desmotivar a los trabajadores, que se verían relegados en la «liga». El efecto neto de dicha reducción de los salarios sería de hecho una reducción de los beneficios, pues la ventaja de unos salarios menores quedaría más que anulada por una menor productividad debida a la baja moral o al abandono de los trabajadores cualificados. De esta

> Si regularizando la demanda nacional prevenimos [...] la ociosidad involuntaria de los desempleados, contribuimos realmente al producto nacional.
> **Sidney Webb**
> **Beatrice Webb**

El presidente de EE UU Franklin D. Roosevelt invirtió en grandes proyectos de infraestructura como la presa Hoover del río Colorado. Sin embargo, su gobierno no aplicó políticas keynesianas.

Un contable que conduce un taxi, ¿es un taxista empleado o un contable en paro? Los keynesianos dirían que es un desempleado involuntario; los nuevos economistas clásicos, que tiene trabajo.

> Cuanto antes nos libremos del desempleo involuntario, mejor.
> **Robert Lucas**

manera, los trabajadores no pueden ajustar su precio para obtener empleo. Existen modelos neokeynesianos relacionados que ofrecen otras explicaciones para la rigidez salarial (p. 303).

Resurgimiento clásico

El keynesianismo fue perdiendo crédito durante la década de 1970 al hilo de los problemas de las economías europeas. Las ideas clásicas acerca del desempleo revivieron en la llamada «nueva economía clásica», que volvió a negar la posibilidad del desempleo involuntario persistente. El estadounidense Robert Lucas (n. en 1937) fue uno de los lí-deres del ataque al keynesianismo. Cuando le preguntaron cómo llamaría a un contable que conduce un taxi porque no puede trabajar como contable, Lucas respondió: «Lo llamaría taxista, si lo que hace es conducir un taxi». Para los clasicistas modernos, el mercado siempre se compensa y los trabajadores siempre tienen la opción de trabajar o no.

Los teóricos de la eficiencia coinciden a la hora de defender que todos los trabajadores que busquen empleo durante una recesión podrán encontrarlo, aunque también sostienen que algunos –como aquel contable– estarán infrautilizados y, por lo tanto, no maximizarán su valor para la economía. Como taxista, el hombre del ejemplo sigue siendo un contable involuntariamente desempleado; cuando la demanda recupere un nivel normal, volverá a su ocupación más productiva y eficiente, la contabilidad. Así pues, hay diferencias fundamentales en las ideas sobre la capacidad de ajuste de los mercados entre los economistas keynesianos y los clásicos.

Realidad clásica

John Maynard Keynes seguramente habría estado de acuerdo con el premio Nobel estadounidense Joseph Stiglitz (p. 338), quien afirmó que durante la Gran Depresión la cuarta parte de los desempleados de Chicago se podría decir que escogieron permanecer sin empleo, ya que podrían haber emigrado a California para recoger fruta como tantos millones de desempleados hicieron. Sin embargo, Stiglitz añadía que aquello representaba un gigantesco fracaso del mercado, y que si la teoría clásica sostiene que no puede hacerse otra cosa que compadecer a los desempleados por su mala suerte, es mejor prescindir de dicha teoría. ■

John Maynard Keynes

Nacido en 1883, el año en que murió Karl Marx, John Maynard Keynes fue para la clase obrera un salvador insospechado. De padres académicos, fue criado en Cambridge y vivió una vida privilegiada. Obtuvo una beca para estudiar matemáticas en la Universidad de Cambridge, y posteriormente trabajó para el gobierno británico en India, a raíz de lo cual publicó su primer libro: *Indian Currency and Finance*.

Keynes fue consejero en la Conferencia de Paz de París tras la Primera Guerra Mundial y en la de Bretton Woods tras la Segunda. Siempre se dedicó a varias actividades al mismo tiempo (mientras escribía la *Teoría general*, construyó un teatro), y entre sus amistades figuraban escritores y artistas destacados. Keynes ganó una fortuna en la bolsa, y empleó buena parte de ella en apoyar a sus amigos artistas. Murió a causa de un problema cardiaco en el año 1946.

Obras principales

1919 *Las consecuencias económicas de la paz.*
1930 *Tratado sobre el dinero.*
1936 *Teoría general de la ocupación, el interés y el dinero.*

ALGUNOS AMAN EL RIESGO, OTROS LO EVITAN

RIESGO E INCERTIDUMBRE

EN CONTEXTO

ENFOQUE
Toma de decisiones

PENSADOR CLAVE
Frank Knight (1885–1972)

ANTES
1738 Daniel Bernoulli, matemático holandés-suizo, formula su teoría de la aversión al riesgo y la utilidad.

DESPUÉS
1953 El francés Maurice Allais descubre una paradoja en la toma de decisiones que contradice la teoría de la utilidad esperada.

1962 El estadounidense Daniel Ellsberg demuestra cómo, en condiciones de incertidumbre, las decisiones tomadas no se basan solo en la probabilidad.

1979 Daniel Kahneman y Amos Tversky, psicólogos israelíes, cuestionan la racionalidad de las decisiones económicas en su teoría de las perspectivas, basada en experimentos en la vida real.

Las inversiones de menor riesgo tienden a producir **beneficios menores**.

Las inversiones de mayor riesgo tienden a producir **beneficios mayores**.

Los inversores reacios al riesgo están dispuestos a aceptar beneficios menores a cambio de que estén garantizados.

Los inversores amantes del riesgo están dispuestos a aceptar un riesgo mayor a cambio de beneficios mayores.

Algunos aman el riesgo, otros lo evitan.

En una economía de mercado, existe un elemento de riesgo en cualquier negocio o inversión. Antes de decidirse por una estrategia, el empresario debe sopesar los posibles resultados y considerar sus beneficios potenciales con sus probabilidades; es decir, debe calcular la «utilidad esperada». Si hay una alternativa segura, esta suele preferirse a otra más arriesgada, a no ser que esta sea considerablemente más atractiva. Cuanto mayor sea el riesgo, mayor tiene que ser el beneficio para atraer a los inversores.

El parecido de este análisis con el cálculo de probabilidades en los juegos de azar es evidente, y los primeros estudios del riesgo son obra de matemáticos del siglo XVIII que se

Véase también: El hombre económico 52–53 ▪ Toma de decisiones irracional 194–195 ▪ Paradojas en la toma de decisiones 248–249 ▪ Ingeniería financiera 262–265 ▪ Economía del comportamiento 266–269

> El beneficio surge de la inherente y absoluta impredecibilidad de las cosas.
> **Frank Knight**

ocuparon de tal cálculo. En la década de 1920, el estadounidense Frank Knight fue uno de los primeros economistas que analizaron la relación entre riesgo y beneficio en una economía de libre mercado, e hizo una distinción entre riesgo e incertidumbre. El riesgo, según su definición, se da cuando no se conoce el resultado de una estrategia, pero es posible determinar la probabilidad de diversos resultados. Esto permite estimar matemáticamente el nivel de riesgo, frente al que cabe asegurarse. Además, la utilidad esperada puede compararse de forma realista con las alternativas.

Para Knight, la «incertidumbre» describe una situación en la que la probabilidad de los resultados se desconoce, por lo que estos no se pueden comparar en términos de utilidad esperada. Así pues, el riesgo no puede medirse matemáticamente. Knight argumenta que cuando las empresas están dispuestas a asumir esta incertidumbre no asegurable y su estrategia tiene éxito, ello produce beneficios, incluso cuando la economía se halla en un estado de equilibrio a largo plazo.

Tanto inversores como empresarios operan con frecuencia bajo condiciones de riesgo e incertidumbre, teniendo en cuenta los grandes beneficios potenciales. En ocasiones, el lema «el que arriesga gana» se lleva al extremo, como en el caso de aquellos corredores de bonos y banqueros que han sido primera plana en la prensa por haber perdido o ganado verdaderas fortunas. La mayoría de las personas, los individuos de a pie que colocan los ahorros de toda su vida en una cuenta de ahorro a un interés fijo, prefieren la seguridad, y renuncian a los beneficios a cambio de una inversión libre de riesgo. Hay todo un espectro de actitudes respecto al riesgo, desde la de sus amantes hasta la de los que sienten aversión a él, igual que hay una gran gama de niveles de riesgo; así, el atractivo de enormes beneficios puede llegar a tentar a los que temen asumir cualquier riesgo.

Niveles de riesgo

El riesgo se aplica a cualquier actividad económica, desde la inversión en acciones hasta los préstamos no garantizados y la venta de bienes en un mercado nuevo. Nuestras decisiones económicas personales –trabajar por cuenta ajena o montar un negocio propio, o el modo en que invertimos nuestros ahorros– se enmarcan también en un contexto de riesgo. Los mercados de seguros existen por nuestra aversión al riesgo. Las aseguradoras y los actuarios, las agencias de solvencia crediticia y la investigación de mercados pueden ayudarnos a estimar el nivel de riesgo, pero siempre habrá algún grado de incertidumbre insondable. ▪

Negociantes de un mercado de futuros de Brasil apuestan sobre los movimientos futuros de los precios de los bienes. Cualquier cambio puede provocar beneficios o pérdidas enormes.

Frank Knight

Knight, uno de los economistas más destacados de su generación, nació en Illinois (EE UU) en 1885. Aunque ingresó en la Universidad de Cornell para estudiar filosofía, al cabo de un año se cambió a economía. Su tesis doctoral fue la base de su obra más conocida, *Risk, Uncertainty and Profit*.

Fue el primer catedrático de Economía de la Universidad de Iowa, pero en 1927 se trasladó a la de Chicago, donde permaneció el resto de su vida y se convirtió en uno de los primeros miembros de la escuela de Chicago. Entre sus alumnos figuran premios Nobel como Milton Friedman, James Buchanan y George Stigler, quien dijo de Knight que tenía «una curiosidad intelectual incesante».

Obras principales

1921 *Risk, Uncertainty and Profit.*
1935 *The Ethics of Competition.*
1947 *Freedom and Reform: Essays in Economics and Social Philosophy.*

EL GASTO GUBERNAMENTAL ESTIMULA LA ECONOMIA MAS QUE LO GASTADO

EL MULTIPLICADOR KEYNESIANO

EN CONTEXTO

ENFOQUE
Macroeconomía

PENSADOR CLAVE
John Maynard Keynes
(1883–1946)

ANTES
1931 El economista británico Richard Kahn plantea una teoría que permite explicar el efecto multiplicador del gasto gubernamental propuesto por John Maynard Keynes.

DESPUÉS
1971 El economista polaco Michal Kalecki desarrolla la noción del multiplicador.

1974 El estadounidense Robert Barro recupera la idea de la «equivalencia ricardiana» (que las personas alteran su comportamiento con el fin de ajustarse a los cambios de presupuesto del gobierno), que implica la negación del efecto multiplicador del gasto gubernamental.

Véase también: Flujo circular de la economía 40–45 ▪ Saturación del mercado 74–75 ▪ Préstamo y deuda 76–77 ▪ Depresión y desempleo 154–161

La macroeconomía trata de explicar el funcionamiento de las economías en su conjunto. En el año 1758, el francés François Quesnay (p. 45) demostró cómo una gran parte del gasto realizado por aquellos que se hallan en la cima de la pirámide económica –los terratenientes– se multiplicaba en la medida en que otros recibían dinero de ellos y lo volvían a gastar.

En el siglo XX, el británico John M. Keynes estudió por qué los precios y el trabajo no recuperan el equilibrio o los niveles naturales durante las depresiones. La economía clásica –la escuela de pensamiento económico predominante del siglo XVIII al XX– sostiene que esto debe ocurrir de forma natural gracias a los mecanismos del libre mercado. Keynes concluyó que la forma más rápida de ayudar a una economía a recuperarse era estimular la demanda a través del gasto gubernamental a corto plazo.

Una idea clave aquí era la del efecto multiplicador, tratada por Keynes y otros, sobre todo Richard Kahn, y luego desarrollada matemáticamente por John Hicks. Según esta, si un gobierno invierte en grandes proyectos (como la construcción de carreteras) durante una recesión, el empleo aumentará por encima del número de trabajadores empleados de forma directa, y los ingresos nacionales se verán estimulados por encima de lo gastado por el gobierno.

Esto se debe a que los empleados de los proyectos gubernamentales gastarán parte de sus ingresos en bienes producidos por otros que les rodean, y este gasto generará más empleo. Estos nuevos trabajadores harán lo mismo y el proceso continuará, pero el efecto disminuirá en cada ronda de gasto, pues cada vez una parte se ahorrará o se gastará en bienes del extranjero. Según una estimación estándar, cada libra de gasto gubernamental podría crear unos ingresos de 1,4 libras por medio de estos efectos secundarios.

Las grandes infraestructuras, como la presa de las Tres Gargantas de China, crean miles de empleos. Los salarios de los trabajadores revierten en la economía y generan una segunda ronda de gasto.

En 1936, el economista británico John Hicks creó un modelo matemático basado en el multiplicador keynesiano, llamado modelo IS-LM (*Investment, Savings, the demand for Liquidity, and the Money supply*; es decir: inversión, ahorro, demanda de dinero y oferta de dinero). Este modelo servía para predecir cómo afectarían al empleo los cambios en el gasto gubernamental o los impuestos, según el efecto multiplicador, y durante la posguerra fue la herramienta por excelencia para explicar el funcionamiento de la economía.

Algunos economistas han criticado el principio del efecto multiplicador keynesiano afirmando que los gobiernos financiarían el gasto con impuestos o deuda; los impuestos retirarían dinero de la economía logrando lo contrario de lo que se pretende, mientras que la deuda causaría inflación, afectando al poder adquisitivo de los salarios. ■

John Hicks

Hijo de un periodista, John Hicks nació en Warwick (Inglaterra) en 1904. Se educó en una escuela privada y se graduó en filosofía, política y economía en la Universidad de Oxford. En 1923 se inició en la docencia en la London School of Economics junto con Friedrich Hayek y Ursula Webb, eminente economista con la que contrajo matrimonio en el año 1935. Hicks enseñó después en las universidades de Cambridge, Manchester y Oxford. El humanitarismo animó todo su trabajo, y tras la Segunda Guerra Mundial decidió viajar extensamente con su esposa como asesor financiero para muchos de los países recién independizados. Hicks fue nombrado caballero en 1964, y fue galardonado con el Nobel de economía en 1972. Murió en 1989.

Obras principales

1937 *Mr. Keynes and the Classics.*
1939 *Value and Capital.*
1965 *Capital y crecimiento.*

> Además del empleo primario creado por el gasto inicial en obras públicas, habría empleo indirecto añadido.
> **Don Patinkin**
> **Economista estadounidense**
> **(1922–1995)**

LAS ECONOMIAS ESTAN INMERSAS EN LA CULTURA

ECONOMIA Y TRADICION

EN CONTEXTO

ENFOQUE
Economía y sociedad

PENSADOR CLAVE
Karl Polanyi (1886–1964)

ANTES
1776 Adam Smith afirma en *La riqueza de las naciones* la tendencia natural al trueque y el comercio por el beneficio.

1915 El antropólogo Bronislaw Malinowski analiza el sistema *kula* de las islas Trobriand.

1923 Marcel Mauss, sociólogo francés, publica *Ensayo sobre el don*, acerca del intercambio en las sociedades arcaicas.

DESPUÉS
1977 El estadounidense Douglass North afirma que la conducta de los trobriandeses es explicable por la economía.

Década de 1990 El israelí Avner Offer muestra cómo el comportamiento no económico tiene un papel importante en las economías modernas.

Los economistas opinan que el ser humano es racional, en tanto que hará aquello que prometa el mayor beneficio económico, ya se trate de elegir un coche o un presidente. El economista de origen austriaco Karl Polanyi le dio la vuelta a este argumento al decir que lo importante de las personas es que son seres sociales inmersos en una «sopa» de cultura y tradición. Es esta sopa la que alimenta la vida económica, afirmó, y no el ansia de beneficio de individuos calculadores.

Economía isleña

En *La gran transformación* (1944), Polanyi escribió acerca de las islas Trobriand, próximas a Papúa Nueva Guinea, cuya economía tribal se basaba en comportamientos no económicos. Allí el comercio, aún hoy, se

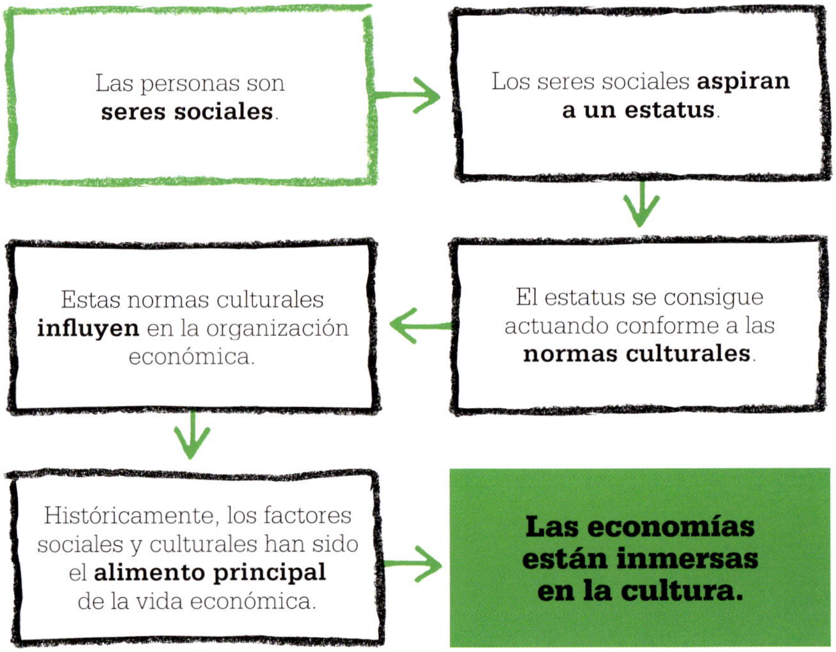

Véase también: El hombre económico 52–53 ▪ Religión y economía 138–139 ▪ Instituciones en la economía 206–207 ▪ Capital social 280

El sistema económico es, de hecho, una mera función de la organización social.
Karl Polanyi

da en forma de regalo, no de regateo. Los isleños emprenden peligrosos viajes de visita a tribus vecinas para regalarles collares de conchas rojas y brazaletes blancos, en una práctica regulada por costumbres y ritos mágicos llamados *kula*. Los regalos no se conservan, sino que se pasan a otros. Al manifestar generosidad, los isleños reafirman su categoría social; así, es el estatus, y no el beneficio, el motor del comercio.

Obviamente, las economías tribales son distintas de las de los países industrializados. Polanyi argumentó que, a medida que las naciones europeas se desarrollaron, la costumbre y la tradición fueron suplantadas por el anonimato del mercado. Con todo, la «sopa» de la cultura y los lazos sociales sigue manteniendo a las economías avanzadas.

El historiador israelí Avner Offer (n. en 1944) documentó el papel de las reglas ajenas al mercado en la vida económica moderna, entre ellas las de los regalos y favores. Al igual que los isleños, las sociedades modernas redistribuyen la riqueza, o de lo contrario no sería posible construir carreteras ni reclutar ejércitos. Actividades económicas domésticas como la cocina, la limpieza y el cuidado de los niños –tanto en las economías tradicionales como en las modernas– se realizan por su utilidad, más que por el beneficio. Offer estimaba que en Gran Bretaña, a finales del siglo XX, este tipo de producción representaba el 30% del producto nacional.

Economías individualistas

Polanyi pensó que las diversas economías proceden de los rasgos «sustantivos» de las sociedades, es decir, de su historia y peculiaridades culturales. Para el purista económico esto es irrelevante y oculta lo que realmente impulsa la economía: las señales que los precios envían a los individuos racionales, en los que el ansia de beneficio prevalece sobre la religión o la cultura incluso en las comunidades más tradicionales. El dilema solo puede resolverse si es posible reducir las normas sociales que gobiernan sociedades enteras a los actos de individuos movidos por el interés propio, lo cual rechazaba Polanyi, para quien los mercados modernos y las estructuras sociales están en conflicto, y allí donde los mercados se expanden se producen convulsiones sociales. ▪

Los trobriandeses siguen extrañas costumbres de intercambio de regalos. Los collares de conchas rojas circulan por las islas en el sentido de las agujas del reloj, y los brazaletes blancos, a la inversa.

Karl Polanyi

Nacido en Viena en 1886 y de padres judíos, Polanyi se crió en Budapest (Hungría), donde cursó estudios de derecho y filosofía. Mientras estudiaba se relacionó con pensadores radicales como el filósofo marxista Georg Lukács y el sociólogo Karl Mannheim. Durante la Primera Guerra Mundial sirvió en el ejército austro-húngaro, y después trabajó como periodista en Viena. Contrajo matrimonio con una joven revolucionaria, Ilona Duczynska, y en 1933 ambos huyeron a Gran Bretaña para escapar del nazismo.

En Londres trabajó como periodista y enseñó a obreros cuyas duras condiciones de vida le dejaron huella. Desde 1940 hasta su jubilación fue profesor en EE UU, pero se vio obligado a vivir en Canadá y trasladarse, debido a que la participación de su esposa en la revolución húngara le impedía residir en el país. Murió en 1964.

Obras principales

1944 *La gran transformación.*
1957 *Trade and Markets in the Early Empires* (con C. Arnsberg y H. Pearson).
1966 *Dahomey and the Slave Trade* (con A. Rotstein).

LOS GERENTES BUSCAN SU PROPIO BENEFICIO, NO EL DE LA EMPRESA

GOBIERNO CORPORATIVO

EN CONTEXTO

ENFOQUE
Mercado y empresa

PENSADORES CLAVE
Adolf Berle (1895–1971)
Gardiner Means (1896–1988)

ANTES
1602 La Compañía Neerlandesa de las Indias Orientales es la primera sociedad anónima que emite acciones y comercia en la bolsa de Amsterdam.

1929 El Dow Jones pierde el 50% de su valor en un solo día, el «jueves negro», y se inicia la Gran Depresión.

DESPUÉS
1983 Eugene Fama y Michael Jensen publican en EE UU *The Separation of Ownership and Control*, que presenta la empresa como una serie de contratos.

2002 El acta Sarbanes-Oxley, mucho más restrictiva con los consejos de administración, se convierte en ley en EE UU.

Históricamente, se tiende a considerar que el principio básico de una economía de libre mercado es que los gerentes dirigen las empresas en pro del interés de los accionistas. Sin embargo, según los economistas estadounidenses Adolf Berle y Gardiner Means, esta perspectiva resulta totalmente errónea. Su libro *The Modern Corporation and Private Property*, de 1932, explicaba cómo el poder había pasado a manos de los gerentes de las empresas en detrimento de sus propietarios.

El fracaso del gobierno corporativo fue muy debatido en 2008; para muchos, las ganancias de los altos ejecutivos eran desproporcionadas considerando la caída del valor de las acciones.

Berle y Means afirmaban que el dominio de estos había comenzado durante la época de la revolución industrial, gracias al surgimiento del sistema fabril. Un número cada vez mayor de trabajadores se reunía bajo un mismo techo, donde proporcionaban su trabajo a los gerentes a cambio de un salario. Las grandes empresas modernas reúnen la riqueza de innumerables individuos, los accionistas; estos entregan el control a un pequeño grupo de gerentes a cambio de dividendos: el resultado es el dominio de unos poderosos gerentes que no responden ante nadie.

Accionistas apáticos

Berle y Means describieron a los accionistas modernos como dueños pasivos que delegan su riqueza, su responsabilidad y su poder en el gobierno de la empresa y ya no toman decisiones acerca del cuidado de sus inversiones. La apatía de los pequeños accionistas resulta en que se limitan a mantener el statu quo o dejan de ejercer su derecho al voto. La situación les supera en cualquier caso; si realmente quisieran cambiar las cosas, necesitarían una proporción mayor de acciones o movilizar a un número suficiente

Véase también: Sociedades anónimas 38 ▪ Economía de libre mercado 54–61 ▪ El mercado competitivo 126–129 ▪ Instituciones en la economía 206–207

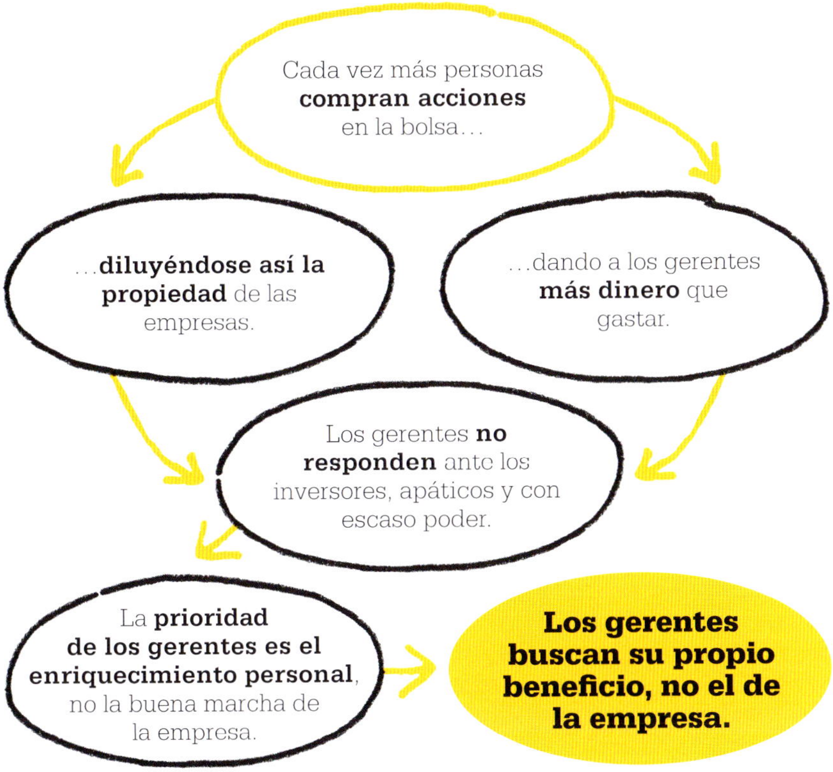

de accionistas para poder forzar un cambio. El hecho es que los dueños de las empresas tienen una influencia cada vez menor en su gestión. Esto no es un problema cuando los intereses de los gerentes coinciden con los de los accionistas, pero si suponemos que los gerentes buscan su propio beneficio, sus intereses serán muy distintos de los de los dueños.

Ambos economistas proponían un cambio legal que permitiera devolver el poder a los accionistas, e insistían en que estos debían tener derecho a contratar y despedir a los gerentes y a celebrar asambleas generales regulares. En la misma época en que se publicó su libro, la ley corporativa estadounidense no incluía tales medidas, y Berle y Means fueron determinantes en la fundación del sistema legal corporativo actual.

Fracaso corporativo

En la actualidad, la quiebra del gobierno corporativo se encuentra en el núcleo del descontento popular con el capitalismo. Los contribuyentes han llegado a ser accionistas mayoritarios de algunas grandes empresas y el foco de la atención pública ha recaído sobre el liderazgo corporativo, y algunos altos ejecutivos han quedado en evidencia por sus salarios e incentivos cada vez mayores. Muchos sienten que los accionistas se ven impotentes ante el entramado corporativo. ▪

Retribución de los ejecutivos

Berle y Means advirtieron del peligro de los ejecutivos rapaces ya en 1932; hay quien cree que en Europa y EE UU el problema se ha agravado en los últimos veinte años. Los accionistas votan para elegir al consejo de administración, pero los salarios de los ejecutivos los decide un comité formado por otros altos asalariados. Estos mantienen los sueldos altos con el fin de imponer un «nivel de mercado», y de ese modo pueden contar con recibir grandes aumentos de sueldo gracias a las «fuerzas del mercado». A pesar de que los accionistas tienen el poder de disolver el consejo, esto sería mal recibido por los mercados, lo cual, a su vez, podría hacer caer el valor de las acciones.

El problema crece porque muchas acciones pertenecen a fondos de cobertura de riesgo (empresas especulativas) que no tienen interés en la empresa a largo plazo. Los gerentes de los fondos, como los directores generales, aspiran a aumentar sus ingresos, por lo que no les interesa votar en su contra.

En la actualidad, un comité de remuneración regula la retribución de los gerentes. Parece probable que lleguen a aprobarse leyes que den voz al accionista en estos comités.

LA ECONOMIA ES UNA MAQUINA PREDECIBLE

PRUEBA DE LAS TEORIAS ECONOMICAS

EN CONTEXTO

ENFOQUE
Métodos económicos

PENSADOR CLAVE
Ragnar Frisch (1895–1973)

ANTES
1696 El inglés Gregory King publica *Natural and Political Observations*, que aporta el primer análisis cuantitativo (medible) de la economía.

1914 El estadounidense Henry Moore publica *Economic Cycles: Their Law and Cause*, que pone los cimientos de la economía estadística, precursora de la econometría.

DESPUÉS
1940 El austriaco Ludwig von Mises defiende que los métodos empíricos no son aplicables a las ciencias sociales.

2003 El británico Clive Granger es galardonado con el Nobel por sus análisis de la relación entre variables económicas a lo largo del tiempo.

En la década de 1930, el noruego Ragnar Frisch desarrolló una nueva disciplina a la que llamó «econometría». Su objetivo era desarrollar métodos para explicar y predecir los movimientos de la economía. La econometría es la aplicación de modelos de prueba matemáticos a las teorías económicas, y proporciona una base estadística para comprobar su validez. Los enunciados económicos, tales como «a mejor educación, mejor salario», pueden ser correctos, pero solo pueden demostrarse por medio de una ecuación que tome datos sobre el nivel educativo y los compare con los niveles salariales. La econometría permite además a los economistas analizar las tendencias del mercado en el pasado, extraer patrones de los datos económicos y predecir así el desarrollo en el futuro.

> Entre la matemática, la estadística y la economía hallamos una nueva disciplina que […] se puede llamar econometría.
> **Ragnar Frisch**

Escollos estadísticos

Si bien la econometría es una herramienta importante para la explicación empírica, presenta ciertos escollos. Así, por ejemplo, las tendencias pasadas del mercado no garantizan nada sobre el comportamiento futuro de este; asimismo, es muy difícil considerar todas las variables. En el ejemplo de la educación, el nivel educativo no es el único factor que afecta al salario, pues hay otras habilidades imponderables capaces de influir en él. Tales problemas pueden reducir la validez de los resultados de los modelos económicos, y es importante no confundir la relevancia estadística con la económica. ■

Véase también: Medida de la riqueza 36–37 ▪ Inflación y desempleo 202–203 ▪ Ingeniería financiera 262–265 ▪ Complejidad y caos 278–279

LA ECONOMIA ES LA CIENCIA DE LOS RECURSOS ESCASOS

DEFINICIONES DE LA ECONOMIA

EN CONTEXTO

ENFOQUE
Métodos económicos

PENSADOR CLAVE
Lionel Robbins (1898–1984)

ANTES
1890 El británico Alfred Marshall publica *Principios de economía*, donde define la economía como «aquella parte de la acción individual y social más estrechamente vinculada a la adquisición y uso de los requisitos materiales del bienestar».

DESPUÉS
1962 El estadounidense Milton Friedman suscribe la definición elaborada por Robbins, pero amplía los límites del concepto de economía.

1971 En *Economic Theory*, el economista estadounidense Gary Becker define la economía como «el estudio del reparto de medios escasos para satisfacer fines que compiten entre sí».

En 1932, el economista británico Lionel Robbins causó una enorme polémica al publicar *Essay on the Nature and Significance of Economic Science*, que aportaba una nueva definición de la economía, como la ciencia de la acción humana enfrentada a recursos limitados con usos alternativos. Robbins basaba esta definición en el hecho de que las necesidades humanas son infinitas, pero los recursos son finitos. Cuando se satisface una necesidad, otra toma su lugar; pero los recursos para satisfacerlas son limitados (la tierra, el trabajo, la capacidad empresarial y el capital). Tal escasez supone que nunca podrán satisfacerse todos los deseos humanos.

Necesidades frente a recursos

La tensión entre las necesidades ilimitadas y los recursos limitados es la base de la economía. Todo recurso tiene un uso alternativo; así, por ejemplo, si un campo se usa como pasto para el ganado, no se puede cultivar a la vez. Por tanto, hay que decidir el uso idóneo de los recursos. Robbins consideraba que este es el problema clave al que se enfrenta cualquier sociedad: decidir qué bienes producir, y en qué cantidad, para satisfacer mejor a los consumidores. Es la misma escasez de los recursos lo que les aporta su valor.

Actualmente la definición de Robbins goza de gran aceptación, pero algunos argumentan que la economía debe verse desde una perspectiva más amplia, como una investigación sobre cómo las sociedades generan más recursos a lo largo del tiempo. ■

La definición de Robbins se centra en que la escasez fuerza una elección económica, como en el caso de usar un campo como pasto o para el cultivo.

Véase también: Demografía y economía 68–69 ▪ Coste de oportunidad 133 ▪ Mercados e incidencias sociales 210–213 ▪ Escasez en economías planificadas 232–233

DESEAMOS CONSERVAR UNA SOCIEDAD LIBRE

LIBERALISMO ECONOMICO

EN CONTEXTO

ENFOQUE
Economía y sociedad

PENSADOR CLAVE
Friedrich Hayek (1899–1992)

ANTES
1908 El italiano Enrico Barone muestra que un gobierno puede sustituir al libre mercado si es capaz de calcular los precios.

1920 Ludwig von Mises refuta a Barone.

1936–1937 Oskar Lange ataca la postura de Von Mises.

DESPUÉS
Década de 1970 Los argumentos de Hayek a favor del libre mercado ganan terreno.

1991 Según Francis Fukuyama, historiador, el capitalismo de libre mercado ha derrotado a todas las posibles alternativas.

Década de 2000 Las críticas a los rescates gubernamentales de los bancos reavivan el interés por las ideas de Hayek.

Las empresas **no lo saben todo** acerca del conjunto de la economía.

↓

Pero cada empresa tiene información sobre la producción y la demanda del mercado **que le concierne**.

↓

Las empresas toman decisiones basadas en esta información y **actúan en consecuencia**, variando, por ejemplo, la producción.

↓

Los precios oscilan en respuesta a estos actos particulares, y así **reflejan información del mercado en su totalidad**.

↓

Se establece así un libre mercado que los gobiernos deberían proteger, pues deseamos conservar una sociedad libre.

Las corrientes principales de la economía siempre han tenido sus críticos. Su enfoque matemático y sus supuestos en ocasiones generalizadores han llevado a los economistas a cuestionar tanto sus métodos como su falta de pruebas empíricas. Muchos de estos críticos proceden de la izquierda política, que considera que la corriente principal disfraza y embellece un libre mercado injusto.

Existe una línea minoritaria, la de la escuela austriaca, que ha argumentado de manera distinta y singular, pues sus representantes son defensores acérrimos del libre mercado, pero críticos con la corriente principal. El más destacado de estos radicales fue un economista austriaco-británico, Friedrich Hayek, que se disputa con John Maynard Keynes (p. 161) el título de economista más influyente del siglo XX. Hayek hizo una serie de aportaciones al pensamiento político y económico que abarcan la economía, el derecho, la teoría política y la neurociencia. Sus escritos sostienen una consistente serie de principios que él consideraba en la tradición del liberalismo clásico: la defensa del libre mercado y de la propiedad privada, y un profundo pesimismo acerca de la capacidad de los gobiernos para moldear la sociedad.

Planificación y totalitarismo

El argumento por el que más se recuerda a Hayek apareció en *Camino de servidumbre* en 1944, cuando había un entusiasmo creciente por la intervención estatal y la planificación central. Hayek sostenía que todo intento de imponer a la sociedad un orden colectivo está condenado al fracaso, y llevaría inexora-

Véase también: Derechos de propiedad 20–21 ▪ El hombre económico 52–53 ▪ Equilibrio económico 118–123 ▪ Planificación central 142–147 ▪ El multiplicador keynesiano 164–165 ▪ Escasez en economías planificadas 232–233

blemente al totalitarismo fascista o al comunismo estalinista. Como toda planificación va en contra del «orden espontáneo» del mercado, solo puede darse con algún grado de fuerza o coerción. Cuantos más planes haga e imponga un gobierno, más coerción se requerirá. Como los gobiernos están mal informados acerca de los mecanismos del mercado, la planificación está destinada a no lograr sus objetivos, y para compensarlo se volverá cada vez más coercitiva. En tal punto la sociedad se precipitará hacia un Estado totalitario, por moderados que fuesen los objetivos iniciales de los planificadores.

Los economistas de la izquierda habían sostenido que una economía centralizada y planificada era no solamente posible, sino más eficiente que el libre mercado. Su primer oponente de importancia fue otro miembro de la escuela austriaca, Ludwig von Mises (p. 147), que en 1920 argumentaba que el socialismo –la planificación central– no es económicamente viable: no ofrece ningún medio racional para poner precio a los productos, pues depende del dictado de un comité o planificador central para tomar decisiones que en un mercado libre son cosa de cientos o miles de individuos. La cantidad de información necesaria para estimar las escaseces o excesos de un mercado y asignar unos precios correctos es tan enorme que el fracaso es inevitable. El socialismo, escribió Von Mises, es la «abolición de la economía racional»; solo un mercado libre con propiedad privada puede aportar la base para la fijación de precios que requiere una economía compleja.

Defensa del socialismo

El economista polaco Oskar Lange no estuvo de acuerdo con Von Mises, y en 1936 le respondió con un artículo, *Sobre la teoría económica del socialismo*, donde desarrollaba la teoría del equilibrio general. Esta teoría, que no se perfeccionó hasta después de la Segunda Guerra Mundial, es una representación matemática de una economía de mercado reducida a lo más esencial; en ella, todas las imperfecciones de los mercados se han eliminado y todos los actores del mercado están perfectamente informados y pendientes tan solo del beneficio propio. Sobre esta base, afirmaba Lange, un consejo de planificación central podía fijar unos precios iniciales para la economía, y luego permitir a toda la sociedad comerciar libremente, ajustando la oferta y la demanda en función de aquellos precios. Posteriormente el consejo podía ajustar los precios en función de la oferta y la demanda; y el resultado, decía, sería eficiente. Un consejo planificador podía asimismo reducir las desigualdades en los ingresos y limitar la tendencia del mercado a pensar a corto plazo.

> Cuanto más planifica el Estado, más difícil resulta planificar para el individuo.
> **Friedrich Hayek**

Lange había tomado los supuestos habituales de la microeconomía »

El Estado totalitario de Corea del Norte padece escaseces y hambrunas periódicas. Según los economistas de la escuela austriaca, este es el resultado inevitable de la planificación central que ignora los mercados.

LA INDUSTRIALIZACION PRODUCE UN CRECIMIENTO SOSTENIDO

SURGIMIENTO DE LAS ECONOMIAS MODERNAS

EN CONTEXTO

ENFOQUE
Crecimiento y desarrollo

PENSADOR CLAVE
Simon Kuznets (1901–1985)

ANTES
Década de 1750 El francés François Quesnay sostiene que la riqueza procede de la agricultura, no de la industria.

1940 El británico-australiano Colin Clark defiende que el crecimiento económico supone el paso de la agricultura a la manufactura y los servicios.

DESPUÉS
1967 El estadounidense Edward Denison subraya la gran importancia del cambio tecnológico y el aumento de la productividad para alcanzar el crecimiento económico.

1975 Los estadounidenses Hollis Chenery y Moshe Syrquin comprueban que con el declive de la agricultura las economías crecen, y los servicios y la industria aumentan.

Con la **nueva tecnología** y el crecimiento de las manufacturas…

…la gente emigra de las zonas rurales **a las ciudades** para trabajar.

El trabajo industrializado requiere **mayor habilidad y formación** que el agrícola.

Los trabajadores se benefician del aprendizaje, y contribuyen al **cambio cultural y al crecimiento económico**.

Las sucesivas generaciones **continúan beneficiándose** de estos avances culturales e industriales.

La industrialización produce un crecimiento sostenido.

El economista de origen ruso Simon Kuznets describió el surgimiento de la economía moderna como una revolución controlada, en la que la fábrica sustituye a la granja o propiedad agrícola. El aumento del nivel de vida resultante exige cambios económicos y sociales más profundos de lo que sugiere la mera tasa numérica de crecimiento. Kuznets llamó «crecimiento económico moderno» a este proceso, y mostró cómo su logro es lo que distingue a los países ricos del resto.

La clave de su teoría del crecimiento es que los ingresos por persona crecen rápidamente, incluso si la población aumenta: hay más individuos, y son más ricos. Esta expansión la impulsa la extensión de fábricas y máquinas. Con un incremento de capital para sostener el crecimien-

Véase también: La agricultura en la economía 39 ▪ Demografía y economía 68–69 ▪ Economías de escala 132 ▪ Integración del mercado 226–231 ▪ Saltos tecnológicos 313

to industrial, los trabajadores pasan de pequeñas empresas familiares a empresas y fábricas impersonales. Pero las nuevas tecnologías y la producción a gran escala no se pueden explotar si la gente es analfabeta, supersticiosa o sigue atada a la aldea. Según Kuznets, dicho crecimiento causa profundos cambios sociales, con un aumento de la urbanización y un debilitamiento de la religión.

Revolución industrial

Gran Bretaña fue el primer país en lograr el crecimiento económico moderno. La revolución industrial del siglo XVIII puso al país en la senda de convertirse en una avanzada nación industrializada; la máquina de vapor y otros inventos transformaron la producción; los trabajadores abandonaron los campos y pasaron a las fábricas; las ciudades crecieron, y nuevos medios de transporte y comunicaciones permitieron a las empresas británicas penetrar en la economía global. La economía nacional no se transformó de un día para otro, pero los cambios –tecnológicos, sociales e institucionales– siguieron en marcha y desembocaron en mejoras sin precedentes en el nivel de vida de una población en aumento.

La extensión del verdadero crecimiento económico moderno ha sido limitada. En las naciones ricas, como EE UU o Japón, el proceso continúa en la actualidad. Tras una primera ola de industrialización, muchas de estas economías han derivado de la industria pesada al sector servicios, lo cual conlleva inevitablemente nuevos cambios sociales. ■

El martillo de vapor, inventado en 1837, fue una de las herramientas que aceleró la industrialización, al permitir a las máquinas construir máquinas.

Simon Kuznets

Kuznets nació en Pinsk, en la actual Bielorrusia, en 1901. Su relación con la economía comenzó pronto: siendo aún estudiante estuvo al frente de una oficina estadística rusa. Tras la Revolución rusa, su familia se marchó a Turquía, y más tarde a EE UU; él les siguió en 1922.

Ya en EE UU, Kuznets ingresó en la Universidad de Columbia de Nueva York y se doctoró en 1926. Más tarde trabajó en el National Bureau of Economic Research, desde donde desarrolló el sistema moderno de cuentas nacionales que hoy siguen usando gobiernos de todo el mundo. En el año 1947 contribuyó a crear la International Association for Research in Income and Wealth, que asesora a numerosos gobiernos. Ejerció la docencia, y en 1971 obtuvo el premio Nobel por su análisis del crecimiento económico moderno. Murió en 1985, a los 84 años.

Obras principales

1941 *National Income and Its Composition, 1919–1938.*
1942 *Uses of National Income in Peace and War.*
1967 *Population and Economic Growth.*

DIFERENTES PRECIOS PARA PERSONAS DIFERENTES

DISCRIMINACION DE PRECIOS

EN CONTEXTO

ENFOQUE
Mercado y empresa

PENSADOR CLAVE
Joan Robinson (1903–1983)

ANTES
1849 Jules Dupuit considera cómo pueden cobrarse distintos precios por los mismos bienes.

1891 Según el estadounidense Frank Taussig, las diferentes tarifas de los trenes reflejan distintos niveles de demanda.

1920 Arthur Pigou define los tres tipos básicos de discriminación de precios.

DESPUÉS
1933 El estadounidense Edward Chamberlin explica que los competidores tratan de asentarse en el mercado diferenciando sus productos.

1996 El estadounidense Thomas Holmes muestra que la discriminación de precios es posible incluso en mercados con pocas empresas.

En la década de 1840, el ingeniero y economista francés Jules Dupuit propuso establecer peajes en los puentes y carreteras que estaba construyendo, y cobrar a los viajeros según lo que estuviera dispuesto a pagar cada cual. Era el primero que consideraba la posibilidad de establecer precios distintos por el mismo servicio, lo cual se conoce como discriminación de precios. Normalmente, esto solo puede darse cuando hay algún grado de monopolio, lo cual permite a las empresas cobrar precios distintos.

En 1920, el economista británico Arthur Pigou (p. 336) identificó tres grados distintos de discriminación

Las empresas buscan **maximizar sus beneficios**.

Por lo general, atraen a más compradores fijando **precios inferiores**…

…pero entonces pierden los **beneficios extra** que podrían obtener de los compradores dispuestos a pagar más.

La clave reside en hallar el modo de vender el mismo producto a diferentes precios para personas diferentes.

Véase también: Efectos de la competencia limitada 90–91 ▪ Monopolios 92–97 ▪ El mercado competitivo 126–129 ▪ Mercados eficientes 272

de precios. La de primer grado es el modelo de Dupuit: la empresa cobra a cada individuo el máximo que está dispuesto a pagar; en la práctica esto es raro, pues requiere que el vendedor sepa en cuánto valora cada individuo el bien en cuestión.

La discriminación de segundo grado consiste en reducir el precio por cada unidad adicional que se compra; esto se da con frecuencia en las ofertas de los supermercados, por ejemplo, cuando la segunda botella de refresco cuesta la mitad que la primera.

La discriminación de tercer grado, probablemente la más común, supone la distinción de los clientes según ciertas características; los cines, por ejemplo, ofrecen entradas más baratas a niños, estudiantes y pensionistas.

Efectos discriminatorios

En su obra *Economía de la competencia imperfecta*, de 1933, la británica Joan Robinson examinó los resultados de la discriminación de precios en la sociedad. La mayoría de los consumidores considera instintivamente que es injusta en sus tres formas. Si cuesta lo mismo producir cada botella de refresco, ¿por qué no venden barata también la primera? ¿Por qué son más baratas ciertas entradas de cine? Nuestra interpretación de estas ofertas es que un monopolista aumenta sus beneficios a expensas de la mayoría de los consumidores.

Los precios altos impiden a la mayoría de estudiantes hacer y comprar ciertas cosas. Los descuentos para estudiantes ponen a su alcance actividades y bienes que de otro modo no podrían permitirse.

> La discriminación de precios es el acto de vender el mismo artículo producido bajo control único a precios distintos para compradores distintos.
> **Joan Robinson**

Robinson halló que si el monopolista produce igual cantidad pero cobra más a determinadas personas, perjudica a los consumidores. Sin embargo, a veces la discriminación de precios permite a la gente ciertas cosas que de otro modo no se podría permitir. Así, por ejemplo, cuando las empresas ferroviarias discriminan, los usuarios habituales en hora punta pagan más, pero en los periodos de baja actividad tiene sentido que la empresa fije precios mucho más bajos, pues deben animar a la gente a utilizar el tren; así, aunque algunos consumidores pagan más, un gran número de ellos puede viajar a un precio inferior. De tal modo es posible que el conjunto de los consumidores se beneficie cuando las empresas fijan precios distintos para distintas personas. ▪

Joan Robinson

Nacida en 1903 en el seno de una rica familia inglesa, Joan Violet Robinson (de soltera, Maurice) es considerada la economista más destacada del siglo XX. Se formó en la Saint Paul's Girls' School de Londres y estudió en la Universidad de Cambridge.

Contrajo matrimonio siendo todavía muy joven y viajó por India durante dos años antes de regresar a Cambridge para impartir clases. Allí formó parte del equipo que rodeaba a John Maynard Keynes y que incluía a Richard Kahn, quien fue su socio intelectual durante toda la vida. Viajera incansable, dictó numerosas conferencias hasta bien entrada la setentena y se dio a conocer en toda América, Australia, África y gran parte de Europa. Robinson falleció a los 79 años de edad sin haber recibido, en opinión de muchos, un merecido Nobel por ser una pensadora brillante y original que nunca temió la polémica.

Obras principales

1933 *Economía de la competencia imperfecta.*
1937 *Essays on the Theory of Unemployment.*
1956 *The Accumulation of Capital.*

ECONOM
DE POSG
1945–1970

IA
UERRA

1945
Comienza a operar el **Fondo Monetario Internacional** desde su base en Washington DC (EE UU).

1949
Adenauer comienza a construir la **economía social de mercado** alemana, con grandes sectores privados y públicos.

1949
Se funda la **República Popular China**, dirigida por el Partido Comunista.

Década de 1950
Milton Friedman defiende una **política monetarista**, en la que los gobiernos limitan la oferta de dinero.

1951
El matemático John Nash inaugura la **teoría de juegos**, que sirve para explicar la toma de decisiones económicas.

1951
El **teorema de la imposibilidad** de Kenneth Arrow muestra que no hay sistema de votación perfecto.

1953
Overcentralization de János Kornai ofrece un análisis crítico de las **economías planificadas** de los estados comunistas.

1953
Maurice Allais presenta una **paradoja en la toma de decisiones** según la cual, para la gente, el rechazo a perder es mayor que el gusto de ganar.

1955
General Motors se convierte en la primera empresa estadounidense en superar los mil millones de dólares de beneficio anual.

Los años inmediatamente posteriores a la Segunda Guerra Mundial fueron un tiempo de reconstrucción económica. Antes incluso del fin de la guerra, políticos y economistas comenzaron a planificar la paz. Estaban decididos a evitar los problemas que habían seguido a la Primera Guerra Mundial y a establecer un contexto pacífico de cooperación económica internacional.

La Liga de las Naciones, organización internacional creada para mantener la paz, se había venido abajo al comenzar las hostilidades, y en 1945 fue sustituida por la más robusta Organización de las Naciones Unidas (ONU). Una de sus primeras tareas fue votar las propuestas de los delegados de la Conferencia Monetaria y Financiera, que se reunió en Bretton Woods, en New Hampshire (EE UU). Allí, delegados de la Unión Soviética, el Reino Unido y EE UU acordaron la fundación de grandes instituciones como el Fondo Monetario Internacional (FMI), el Banco Internacional de Reconstrucción y Fomento (BIRF) y el Acuerdo General sobre Aranceles Aduaneros y Comercio (GATT).

Keynesianismo de posguerra

En Bretton Woods, el delegado británico fue John M. Keynes (p. 161), cuya obra *Las consecuencias económicas de la paz*, de 1919, había advertido de lo que podía ocurrir tras la Primera Guerra Mundial como resultado de la política económica. Su trabajo inspiró al presidente Roosevelt para poner en marcha el New Deal, que sacó de la Gran Depresión de la década de 1930 a EE UU. Así pues, no es de sorprender que sus ideas fueran igualmente influyentes tras la Segunda Guerra Mundial. En EE UU, las políticas keynesianas fueron defendidas con entusiasmo por economistas como el canadiense-estadounidense John Kenneth Galbraith, y rápidamente adoptadas por el gobierno liberal-demócrata. En Gran Bretaña, el nuevo gobierno laborista aplicó medidas para crear un estado de bienestar.

La reconstrucción de las economías japonesa y alemana constituyó un punto de inflexión en su historia. Alemania, en particular, experimentó un «milagro económico», el *Wirtschaftswunder*, bajo el liderazgo del canciller Konrad Adenauer. El éxito de su economía social de mercado, la cual atemperaba la economía del libre mercado con la intervención estatal, fue el modelo de muchas economías europeas occidentales en la segunda mitad del siglo xx. Otros países, sin embargo, se movieron en una dirección distinta. Gran parte de

1955

La Unión Soviética y siete estados comunistas de Europa Oriental firman el **Pacto de Varsovia**.

1956

Richard Lipsey y Kelvin Lancaster argumentan que la **intervención estatal** para corregir los fallos del mercado puede empeorar las cosas.

1957

Se funda la **Comunidad Económica Europea** por el Tratado de Roma.

1958

Bill Phillips describe la **curva de Phillips**, que muestra la relación entre inflación y desempleo.

1958

Mao Zedong inicia el **Gran Salto Adelante**, un intento de industrializar China que acaba en una hambruna catastrófica.

1960

Se funda en Bagdad la **Organización de Países Exportadores de Petróleo (OPEP)**.

1962

Robert Mundell y Marcus Fleming describen la relación entre **tipos de cambio** y producción.

1970

André Gunder Frank emplea la **teoría de la dependencia** para argumentar que la economía global provoca una división entre países ricos y pobres.

1970

Eugene Fama propone la **hipótesis del mercado eficiente**, según la cual los inversores no pueden ganar continuamente al mercado.

Asia se hallaba bajo el dominio comunista, y el telón de acero separaba la Europa Occidental de la Oriental; fue la era de la Guerra Fría entre el bloque soviético y Occidente. La difusión de los regímenes comunistas provocó una reacción entre muchos economistas del mundo occidental, en particular entre aquellos que habían experimentado su tiranía.

Regreso al libre mercado

Influida por economistas austriacos como Ludwig von Mises (p. 147) y Friedrich Hayek (p. 177), la escuela de Chicago adoptó una actitud conservadora frente al keynesianismo predominante, defendiendo un regreso a un sistema de libre mercado con menor interferencia estatal. Las raíces de esta actitud se hallan en la economía neoclásica de inicios del siglo XX, que centraba su análisis en la oferta y la demanda. Los economistas de la escuela de Chicago buscaron referentes en el ámbito científico: Kenneth Arrow (p. 209) se sirvió de las matemáticas para demostrar la estabilidad y la eficiencia de los mercados, y Bill Phillips (p. 203) empleó ideas de la física para describir la relación entre inflación y desempleo. En las décadas de 1950 y 1960, algunos economistas occidentales, como Maurice Allais (p. 195), introdujeron en la economía conceptos de la psicología, lo cual inspiró nuevos modelos de toma de decisiones que cuestionaban la creencia en el «hombre económico racional» de Adam Smith.

En las décadas de la posguerra, los avances en la tecnología de las comunicaciones hicieron del mundo un lugar más pequeño, y los economistas fueron más conscientes que nunca del carácter internacional de la economía. Aunque EE UU y Europa dominaban el pensamiento económico fuera de los estados comunistas, se prestó más atención a los países en vías de desarrollo, no ya como una fuente de materias primas, sino como economías por derecho propio.

La globalización siguió adelante, y los economistas empezaron a estudiar la brecha existente entre los países ricos y pobres y la manera en que esta podía estrecharse. Las ideas para el desarrollo iban de la inversión de capital a la condonación de las deudas, pero sobre todo quedó claro que los problemas eran más complejos, e implicaban aspectos económicos, políticos y culturales. Asimismo, los economistas comenzaron a plantear que la prosperidad económica quizá no era la única –ni siquiera la mejor– manera de medir el nivel de bienestar de un país. ■

TRAS LA DEPRESION Y LA GUERRA, LAS NACIONES DEBEN COOPERAR

BRETTON WOODS Y EL COMERCIO INTERNACIONAL

EN CONTEXTO

ENFOQUE
Economía global

ACONTECIMIENTO CLAVE
Acuerdos de Bretton Woods en New Hampshire (EE UU), firmados en julio de 1944.

ANTES
Década de 1930 Durante la Gran Depresión se desploma el sistema económico mundial, y la cooperación entre las economías se desbarata.

1944 John M. Keynes publica sus planes para una «unión monetaria internacional» que regule el comercio mundial.

DESPUÉS
1971 El presidente de EE UU Richard Nixon anula el vínculo entre el dólar y el precio del oro, y con ello pone fin al sistema de Bretton Woods.

2009 El Banco de China afirma que el dólar ya no sirve como divisa de reserva fiable, dados los conflictos entre las políticas interior y exterior de EE UU.

El patrón oro fue un sistema monetario que respaldaba el papel moneda con oro, garantizando así su valor. Comenzó a aplicarse en Gran Bretaña en 1812, y fue adoptado internacionalmente en 1871. Este sistema aportaba una base estable al sistema monetario internacional al fijar los tipos de cambio de las divisas en relación con el precio del oro, y servía de mecanismo para transferir oro de unos países a otros y reflejar nuevos equilibrios comerciales y flujos de capital.

Dresde, en Alemania, fue una de las incontables ciudades de Europa y Asia destruidas en la Segunda Guerra Mundial. El Banco Internacional de Reconstrucción y Fomento financió su reconstrucción.

La Primera Guerra Mundial, sin embargo, supuso exigencias excepcionales para la financiación estatal, y el sistema comenzó a descomponerse. Algunos países abandonaron el patrón oro para permitir grandes préstamos y gastos, financiados a veces mediante la mera impresión de dinero. El final de la guerra no implicó el regreso al statu quo: países como Alemania habían agotado sus reservas de oro y no podían reingresar en el patrón oro, mientras que otros países lo hicieron con valores muy variables.

El abandono del oro

Durante la Gran Depresión de la década de 1930, muchos países abandonaron el patrón oro tratando de expandir sus economías devaluando su moneda con el fin de exportar más. A la vez, el comercio internacional, poco regulado antes de la guerra, fue sometido cada vez a más restricciones a medida que los países se esforzaban por mantener su posición en un mercado mundial contraído. Estas políticas contribuyeron a prolongar la depresión, pues cada nueva restricción o devaluación reducía aún más el mercado mundial.

Tras la Segunda Guerra Mundial, las potencias aliadas se ocuparon

Véase también: Ventaja comparativa 80–85 ▪ Depresión y desempleo 154–161 ▪ Integración del mercado 226–231 ▪ Deuda internacional 314–315

El **patrón oro** imponía tipos de cambio fijos.

El sistema quedó en entredicho tras la Primera Guerra Mundial y la llegada de la **recesión**.

El **sistema se derrumbó** y la cooperación entre países terminó.

Pero **sin cooperación**, los países devalúan su moneda para exportar más e imponen barreras aduaneras.

Esto **contrae el mercado mundial** y perjudica a todos.

Tras la depresión y la guerra, las naciones deben cooperar.

de la reconstrucción económica: en junio de 1944 se celebró una conferencia en el complejo hotelero de Bretton Woods, en New Hampshire (EE UU), donde los delegados acordaron vincular las divisas al dólar; a cambio, el gobierno de EE UU debía mantener este a un tipo de cambio fijo con el precio del oro.

El sistema fue supervisado por el nuevo Fondo Monetario Internacional (FMI), encargado de aportar financiación de emergencia, mientras que el Banco Internacional de Reconstrucción y Fomento (hoy parte del Banco Mundial) financiaría proyectos de desarrollo. En 1947, el Acuerdo General sobre Aranceles Aduaneros y Comercio (GATT) se propuso reconstruir el comercio internacional. Juntas, estas nuevas organizaciones trataron de restaurar la cooperación económica entre las naciones, cuya falta había resultado tan costosa entre las dos grandes guerras.

Este sistema se mantuvo durante casi treinta años de crecimiento económico excepcional, pero tenía defectos estructurales. El constante déficit comercial estadounidense (en el que la importación superaba a la exportación) ayudó a mantenerlo a flote, pero los dólares escaparon al extranjero hasta llegar a superar a las reservas de oro estadounidenses, haciendo que el precio del oro en dólares superara el precio fijo del oro. La situación empeoró con el aumento de los gastos del gobierno de EE UU, y en 1971 el presidente Nixon suspendió el vínculo dólar-oro, poniendo fin al sistema de Bretton Woods. ■

El Fondo Monetario Internacional

Creado gracias al acuerdo de Bretton Woods, el Fondo Monetario Internacional (FMI) es hoy uno de los organismos más controvertidos del mundo. Fue fundado como un fondo de emergencia para los países que experimentaban dificultades financieras por crisis de deuda, déficit en la balanza de pagos o ambos. Está formado por más de 180 países que contribuyen a un fondo central en función del tamaño de su economía, y pueden solicitar préstamos baratos del mismo.

En 1971, al abandonarse el sistema de cambio fijo de Bretton Woods, el papel del FMI cambió y comenzó a imponer estrictas condiciones para sus préstamos. Desde finales de la década de 1970, estas se han visto muy influidas por las ideas neoliberales (pp. 172–177), favorables tanto al recorte del gasto gubernamental como a la privatización. Los economistas han criticado al FMI por agravar crisis como la del Asia oriental de finales de la década de 1990.

Los corredores observan mientras la crisis causada por el colapso del baht tailandés se extiende por Asia, en 1997. Tailandia cedió a la presión del FMI por dejar flotar el baht.

LO QUE NECESITAN LOS PAISES POBRES ES UN GRAN IMPULSO

ECONOMIA DEL DESARROLLO

EN CONTEXTO

ENFOQUE
Crecimiento y desarrollo

PENSADORES CLAVE
Paul Rosenstein-Rodan
(1902–1985)
Walt Rostow
(1916–2003)

ANTES
1837 El economista alemán Friedrich List defiende el proteccionismo como medio para ayudar a asentar la industria nacional.

DESPUÉS
1953 El estonio Ragnar Nurkse propone la política de crecimiento equilibrado para todos aquellos países en vías de desarrollo.

1957 El austriaco-húngaro Peter Bauer critica tanto la ortodoxia de la planificación estatal como la idea del «gran impulso».

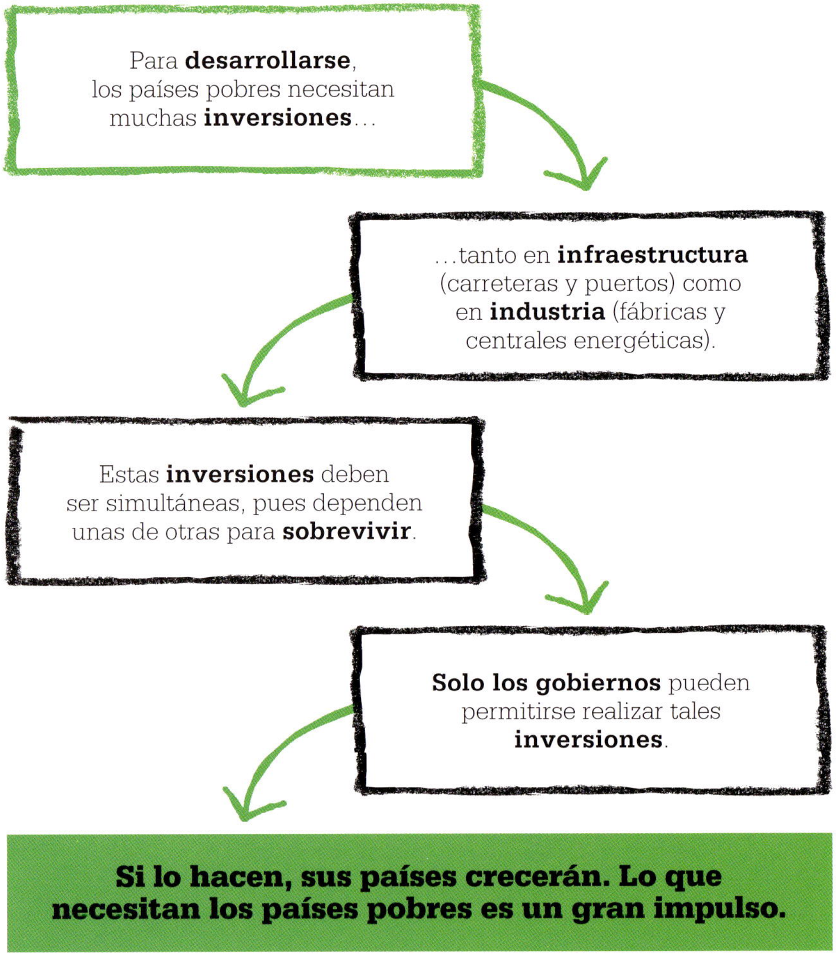

Una pregunta crucial para los economistas, sobre todo tras la Segunda Guerra Mundial, es: ¿Cómo se hicieron ricas naciones originalmente pobres? La disgregación de los imperios coloniales había dado lugar a naciones jóvenes e independientes cuyo nivel de vida iba quedando cada vez más por detrás del de sus antiguos amos. Muchas de ellas experimentaban un rápido crecimiento de población y necesitaban un crecimiento parejo en los bienes y servicios que eran capaces de ofrecer para mejorar el nivel de vida.

Europa se recuperó rápidamente de la guerra con la ayuda del Plan Marshall, una gran inyección de fondos del gobierno estadounidense que financió la reconstrucción de la infraestructura y las industrias. El economista polaco Paul Rosenstein-Rodan afirmó que para progresar económicamente, los países recién independizados en las décadas de 1950 y de 1960 necesitaban un «gran impulso» *(big push)* inversor, como el que había recibido Europa con el Plan Marshall.

Otra teoría relacionada con esta era la que sostiene que los países atraviesan una serie de fases, pasando de las sociedades tradicionales a las economías de consumo de masas. Walt Rostow, el economista estadounidense que propuso dicha teoría, defendía que para que las sociedades tradicionales se desarrollaran hacían falta enormes inversiones de capital: ese gran impulso es lo que inicia el despegue hacia el crecimiento autosostenido, que acaba transformando a los países pobres en economías maduras, con un alto nivel de vida para la mayoría de la población. La cuestión de cómo realizar las inversiones que requiere el gran impulso devino la cuestión central del nuevo campo de la economía del desarrollo.

Construcción simultánea

Rosenstein-Rodan opinaba que en los países menos desarrollados el mercado no logra canalizar los recursos de modo eficiente hacia inversiones be-

Véase también: Economías de escala 132 ▪ Surgimiento de las economías modernas 178–179 ▪ Mercados e incidencias sociales 210–213 ▪ Teorías del crecimiento económico 224–225 ▪ Los tigres asiáticos 282–287

neficiosas que generen crecimiento. Esto se debe a que los grandes proyectos como carreteras, puertos, y fábricas son complementarios, es decir, que la existencia de unos hace más económicamente viables los otros. Dicha realidad puede llevar a un dilema: la primera inversión puede ser rentable solo una vez realizada la segunda, pero la segunda solo se ve como rentable si se ha realizado la primera. Por ejemplo: una fábrica requiere una central energética para ser económicamente viable, pero esta solo es rentable si hay una fábrica a la que vender energía. Así, hay dos escenarios posibles: uno en el que no hay ni fábrica ni central energética, y otro en el que se encuentran ambas.

Este mismo argumento se aplica a combinaciones de producción más complejas. Imagínese que se construye una gran fábrica de zapatos en una economía subdesarrollada: fabrica zapatos por valor de 10 millones de euros, y los ingresos por ventas van a parar a salarios y beneficios. La fábrica, sin embargo, solo es viable si todos los ingresos que genera (para sus trabajadores) se gastan en zapatos, cuando de hecho la gente gasta su dinero en productos diversos. Suponga que la gente gasta el 60% de sus ingresos en pan, el 20% en ropa, el 10% en parafina y el 10% en zapatos. Si hubiera fábricas de pan, ropa, parafina y zapatos exactamente en tales proporciones, los ingresos generados por esas empresas se gastarían en los productos de cada industria en la misma proporción. Solo si estas industrias existen juntas, en la proporción correcta, resultan viables.

> La mayoría de las industrias que sirven al consumo de masas son complementarias en tanto que ofrecen un mercado y se apoyan unas a otras.
>
> **Ragnar Nurkse**
> **Economista estonio (1907–1959)**

Vínculos esenciales

El economista estadounidense de origen alemán Albert Hirschman habló de «vínculos» *(linkages)* para describir las interconexiones entre industrias. Así, por ejemplo, una fábrica de pintura ayuda al desarrollo de la industria automovilística al aumentar la oferta de pintura; Hirschman llamó a esto «vínculo hacia delante». La expansión de la industria de la pintura aumenta asimismo la demanda de sustancias químicas para hacer pintura, e incrementa la rentabilidad de las plantas químicas; a esto lo llamó «vínculo hacia atrás». En la práctica, las industrias tienen múltiples vínculos hacia delante y hacia atrás con otras industrias, formando una compleja red de interacciones que pueden resultar en la viabilidad económica de toda una base de producción diversificada. »

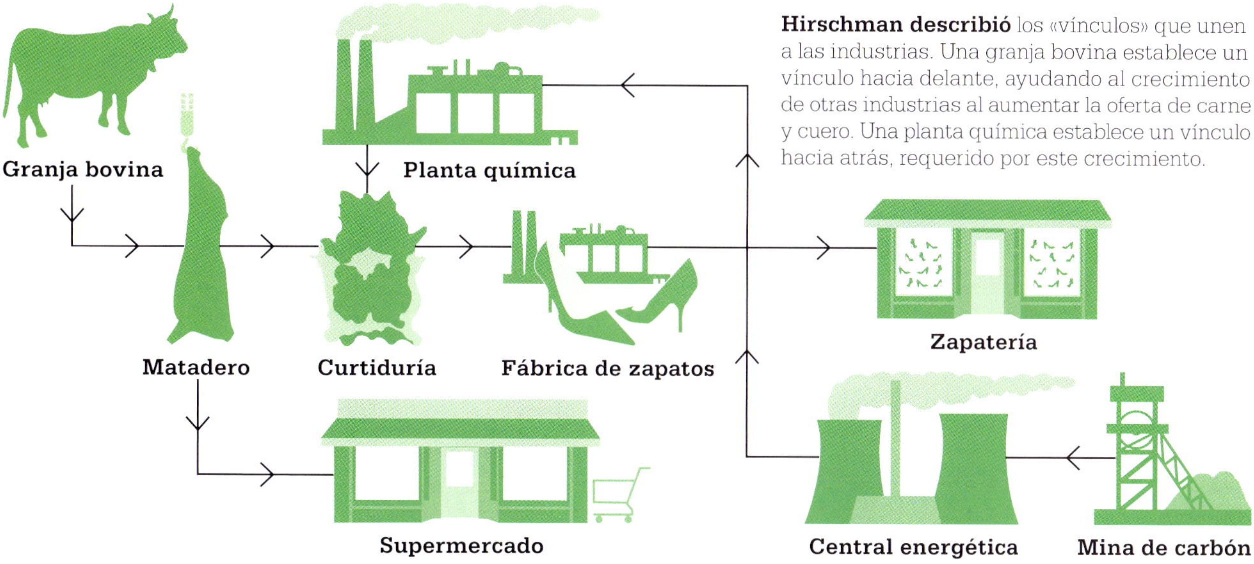

Hirschman describió los «vínculos» que unen a las industrias. Una granja bovina establece un vínculo hacia delante, ayudando al crecimiento de otras industrias al aumentar la oferta de carne y cuero. Una planta química establece un vínculo hacia atrás, requerido por este crecimiento.

Trabajadores en una gran fábrica donde se pelan frutos secos, construida con capital indio, en Tanzania. Otras industrias surgidas en relación con ella, contribuyeron al desarrollo del país.

El gran impulso supone que un país pase de no tener nada a tenerlo todo. De no tener central energética ni fábrica, las economías en desarrollo pasan de pronto a necesitar ambas. Partiendo de una posición en la que carecen de sector industrial, deben ponerlo en marcha todo a la vez; pero como cada inversión requiere otras, es difícil que los empresarios particulares puedan dar el impulso. Por ello, Rosenstein-Rodan y otros sostienen que el gran impulso debe proceder del Estado, no de los mercados privados.

En esta línea, los gobiernos de posguerra del mundo en desarrollo se implicaron en grandes programas de inversiones, con proyectos industriales y de infraestructuras como parte de los planes nacionales de desarrollo. Se consideraba que las naciones menos desarrolladas tenían economías duales, con sectores agrícolas tradicionales (con mucho trabajo improductivo) y sectores modernos de industrias nuevas. La idea era que el gran impulso atraería a los trabajadores sobrantes de las áreas rurales hacia las nuevas empresas industriales. Este planteamiento favoreció la inyección de abundante ayuda extranjera como combustible para el impulso inversor.

Las inversiones guiadas por el Estado han resultado en una industrialización positiva en diversos lugares: algunos países del Sudeste Asiático experimentaron una notable expansión industrial y un rápido crecimiento de la renta; y la exitosa interacción de Estado y grandes empresas en esos países se ha considerado modélica. Sin embargo, las condiciones en que se aplicó el Plan Marshall en 1948 eran distintas de las de los países recién independizados en la década de 1950, y muchos intentos de dar el gran impulso toparon con problemas.

Inversiones ineficientes

En las primeras fases, las inversiones necesarias para el desarrollo económico pueden parecer obvias, pero coordinar el impulso inversor simultáneo de muchas industrias es una tarea enorme. Los gobiernos solo pueden crear industrias viables si conocen bien el equilibrio de producción correcto –la proporción adecuada de zapatos, ropa y pan...– que implica la composición de la demanda de los consumidores. Solo es posible explotar las interacciones entre los distintos tipos de producción con un conocimiento detallado de los vínculos hacia delante y hacia atrás entre las industrias, y no todos los gobiernos tienen los conocimientos, la información y la influencia política suficientes para hacerlo con éxito.

Muchos países acabaron con industrias estatales sobredimensionadas e ineficientes que no lograron el crecimiento sostenido. La industrialización se apoyó a menudo con tarifas aduaneras para dar a las incipientes industrias la ocasión de desarrollarse. La protección estatal frente a la competencia extranjera dio lugar a grupos de presión que buscaban mantener sus privilegios, con el resultado de relaciones interesadas entre gobiernos e industriales, en detrimento de la competencia y la innovación.

A lo largo de la década de 1970, la noción del gran impulso fue atacada por los nuevos economistas clásicos (p. 247) como el estadounidense Paul Krugman, para quien las economías en desarrollo no eran fundamentalmente distintas de las desarrolladas: el comportamiento económicamente racional y la importancia de los precios como indicadores eran tan válidos en los países pobres como en los ricos. La inversión era importante, pero debía distribuirse correctamente por el conjunto de la economía. Eran los mercados, no los gobiernos, el mejor árbitro para decidir dónde invertir.

Esta nueva ola de pensamiento sostenía que los países en desarrollo estaban limitados no por la ineficiencia inherente de sus mercados, sino por políticas equivocadas. Una intervención estatal excesiva había socavado el mecanismo de precios (regido por la oferta y la demanda) y había distorsionado su capacidad de atribuir los recursos de modo eficiente. La política adecuada consistía en «poner precios correctos» y permitir operar libremente al mecanismo del mercado para aprovechar de la mejor manera los recursos. Se trataba de hacer retroceder el ámbito estatal, reducir la influencia de los grupos de

> La complementariedad de las diversas industrias proporciona los principales argumentos a favor de la industrialización planificada a gran escala.
> **Paul Rosenstein-Rodan**

presión y permitir que rigiera el mecanismo de precios.

En la década de 1980, esta revisión condujo al auge de la política de desarrollo de libre mercado. El Banco Mundial y el FMI introdujeron «programas de ajuste estructural» para insuflar principios de mercado en las economías africanas. La llamada «terapia de choque», aplicada en Europa Oriental tras la caída del comunismo, tenía como objetivo restablecer rápidamente los sistemas de mercado. Sin embargo, dichos experimentos fueron criticados por agravar la pobreza sin lograr construir unas economías dinámicas y diversificadas.

Políticas favorables al mercado

En la actualidad, el desencanto con el ajuste estructural ha llevado a un nuevo consenso que combina las nociones de los primeros pensadores de la economía del desarrollo con una visión más optimista de los mercados, vistos hoy como vitales en los países pobres para crear incentivos y así movilizar recursos de un modo rentable. A la vez, economistas como el estadounidense Joseph Stiglitz han señalado los fallos del mercado al nivel de la pequeña empresa que suelen perjudicar a los países en desarrollo. Así, por ejemplo, no pueden hacerse inversiones rentables si las pequeñas empresas no pueden obtener préstamos. El Estado puede tener un papel a la hora de corregir estos fallos, y ayudar así al mecanismo de precios a funcionar mejor. Este consenso, conocido en ocasiones como *market-friendly approach* (literalmente, enfoque amistoso o favorable al mercado), considera a los mercados y al Estado como complementarios.

Con todo, a principios del siglo XXI hubo un resurgimiento de las ideas del gran impulso. En 2000 las Naciones Unidas marcaron unos objetivos de desarrollo para 2015, entre los que figuraba la educación primaria universal, la erradicación del hambre y la reducción de las tasas de mortalidad infantil. Esto implica la promesa de los países donantes de mantener las ayudas, y requiere grandes inversiones coordinadas en toda una serie de sectores y proyectos de infraestructura. ■

En 1965, Singapur se convirtió en un estado-nación moderno. Las políticas del gobierno atrajeron la inversión extranjera y el país prosperó gracias a las industrias de exportación como el petróleo refinado.

Desarrollo en América Latina

Después de la Segunda Guerra Mundial, numerosos gobiernos latinoamericanos intervinieron en sus economías con el fin de promover la industrialización de muchos sectores. Limitaron las importaciones y crearon nuevas industrias para producir los mismos bienes, imponiendo tarifas y controles para limitar la competencia extranjera.

También invirtieron en la infraestructura necesaria para la industria, con ayuda y asistencia técnica extranjeras. Este proceso se conoció como industrialización por sustitución de importaciones, y tuvo mayor éxito en los países con unos mercados interiores lo bastante grandes como para que su industria pesada conviviera con las empresas orientadas al consumo de manera viable, como Brasil y Venezuela.

Según los críticos, los países latinoamericanos tendrían que haberse centrado en aquellos sectores en los que gozaban de ventaja y animar a las empresas a exportar y ser competitivas en el mercado internacional.

La industria petrolera boliviana recibió en 2011 unas inversiones gubernamentales sin precedentes. Privatizada en la década de 1990, fue renacionalizada en 2006.

LA GENTE SE VE INFLUIDA POR ALTERNATIVAS IRRELEVANTES

TOMA DE DECISIONES IRRACIONAL

EN CONTEXTO

ENFOQUE
Toma de decisiones

PENSADOR CLAVE
Maurice Allais (1911–2010)

ANTES
1944 John von Neumann y Oskar Morgenstern publican la obra *A Theory of Games and Co-operative Behaviour*, donde sientan las bases de la teoría de la utilidad esperada.

1954 Leonard Jimmie Savage, matemático estadounidense, muestra cómo el ser humano calcula las probabilidades de los acontecimientos inciertos.

DESPUÉS
1979 Daniel Kahneman y Amos Tversky revelan algunas discrepancias entre las tesis de la teoría económica y sus experimentos psicológicos.

Década de 1980 Se instaura la economía del comportamiento, que integra la psicología con las técnicas matemáticas de la economía.

Se supone que los individuos **toman decisiones de forma racional**.

En teoría, escogen sobre la sola base de **la probabilidad y la conveniencia** de distintos resultados.

Pero el comportamiento **observado contradice** esto.

Las personas a veces cambian sus preferencias cuando se añaden **alternativas comunes**.

La gente se ve influida por alternativas irrelevantes.

En el año 1944, el matemático estadounidense John von Neumann y el economista de origen alemán Oskar Morgenstern desarrollaron la teoría de la utilidad esperada para describir la toma de decisiones en condiciones de incertidumbre. La «utilidad» es una medida de satisfacción, y los economistas emplean unidades de utilidad para hablar de la cantidad de satisfacción que proporcionan diversos resultados. Esta teoría supone que las personas son racionales cuando se enfrentan a alternativas sin resultados garantizados: sopesan la utilidad que ofrece cada resultado en función de la probabilidad de que se dé, y luego escogen la opción que promete mayor utilidad. El modelo aplica un enfoque matemático a la toma de decisiones, y ha servido para analizar comportamientos económicos de todo tipo en situaciones de incertidumbre.

Véase también: El hombre económico 52–53 ▪ Riesgo e incertidumbre 162–163 ▪ Paradojas en la toma de decisiones 248–249 ▪ Economía del comportamiento 266–269

Sin embargo, en 1953, el francés Maurice Allais desafió dicha teoría de la escuela estadounidense (como él la llamó) señalando que la teoría de la utilidad esperada se basa en un supuesto, conocido como el axioma de la independencia, según el cual las personas examinan desapasionadamente la probabilidad de los resultados y la utilidad que aporta cada uno; en particular, que consideran cada opción de modo independiente, ignorando los factores que son comunes a diversas opciones. Según Allais, esto rara vez se da, si es que se da alguna vez. Su objeción vino a conocerse como la paradoja de Allais.

Elección irracional

No podemos ver directamente el proceso del pensamiento de la gente cuando elige, pero podemos observar sus opciones y comprobar si son coherentes con la racionalidad y con el axioma de la independencia. Imaginemos que nos dan a escoger entre una manzana y una naranja, y que escogemos la manzana. Ahora imaginemos que podemos escoger entre una manzana, una naranja y un melocotón. El axioma de la independencia supone que podríamos escoger la manzana de nuevo, o el melocotón, pero que no escogeríamos la naranja, dado que el añadido del melocotón no puede variar nuestra preferencia por las manzanas frente a las naranjas.

Las violaciones de la independencia detectadas por Allais, sin embargo, se dan en situaciones de incertidumbre. Supongamos que podemos elegir entre dos «loterías», cada una de ellas con varios resultados posibles y probabilidades particulares. La primera ofrece un 50% de probabilidades de una manzana y un 50% de probabilidades de un melocotón; la segunda, un 50% de una naranja y un 50% de un melocotón. Si preferimos las manzanas a las naranjas, deberíamos elegir las primeras: por el axioma de la independencia, la adición del melocotón a cada lotería –haciendo que este sea un resultado igualmente probable en ambas opciones– no debería suponer diferencia alguna a la hora de escoger entre manzana y naranja; pero en la práctica, en muchos casos la supone.

En experimentos realizados con formas más complejas de este tipo de opciones, la gente viola a menudo el axioma de la independencia, lo cual pone en entredicho la idea económica al uso de que los humanos actúan siempre de forma racional. Por alguna razón, la presencia de otras opciones en una serie importa a las personas. El descubrimiento de esta clase de conducta dio lugar al nuevo campo de la economía del comportamiento (pp. 266–269), que trata de idear modelos de toma de decisiones psicológicamente más realistas. ▪

> Sea cual sea su atractivo, ninguno de los postulados fundamentales formulados por la escuela estadounidense resiste el análisis.
> **Maurice Allais**

Maurice Allais

Maurice Allais nació en París en 1911. Su padre murió en la Primera Guerra Mundial, y esto le afectó profundamente. Destacó en la escuela y estudió matemáticas en la prestigiosa École Polytechnique, graduándose como el primero de su clase en 1933. Después de prestar el servicio militar, trabajó como ingeniero y como director de departamento en la École Nationale Supérieure des Mines. Durante este tiempo publicó sus primeros escritos sobre economía. En 1948, la École Nationale le permitió dedicarse por entero a la enseñanza y la escritura, y se convirtió en su profesor de análisis económico. Allais, un polímata, hizo también varias aportaciones a la física. En 1978 fue el primer economista galardonado con la medalla de oro del Centro Nacional de Investigaciones Científicas de Francia. En 1988 se le concedió el Nobel de economía. Murió en 2010.

Obras principales

1943 *À la recherche d'une discipline économique.*
1947 *Économie et intérêt.*
1953 *Le comportement de l'homme rationnel devant le risque.*

LOS GOBIERNOS DEBEN LIMITARSE A CONTROLAR LA OFERTA DE DINERO

POLITICA MONETARISTA

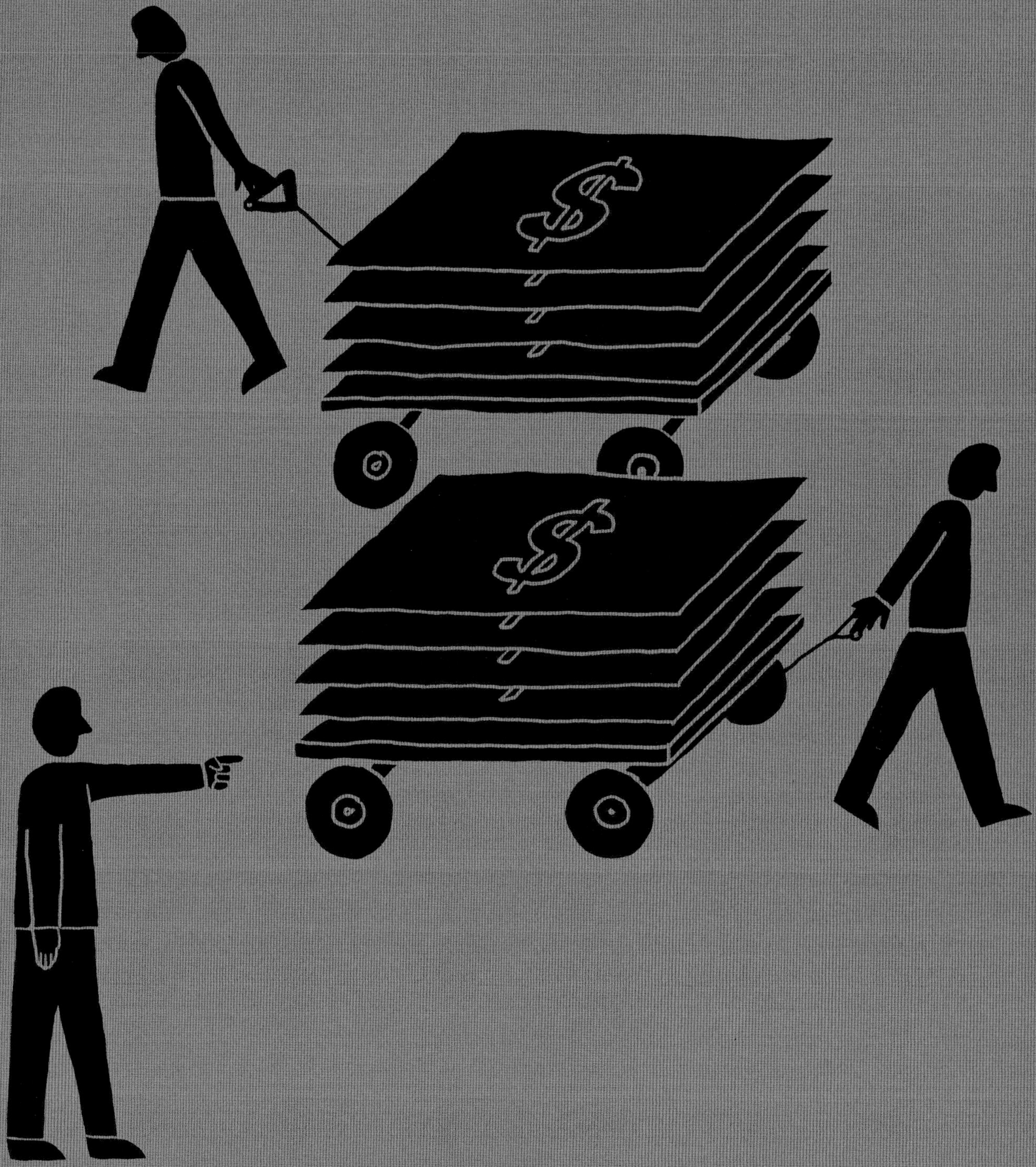

LA GENTE REPARTE SU CONSUMO A LO LARGO DE LA VIDA

AHORRAR PARA GASTAR

EN CONTEXTO

ENFOQUE
Toma de decisiones

PENSADOR CLAVE
Franco Modigliani
(1918–2003)

ANTES
1936 John Maynard Keynes publica su obra *Teoría general de la ocupación, el interés y el dinero*, que propone una función matemática simple para describir el consumo.

1938 El keynesiano Alvin Hansen predice el estancamiento a largo plazo en la economía de EE UU.

DESPUÉS
1978 El estadounidense Robert Hall concibe una función para describir el consumo en EE UU que podría ratificar una versión de la teoría de Friedman.

1982 Los estadounidenses Robert Hall y Frederick Mishkin sugieren que los hogares siguen una «regla práctica» al planificar su consumo.

Los hogares dedican una **proporción variable** de sus **ingresos del momento** al consumo.

↓

Esto se debe a que los individuos son **racionales, miran al futuro** y **temen los batacazos**.

↓

Consumen basándose en sus **expectativas de ingresos a lo largo de la vida**, no en los del momento.

↓

Ahorran de jóvenes, y consumen sus **ahorros** en la vejez.

↓

La gente reparte su consumo a lo largo de la vida.

En 1936, la obra *Teoría general de la ocupación, el interés y el dinero* de John Maynard Keynes puso de manifiesto la vital importancia del consumo: si la demanda total de la economía es fundamental para su buen funcionamiento, los grupos que sostienen dicha demanda son de gran importancia. El gasto público pasó a estar bajo control gubernamental, y las inversiones de las empresas se relacionaron con los tipos de interés. El consumo de los hogares, sin embargo, presentaba un desafío mayor.

Según Keynes (p. 161), estos consumían una fracción de sus ingresos y ahorraban el resto, ahorrando más cuanto más ricos eran. La proporción que gastan todos los hogares determina el tamaño del «multiplicador» (pp. 164–165), la cantidad en que se incrementa el gasto público al aplicarse. Este crea empleos e ingresos, lo cual se multiplica con el gasto de sus beneficiarios, influyendo así en la economía general. Para los economistas keynesianos, dicho efecto multiplicador se encuentra detrás del modo en que la economía se mueve del auge a la recesión a lo largo del tiempo; por ello resulta fundamental hacerse una idea cabal del consumo.

Véase también: El hombre económico 52–53 ▪ Préstamo y deuda 76–77 ▪ El multiplicador keynesiano 164–165 ▪ Expectativas racionales 244–247

La teoría de John M. Keynes hace tres predicciones empíricas. Primera: los hogares más ricos ahorrarán más que los pobres. Segunda: a lo largo del tiempo, a medida que crece la economía, la cantidad que gasta la gente aumentará con menor rapidez que los ingresos, pues los hogares se enriquecen y gastarán una proporción menor de sus ingresos. Tercera: en consecuencia, las economías más ricas se volverán cada vez más «letárgicas»; cuando el consumo se reduce en relación con los ingresos, se reduce el multiplicador y la economía se estanca.

Ahorros de una vida

Las predicciones de la teoría, sin embargo, no casaban bien con la realidad. En muchos países, la relación entre consumo por hogar e ingresos a la larga resultó ser estable en lugar de reducirse con el crecimiento; fluctuaba durante periodos breves, pero no se movía en ninguna dirección en particular. Tras la Segunda Guerra Mundial, los economistas predijeron el estancamiento, pero hubo un auge económico generalizado.

Solo se puede disfrutar la jubilación si hay fondos para sustituir a los ingresos. Según Modigliani, nuestra conciencia de ello nos lleva a ahorrar para mantener un consumo constante.

> Las generaciones sucesivas parecen ser cada vez menos ahorradoras.
> **Franco Modigliani**

Dos soluciones a este misterio obtuvieron buena aceptación, y ambas proponían que los individuos racionales no consumen ciegamente a partir de sus ingresos del momento, sino que miran al futuro y valoran cuánto deben ahorrar. En 1954, el italiano Franco Modigliani apuntó a una relación con las fases de la vida. Cuando las personas son económicamente activas, ahorran para la vejez, y durante esta consumen sus ahorros; tratan de mantener constante el consumo, repartiéndolo a lo largo del tiempo. Esto se conoce como hipótesis del ciclo vital.

Tres años después, el estadounidense Milton Friedman (p. 199) propuso la teoría de que la gente reparte su consumo a lo largo del tiempo en función de sus «ingresos permanentes»: la expectativa de ganancias futuras, basada principalmente en su riqueza del momento. Cualquier ingreso extra es «transitorio», y se ahorra. Esto se conoce como hipótesis del ingreso permanente.

Los desarrollos más recientes de las teorías del consumo han propuesto que de hecho los consumidores tienden a aplicar «reglas prácticas» y otros criterios no racionales en sus decisiones sobre cuánto gastar o ahorrar. ■

Franco Modigliani

Franco Modigliani nació en Roma en el año 1918. Aunque comenzó estudiando derecho en la Universidad de Roma, pronto se pasó a la economía. En 1938 Mussolini aprobó una serie de leyes antisemitas, y Modigliani se marchó con su mujer, la activista antifascista Serena Calabi, a París y más tarde a Nueva York. Mientras estudiaba mantuvo a su familia gracias a la venta de libros, y luego desempeñó una serie de puestos docentes hasta llegar a ser catedrático de economía en el Massachusetts Institute of Technology (MIT). En 1985 fue galardonado con el premio Nobel por sus pioneros análisis sobre el ahorro y los mercados financieros. Falleció en 2003. El economista estadounidense Paul Samuelson se refirió a él en una ocasión como «el mayor macroeconomista vivo».

Obras principales

1954 *Utility Analysis and the Consumption Function* (con Richard Brumberg).
1958 *The Cost of Capital, Corporation Finance and the Theory of Investment* (con Merton Miller).
1966 *The Life-cycle Hypothesis of Saving.*

LAS TEORIAS SOBRE LA EFICIENCIA DEL MERCADO REQUIEREN MUCHOS SUPUESTOS

MERCADOS E INCIDENCIAS SOCIALES

EN CONTEXTO

ENFOQUE
Economía del bienestar

PENSADOR CLAVE
Gérard Debreu (1921–2004)

ANTES
1874 El francés Léon Walras demuestra que una economía competitiva y descentralizada puede alcanzar un equilibrio estable.

1942 El economista polaco Oscar Lange aporta una prueba de la eficiencia de los mercados.

DESPUÉS
1967 El estadounidense Herbert Scarf presenta un método para aplicar datos económicos reales a modelos de equilibrio general.

Década de 1990 Los nuevos modelos macroeconómicos integran tanto el análisis del equilibrio general como datos del mundo económico real a lo largo del tiempo.

En las décadas de 1860 y 1870, la corriente principal de la ciencia económica había desarrollado una serie de postulados acerca del mundo, ofreciendo modelos matemáticos que permitían a los economistas valorar el comportamiento individual en ciertas condiciones del mercado. Estos modelos procedían de las matemáticas aplicadas, que se hallaban en pleno desarrollo. Dicho enfoque, llamado a veces «revolución marginalista», suponía la afirmación de que el valor lo determinan las preferencias y recursos de la gente más que cualquier otra referencia más objetiva o absoluta, e hizo posible plantear diversas y acuciantes cuestiones teóricas de

Véase también: Economía de libre mercado 54–61 ▪ Equilibrio económico 118–123 ▪ Eficiencia y justicia 130–131 ▪ Teoría del segundo mejor 220–221

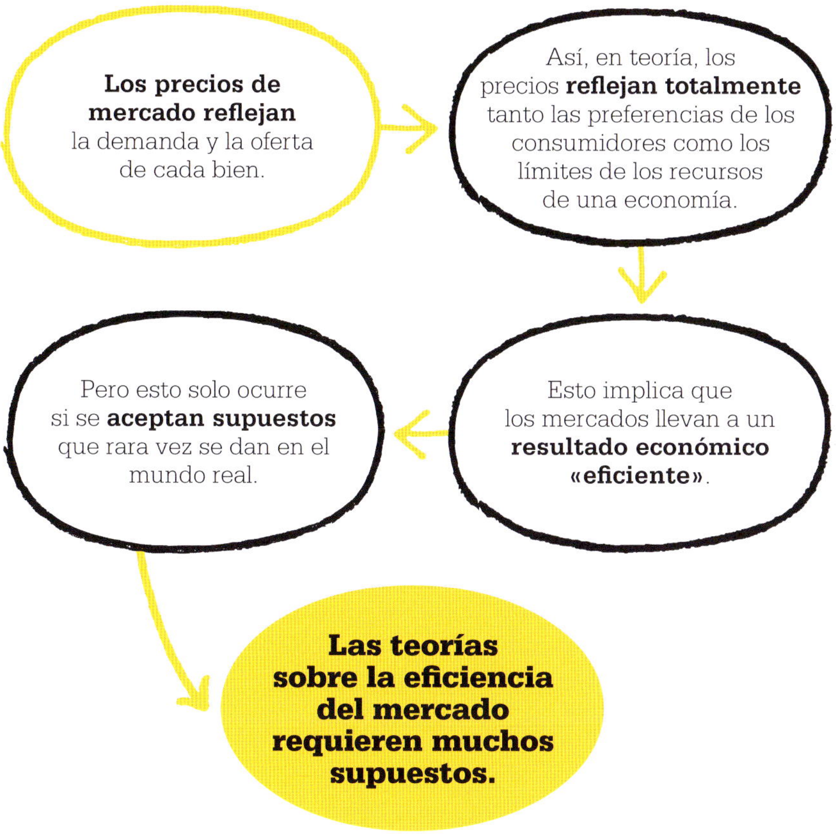

modos nuevos. ¿Guiaba realmente la «mano invisible» de Adam Smith a los individuos hacia los mejores resultados disponibles? Los mercados, ¿eran más o menos eficientes que otros medios para guiar a la sociedad? ¿Podían siquiera existir mercados totalmente libres?

Mercados estables

El economista francés Léon Walras (p. 120) fue uno de los pioneros de dicha revolución teórica, e intentó demostrar que los mercados, dejados a su arbitrio, pueden conseguir un resultado estable para el conjunto de la sociedad, equilibrando perfectamente la demanda de los consumidores y las empresas con la oferta »

Los gobiernos redistribuyen la riqueza gravando bienes como la gasolina. Bajo ciertos supuestos, se muestra que el libre mercado se ajusta y logra un uso eficiente de los bienes pese a los impuestos.

Gérard Debreu

Nacido en Calais (Francia) en 1921, Gérard Debreu se formó en la École Normale Supérieure de París durante la ocupación alemana. Después de servir en el ejército francés, retomó los estudios de matemáticas y se interesó por los problemas económicos. En el año 1949, una beca de investigación le permitió visitar algunas de las universidades más destacadas de EE UU, Suecia y Noruega, donde estudió planteamientos económicos aún desconocidos en Francia por aquella época. En EE UU, Gérard Debreu pasó a formar parte de la influyente comisión Cowles, que durante la década de 1930 se dedicó al tratamiento matemático de las cuestiones económicas. Trabajó en las universidades estadounidenses de Stanford y Berkeley como profesor de economía y matemáticas. En 1983 fue galardonado con el premio Nobel. Murió en 2004, a los 83 años de edad.

Obras principales

1954 *Existence of an equilibrium for a competitive economy* (con Kenneth Arrow).
1959 *Teoría del valor: Un análisis axiomático del equilibrio económico.*

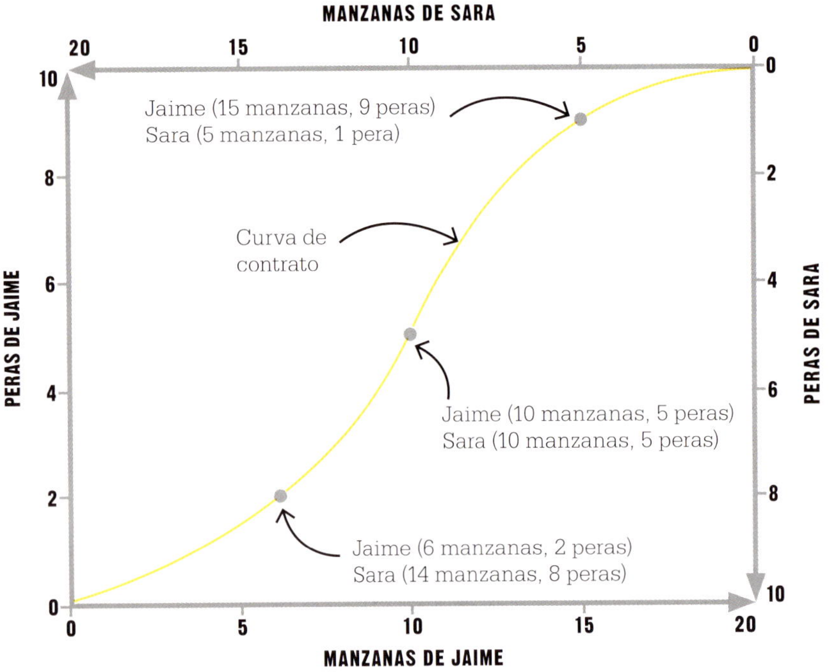

La caja de Edgeworth es una forma de mostrar la distribución de los bienes en una economía. En el ejemplo, la economía consta de dos personas –Jaime y Sara– y dos bienes –20 manzanas y 10 peras–. Cada punto de la caja representa una posible distribución de las manzanas y las peras entre los dos. La línea amarilla es la curva de contrato, que representa la posible distribución de bienes que podrían lograr Jaime y Sara después de comerciar. El comercio en los puntos de esta curva resulta en eficiencia de Pareto.

de bienes y servicios. Se sabía que un solo mercado podía lograr este equilibrio, pero no estaba tan claro que todo un conjunto de ellos pudiera hacer lo mismo.

El problema del «equilibrio general» fue resuelto rigurosamente en 1954 por el matemático francés Gérard Debreu y el economista estadounidense Kenneth Arrow (p. 209). Aplicando matemáticas avanzadas, demostraron que bajo ciertas condiciones un conjunto de mercados podía alcanzar el equilibrio general. En cierto sentido, Arrow y Debreu habían reelaborado el argumento de Adam Smith de que los mercados libres llevarían al orden social; pero Smith afirmaba algo más que el mero hecho de que los mercados tienden hacia un punto de estabilidad, sosteniendo además que este equilibrio era deseable porque suponía una sociedad libre.

Eficiencia de Pareto

Los economistas modernos miden la deseabilidad empleando un concepto llamado «eficiencia de Pareto» (pp. 130–131). En una situación eficiente de Pareto, es imposible que aumente la riqueza de una persona sin que disminuya la de otra. En una economía se produce una mejora si los bienes cambian de manos de tal modo que el bienestar de al menos una persona aumente sin que se resienta el de nadie. Arrow y Debreu relacionaron el equilibrio del mercado con la eficiencia de Pareto, y de esta forma pusieron a prueba rigurosamente la postura defendida por Smith de que los resultados del mercado son buenos. Lo hicieron demostrando dos teoremas, conocidos como «teoremas fundamentales de la economía del bienestar».

El primer teorema del bienestar sostiene que toda economía de libre mercado puro en equilibrio resulta necesariamente eficiente de Pareto, es decir, que conduce a una distribución de los recursos en la que es imposible que alguien mejore su situación sin que empeore la de otro. Los individuos comienzan con una «dotación» de bienes determinada, comercian entre sí y finalmente alcanzan un equilibrio, que según el teorema será eficiente.

La eficiencia de Pareto es, no obstante, un criterio ético débil: una situación en la que una persona rica poseyera la totalidad de un bien deseado y los demás no tuvieran nada sería eficiente de Pareto, pues sería imposible privar de parte del bien al rico sin empeorar su situación. Así, este primer teorema del bienestar afirma que los mercados son eficientes, pero no dice nada acerca de la cuestión crucial de la distribución.

El segundo teorema del bienestar trata este problema. En toda economía suele haber numerosas distribu-

> Cómo tiene lugar esta coordinación [de oferta y demanda] ha sido una cuestión central de la teoría económica desde Adam Smith.
> **Kenneth Arrow**

> Una distribución de recursos puede ser eficiente en el sentido de Pareto pero suponer enormes riquezas para unos y miseria para otros.
> **Kenneth Arrow**

ciones de recursos eficientes de Pareto, algunas razonablemente justas, y otras muy injustas. El teorema postula que cualquiera de esas distribuciones eficientes de Pareto se puede conseguir a través del libre mercado, lo cual los economistas representan como una «curva de contrato». Sin embargo, para lograr alguna de estas distribuciones en particular es necesaria una redistribución inicial de las dotaciones individuales. Entonces puede comenzar el comercio y se da la distribución eficiente particular.

La implicación práctica de este teorema es que un gobierno puede redistribuir los recursos –por medio de impuestos– y a continuación dejar que el libre mercado garantice que la distribución que se alcance sea eficiente. La equidad y la eficiencia van de la mano.

Límites en el mundo real

Los resultados de Arrow y Debreu dependen de supuestos muy estrictos, y si estos no se dan, la eficiencia puede quedar en entredicho, situación que los economistas denominan «fallo de mercado». Para que los teoremas tengan validez, los individuos deben conducirse conforme a la racionalidad económica y responder perfectamente a las señales del mercado, cosa que evidentemente no sucede en la realidad. Por ejemplo, el comportamiento de las empresas tendría que ser competitivo, cuando de hecho el mundo está lleno de monopolios.

Además, los teoremas del bienestar no se aplican cuando hay economías de escala, como en aquellas situaciones en que hay grandes empresas que requieren unas enormes inversiones iniciales, como las encargadas de mantener grandes obras públicas. Otra condición importante para la eficiencia del equilibrio es que no debe haber «externalidades», es decir, costes y beneficios que no se reflejan en los precios del mercado. Así, por ejemplo, el ruido de un taller de motocicletas puede perjudicar a la productividad de una empresa vecina de contabilidad, pero los dueños del taller no tienen en consideración este coste más amplio porque no afecta a sus costes privados. Las externalidades inhiben la eficiencia. Asimismo, si los individuos no cuentan con toda la información acerca de los precios y las características de los bienes que compran, es probable que los mercados fallen.

Utilidad de los teoremas

Es tentador preguntar para qué sirve este modelo si sus supuestos están tan alejados de la realidad que son inaplicables a situación alguna; pero los modelos teóricos no pretenden representar fielmente la realidad: si fuera así, el modelo de Arrow y Debreu sería inútil. Lo cierto es que sus teoremas responden a una pregunta esencial: ¿bajo qué condiciones resultan los mercados eficientes? La severidad de esas condiciones nos dice por cuánto y de qué manera las economías reales no consiguen una eficiencia plena. Las condiciones de Arrow y Debreu apuntan, pues, a lo que podríamos hacer para acercarnos a la eficiencia. Así, por ejemplo, podríamos poner precio a la contaminación para enfrentarnos a las externalidades, romper los monopolios para hacer los mercados más competitivos, o crear instituciones para ayudar a informar a los consumidores sobre lo que compran.

El trabajo de Arrow y Debreu sirvió para poner los cimientos de gran parte de la economía de posguerra. Hubo intentos de redefinir sus hallazgos y de estudiar la eficiencia de las economías bajo distintos supuestos; y se construyeron grandes modelos macroeconómicos, tanto teóricos como empíricos, con el enfoque del equilibrio general de Arrow y Debreu. Pero algunos han criticado este enfoque por no tener en cuenta el carácter caótico e impredecible de las economías del mundo real, y recientemente estas voces se han hecho oír con mayor fuerza porque estos modelos no fueron capaces de predecir el desplome financiero de 2008. ■

Los modelos de equilibrio no predijeron la crisis de 2008, iniciada cuando Lehman Brothers quebró y despidió a todo su personal. Esto suscitó las críticas a los supuestos básicos de esos modelos.

NO HAY SISTEMA DE VOTACION PERFECTO

TEORIA DE LA ELECCION SOCIAL

EN CONTEXTO

ENFOQUE
Economía del bienestar

PENSADOR CLAVE
Kenneth Arrow (n. en 1921)

ANTES
1770 Jean-Charles de Borda, matemático francés, diseña un sistema de votación preferencial.

Década de 1780 El pensador inglés Jeremy Bentham propone el utilitarismo, que busca la mayor felicidad para el mayor número de gente posible.

1785 Nicolas de Condorcet publica su obra *Essai sur l'application de l'analyse à la probabilité des décisions rendues à la pluralité des voix*, donde plantea la paradoja original de la votación.

DESPUÉS
1998 El economista indio Amartya Sen recibe el Nobel por su trabajo sobre economía del bienestar y teoría de la elección social.

A primera vista, la matemática electoral tiene poco que ver con la economía, pero en el campo de la economía del bienestar, y en particular el de la elección social, desempeña un papel crucial. La teoría de la elección social fue desarrollada por el estadounidense Kenneth Arrow en la década de 1950. Arrow observó que para evaluar el bienestar económico de una sociedad, se deben tener en cuenta los valores de sus individuos. Para tomar decisiones colectivas que determinan el bienestar y el estado social de una sociedad, debe haber un sistema para que los individuos expresen sus preferencias y para combinar estas. El proceso de toma de decisiones colectivas depende de un

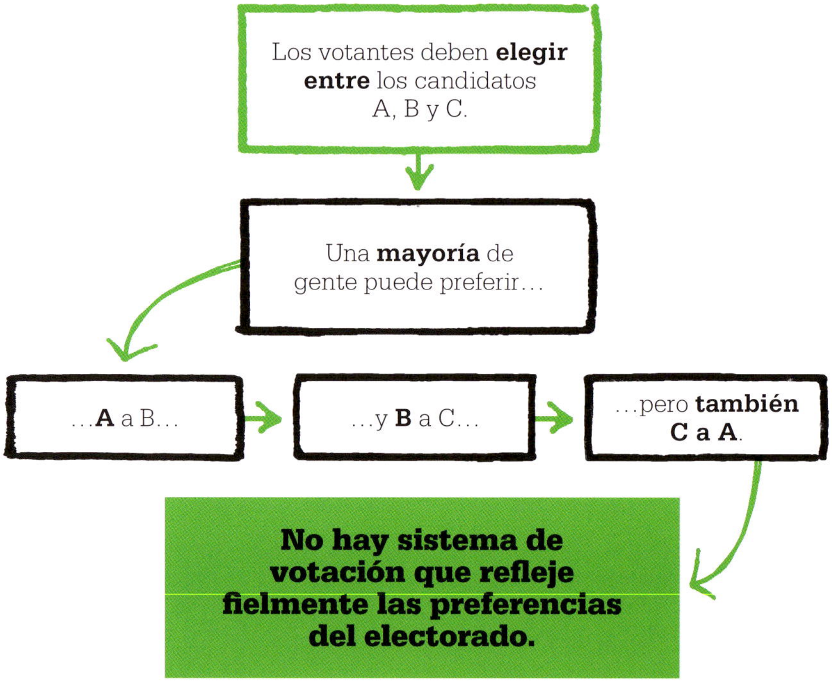

Véase también: Eficiencia y justicia 130–131 ▪ Mercados e incidencias sociales 210–213 ▪ Economía social de mercado 222–223

> En una democracia capitalista hay dos métodos esenciales de elección social: el voto [...] y el mecanismo del mercado.
>
> **Kenneth Arrow**

sistema de votación justo y eficiente, pero en *Elección social y valores individuales* (1951) Arrow demostró que se da una paradoja.

La paradoja del voto

La llamada paradoja del voto fue descrita por primera vez casi doscientos años antes por el pensador y matemático francés Nicolas de Condorcet (1743–1794), quien comprobó que era posible que una mayoría de votantes prefiriera a A antes que a B, y a B antes que a C, y a la vez expresar una preferencia por C respecto a A. Por ejemplo, si un tercio de los votantes ordena el voto por A-B-C, otro tercio por B-C-A, y el tercio restante por C-A-B, entonces hay una mayoría clara a favor de A sobre B y de B sobre C. Intuitivamente, esperaríamos que C quede al final de la lista de las opciones; pero resulta que una mayoría también prefiere a C antes que a A. En tales casos, tomar una decisión colectiva justa es realmente problemático.

Arrow señaló que un sistema de voto que refleje fielmente las preferencias del electorado no es tan solo problemático, sino imposible. Para ello, propuso una serie de criterios de equidad que debería satisfacer un sistema de voto ideal, y demostró que no existía ningún sistema que fuese capaz de satisfacerlos todos. De hecho, si se cumple una mayoría de supuestos razonables, se produce un resultado inesperado: uno de los criterios de equidad es que no debe haber un «dictador», es decir, un individuo que determine la decisión colectiva; sin embargo, se da la paradoja de que cuando se cumplen todas las demás condiciones, surge precisamente esa figura.

El bienestar de muchos

La paradoja de Arrow (también conocida como teorema de la posibilidad general) es uno de los cimientos de la actual teoría de la elección social, y sus criterios de equidad han servido de base para idear sistemas de votación justos que tienen en cuenta las preferencias de los individuos.

Así, la teoría de la elección social se ha convertido en un importante campo de estudio de la economía del bienestar, y evalúa los efectos de las políticas económicas. Dicho estudio, que nació con el desarrollo de teoremas abstractos, se ha aplicado a situaciones económicas concretas en las que los gobiernos y otros agentes planificadores han de ponderar constantemente el bienestar de grandes sectores de la población, y tienen profundas implicaciones para aquellos problemas económicos fundamentales derivados de la distribución de los recursos y de la riqueza. ■

El derecho a votar en las urnas (en la imagen, en Francia, en el siglo XIX) está muy arraigado en Occidente y es casi universal, pero el sistema de votación perfecto todavía no existe.

¿Qué son las funciones del bienestar social?

Hay varios métodos para valorar el bienestar de una sociedad. Los utilitaristas del siglo XIX creían que los niveles individuales de utilidad, o felicidad, se podían sumar para medir el bienestar general. En un intento similar, algunos economistas posteriores desarrollaron las «funciones del bienestar social», pero estas no implicaban necesariamente la medida de la utilidad. Arrow y otros formularon estas funciones como un medio de convertir las preferencias individuales en *rankings* de estados sociales posibles (su posición económica en la sociedad).

Hay una dimensión ética en el pensamiento del bienestar social. Una forma simple de utilitarismo hace hincapié en maximizar la felicidad total, más que en su distribución; otra, propuesta por el filósofo estadounidense John Rawls (1921–2002), atiende sobre todo al bienestar de las personas menos favorecidas de la sociedad.

EL OBJETIVO ES MAXIMIZAR LA FELICIDAD, NO LOS INGRESOS

ECONOMIA DE LA FELICIDAD

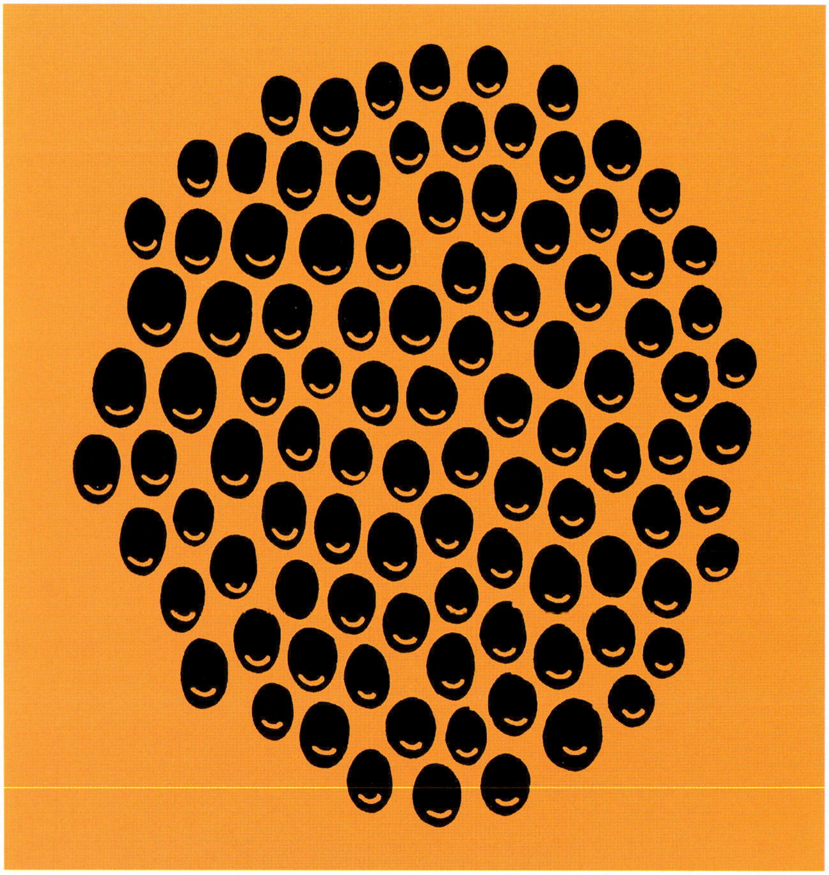

EN CONTEXTO

ENFOQUE
Economía y sociedad

PENSADOR CLAVE
Richard Easterlin (n. en 1926)

ANTES
1861 John Stuart Mill arguye que un acto moral es aquel que maximiza la felicidad general.

1932 El economista Simon Kuznets publica las primeras cuentas nacionales para EE UU, basadas puramente en variables económicas convencionales.

DESPUÉS
1997 El británico Andrew Oswald manifiesta que la falta de trabajo es la principal causa de la infelicidad.

2005 El británico Richard Layard publica *La nueva felicidad: Lecciones de una nueva ciencia*, donde retoma el debate sobre la relación entre felicidad e ingresos.

Las primeras cuentas nacionales modernas fueron elaboradas para EE UU durante la década de 1930 por el economista ruso-estadounidense Simon Kuznets. Su trabajo pionero condujo a la elaboración de cuentas nacionales en el Reino Unido, Alemania y otros países desarrollados. Dichas cuentas constituían un resumen de todas las transacciones de una economía a lo largo de un año para ofrecer una cifra de ingresos nacionales, lo que se conocería como producto interior bruto (PIB). Los primeros economistas, como el francés François Quesnay, ya habían intentado realizar mediciones similares, pero fracasaron ante la inmensidad de la tarea, que

Véase también: Medida de la riqueza 36–37 ▪ Eficiencia y justicia 130–131 ▪ Consumo suntuario 136 ▪ Mercados e incidencias sociales 210–213 ▪ Economía del comportamiento 266–269 ▪ Economía y género 310–311

La envidia es una de las causas de la infelicidad. El hecho de que los vecinos posean más que uno puede llegar a afectar más al bienestar que lo que uno posee.

solo fue posible abordar gracias a los avances en la estadística, las técnicas de sondeo y los estudios del conjunto de la economía.

Una cifra polémica

Desde su primera aparición, las cifras del PIB gozaron de un enorme atractivo para políticos, periodistas y economistas: de manera sencilla, parecen resumir todos los aspectos más importantes de una economía. Un PIB en ascenso significa más empleo y salarios más altos, mientras que su caída supone desempleo e incertidumbre. Después de la Segunda Guerra Mundial, los debates sobre política económica se convirtieron en poco más que una serie de argumentos sobre cómo incrementar el PIB. Se aplicaron políticas distintas, pero todas con el mismo objetivo.

De este modo, sin embargo, se obviaban ciertas cuestiones importantes. El PIB es tan solo una cifra, y quizá no la más importante. No existe un vínculo necesario entre el PIB y el bienestar social real, como afirmó el propio Kuznets ante una sesión del congreso de EE UU. Un PIB en ascenso puede repartirse entre muy pocos y no mejorar en nada la situación de los demás. Otros factores que procuran felicidad, como las relaciones familiares o de amistad, no se reflejan en dicha cifra. Sin embargo, el PIB se convirtió en la estadística por excelencia en economía, y en símbolo de la buena marcha de un país. Se había extendido la creencia, nunca demostrada, de que incluso donde el PIB no se correspondiera con el bienestar social, ambos se moverían en la misma dirección.

En 1974, el economista estadounidense Richard Easterlin lanzó un desafío directo al concepto del PIB y las cuentas nacionales. Easterlin estudió encuestas sobre la felicidad de la gente realizadas en 19 países durante las tres décadas precedentes, y estas apuntaban a que el vínculo entre PIB y bienestar no era tan sólido como se creía: la felicidad ascendía con los ingresos, como se esperaba, pero para aquellos con unas ganancias por encima del nivel de subsistencia, el grado de felicidad no variaba mucho en los diversos países, pese a las grandes diferencias entre su respectivo PIB. La gente de los países ricos no era necesariamente la más feliz. »

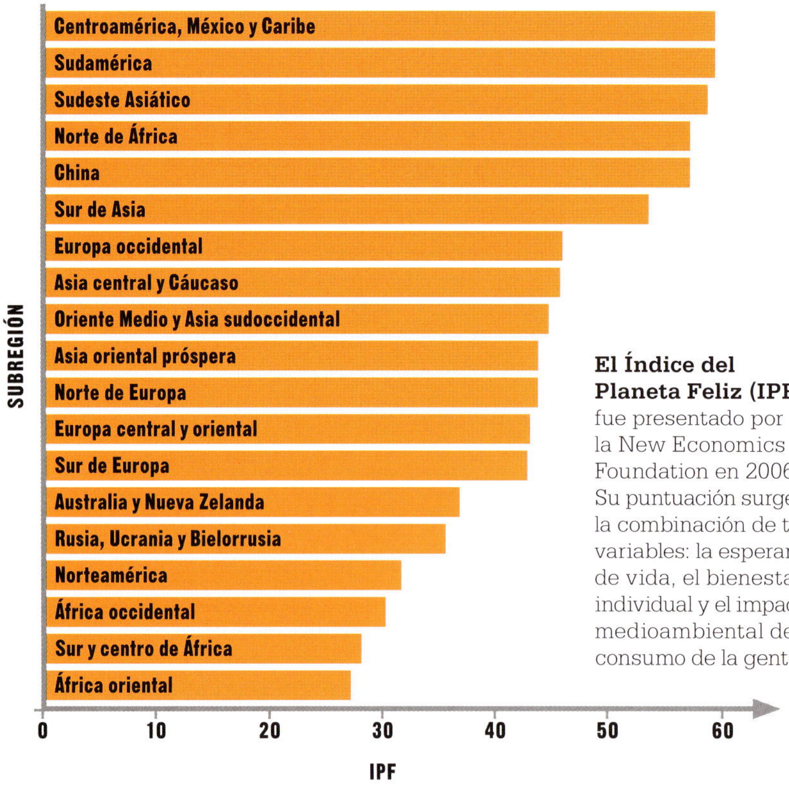

El Índice del Planeta Feliz (IPF) fue presentado por la New Economics Foundation en 2006. Su puntuación surge de la combinación de tres variables: la esperanza de vida, el bienestar individual y el impacto medioambiental del consumo de la gente.

En EE UU se produjo un aumento continuo y relativamente rápido del PIB desde 1946, pero los niveles de felicidad reflejados en las encuestas no parecían ir a la par; de hecho, fueron declinando a lo largo de la década de 1960. El dinero, al parecer, no daba la felicidad. Los resultados de las encuestas de Easterlin se conocieron como la paradoja de Easterlin, y dieron lugar a nuevos estudios sobre las relaciones entre economía y bienestar, una cuestión abandonada desde finales del siglo XIX. Los estudiosos trataron de evaluar las distintas formas en que las decisiones de individuos, empresas y gobiernos pueden llegar a influir en los sentimientos de la gente acerca de sí misma y de la sociedad.

Una de las explicaciones proponía el concepto de «rutina hedónica» *(hedonic treadmill)*, acuñado en 1971 por los psicólogos estadounidenses Phillip Brickman y Donald Campbell, que alude al hecho de que la gente se adapta rápidamente a su nivel de bienestar del momento y lo mantiene con independencia de los acontecimientos, ya sean buenos o malos. Cuando aumentan sus ingresos, se adapta rápidamente al nuevo nivel de seguridad material, considerándolo como algo normal y sin sentirse más feliz que antes. Una versión extrema de esta teoría implicaría que, más allá de los ingresos de subsistencia, todo desarrollo económico es irrelevante para el bienestar, pues la felicidad de la gente la determinan factores totalmente distintos, como el carácter o las amistades.

Otros estudiosos han señalado la gran importancia de la categoría social y la comparación con los demás. Así, por ejemplo, si en una sociedad nadie tiene coche, no tenerlo carece de importancia; pero en cuanto algunos lo tengan, otros pueden sentirlo como una pérdida de categoría. El afán de mantenerse al nivel del vecino supone que, a medida que las economías crecen, la nueva riqueza tiene una influencia limitada sobre la felicidad de los individuos; todos

Una fiesta de primavera en Bután celebrada con danzas. En 1972, el rey de este país decretó que su gobierno aplicaría políticas que maximizaran la «Felicidad Interior Bruta».

> Lo económico solo importa en la medida en que haga a la gente más feliz.
> **Andrew Oswald**
> **Economista británico** (n. en 1953)

acaban compitiendo en una suerte de carrera sin fin, en la que tratan frenéticamente de consumir más que los demás. Y cuanto más desigual es la sociedad, más grave es el fenómeno.

Desafío a la paradoja

A lo largo de la primera década del siglo XXI, el interés por la paradoja de Easterlin fue en aumento y se puso en tela de juicio. Empleando datos de un mayor número de países, los economistas estadounidenses Betsey Stevenson y Justin Wolfers propusieron en 2008 que la felicidad sí crece con los ingresos de unos países a otros, y que esto conduce a un mayor bienestar.

En términos generales, los estudiosos han concluido que mientras que unos ingresos más elevados no se traducen fácilmente en unos mayores niveles de felicidad, la pérdida de ingresos tiene un efecto gravemente adverso sobre el bienestar; el paro y el desempleo lo perjudican notablemente, al igual que las enfermedades graves y las discapacidades sobrevenidas.

En otras palabras, si bien existe una relación entre el PIB y el bienestar, no se trata de una relación sencilla. Al aumentar la disponibilidad de datos, la noción del bienestar y la felicidad y como posible objetivo de las políticas gubernamentales ha ido ganando terreno, lo cual ha llevado a su vez a un lento desplazamiento del PIB como variable económica clave de la cuestión. El argumento es sencillo: si unas variables económicas no reflejan los aspectos importantes de la vida económica y social, centrarse en tales variables podría conducir a políticas equivocadas. Si las políticas se basaran en los «indicadores de felicidad» y no solamente en el PIB, surgirían nuevas prioridades. Así, por ejemplo, se procuraría un mejor equilibrio de vida y trabajo; y el desempleo podría considerarse más costoso y tomarse medidas más firmes para aliviarlo.

La población de las Bahamas obtiene una nota muy alta en el Índice de Satisfacción con la Vida, ideado por el psicólogo británico Adrian White para medir el sentimiento de bienestar.

Hoy ya se emplean medidas más amplias del bienestar, en particular cuando se trata de países en vías de desarrollo. Ejemplo de ello es el índice de desarrollo humano, que combina los ingresos con la expectativa de vida y la educación. Se ha argumentado que un enfoque estrecho y sesgado sobre el crecimiento del PIB contribuyó a encubrir los problemas derivados de la acumulación de deuda que precedió a la crisis financiera de 2008; de haberse dispuesto de indicadores más amplios, más próximos a la percepción del bienestar de la gente y de sus verdaderos intereses, el indicador del aumento del PIB por sí solo no habría sido motivo de celebración. ■

La medida de la felicidad

En el año 2007, el presidente francés Nicolas Sarkozy pidió a los economistas Joseph Stiglitz, Amartya Sen y Jean-Paul Fitoussi que estudiaran la medición del progreso tanto económico como social, y de qué manera podrían introducirse medidas más amplias de bienestar. Dicho informe, que finalmente fue publicado en 2009, argumentaba que es necesario desplazar el actual enfoque de las políticas económicas desde las medidas de producción económica (como el PIB) hacia otras medidas de bienestar y sostenibilidad. El informe, además, subrayaba especialmente el hecho de que la brecha entre los indicadores económicos al uso y el bienestar de la sociedad parece ampliarse cada vez más.

Por tanto, cualquier sistema de medida alternativo debería emplear forzosamente una serie de indicadores distintos, como por ejemplo la salud o el impacto medioambiental de los estilos de vida, en lugar de tratar de resumirlo todo en una sola cifra.

LAS POLITICAS PARA CORREGIR LOS MERCADOS PUEDEN EMPEORAR LAS COSAS

TEORIA DEL SEGUNDO MEJOR

EN CONTEXTO

ENFOQUE
Política económica

PENSADORES CLAVE
Kelvin Lancaster (1924–1999)
Richard Lipsey (n. en 1928)

ANTES
1776 Adam Smith afirma que la «mano invisible» del mercado autorregulador es superior a la intervención gubernamental.

1932 El británico Arthur Pigou defiende los impuestos como medio para corregir los fallos del mercado.

1954 Kenneth Arrow y Gérard Debreu demuestran cómo un mercado enteramente libre puede maximizar el bienestar de sus participantes en la obra *Existence of an Equilibrium for a Competitive Economy.*

DESPUÉS
A partir de 1970 La obra de Joseph Stiglitz, Amartya Sen y otros desarrolla la economía del bienestar.

En teoría, el libre mercado es la economía **más eficiente** posible.

↓

Pero las economías reales **contienen** muchas **distorsiones** que son ineficientes y pueden ser dañinas.

↓

Las distorsiones pueden estar **vinculadas**, y puede no ser posible para un gobierno eliminar algunas.

↓

Los intentos de eliminarlas pueden **empeorar los efectos** de otras distorsiones, por lo que los gobiernos deben ser cautos.

↓

Las políticas para corregir los mercados pueden empeorar las cosas.

La teoría económica común defiende que allí donde los mercados estén disponibles para todos los bienes y servicios, y todos los individuos estén bien informados, la economía será eficiente. No es posible alterar la distribución de los recursos para mejorar la situación de unos sin perjudicar a otros, por lo que el bienestar social es todo lo bueno que puede ser en un mercado libre. Por tanto, para los defensores del libre mercado, la mejor política consiste en que los gobiernos eliminen las imperfecciones de los mercados, acercándolos todo lo posible al ideal.

Lidiar con la imperfección

Sin embargo, existen unas condiciones estrictas para conseguir políticas eficientes. En 1956, el economista australiano Kelvin Lancaster y su colega canadiense Richard Lipsey demostraron cómo, bajo determinadas circunstancias, las políticas encaminadas a mejorar la eficiencia del mercado pueden empeorar la situación general. En un artículo titulado *The General Theory of Second Best* examinaban varios casos en los que una imperfección del mercado era permanente, y no había forma de que el gobierno la corrigiera o eliminara.

Véase también: Economía de libre mercado 54–61 ▪ Equilibrio económico 118–123 ▪ Externalidades 137

No había una solución que fuera «la mejor». En tales casos, la intervención del gobierno en cualquier otra parte de la economía podía empeorar los efectos de las imperfecciones existentes, alejando al mercado más todavía del ideal. Lo que vieron Lancaster y Lipsey era que allí donde una imperfección de un mercado no se podía eliminar, los demás mercados tendrían que convivir con ella, y obtendrían una distribución relativamente eficiente de los recursos dada la imperfección existente.

El mal menor

Entonces Lancaster y Lipsey decidieron ir más lejos: la mejor política posible cuando puede corregirse una distorsión pero otras no, puede resultar ser la contraria de la que la teoría exige. Así, por ejemplo, si el gobierno desea mejorar el bienestar general, puede ser mejor que distorsione el mercado aún más. Las políticas ideales no pueden guiarse solo por principios abstractos, sino que deben basarse en una comprensión cabal de cómo operan los mercados en conjunto.

Un ejemplo clásico sería el del monopolista que contamina el cauce de un río. La contaminación es costosa para la sociedad, pero también es un resultado inevitable de la producción: no puede eliminarse del proceso, y es una imperfección permanente del mercado. Pero sí puede acabarse con el monopolio.

La teoría económica convencional recomendaría al gobierno que rompiera el monopolio e introdujera mayor competitividad en los mercados, lo cual acercaría la economía al ideal de eficiencia; pero los productores en competencia producirían más que uno solo, agravando así la contaminación. El resultado para el bienestar del conjunto de la sociedad resultaría incierto: la gente se podría beneficiar de una mayor producción y de precios más bajos, pero la mayor contaminación les perjudicaría. La «segunda mejor» solución podría ser no tocar el monopolio.

La teoría del segundo mejor sigue siendo fundamental para la política económica, al recomendar a los gobiernos cautela más que la persecución de un escenario ideal. ▪

Richard Lipsey

Nacido en 1928, el economista canadiense Richard Lipsey es conocido sobre todo gracias a la teoría del segundo mejor, que formuló junto con Kelvin Lancaster. Profesor emérito de la Universidad Simon Fraser, en Canadá, ha enseñado en Reino Unido y EE UU. En 1968, su defensa de la curva de Phillips (p. 203) frente a las críticas de Milton Friedman (p. 199) dio pie a uno de los mayores debates económicos del siglo XX. Lipsey es autor de *Positive Economics*, manual de referencia de teoría económica, y ha contribuido al desarrollo de la economía evolutiva como coautor de un influyente libro acerca de los procesos del cambio histórico.

Obras principales

1956 *The General Theory of the Second Best* (con Kelvin Lancaster).
2006 *Economic Transformations: General-Purpose Technologies and Long-Term Economic Growth* (con K. Carlaw y C. Bekar).

La solución menos mala:
(1) Un monopolista está contaminando. Tanto el monopolio como la contaminación son imperfecciones del mercado.
(2) El gobierno podría romper el monopolio y fomentar la competencia de varias empresas, pero como resultado podría agravarse la contaminación.

HACER JUSTOS LOS MERCADOS

ECONOMIA SOCIAL DE MERCADO

EN CONTEXTO

ENFOQUE
Economía y sociedad

PENSADORES CLAVE
Walter Eucken (1891–1950)
Wilhelm Röpke (1899–1966)
Alfred Müller-Armack (1901–1978)

ANTES
1848 Karl Marx y Friedrich Engels publican el *Manifiesto comunista*.

1948 Los alemanes Walter Eucken y Franz Böhm fundan la revista *ORDO*, que da nombre al ordoliberalismo, movimiento que defiende el modelo del mercado social.

DESPUÉS
1978 Deng Xiaoping, primer ministro chino, introduce en la economía de su país elementos capitalistas.

Década de 1980 Los gobiernos de EE UU y Reino Unido adoptan los argumentos monetaristas de Milton Friedman contra la intervención estatal.

Finalizada la Segunda Guerra Mundial, Alemania occidental debía reconstruir su economía y su sistema político desde cero. El canciller Konrad Adenauer puso en marcha esta tarea en 1949, tras la ocupación aliada. El modelo escogido se inspiraba en las ideas de Franz Böhm y Walter Eucken, de la escuela de Friburgo de la década de 1930, que resurgieron en la de 1940 bajo el nombre de «ordoliberalismo», cuyos mayores exponentes fueron Wilhelm Röpke y Alfred Müller-Armack.

Una economía de **libre mercado**…

…**fomenta el desarrollo** y el crecimiento económico.

También puede ser volátil, sufrir fallos de mercado y **generar monopolios**.

Esto puede conducir a la **desigualdad**.

Una economía **socialista**…

…garantiza una **distribución más equitativa** de la riqueza.

Minimiza los fallos del mercado y los efectos de los monopolios, y **estabiliza la economía**.

Pero puede **inhibir el desarrollo** y el crecimiento económico.

La economía social de mercado trata de hacer justos los mercados mediante una vía intermedia.

Véase también: Mercados y moralidad 22–23 ▪ Economía de libre mercado 54–61 ▪ Economía marxista 100–105 ▪ Negociación colectiva 134–135 ▪ El multiplicador keynesiano 164–165

La RFA y la RDA se reunificaron en 1990, solo un año después de la caída del muro de Berlín (dcha.). La Alemania oriental abandonó entonces su economía planificada y se refundió en el mercado social de la República Federal.

Estos economistas trataban de conseguir lo que Müller-Armack llamaba una economía social de mercado: no solo una «economía mixta», con un Estado que aportara un mínimo imprescindible de bienes públicos necesarios, sino una vía intermedia entre el capitalismo de libre mercado y el socialismo que combinara lo mejor de ambos sistemas. La industria seguiría siendo privada y libre para competir, pero el gobierno aportaría una serie de bienes y de servicios públicos, entre ellos un sistema de seguridad social con sanidad universal, pensiones, ayudas al desempleo y otras medidas para ilegalizar los monopolios y los cárteles (acuerdos entre empresas). La teoría era que esto permitiría el crecimiento de los mercados libres, pero a la vez habría una inflación baja, un bajo desempleo y una distribución más equitativa de la renta.

Milagro económico

Esta combinación de libre mercado con elementos socialistas funcionó espectacularmente bien: a lo largo de la década de 1950 Alemania experimentó un *Wirtschaftswunder* («milagro económico») que la llevó de la devastación de la posguerra a convertirse en una gran nación desarrollada. En Austria, Escandinavia y otros lugares se adoptaron economías sociales de mercado similares. Europa se movía hacia la unión económica, y en la década de 1950 la economía social de mercado se preconizaba como el modelo apropiado para la Comunidad Económica Europea. Muchos países europeos prosperaron bajo alguna de sus formas, pero al llegar la década de 1980 algunos de ellos –especialmente Gran Bretaña– se vieron atraídos por las teorías de Milton Friedman (p. 199), defensor de un Estado «más pequeño»; la primera ministra británica Margaret Thatcher criticó entonces el modelo europeo de intervención estatal e impuestos elevados, afirmando que perjudicaba a la competitividad.

Tras el colapso del comunismo en el Bloque del Este, las economías planificadas de Europa oriental fueron sustituidas por versiones diversas de la economía mixta, y a la vez, algunas de las naciones comunistas restantes introdujeron reformas. En China, por ejemplo, el primer ministro Deng Xiaoping adoptó algunos elementos de la economía de libre mercado para que operaran en el seno de la economía centralizada, en lo que describió como «economía de mercado socialista con características chinas». Su objetivo era promover el crecimiento económico y la competitividad del país a nivel mundial. Hoy, la economía china sigue lejos del modelo de mercado social europeo, pero se ha acercado notablemente a una economía mixta. ■

El modelo nórdico

Así como el mercado social alemán se asocia con políticas de centro-derecha, las economías escandinavas, de líneas similares, son de centro-izquierda, con un marcado hincapié en los mercados equitativos. El modelo nórdico se caracteriza por la gran cobertura de su estado del bienestar y por el compromiso con la distribución justa de la riqueza, obtenida con impuestos elevados y un enorme gasto público. Estos países gozan de un alto nivel de vida y de un gran crecimiento económico, a lo que han contribuido el pequeño tamaño de sus poblaciones, las industrias manufactureras y, en el caso de Noruega, el petróleo.

Actualmente experimentan la presión de reducir el papel del Estado con el fin de seguir siendo competitivos, pero este cambio es gradual: los gobiernos saben que la desregulación en Islandia en la década de 1990 llevó a un crecimiento económico seguido de una crisis financiera.

LA GLOBALIZACION NO ES INEVITABLE

INTEGRACION DEL MERCADO

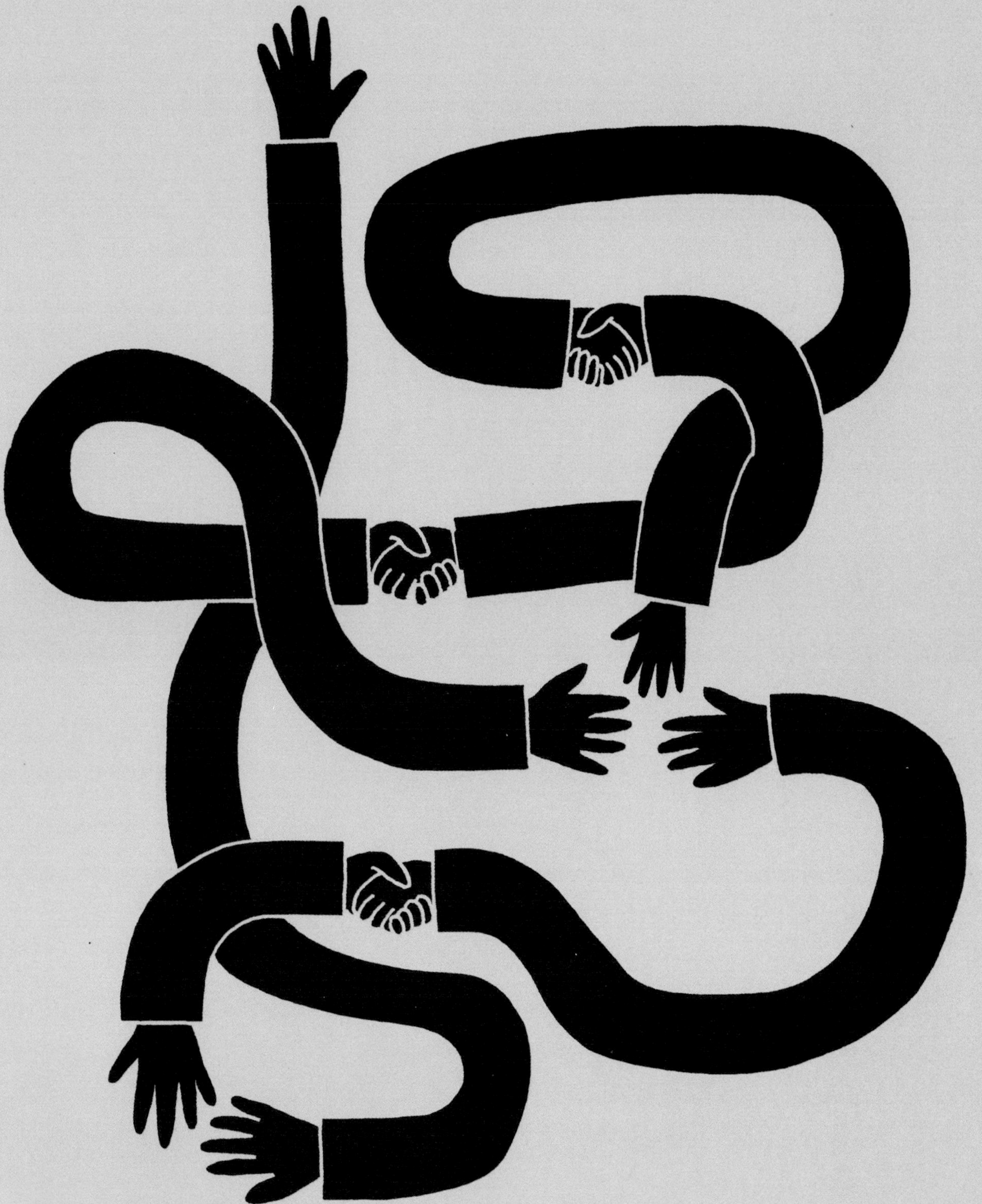

EN CONTEXTO

ENFOQUE
Economía global

PENSADOR CLAVE
Dani Rodrik (n. en 1957)

ANTES
1664 Según el inglés Thomas Mun, el crecimiento requiere la reducción de las importaciones.

1817 El británico David Ricardo opina que un país se enriquece con el comercio internacional.

1950 Raúl Prebisch y Hans Singer opinan que los países en vías de desarrollo pierden con la globalización por las condiciones desiguales del comercio.

DESPUÉS
2002 Joseph Stiglitz critica la globalización promovida por el Banco Mundial y el FMI.

2005 David Dollar, economista del Banco Mundial, afirma que la globalización ha reducido la pobreza en los países pobres.

Globalización es un término que para políticos, empresarios y estudiosos de las ciencias sociales significa cosas diferentes. Para los economistas significa integración de los mercados, y hace tiempo que la consideran como algo positivo.

En el siglo XVIII, el escocés Adam Smith (p. 61) atacó las viejas ideas mercantilistas del proteccionismo destinadas a restringir la entrada de los bienes extranjeros, argumentando que el comercio internacional expandiría el tamaño de los mercados y permitiría a los países ser más eficientes al especializarse en ciertos productos. A menudo, la integración del mercado se ve como algo inevitable por cabalgar sobre la ola de las nuevas tecnologías. Sin embargo, la globalización se ve afectada también por las decisiones que toman los países, consciente o accidentalmente. Aunque el cambio tecnológico tiende a acercar a los países, las decisiones políticas pueden alejarlos.

La globalización actual no carece de precedentes, y ha tenido momentos de auge y de caída en función de las políticas de los países, que en algunos casos han reforzado los efectos del progreso tecnológico sobre la integración de los mercados, y en otros, los han dificultado.

La integración del mercado es la fusión de muchos mercados en uno solo, en el que un bien tiene un precio único: el precio de las zanahorias sería el mismo en el este y en el oeste de París si ambas zonas formaran parte del mismo mercado. Si su precio en el oeste fuera más elevado, habría vendedores del este que

Cristóbal Colón descubrió América durante una expedición que pretendía encontrar una nueva ruta hacia China. Los esfuerzos por globalizar el comercio se remontan siglos atrás.

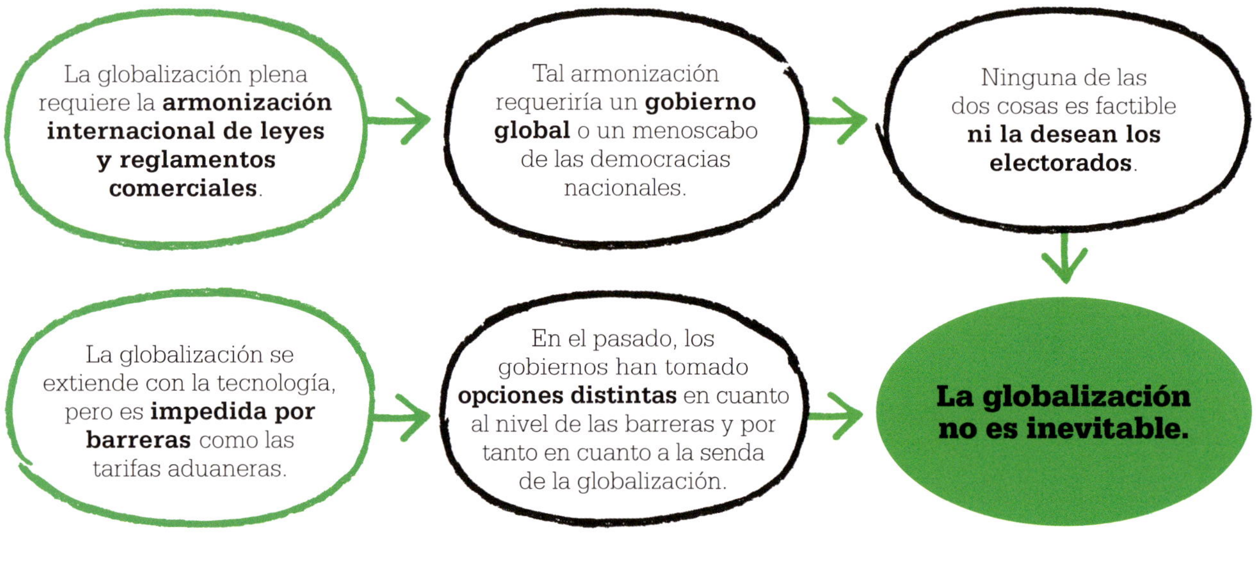

Véase también: Proteccionismo y comercio 34–35 ▪ Ventaja comparativa 80–85 ▪ Bretton Woods y el comercio internacional 186–187 ▪ Teoría de la dependencia 242–243 ▪ Los tigres asiáticos 282–287 ▪ Desequilibrio global del ahorro 322–325

se desplazarían al oeste y entonces los precios se igualarían. El precio de las zanahorias puede ser distinto en París y en Lisboa, pero el coste del transporte y otros gastos podrían hacer que no fuese rentable para los vendedores portugueses vender en Francia aunque allí los precios fueran más altos. En mercados distintos, el precio del mismo bien puede ser distinto durante mucho tiempo.

La integración del mercado global supone que las diferencias de precios entre países se van eliminando a medida que todos los mercados se funden en uno. Una de las maneras de rastrear el progreso de la globalización es observar la convergencia de precios de unos países a otros. Cuando los costes de comerciar más allá de las fronteras caen, aumenta el potencial de las empresas para aprovechar las diferencias de precios; y los vendedores de zanahorias portugueses, por ejemplo, tienen más posibilidades de entrar en el mercado francés. Los costes caen cuando se inventan nuevas formas de transporte, o cuando las existentes se abaratan y vuelven más rápidas. También es necesario considerar barreras estatales como los aranceles y las cuotas a la importación; cuando estas se reducen, el coste del comercio internacional cae.

Auge del comercio global

El comercio a larga distancia existe desde hace siglos, al menos desde los viajes de los fenicios en el primer milenio a.C. Impulsaban dicho comercio el incremento de la población y de los ingresos, al generar demanda de productos nuevos; pero las barreras al comercio que dividían los mercados, como los costes del transporte, no variaron mucho. La globalización solo despegó realmente a partir de la década de 1820, cuando las diferencias de precios comenzaron a reducirse debido a la revolución de los transportes, con la llegada del barco de vapor y del ferrocarril, la invención de sistemas de refrigeración y la apertura del canal de Suez, que redujo de forma drástica el tiempo de viaje entre Europa y Asia. En la víspera de la Primera Guerra Mundial, la economía global estaba muy integrada incluso para los estándares de finales del siglo XX, con un flujo de capital, bienes y trabajo a través de las fronteras sin precedentes.

Del siglo XIX en adelante, los cambios tecnológicos contribuyeron a integrar los mercados, y es esto lo que provoca que la globalización parezca irreversible: una vez inventado algo como el transporte a vapor, no es posible desinventarlo, sino que tiende a volverse económicamente viable en más países. Una gran parte de este desarrollo está fuera del control directo de los gobiernos. Sin embargo,

> La integración económica «profunda» es inalcanzable en un contexto en que aún predominan los estados-nación y las políticas democráticas.
> **Dani Rodrik**

los estados pueden poner de repente aranceles y otras barreras para dificultar las importaciones y obstaculizar el comercio.

En los tiempos modernos, la inversión más drástica de la globalización tuvo lugar durante la Gran Depresión de la década de 1930. Con la llegada de la recesión, los gobiernos impusieron aranceles a fin de dirigir la demanda hacia bienes de producción nacional. En 1930, EE UU aplicó el arancel Smoot-Hawley, que »

A mediados del siglo XIX Gran Bretaña contaba con telares mecanizados para las fábricas de algodón y otras novedades tecnológicas que le permitían exportar y competir en mercados de todo el mundo.

Las mejoras del transporte han tenido un papel capital en la globalización. En Shanghai (China), EE UU ha invertido en un gigantesco «megapuerto» para hacer más segura la navegación.

elevó los aranceles sobre bienes importados a niveles récord y redujo su demanda. Los demás países respondieron con sus propios aranceles, con el resultado de un colapso del comercio internacional que agravó la depresión. Se tardó décadas en reconstruir la economía mundial.

Integración

A finales del siglo xx, para la mayoría de los mercados la globalización había regresado a los niveles anteriores a la Primera Guerra Mundial. Hoy los mercados se encuentran más integrados que nunca, pues los costes del transporte han seguido cayendo y se ha eliminado la mayoría de los aranceles.

Una de las perspectivas del futuro de la globalización incluye la eliminación de otras barreras al comercio debidas a diferencias institucionales entre países. Los mercados se hallan en marcos institucionales: derechos de propiedad, sistemas legales y regímenes normativos. Todas estas diferencias pueden generar una serie de costes para el comercio al igual que los aranceles o la distancia. Así, por ejemplo, Kenia y China pueden tener leyes distintas acerca del impago de un comprador, hecho que podría dificultar a un exportador chino recuperar lo que se le debe en caso de disputa, y puede desanimar a la empresa china a entrar en el mercado keniano. Pese a la eliminación de los aranceles, el mundo todavía está lejos de ser un mercado único, y las fronteras siguen importando debido a esta clase de incompatibilidades institucionales. La integración completa requiere limar las diferencias legales a fin de crear un único espacio institucional.

Algunos economistas sostienen que el proceso está en marcha y es inevitable, y que los mercados globales conducen a esa armonización institucional entre los países. Piénsese en una multinacional a la hora de elegir un país en el que instalar una fábrica. Para atraer la inversión de la empresa, un gobierno puede reducir los impuestos y relajar la normativa. Otros países en competencia hacen lo mismo. Los menores ingresos por impuestos reducen la capacidad de las naciones para mantener estados del bienestar y programas educativos. Todas las decisiones políticas están orientadas a maximizar la integración con los mercados globales, y no se ofrecerán bienes ni servicios que sean incompatibles con ello.

Globalización y democracia

El economista turco Dani Rodrik ha criticado esta visión de «integración profunda», argumentando que es indeseable y que está muy lejos de ser inevitable, además de que en realidad todavía persiste una considerable diversidad institucional entre países. El punto de partida del razonamiento de Rodrik es que las opciones sobre la dirección de la globalización se encuentran sujetas a un «trilema» político. La gente desea la integración del mercado por la pros-

Liberalización del mercado financiero

La liberalización del mercado monetario y de capitales, donde pueden tomarse prestados fondos para invertir, ha contribuido mucho al avance de la globalización. Desde la década de 1970 ha habido una tendencia a un flujo de capitales más libre a través de las fronteras. Según la teoría económica actual, esto favorece el desarrollo. Los ahorros de los países en desarrollo son limitados, y la liberalización les permite acceder a una reserva de fondos global para invertir en su crecimiento. Un mercado de capitales global ofrece además a los inversores mayor margen para gestionar y repartir sus riesgos.

Sin embargo, hay quien mantiene que un flujo más libre de capitales aumenta el riesgo de inestabilidad financiera. A finales de la década de 1990, la crisis de Asia oriental siguió a este tipo de liberalización. Sin un sistema financiero y legal fuerte y sólido, la globalización del mercado de capitales puede sembrar las semillas de la inestabilidad en lugar de las del crecimiento.

La crisis de Asia oriental comenzó cuando Tailandia intentó dejar flotar el baht en los mercados internacionales, desvinculándolo del dólar.

> En el siglo XIX hubo un gran estallido globalizador.
> **Jeffrey G. Williamson**
> **K. H. O'Rourke**

Las naciones pueden desear la democracia, la independencia y la integración económica global profunda, pero solo dos de estas tres condiciones son compatibles a la vez. En el diagrama, cada lado del triángulo representa una combinación posible.

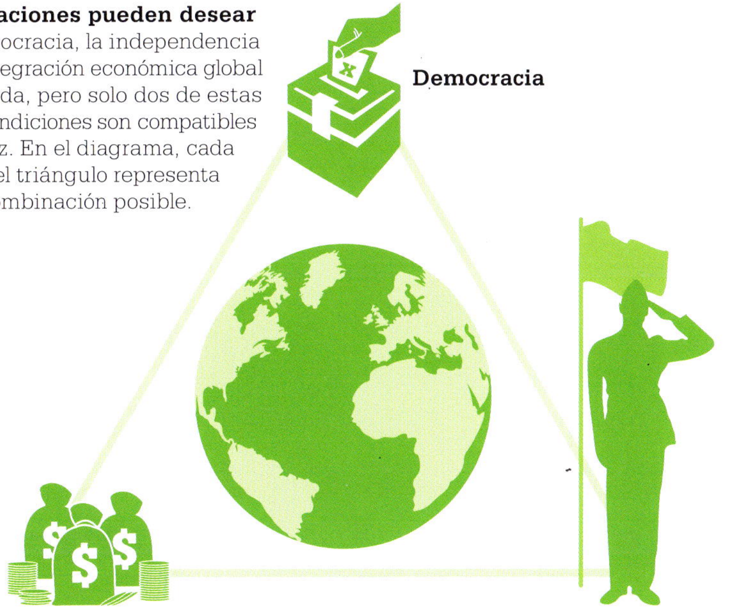

peridad que puede traer; también desea la democracia, así como unos estados-nación soberanos e independientes. Según Rodrik, estas tres condiciones resultan incompatibles, y únicamente pueden darse dos a la vez. El modo como se resuelve este trilema implica formas distintas de globalización.

El trilema se produce porque la integración profunda o completa de los mercados exige forzosamente la eliminación de las variaciones institucionales entre países, pero los electorados de los distintos países quieren diferentes tipos de instituciones. En comparación con los estadounidenses, los votantes europeos tienden a preferir grandes estados del bienestar. Por tanto, un único marco institucional en el que siguieran existiendo los estados-nación supondría ignorar las preferencias de los electorados de algunos países. Esto entraría en conflicto con la democracia, y los gobiernos se verían constreñidos por lo que el periodista estadounidense Thomas Friedman denominó «camisa de fuerza de oro». Por otra parte, un marco institucional global en el que reinara la democracia requeriría un «federalismo global»: un solo electorado mundial y la disolución de los estados-nación.

Hoy estamos lejos tanto de la «camisa de fuerza de oro» como del «federalismo global»: los estados-nación son fuertes, y la diversidad institucional persistente entre los distintos países sugiere que las diferentes preferencias de las distintas poblaciones siguen importando. Desde la Segunda Guerra Mundial, el trilema de Rodrik se ha resuelto sacrificando la integración profunda. Los mercados se han integrado todo lo posible dada la diversidad institucional. Rodrik se refiere a esto como el «compromiso de Bretton Woods», en relación con las instituciones globales fundadas tras la guerra (pp. 186–187): el Acuerdo General sobre Aranceles Aduaneros y Comercio (GATT), el Banco Mundial y el Fondo Monetario Internacional. La finalidad de estas organizaciones era impedir el enorme retroceso de la década de 1930 con una forma de integración en la que los estados-nación eran libres de aplicar sus políticas nacionales y desarrollarse por sendas institucionales diversas.

A partir de la década de 1980, la era de la liberalización fue minando el compromiso de Bretton Woods y la agenda política quedó subordinada al objetivo de la integración profunda. Dani Rodrik defiende la idea de que la diversidad institucional debe preservarse por encima de la integración completa. El aprecio por el estado del bienestar y los sistemas de salud públicos de los europeos no es tan solo una cuestión económica, sino que entraña un concepto de la justicia, y la diversidad institucional refleja estos diferentes valores. Existe más de una ruta institucional hacia una economía sana. Las exigencias para el crecimiento en los actuales países en vías de desarrollo pueden ser diferentes de las de los países desarrollados, e imponiendo un modelo global corremos el riesgo de sofocar con una camisa de fuerza el desarrollo económico. La globalización puede tener límites, y quizá una fusión completa de las economías no sea ni factible ni deseable. ■

EL SOCIALISMO RESULTA EN TIENDAS VACIAS

ESCASEZ EN ECONOMIAS PLANIFICADAS

EN CONTEXTO

ENFOQUE
Sistemas económicos

PENSADOR CLAVE
János Kornai (n. en 1928)

ANTES
1870 Los economistas William Jevons, Alfred Marshall y Léon Walras estudian la optimización de la eficiencia con restricciones presupuestarias.

DESPUÉS
1954 Gérard Debreu y Kenneth Arrow consiguen identificar las condiciones bajo las cuales la demanda iguala a la oferta en todos los mercados de una economía competitiva.

1991 El colapso de la Unión Soviética supone el fin de la planificación central.

1999 En *The Optimal Design of Bank-Bailouts*, Philippe Aghion, Patrick Bolton y Steven Fries argumentan que los bancos se enfrentan a una restricción presupuestaria suave.

En los mercados competitivos, **los beneficios de las empresas deben superar a los costes**, o quebrarán.

↓

En las economías planificadas, si las empresas no cubren sus costes, el Estado **las protege** de la quiebra.

↓

Esto supone que los costes (materiales y trabajo) no han de guardar una relación precisa con **la producción o la demanda**.

↓

El socialismo resulta en tiendas vacías.

Tras un acusado crecimiento inicial después de la Segunda Guerra Mundial, las economías planificadas de Europa oriental se enfrentaron a problemas cada vez más obvios. Eran capaces de movilizar recursos a gran escala para desarrollar proyectos bien definidos como la producción de armamento, pero otras demandas más complejas planteaban dificultades. La escasez era una condición habitual, pues pese a la planificación los bienes no se entregaban a tiempo, en la cantidad necesaria o con la calidad requerida. La brecha entre Oriente y Occidente se abría cada vez más.

Restricciones presupuestarias suaves

Como respuesta, algunos regímenes trataron de reformar el sistema de planificación. Hungría fue más lejos que la mayoría, y a partir de la década de 1960 introdujo elementos de competencia en el mercado. Teóricamente, la finalidad era introducir las ventajas del mercado, estimular la innovación y diversificar la oferta, conservando la capacidad de ofrecer bienes sociales como el pleno empleo; pero en la práctica, tras algunos éxitos iniciales el sistema siguió produciendo escasez e ineficiencia.

Véase también: Economía de libre mercado 54–61 ▪ Economía marxista 100–105 ▪ El mercado competitivo 126–129 ▪ Planificación central 142–147 ▪ Liberalismo económico 172–177

Tratando de comprender el problema, el economista húngaro János Kornai acuñó el concepto de «restricción presupuestaria suave». En los mercados competitivos, las decisiones de las empresas suelen estar sujetas a restricciones presupuestarias «duras»: sus beneficios deben al menos cubrir sus costes o sufrirán pérdidas. Esto obliga a las empresas a economizar las inversiones y vender la producción de un modo que maximice el beneficio. Kornai observó que las economías planificadas como la húngara no estaban sujetas a dicha disciplina: sus restricciones presupuestarias eran suaves, no duras. El Estado protegía a las empresas de la amenaza de la quiebra, y las que producían bienes esenciales nunca se verían obligadas a cerrar. Incluso después de la introducción de algunas reformas del mercado, el Estado continuaba rescatando a las empresas que fracasaban. Además, las empresas podían llegar a acuerdos políticos que les permitían pagar menos por suministros o eludir impuestos.

Las restricciones presupuestarias suaves suponen que las empresas no tienen que cubrir sus costes con beneficios, y tienden a demandar inversiones excesivas en relación con la producción. Este hecho conduce a una excesiva demanda de inversiones concretas, y luego a la escasez por ineficiencia. El fenómeno alcanza finalmente a los consumidores en forma de tiendas vacías; estos, según Kornai, se verán abocados a la «sustitución forzosa»: la necesidad de comprar el bien siguiente en calidad, debido a la escasez del primero.

Rescates

Ineficiencias como esta suponían una debilidad grave de las economías planificadas. Los rescates garantizados y la falta de disciplina presupuestaria implicaban que las empresas tenían escaso incentivo para ofertar bienes y servicios de modo eficiente.

János Kornai describe las restricciones presupuestarias suaves como un «síndrome» incurable de la planificación central, y sostiene que solo un cambio sistémico total podría remediar la situación. Pero este problema no es exclusivo de los países socialistas: según Kornai, los grandes bancos de Occidente se enfrentan a restricciones presupuestarias suaves, ya que cuentan con que sus gobiernos los rescaten si es necesario, y así asumen niveles de riesgo ineficientes. Por otra parte, la introducción de restricciones presupuestarias duras para cualquier decisión estatal o local –como la cárcel para una familia insolvente– se consideraría injusta. En la práctica, hasta las economías más liberalizadas contienen restricciones de ambos tipos. ■

La escasez era algo cotidiano en las economías planificadas. En cuanto se formaba una cola, la gente se acumulaba, pues significaba que algún bien esencial estaba brevemente disponible.

János Kornai

János Kornai es un economista húngaro conocido principalmente por su trabajo sobre la economía planificada. Padeció los horrores del fascismo –su padre murió en Auschwitz–, lo cual le condujo al comunismo. Estudió filosofía en Budapest, aunque decidió pasarse a la economía tras leer *El capital* de Marx. En 1947 empezó a trabajar en el periódico del Partido Comunista, pero a principios de la década de 1950 rompió con el partido después de que el régimen torturara a un amigo inocente. En 1955, Kornai fue despedido del periódico por sus críticos artículos. Se le denegó el permiso para abandonar Hungría, y trabajó en la Academia de las Ciencias de Hungría hasta 1985, año en que ocupó un puesto en la Universidad de Harvard. Volvió a Hungría en 2001. Ha criticado a los economistas neoclásicos por dedicarse a la abstracción teórica en lugar de ocuparse de las «grandes cuestiones».

Obras principales

1959 *Overcentralization in Economic Administration.*
1971 *Anti-equilibrium.*
1992 *The Socialist System.*

¿QUE PIENSA EL OTRO QUE VOY A HACER?

TEORIA DE JUEGOS

EN CONTEXTO

ENFOQUE
Toma de decisiones

PENSADOR CLAVE
John Nash (n. en 1928)

ANTES
1928 John von Neumann, matemático estadounidense, formula la «regla minimax»: la mejor estrategia consiste en minimizar la pérdida máxima en cualquier ronda.

DESPUÉS
1960 El estadounidense Thomas Schelling publica *La estrategia del conflicto*, que desarrolla estrategias en el contexto de la Guerra Fría.

1965 El alemán Reinhard Selten analiza varios juegos con muchos turnos.

1967 El estadounidense John Harsanyi muestra cómo pueden analizarse los juegos incluso si no se conoce contra qué clase de oponente se juega.

Nuestras interacciones cotidianas implican decisiones estratégicas que se asemejan a las de una partida de ajedrez: los jugadores mueven en función de cómo creen que responderá su oponente.

El hecho de considerar cómo puede reaccionar otra persona cuando hacemos algo supone realizar toda una serie de cálculos estratégicos; y moverse con éxito en las interacciones sociales y económicas se asemeja bastante al juego del ajedrez, en el que los jugadores tienen que decidir su movimiento en función de la posible respuesta del adversario. Hasta la década de 1940, la economía había evitado en general dicha cuestión. Los economistas suponían que cada comprador o vendedor del mercado era demasiado pequeño en comparación con el tamaño total de este, y por tanto nadie tenía opción acerca del salario por el que vendía su trabajo o del precio que pagaba por un bien. Las opciones individuales no tenían ninguna influencia sobre los demás, y por consiguiente podían ignorarse. De hecho, ya en 1838, el economista francés Antoine Augustin Cournot (p. 91) había considerado

¿Qué piensa el otro que voy a hacer?

Cooperar con él porque podemos llegar a un acuerdo que beneficie a los dos. → Si él cree que **yo cooperaré**, puedo cooperar con seguridad.

Competir con él porque tomamos nuestras decisiones de modo independiente. → Si él cree que **yo competiré**, es mejor que yo compita.

Véase también: El hombre económico 52–53 ▪ Colusión y cárteles 70–73 ▪ Efectos de la competencia limitada 90–91 ▪ Equilibrio económico 118–123 ▪ Economía del comportamiento 266–269 ▪ La maldición del ganador 294–295

cuánto producirían dos empresas en función de lo que pensaran que iba a hacer la otra, pero este fue un caso aislado de análisis de interacciones estratégicas.

En el año 1944, los matemáticos estadounidenses John von Neumann y Oskar Morgenstern, publicaron una novedosa obra bajo el título *Theory of Games and Economic Behaviour*, donde apuntaban a que muchas partes del sistema económico se hallaban bajo el dominio de un pequeño número de participantes, como grandes empresas, sindicatos o el propio gobierno. En semejante situación, el comportamiento económico debe explicarse con arreglo a ciertas interacciones estratégicas. Analizando una serie de juegos sencillos de tan solo dos participantes y suma cero (uno de los jugadores pierde y el otro gana), trataron de obtener unas reglas generales sobre comportamiento estratégico entre personas en cualquier situación, lo cual vino a denominarse teoría de juegos.

Von Neumann y Morgenstern observaron un gran número de juegos cooperativos en los que a los jugadores se les ofrecía una serie de acciones posibles, cada una con un resultado, o compensación, particular. Se les daba la ocasión de hablar sobre la situación y acordar un plan de acción. Un ejemplo real de dichos juegos lo ofreció el matemático estadounidense Merrill Flood, quien invitó a sus tres hijos adolescentes a pujar por el derecho a trabajar de canguro por un máximo de 4 dólares. Aunque tenían permitido hablar y coaligarse, si no conseguían ponerse de acuerdo, ganaría el que ofreciera su trabajo por menos dinero. Para Flood el problema tenía soluciones sencillas, como echarlo a suertes o dividir las ganancias a partes iguales, pero sus hijos no dieron con una solución, y finalmente uno de ellos ofreció su servicio por solo 90 centavos.

El equilibrio de Nash

A principios de la década de 1950, un joven y brillante matemático estadounidense llamado John Nash dedicó su atención a estudiar lo que ocurre cuando unos jugadores toman decisiones independientes en situaciones no cooperativas, en las que no hay ocasión para comunicarse ni colaborar. La cooperación es un resultado posible, pero solamente si cada jugador ve en ella el medio de maximizar sus posibilidades de éxito. Asimismo, se percató de que en aquellos juegos en los que ninguno de los jugadores desea modificar su comportamiento se produce un estado de equilibrio: los jugadores escogen su mejor estrategia presuponiendo que sus oponentes escogen también sus mejores estrategias. Nash explicó dicho estado de equilibrio en el que ningún jugador quiere cambiar su comportamiento como aquel en que «la estrategia de cada jugador es óptima frente a las de los otros». Hoy en día este fenómeno se conoce como equilibrio de Nash. »

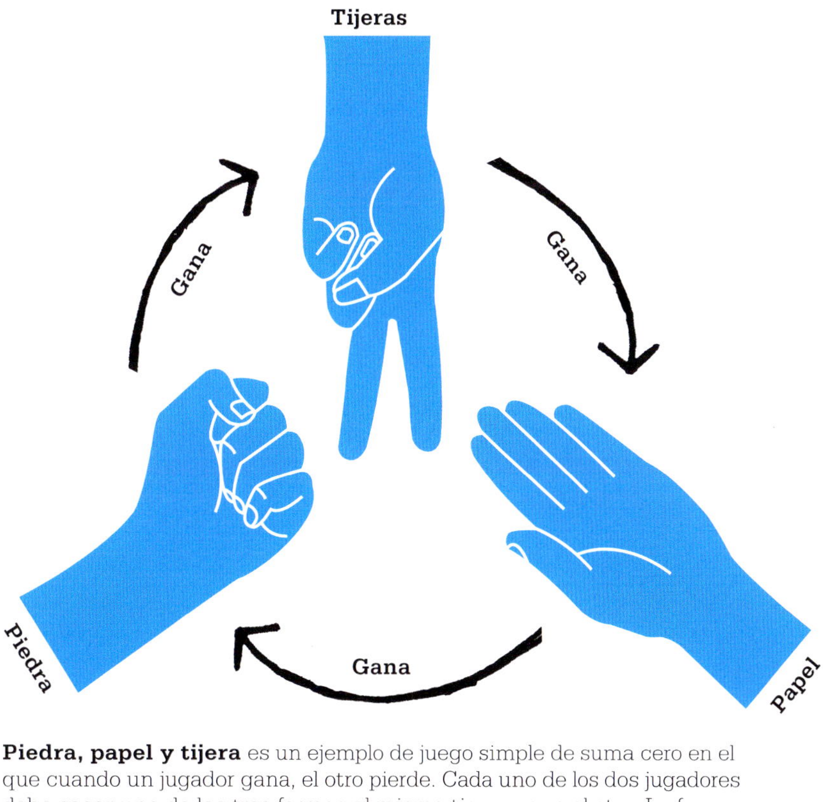

Piedra, papel y tijera es un ejemplo de juego simple de suma cero en el que cuando un jugador gana, el otro pierde. Cada uno de los dos jugadores debe sacar una de las tres formas al mismo tiempo que el otro. La forma que saque cada jugador igualará, ganará o perderá frente a la del contrario: la piedra gana a las tijeras, las tijeras al papel y el papel a la piedra. Los expertos en teoría de juegos analizan juegos como este para descubrir reglas generales de comportamiento humano.

El dilema del prisionero es un ejemplo de juego no cooperativo en el que las partes no pueden comunicarse. El «equilibrio de Nash» del juego es que ambas partes se traicionen mutuamente.

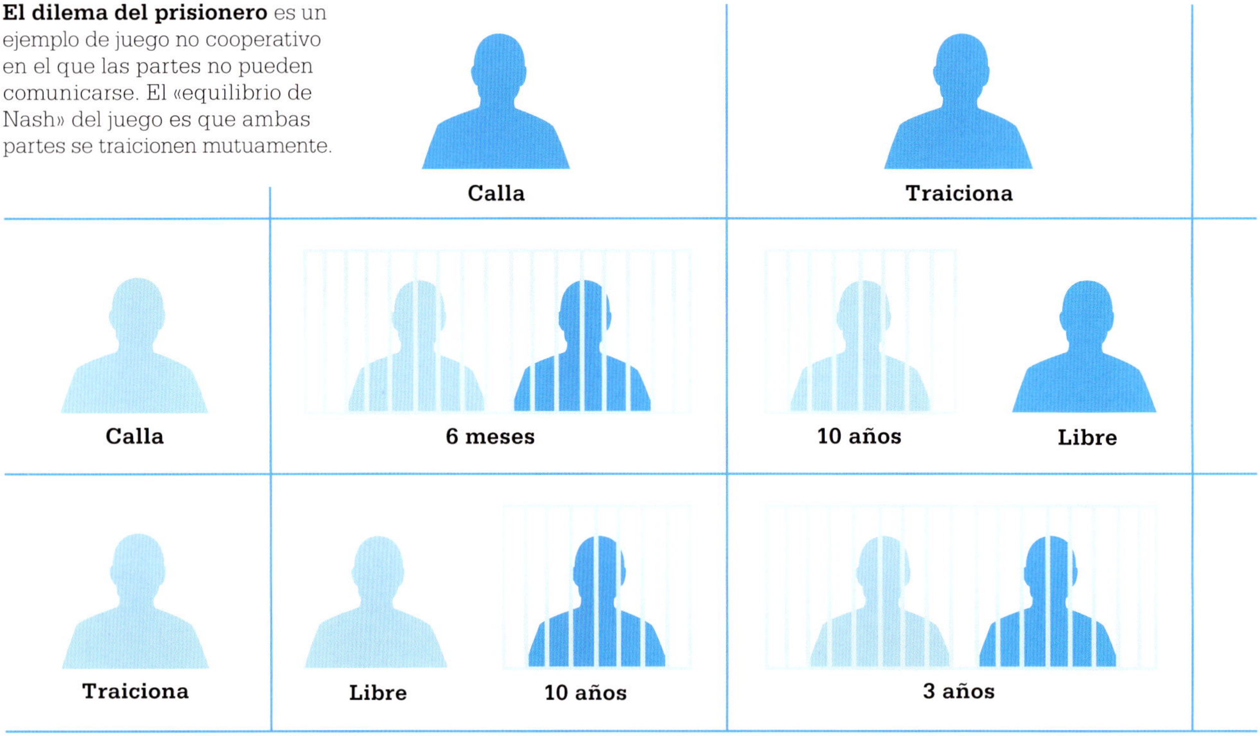

Una vez acabada la Segunda Guerra Mundial se produjo un gran auge de la teoría de juegos, especialmente en el seno del *think tank* RAND (de *Research ANd Development*, «Investigación y Desarrollo»). Instituido por el gobierno estadounidense en 1946, RAND estaba encargado de poner la ciencia al servicio de la seguridad nacional. Empleaba a matemáticos, economistas y otros científicos para investigar en campos como el de la teoría de juegos, que parecía especialmente relevante en el contexto de la Guerra Fría.

> La teoría de juegos es comportamiento racional en situaciones sociales.
> **John Harsanyi**
> **Economista estadounidense**
> **(1920–2000)**

En el año 1950, algunos miembros de RAND idearon dos ejemplos de juegos no cooperativos. El primero se publicó bajo el nombre *So Long Sucker* («Hasta luego, bobo»). Era un juego diseñado para que los jugadores fueran psicológicamente crueles, puesto que obligaba a los jugadores a aliarse, pero también a traicionar al compañero para ganar; se cuenta que, tras algunas pruebas de este juego, maridos y mujeres regresaban a casa en taxis distintos.

El dilema del prisionero

El ejemplo más famoso de juego no cooperativo es, probablemente, el dilema del prisionero, que fue creado en 1950 por Melvin Dresher y Merrill Flood y está basado en el trabajo de John Nash. Este dilema presenta a dos criminales cautivos a los que se separa para interrogarles y se les ofrecen las siguientes opciones: si testifican el uno contra el otro, recibirán una condena mediana, penosa pero soportable; si ambos se niegan a testificar contra el otro, recibirán una condena corta y fácil de soportar; en cambio, si uno testifica en contra del otro y el otro no, el que testifique quedará libre, mientras que el otro recibirá una condena larga que arruinará su vida.

Dicho de otro modo, este dilema consiste en traicionar o no traicionar. Si uno traiciona a su compañero, puede quedar libre o recibir una condena mediana; si confía en que su compañero no le traicione, puede terminar con una condena breve o con una muy larga. Con el objetivo de evitar la «suerte del bobo» –acabar con una condena larga–, el equilibrio de Nash implica siempre traicionar.

Lo interesante es que la estrategia «dominante» (la mejor) de mutua traición no maximiza el beneficio para el grupo; si ambos se negaran a traicionar, su tiempo total en la cárcel se minimizaría.

Dresher y Flood probaron el dilema del prisionero con dos de sus colegas para estudiar si la predicción de Nash se cumplía, con un juego en el que los jugadores podían decidir entre confiar en el otro o traicionarle. El juego estaba diseñado de manera que hubiera una suerte del bobo, aunque también existía una opción cooperativa que supusiera un beneficio para ambos, una solución que reflejaba el trabajo anterior de Von Neumann y Morgenstern sobre juegos cooperativos. El experimento se realizó a lo largo de cien rondas; esta versión iterativa del juego daba a los jugadores la ocasión de castigar o premiar el comportamiento anterior del compañero. Los resultados mostraron que el equilibrio de Nash –la mutua traición– se dio solamente en 14 ocasiones, frente a 68 soluciones cooperativas. Dresher y Flood concluyeron que las personas aprenden rápidamente a escoger la estrategia que permite maximizar su beneficio. Con todo, Nash argumentó que el experimento era defectuoso porque permitía demasiada interacción, y que el único verdadero punto de equilibrio era la mutua traición.

> La estrategia de cada jugador es óptima frente a la de los otros.
> **John Nash**

El juego de guerra y paz

La versión iterativa del dilema del prisionero se conoció como el juego de guerra y paz, y fue utilizado para explicar la mejor estrategia durante la Guerra Fría contra la Unión Soviética. A medida que se iban desarrollando nuevas tecnologías como los misiles balísticos intercontinentales, los adversarios tenían que decidir si invertir enormes sumas de dinero en dichas armas. La inversión podía resultar en una victoria relativamente sencilla si la otra parte no desarrollaba la nueva arma; la consecuencia de no desarrollarla era un gran ahorro de dinero si la otra parte tampoco lo hacía o, por el contrario, la «suerte del bobo» de la derrota total en caso de que lo hiciera. »

Durante la Guerra Fría se invirtió mucho en tecnología para desarrollar armas como este bombardero furtivo. Para evitar la «suerte del bobo», según la teoría de juegos ambos bandos tenían que hacer esta inversión.

John Nash

Nacido en 1928 en el seno de una familia de clase media estadounidense, se consideró rezagado en la escuela por sus escasas habilidades sociales, pero sus padres supieron ver su extraordinaria valía académica. En 1948 obtuvo una beca con la que se doctoró en matemáticas en la Universidad de Princeton. La carta de recomendación de su tutor era de una sola línea: «Este hombre es un genio».

En Princeton, evitó las clases, pues prefería discurrir por su cuenta; allí desarrolló las ideas sobre la teoría de juegos que le valdrían el premio Nobel. En la década de 1950 trabajó en la corporación RAND y en el MIT (Massachusetts Institute of Technology), pero su estado mental fue degradándose hasta que le fue diagnosticada una esquizofrenia. Nash lidió con esta enfermedad durante tres décadas hasta prácticamente llegar a controlarla, y nunca ha abandonado la investigación científica. En 1994 consiguió el premio Nobel de economía.

Obras principales

1950 *Equilibrium Points in N-person Games.*
1950 *The Bargaining Problem.*
1952 *Real Algebraic Manifolds.*

En un contexto más amplio, la importancia del trabajo de Nash fue demostrar que podía producirse un equilibrio entre individuos independientes y movidos por el propio beneficio que produjera estabilidad y orden. De hecho, se argumentó que el equilibrio conseguido por individuos que buscaban maximizar sus propios resultados desembocaba en situaciones más seguras y estables en condiciones de no cooperación que cuando los jugadores trataban de acomodarse unos a otros.

En el año 1994, Nash compartió el premio Nobel de economía con otros dos economistas que también contribuyeron a desarrollar la teoría de juegos: John Harsanyi y Reinhard Selten. Harsanyi, de origen húngaro, realizó un importante avance al señalar que los juegos en los que los jugadores carecen de una información completa acerca de la motivación o los beneficios de los demás también debían ser analizados dado que, al igual que la mayoría de las decisiones estratégicas en la vida real, se deben tomar en condiciones de incertidumbre. Piénsese, por ejemplo, en aquellas situaciones en que el mercado financiero no puede estar seguro de la postura del banco central frente a la inflación y el desempleo, y por lo tanto no puede saber si este aumentará los tipos de interés con el fin de reducir la inflación o los reducirá para aumentar el empleo. Puesto que los beneficios de las empresas del mercado financiero los determinan los tipos fijados por el banco central en el futuro, las empresas tienen que poder estimar el riesgo de prestar más o menos dinero. Harsanyi mostró que incluso en caso de que los mercados no sepan qué objetivo interesa más al banco central, la teoría de juegos puede identificar el equilibrio de Nash, que es la solución al problema.

> Sabes lo que estás pensando, pero no sabes por qué lo estás pensando.
> **Reinhard Selten**

El juego del ciempiés

Otro economista al que se deben sustanciales avances en la teoría de juegos es el alemán Reinhard Selten, que introdujo el concepto de «perfección en subjuegos» en los juegos de varias fases. La idea es que debería existir un equilibrio en cada fase o «subjuego» del juego en su conjunto, lo cual puede tener importantes implicaciones. Un ejemplo de este tipo de juegos es el del ciempiés, en el que una serie de jugadores van pasándose una cantidad de dinero, y cada vez que lo hacen el dinero aumenta en un 20%. El juego puede terminar de dos maneras: el dinero circula a lo largo de cien rondas (de ahí su nombre) y el monto total finalmente se comparte entre todos los participantes, o bien en algún momento uno de los jugadores decide quedarse con el dinero que ha recibido. La opción de cada jugador es cooperar pasando el dinero o retirarse y quedarse con él. En la última ronda lo que más conviene a los jugadores es esto último, lo cual implica

Al regatear con un comprador, un vendedor puede partir de un precio muy superior al que está dispuesto a aceptar, pero se arriesga a no vender.

Llegar a un trato

En 1960, el economista de origen ruso Leonid Hurwicz comenzó a estudiar los mecanismos por los que operan los mercados. En la teoría clásica se supone que todos los bienes se venderán de forma eficiente: a quienes más los desean y a un precio justo. Sin embargo, en el mundo real esto no es así.

Así, por ejemplo, comprobó que en la venta de un coche de segunda mano tanto el vendedor como el comprador tienen incentivos para mentir sobre en cuánto lo valoran. Incluso si ambos revelaran por cuánto están dispuestos a vender y a comprar, y acordaran repartir la diferencia, parece improbable que dicho mecanismo diese un resultado óptimo. Los vendedores pedirán naturalmente un precio muy superior al que aceptarían, y los compradores ofrecerán mucho menos de lo que están dispuestos a pagar. En tales circunstancias, no se pondrán de acuerdo aunque ambos desearan llegar a un trato. Leonid Hurwicz concluyó que si se pudiera persuadir a las dos partes de que dijeran la verdad, se maximizaría el beneficio para vendedor y comprador.

En los juegos cooperativos, los jugadores pueden formar alianzas. De hecho, en muchos de estos juegos el individuo solamente puede ganar si coopera con otros.

que en la penúltima ronda retirarse es también una opción mejor, para anticiparse a la retirada de algún otro rival. Continuando con esta lógica hacia atrás, parece que la retirada domina en todas las rondas, por lo que la opción perfecta en los subjuegos es la de retirarse durante la primera ronda. Este resultado parece paradójico, dado que la cantidad de dinero en la primera ronda es muy pequeña, y se diría que no merece la pena retirarse con ella.

Esta misma idea ha sido aplicada, por ejemplo, a las situaciones en que hay una gran cadena con tiendas por todo un país y algún competidor se prepara para entrar en el mercado en uno o más lugares. La cadena podría amenazar con reducir los precios en aquellos lugares donde el competidor quiere iniciar su actividad, amenaza que parecería creíble y merecería la pena, pues no costaría demasiados beneficios y, en cambio, podría desanimar al competidor a abrir en ese lugar.

> Cuando teorizaba sobre el equilibrio nuclear, no me hacía falta saber lo que sucedía en el interior de la Unión Soviética.
> **Thomas Schelling**

Según los términos de equilibrio de Nash, la estrategia óptima para la cadena es la guerra de precios, y para la nueva empresa, no intentar penetrar en el nuevo mercado. Sin embargo, según Selten, si la cadena se viera obligada a bajar los precios cada vez que un competidor intentara entrar en uno de sus mercados, las pérdidas acumuladas serían demasiado grandes. Así, mirando hacia delante y razonando hacia atrás, la amenaza de una guerra de precios es irracional. Selten concluye que la entrada de la nueva empresa sin guerra de precios es perfecta en subjuegos.

Racionalidad limitada

Todas estas paradojas provienen del supuesto de que quienes juegan son completamente racionales, y Selten propuso una teoría más realista sobre la toma de decisiones. Aunque la gente algunas veces toma decisiones por cálculo racional, a menudo lo hace según experiencias pasadas y reglas generales o aproximadas. En lugar del cálculo racional, las personas pueden aplicar una «racionalidad limitada» y elegir las soluciones intuitivamente más atractivas para juegos que pueden no ser perfectas en subjuegos.

A la teoría de juegos no le faltan críticos para quienes, pese a ofrecer buenas historias, fracasa en la prueba principal de toda teoría científica: es incapaz de hacer predicciones útiles sobre lo que ocurrirá. Un juego puede tener varios equilibrios, y una industria que da lugar a un cártel puede ser tan racional como otra que se sume en una guerra de precios. Además, los individuos no suelen decidir basándose en razonamientos del tipo «si yo hago esto y ellos hacen esto y yo hago eso y ellos hacen eso» y así ad infinítum.

Por ejemplo, en el «juego de la coordinación», en el que ambos jugadores son recompensados si piensan en la misma carta, ¿qué carta escogeríamos para coincidir con el otro? El economista estadounidense Thomas Schelling se ha ocupado de esta cuestión centrándose en la idea de que los procesos mentales que dan lugar a los comportamientos no se basan simplemente en probabilidades matemáticas. ■

LOS PAISES RICOS EMPOBRECEN A LOS POBRES

TEORIA DE LA DEPENDENCIA

EN CONTEXTO

ENFOQUE
Crecimiento y desarrollo

PENSADOR CLAVE
Andre Gunder Frank
(1929–2005)

ANTES
1841 El alemán Friedrich List defiende el proteccionismo en los mercados nacionales frente al libre comercio.

1949–1950 Hans Singer y Raúl Prebisch sostienen que las condiciones del comercio entre países pobres y ricos se deterioran con el tiempo.

DESPUÉS
1974–2011 El sociólogo estadounidense Immanuel Wallerstein profundiza en las teorías del desarrollo de Frank con el objetivo de construir la teoría del sistema-mundo, que emplea un marco histórico para explicar los cambios que supusieron el auge del mundo occidental.

A los países pobres se les dice que sus economías crecerán si **abren sus fronteras** al comercio internacional.

↓

Los países ricos están en una posición dominante, y **explotan a los países pobres** con condiciones comerciales desiguales.

↓

Esta explotación hace que las economías de los países pobres **se estanquen o se contraigan**...

↓

...mientras los países ricos **se enriquecen más**.

↓

Los países ricos empobrecen a los pobres.

Los países ricos sostienen que no pretenden mantener a los países pobres en la pobreza, sino que las relaciones deberían ser de beneficio mutuo. Sin embargo, en la década de 1960 el economista alemán André Gunder Frank argumentó que las políticas de desarrollo de Occidente, junto con el libre comercio y las inversiones, perpetúan la división global, conservando el predominio del primer mundo y manteniendo a los países pobres en la pobreza. Frank llamó a esto «teoría de la dependencia».

Comercio injusto

Los países ricos de Occidente no han estado nunca a la sombra de un bloque de países poderosos y avanzados, como les sucede hoy en día a los países pobres. Por ello, algunos economistas han señalado que las políticas que en su momento ayudaron a desarrollarse a los países avanzados pueden no beneficiar a los países pobres de hoy.

La liberalización del comercio internacional es ensalzada a menudo por los economistas como garantía de ayuda para las economías subdesarrolladas, pero la teoría de la dependencia afirma que tales políticas llevan con frecuencia a situaciones

Véase también: Proteccionismo y comercio 34–35 ▪ Ventaja comparativa 80–85 ▪ Economía del desarrollo 188–193 ▪ Teorías del crecimiento económico 224–225 ▪ Integración del mercado 226–231 ▪ Los tigres asiáticos 282–287 ▪ Deuda internacional 314–315

Muchos obreros del petróleo nigerianos trabajan para empresas extranjeras que han invertido en Nigeria y que suelen beneficiarse desproporcionadamente de los bajos salarios locales y de unas materias primas valiosas.

en las que los países ricos se aprovechan de los pobres. Estos producen materias primas que compran los países ricos, que luego fabrican bienes manufacturados que se venden en el mercado interior o entre países desarrollados. Esto produce un sistema comercial desequilibrado, en el que la mayoría del comercio de los países pobres se da con los ricos y desarrollados, mientras que el comercio de los países ricos es principalmente interno o con otros países desarrollados, y solo en una pequeña proporción con los países en desarrollo. Como resultado, los países pobres se encuentran en una posición negociadora débil –comercian con potencias mayores y más ricas– y se les niegan las condiciones comerciales favorables que necesitan para progresar.

Se argumenta que estas fuerzas conducen a una separación de la economía global en un «núcleo» de países ricos hacia los que fluye la riqueza desde una «periferia» de países pobres y marginados. Las economías de los países pobres, además, acostumbran a organizarse de un modo que desanima las inversiones, impulsoras clave de la economía de cualquier país. Cuando los países ricos traen industria e inversiones a los pobres, argumentan que ayudarán a sus economías a crecer; pero los teóricos de la dependencia sostienen que en realidad se explotan los recursos locales, se paga mal a los trabajadores y los beneficios se reparten entre los accionistas extranjeros en lugar de reinvertirse en la economía local.

Una ruta alternativa

Para evitar los peligros expuestos por los teóricos de la dependencia, algunos países pobres han tomado una ruta distinta. Lejos de abrirse al comercio mundial, la globalización y la inversión extranjera, han decidido hacer lo contrario y aislarse. Hay quien defiende que el auge de los tigres asiáticos –Hong Kong, Singapur, Taiwán y Corea del Sur– y el extraordinario crecimiento económico de China apuntan a fallos en la teoría de la dependencia, al tratarse de un grupo de economías en desarrollo para las que el comercio internacional fue un motor de crecimiento rápido e industrialización. Más recientemente, la teoría de la dependencia ha hallado eco en los movimientos antiglobalización, que siguen cuestionando el enfoque clásico. ■

> El subdesarrollo no se debe a la supervivencia de instituciones arcaicas [...] la escasez de capital la genera el desarrollo del propio capitalismo.
>
> **Andre Gunder Frank**

Exportación desigual: materias primas y manufacturas

En 1949 y 1950, los economistas Hans Singer de Alemania y Raúl Prebisch de Argentina publicaron sendos trabajos que ilustraban la desventaja a la que se enfrentan los países en vías de desarrollo cuando comercian con el mundo desarrollado. Observaron que las condiciones del comercio (la cantidad de importaciones que puede comprar un país con una cantidad dada de exportaciones) son peores para los países cuya principal exportación es una materia prima que para los que exportan bienes manufacturados.

Este hecho se explica porque, con el aumento de los ingresos, la demanda de materias primas y alimentos tiende a mantenerse, pero la demanda de productos manufacturados y de lujo tiende a crecer. Esto lleva a un aumento de precios, de modo que el país pobre se puede permitir menos bienes manufacturados de importación a cambio de lo que recibe por sus exportaciones.

NO SE PUEDE ENGAÑAR A LA GENTE

EXPECTATIVAS RACIONALES

EN CONTEXTO

ENFOQUE
Macroeconomía

PENSADORES CLAVE
John Muth (1930–2005)
Robert Lucas (n. en 1937)

ANTES
1939 El británico John Hicks estudia y analiza el modo en que cambian las expectativas de futuro.

1956 Philip Cagan, economista estadounidense, hace uso de las «expectativas adaptativas» para elaborar previsiones basadas en el pasado.

DESPUÉS
1985 El estadounidense Gregory Mankiw contribuye al surgimiento de la economía neokeynesiana, caracterizada por utilizar nuevos modelos que incorporan a sus cálculos las expectativas de futuro racionales de la gente.

Una vez acabada la Segunda Guerra Mundial, el auge del gasto y la intervención estatales proporcionó a los economistas una nueva manera de pensar la economía en su conjunto. En particular, vinieron a considerar que los gobiernos tenían la capacidad de estimular la economía por medio de una serie de políticas monetarias y fiscales cuyo objetivo fuese lograr una mayor producción y un menor desempleo permanentes.

Las primeras críticas a estos modelos keynesianos implicaban una mayor atención a la idea de las «expectativas». Estas importan porque lo que las personas creen que ocurrirá en el futuro afecta a su comporta-

Véase también: El hombre económico 52–53 ▪ Préstamo y deuda 76–77 ▪ El multiplicador keynesiano 164–165 ▪ Política monetarista 196–201 ▪ Economía del comportamiento 266–269 ▪ Mercados eficientes 272

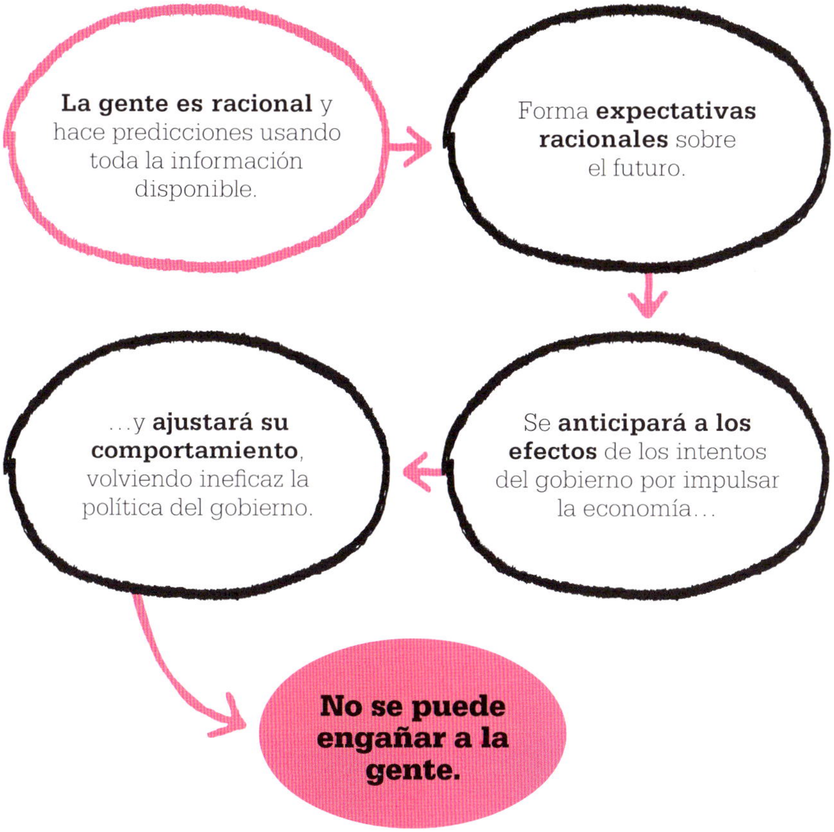

Un padre transmite sus conocimientos sobre mecánica automovilística a su hijo. En el futuro, este tomará decisiones económicas, como qué coche comprar, basándose en parte en ellos.

miento en el presente. En un principio las expectativas se consideraron «adaptativas», es decir, se basaban únicamente en lo que había ocurrido con anterioridad: si el acontecimiento A resulta en B, volverá a ser así. En cada caso, los individuos se adaptan a la diferencia entre lo que esperaban que ocurriera y lo que de hecho ocurre.

La necesidad de tener en cuenta las expectativas en la teoría económica fue admitida para compensar los resultados de las políticas keynesianas (pp. 154–161), en las que los gobiernos aumentan el gasto con el objetivo de incrementar la demanda. Tales políticas suponen que si suben los salarios de la gente como resultado de un impulso estatal a la economía, a la vez se dará un impulso a la actividad económica real: aportarán más trabajo. Sin embargo, en realidad, una mayor demanda lleva también a una subida de los precios, por lo que en términos reales los salarios no suben. Las personas se engañan durante un tiempo creyendo que sus mayores salarios son el reflejo de una subida de los salarios reales, pues lleva un tiempo darse cuenta de que los precios también han subido: sus expectativas respecto a futuras subidas de precios se adaptan lentamente. Así, un gobierno puede aumentar la producción por medio de la política monetaria o fiscal engañando (de hecho) a la gente, pero esto únicamente funciona a corto plazo. Una vez que sus expectativas se han ajustado, la gente se percata de que sus salarios reales no han subido, y la economía vuelve al nivel de empleo inferior original.

Expectativas racionales

Este modelo de las expectativas era sencillo, aunque también defectuoso. Si al hacer predicciones de futuro la gente solo considerara el pasado, tendería a equivocarse prácticamente siempre: las sacudidas inesperadas de la economía que la desviaran de su camino (aunque solo fuese por un tiempo) se acabarían convirtiendo en errores permanentes de predicción, y entonces la gente perdería de forma persistente frente a los mercados. Y esta no parece en absoluto una imagen realista del comportamiento del ser humano.

Fue la insatisfacción con la teoría de las expectativas adaptativas lo que condujo al economista estadounidense John Muth a formular la teoría de las «expectativas racionales» en 1961. En el núcleo de su teoría se halla una idea muy sencilla: si los compradores de un mercado son racionales, no se limitarán a prever »

Un agricultor australiano inspecciona sus cultivos. Los agricultores deciden qué plantar basándose no solo en el pasado, sino también en factores como el tiempo y la demanda.

los precios futuros atendiendo solo a los precedentes, sino que tratarán de predecirlos sobre la base de la información disponible y –elemento crucial– empleando un modelo económico apropiado. Es decir, sus predicciones estarán bien fundadas, en lugar de seguir ciegamente comportamientos del pasado. Y es que, de no formar sus expectativas de un modo racional, el mercado los castigará y perderán dinero.

Empleamos dichas expectativas racionales de manera constante: los agricultores, por ejemplo, deciden qué cultivar basándose en los precios pasados, en las condiciones actuales y en las probabilidades futuras. No presuponen que, si cultivan la misma cantidad del mismo producto que hace cinco años, podrán conseguir en el mercado el mismo precio que entonces, como tampoco lo hacen quienes se dedican a vender bienes derivados de la agricultura. El castigo del mercado obliga a las personas a un comportamiento racional y, con el paso del tiempo, sus expectativas pueden considerarse a la altura del mejor modelo económico disponible. Si bien esta teoría de las expectativas racionales parece sencilla, tiene unas consecuencias sorprendentes. Con expectativas adaptativas, la intervención estatal puede funcionar durante un tiempo gracias al factor sorpresa: la gente no habría previsto las políticas estatales futuras, por lo que una expansión inesperada del gasto constituiría un impulso positivo para la economía, con efectos reales a corto plazo. Dichos efectos serían imposibles según la teoría de las expectativas racionales, pues las predicciones de la gente sobre las subidas de precios se ajustan de inmediato.

Anticiparse a los hechos

En 1975, dos economistas estadounidenses, Thomas Sargent y Neil Wallace, defendieron la idea de que si las expectativas fueran racionales, los individuos no solo esperarían la intervención estatal, sino que además ajustarían su comportamiento de tal manera que las políticas perdieran toda su eficacia. Suponiendo expectativas racionales, la gente sabría que el gobierno tiene un incentivo para producir un determinado impacto, tal como contener el desempleo, y ajustaría sus expectativas en función de ello. Así, por ejemplo, los individuos comprenden que cuando un gobierno trata de utilizar la política monetaria (reduciendo los tipos de interés, por ejemplo) con la finalidad de mantener el empleo, el resultado es una mayor inflación. La gente, por lo tanto, altera sus expectativas de subida de salarios y de precios en consecuencia. En lugar de sentirse más ricos, su expectativa de inflación anula los efectos de la subida de los tipos de interés buscados por el gobierno. En consecuencia, la política monetaria se vuelve completamente ineficaz, al ser constantemente prevista y neutralizada por el comportamiento de la gente.

> Sorprende que las expectativas no se hayan considerado antes como modelos dinámicos racionales, pues la racionalidad se da por supuesta en los demás aspectos del comportamiento empresarial.
> **John Muth**

Anteriormente, los legisladores habían creído que existía una relación inversa entre desempleo e inflación, y que los gobiernos podían estimular la economía y conseguir mayor empleo a la larga por medio de una inflación más alta (pp. 202–203). Bajo las expectativas racionales, esta relación inversa se disuelve. El desempleo lo determina la capacidad productiva de la economía: la productividad y capacidad tecnológica de sus empresas y la eficiencia de sus mercados. Los legisladores no pueden estimular la economía más allá de este nivel de empleo.

La crítica de Lucas

El economista estadounidense Robert Lucas señaló que si las expectativas de los individuos se ajustan a las políticas, eso supone que toda la estructura de la economía –el conjunto de relaciones existentes entre los hogares, las empresas y el gobierno– se ve alterada con los cambios de política. Como resultado, los efectos de las políticas no son siempre los pretendidos.

Este argumento, que se conoció como «crítica de Lucas», fue lo bastante convincente para persuadir a la mayoría de los economistas de que las tentativas de modelar la totalidad de la economía por medio de sus relaciones estructurales, como hacen los keynesianos, son erróneas. Los modelos deberían centrarse más bien en las preferencias subyacentes más profundas de las personas, así como en todos aquellos recursos y tecnologías que dirigen el comportamiento individual. Robert Lucas invitaba a un nuevo enfoque clásico de la macroeconomía, proponiendo un retorno parcial al mundo prekeynesiano. Los posteriores modelos del «ciclo económico real» sostendrían que los cambios en el empleo son debidos a cambios en factores laborales «reales», como el aumento de la productividad o el cambio en la preferencia del ocio sobre el trabajo. El rasgo crucial tanto de los modelos del ciclo económico real como de los nuevos modelos clásicos es que modelan la macroeconomía sobre el resultado del comportamiento racional de los individuos.

Pese a que la gente no tenga en realidad unas expectativas del todo racionales, el supuesto de que así es ayuda hoy a los economistas a construir una serie de modelos funcionales que constituyen guías útiles para el funcionamiento de la economía.

> Los beneficios de la inflación se derivan del uso de la política expansiva para engañar a los agentes económicos de manera que se comporten de un modo socialmente preferible, aun en contra de sus propios intereses.
>
> **Robert Hall**
> **Economista estadounidense**
> **(n. en 1943)**

No obstante, los estudiosos de la economía del comportamiento, que usan unos modelos psicológicamente más realistas, han sido muy críticos con las expectativas racionales. ■

Los corredores de los mercados financieros se forman expectativas racionales basadas en parte en lo que hacen sus colegas. El mercado castiga las lecturas erróneas.

John Muth

Muth nació en 1930 y se crió en el Medio Oeste de Estados Unidos. Estudió ingeniería industrial en la Universidad de Washington de San Luis, y luego economía matemática en el Carnegie Tech, en Pittsburgh. En la década de 1950, cuando realizó allí su doctorado, este instituto tenía un profesorado realmente extraordinario, que incluía a los futuros premios Nobel Franco Modigliani, Herb Simon, John Nash y, más tarde, Robert Lucas.

El primer trabajo de Muth sobre expectativas racionales se publicó en el año 1961, pero pasó más bien desapercibido. Hombre tímido y modesto, no fue capaz de encontrar a nadie que le publicara un artículo más extenso acerca de este tema y pasó a profundizar en otros campos, produciendo una serie de obras fundamentales sobre la gestión de operaciones y la inteligencia artificial. Fueron otros economistas, como Lucas y Simon, quienes desarrollaron su trabajo sobre expectativas racionales y ganaron con ello grandes premios, pero Muth permaneció en el anonimato. Pasó a enseñar en Indiana y en Bloomington, universidades de menor categoría pero en las que pudo satisfacer su enorme curiosidad intelectual. Hoy día, se le considera el padre de la «revolución de las expectativas racionales». Falleció en 2005.

Obras principales

1960 *Optimal Properties of Exponentially Weighted Forecasts.*
1961 *Rational Expectations and the Theory of Price Movements.*
1966 *Forecasting Models.*

LA GENTE DECIDE SIN PENSAR EN LA PROBABILIDAD

PARADOJAS EN LA TOMA DE DECISIONES

EN CONTEXTO

ENFOQUE
Toma de decisiones

PENSADOR CLAVE
Daniel Ellsberg (n. en 1931)

ANTES
1921 El estadounidense Frank Knight explica que el «riesgo» puede cuantificarse, pero la «incertidumbre» no.

1954 L. J. Savage, matemático estadounidense, intenta mostrar en *The Foundations of Statistics* cómo asignar probabilidades a los acontecimientos futuros y desconocidos.

DESPUÉS
Década de 1970 La economía del comportamiento lleva a cabo experimentos sobre la conducta en condiciones de incertidumbre.

1989 Michael Smithson propone una «taxonomía» del riesgo.

2007 *El cisne negro* de Nassim Nicholas Taleb trata el problema de los acontecimientos raros e imprevistos.

En la década de 1960, la principal corriente de la economía había establecido una serie de principios con el objetivo de comprender la toma de decisiones: los seres humanos son individuos racionales, calculadores. Al enfrentarse a distintas opciones y un futuro incierto, asignan una probabilidad a cada posible resultado y escogen en función de ello. Buscan maximizar la «utilidad esperada» (la cantidad de satisfacción que esperan) basándose en lo que piensan sobre la probabilidad de los distintos resultados, y eligen la opción de mayor utilidad esperada.

Pero estas ideas se vieron cuestionadas por resultados que apuntaban a que, incluso bajo condiciones experimentales, los individuos no se comportan conforme a la teoría. Uno de los desafíos más importantes lo constituyó la paradoja de Ellsberg, popularizada por el economista estadounidense Daniel Ellsberg en 1961

Véase también: El hombre económico 52–53 ▪ Burbujas económicas 98–99 ▪ Riesgo e incertidumbre 162–163 ▪ Toma de decisiones irracional 194–195 ▪ Economía del comportamiento 266–269

Un experimento de probabilidades ofrecía una serie de apuestas. Se informaba de que en una urna había 30 bolas rojas, junto con 60 bolas negras y amarillas en una proporción sin especificar. En una primera apuesta, una bola roja daba 100 dólares; una negra, también. Casi todos los participantes apostaron a la bola roja.

Una nueva apuesta ofrecía 100 dólares si se sacaba una bola roja o amarilla, y también 100 dólares si se sacaba una negra o amarilla. La mayoría de los participantes apostaron a negra o amarilla. En cada caso, los jugadores prefirieron apostar por las probabilidades conocidas a las desconocidas.

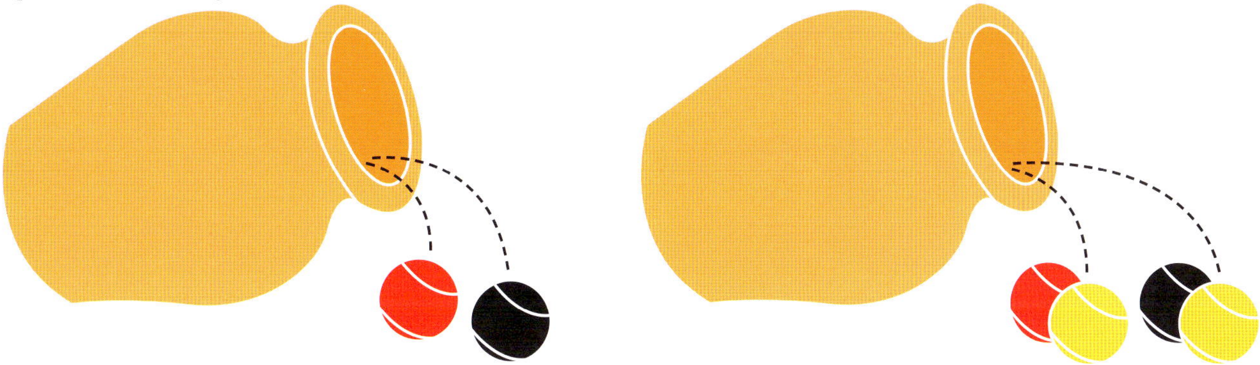

y que se basaba en una idea expuesta por John Maynard Keynes (p. 161) en la década de 1930.

Aversión a la ambigüedad

Ellsberg propuso un experimento en el que se ofrecía un premio en metálico si se sacaba una bola de un determinado color de una urna (arriba). Las apuestas de los participantes demostraron que la gente tiende a hacer una elección razonada cuando se ofrece alguna información a partir de la cual estimar el grado de probabilidad, y por lo tanto de riesgo. Sin embargo, su comportamiento se modifica si un resultado futuro parece ambiguo, y esta es la paradoja que se aparta de la teoría de la utilidad esperada. La gente prefiere conocer algo sobre las incertidumbres a las que se enfrenta; en palabras del ex secretario de defensa de EE UU Donald Rumsfeld, se prefiere «lo desconocido conocido» a «lo desconocido desconocido».

Desde que Ellsberg publicó su trabajo, el resultado de dicho experimento se reprodujo en numerosos experimentos reales, y vino a conocerse como «aversión a la ambigüedad» o también como «incertidumbre knightiana», por el economista estadounidense Frank Knight (p. 163). Tratando de saber más sobre «lo desconocido desconocido», la gente tiende a actuar de manera inconsecuente con opciones anteriores más lógicas, y dejar a un lado la probabilidad a la hora de elegir.

Conocer lo desconocido

La paradoja de Ellsberg ha resultado bastante polémica. Algunos economistas afirman que cabe sin problemas dentro de la teoría convencional, y que las condiciones experimentales no reproducen adecuadamente el comportamiento de la gente cuando debe enfrentarse a la ambigüedad en la vida real. Sin embargo, la crisis financiera de 2008 ha despertado un renovado interés por el problema de la ambigüedad. Las personas quieren saber más acerca de los riesgos desconocidos e incuantificables de los que no da cuenta la teoría de la utilidad esperada. ▪

Daniel Ellsberg

Nacido en Chicago (EE UU) en 1931, Ellsberg estudió economía en la Universidad de Harvard y en 1954 ingresó en el Cuerpo de Marines. En 1959 pasó a ser analista de la Casa Blanca. Se doctoró en 1962, año en que presentó su famosa paradoja. Profundamente decepcionado con la guerra de Vietnam, en 1971 filtró informes secretos que revelaban la creencia del Pentágono de que la guerra no se podía ganar, y luego se entregó a las autoridades. Su proceso judicial, por fortuna, se vino abajo tras descubrirse que agentes de la Casa Blanca habían colocado escuchas ilegales en su casa.

Obras principales

1961 *Risk, Ambiguity, and the Savage Axioms.*
2001 *Risk, Ambiguity and Decision.*

ECONOMIAS SIMILARES PUEDEN BENEFICIARSE DE UNA MONEDA UNICA

TIPOS DE CAMBIO Y MONEDAS

EN CONTEXTO

ENFOQUE
Economía global

PENSADOR CLAVE
Robert Mundell (n. en 1932)

ANTES
1953 Según el estadounidense Milton Friedman, los tipos de cambio flotantes permitirían a las fuerzas del mercado resolver varios problemas de la balanza de pagos (la diferencia entre el valor de las exportaciones y las importaciones).

DESPUÉS
1963 El estadounidense Ronald McKinnon demuestra que las economías pequeñas se beneficiarían de una unión monetaria, al poder mitigar los impactos mejor que las grandes.

1996 Los estadounidenses Jeffrey Frankel y Andrew Rose sostienen que los criterios para un área monetaria determinada se ven afectados por el desarrollo económico anterior.

A inicios de la década de 1960, las instituciones de las economías de posguerra estaban bien establecidas. Hacia el final de la Segunda Guerra Mundial se instauró el sistema de Bretton Woods (pp. 186–187) para regular las relaciones financieras entre los grandes estados industriales, basando el capitalismo occidental en un sistema de tipos de cambio fijos que controlaba los flujos de capital a escala mundial. El comercio internacional había logrado recuperarse de la depresión de entreguerras, y el crecimiento económico era rápido.

Sin embargo, existían varios fallos en este sistema: en primer lugar, había problemas en las balanzas de pagos (la diferencia entre lo que un país paga por sus importaciones y lo que gana con sus exportaciones). Las crisis de la balanza de pagos se producían porque los países no podían ajustar fácilmente sus tipos de cambio en el sistema internacional. Unidos a unos mercados de trabajo exigentes y a unos precios interiores inflexibles, los anteriores mecanismos del mercado que permitían a los países adaptarse a los impactos económicos externos no funcionaban demasiado bien. El resultado fue una serie de crisis que estallaron cuando los países no pudieron pagar sus importaciones con los beneficios de sus exportaciones. Junto con esto, una serie de medidas dirigidas a la integración de las economías europeas hizo asomar la posibilidad de una unión monetaria. Esta comenzó con el Tratado de París de 1951, que estableció unas áreas de comercio comunes para el carbón y el acero. En 1961 el economista canadiense Robert Mundell fue el primero en abordar el análisis de lo que llamó «zona monetaria óptima».

Zonas monetarias

Robert Mundell buscaba respuesta para una pregunta que, a primera vista, puede parecer extraña: ¿sobre qué zona geográfica debería implantarse una moneda común? Apenas se había debatido esta cuestión previamente, dándose por supuesto que cada economía nacional debía tener una moneda propia. La idea de que este fenómeno no fuera lo idóneo no se le había ocurrido nunca a nadie. Mundell veía que la historia había dotado a las naciones de sus propias monedas, pero que eso no suponía necesariamente una ventaja. Estaba claro que emplear muchas monedas

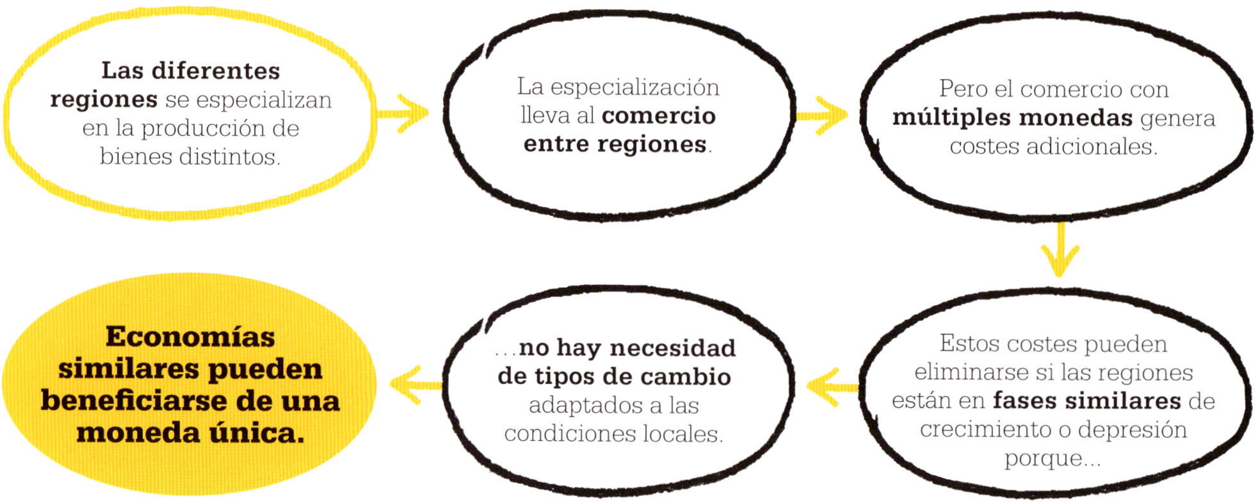

Véase también: Auge y caída 78–79 ▪ Ventaja comparativa 80–85 ▪ Bretton Woods y el comercio internacional 186–187 ▪ Integración del mercado 226–231 ▪ Especulación y devaluación monetaria 288–293

Una pequeña región a caballo entre dos naciones puede beneficiarse de una moneda única: una parte puede importar electricidad de una central de la otra sin los costes de los tipos de cambio.

distintas suponía unos costes, pues para que hubiera comercio era preciso cambiarlas. En un extremo, una moneda diferente para cada distrito postal de una ciudad sería muy ineficiente, y en el otro, una única moneda mundial sería una camisa de fuerza indeseable para economías tan diversas. Mundell se preguntó cuál era el punto de mayor eficiencia entre esos dos extremos.

En primer lugar, es importante comprender por qué los distintos países precisan distintas monedas. Un país con moneda propia tiene la capacidad de tomar decisiones sobre la oferta de dinero y los tipos de interés, y así diseñar una política monetaria que se ajuste a sus necesidades. Asimismo, cuando los tipos de cambio de su moneda no son fijos, el tipo de cambio con sus socios comerciales puede ajustarse con la finalidad de corregir desequilibrios. Imaginemos, por ejemplo, una nación agrícola que comercia con una economía manufacturera; un repentino incremento de la producción en esta última podría provocar un exceso de demanda de productos agrícolas y una oferta excesiva de bienes manufacturados. La economía manufacturera caería en un déficit de la balanza de pagos, importando más (en valor) de lo que exporta. El déficit llevaría a la moneda del país manufacturero a depreciarse, abaratando sus exportaciones, y por lo tanto estimulándolas y restaurando el equilibrio.

> No parece políticamente factible que las monedas nacionales se abandonen por cualquier otro modo de organizar las cosas…
> **Robert Mundell**

Supongamos en cambio que ambas economías comparten la misma moneda: en tal caso no sería posible la clase de ajuste descrito arriba, y es probable que monedas distintas hubieran resultado más beneficiosas. Puede darse también el caso de que una única área económica –como la que constituye la economía manufacturera– se componga de varios estados-nación, por lo que sería eficiente que compartieran moneda.

Ciclos económicos

Estudios posteriores acerca de esta cuestión contribuyeron a aclarar las condiciones bajo las cuales una zona monetaria sería más viable económicamente. Una zona idónea para una moneda única necesitaría unos mercados financiero y laboral flexibles, que permitieran el libre movimiento de capital y trabajo, y que dieran respuesta a la demanda del mercado. Los precios y los salarios deberían en consecuencia ser flexibles, ajustándose a los cambios en la oferta y la demanda y llamando al capital y al trabajo allí adonde debieran acudir. Asimismo, las diferentes partes de la zona deberían compartir también ciclos económicos aproximadamente similares, permitiendo al banco central único que actuara de la mejor manera posible para el conjunto de la zona. También serían imprescindibles mecanismos para tratar situaciones en las que los ciclos económicos no estuvieran totalmente sincronizados en toda la zona; »

Una gran multitud se reunió en Frankfurt (Alemania) el 1 de enero de 1999 con motivo del lanzamiento del euro, moneda única de la eurozona que, durante un periodo de tiempo, coexistió con las monedas nacionales.

el más obvio sería la transferencia fiscal: tomar impuestos de un área en crecimiento y redistribuirlos en otra que se encuentre en recesión. Esta última condición, y el fracaso en su implementación, iba a tener graves consecuencias para Europa.

La introducción del euro

La idea de una moneda única para toda Europa comenzó a tomar forma en el año 1979, con el establecimiento del Sistema Monetario Europeo (SME) para estabilizar los tipos de cambio. Finalmente, en 1999 se fundó la llamada «eurozona», con once estados miembros de la Unión Europea. Los estados de la UE comerciaban intensamente unos con otros y sus instituciones habían eliminado las restricciones al movimiento de capital, trabajo y bienes, y se consideró necesario aplicar nuevas restricciones para la pertenencia al euro con el fin de asegurar el buen funcionamiento de la moneda.

Los «criterios de convergencia» que fueron consagrados en el Tratado de Maastricht de 1992 se establecieron con objeto de garantizar que todas las economías que quisieran unirse al euro compartieran economías similares y estuvieran en fases semejantes de sus ciclos económicos (crecimiento o recesión). El Mecanismo de Tipos de Cambio (MTC) del año 1979 había tratado ya de reducir la variabilidad del tipo de cambio entre las diversas monedas nacionales de la UE. El euro fue todavía un paso más allá, eliminando las monedas nacionales y fijando el tipo de cambio de forma permanente. Se introdujeron nuevas normas sobre deuda estatal, y en virtud del pacto de estabilidad y crecimiento de 1997, ningún país podía tener una deuda nacional superior al 60% de su producto interior bruto, y el déficit anual no podía superar el 3% de este. Un

Robert Mundell

Nacido en Kingston (Canadá) en 1932, Robert Mundell estudió en la Universidad de Columbia Británica antes de pasar a la de Washington en Seattle. En 1956 se doctoró en el Massachusetts Institute of Technology. Más tarde fue catedrático de economía en la Universidad de Chicago desde 1966 hasta 1974, año en que se trasladó a la Universidad de Columbia de Nueva York.

Aparte de su labor académica, también ha trabajado como asesor de los gobiernos estadounidense y canadiense, y de organizaciones como las Naciones Unidas y el FMI.

Junto con su trabajo acerca de las zonas monetarias óptimas, Mundell desarrolló uno de los primeros métodos para mostrar cómo la política macroeconómica interactúa con los tipos de cambio y el comercio exterior. En 1999 fue galardonado con el Nobel de economía, en reconocimiento por su trabajo en el campo de la macroeconomía.

Obras principales

1968 *International Economics.*
1968 *Man and Economics.*
1971 *Monetary Theory.*

> Es más probable que ingresen [en la Unión Económica y Monetaria de la UE] y se beneficien de ella los países con lazos comerciales estrechos y ciclos económicos armonizados.
> **Jeffrey Frankel**
> **Andrew Rose**

nuevo Banco Central Europeo reemplazaría en la eurozona a los bancos centrales nacionales y fijaría la política monetaria para todos los estados miembros.

Error fatal

Sin embargo, entre las condiciones del euro no había ningún mecanismo para compartir riesgos; sobre todo no existía un medio para realizar transferencias fiscales de unos países a otros. La razón de ello fue sencilla, y política. A pesar de la existencia desde hacía tiempo de algunos mecanismos de transferencia, como la Política Agraria Común, ningún país de la UE deseaba perder su capacidad de fijar sus propios impuestos y gasto. Las transferencias fiscales a escala continental habrían requerido una autoridad central fuerte, capaz de redistribuir los impuestos de regiones con superávit entre otras deficitarias (recaudando, por ejemplo, en Alemania para gastar en Grecia). Pero no hubo voluntad política para ello, y los líderes europeos confiaron en que el pacto de crecimiento y estabilidad comprometiera la actividad de los gobiernos lo suficiente para hacer innecesario un mecanismo de transferencia como tal.

La crisis de la eurozona

Durante aproximadamente una década tras su lanzamiento, el euro funcionó bien. El comercio europeo se incrementó, según algunas estimaciones, hasta en un 15%. Los mercados financiero y laboral se flexibilizaron. El crecimiento, en particular en los lugares más pobres como Irlanda y la Europa del sur, fue impresionante, pero también existían problemas subyacentes profundos. Las diferencias en los costes del trabajo exacerbaron los desequilibrios comerciales entre países. La eurozona en su conjunto estaba en equilibrio con el resto del mundo, exportando por valor de lo que importaba, pero dentro de la zona se manifestaron grandes diferencias. El norte de Europa tenía superávits crecientes y mientras tanto crecía el déficit en el sur. Sin mecanismos que arbitraran las transferencias fiscales entre países superavitarios y deficitarios, estos déficits se consolidaron de hecho a base de una deuda creciente en el sur. La crisis financiera de 2008 supuso la puntilla para un sistema ya desequilibrado.

Esta crisis del euro ha provocado que se plantee la cuestión de si Europa es una zona monetaria óptima. Ciertos países no han parecido estar a la altura en términos comerciales, y la falta de un sistema de transferencia fiscal ha supuesto que los desequilibrios no se pudieran superar. El pacto de estabilidad y crecimiento no fue lo bastante fuerte como para hacer que convergieran las distintas economías nacionales.

Los países del euro se enfrentan a opciones difíciles. Si puede construirse un mecanismo de transferencias fiscales, quizá puedan superar las desigualdades; si no se alcanza un consenso político para lograr tal mecanismo, la existencia del euro podría verse amenazada. ■

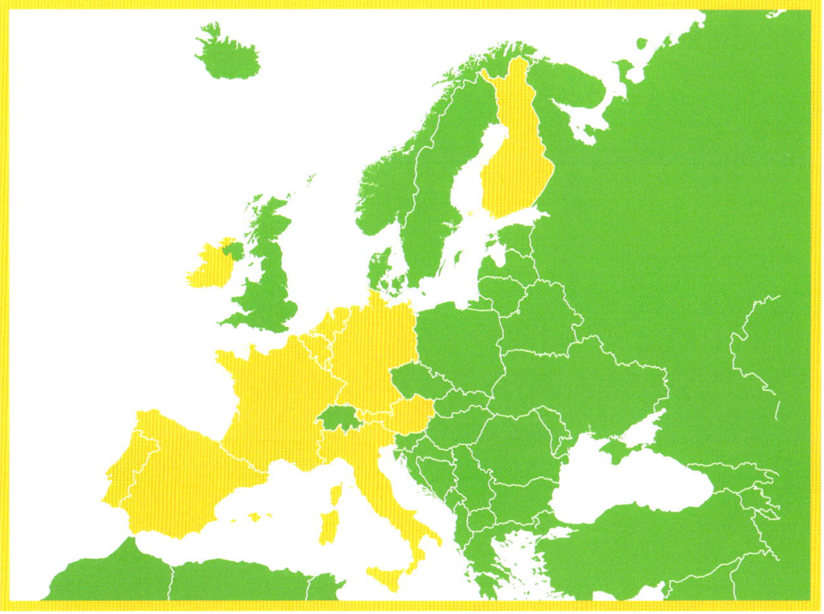

La eurozona se fundó en el año 1999 como una unión monetaria entre los once estados de la Unión Europea aquí mostrados. En 2012 había diecisiete miembros de la eurozona, y ocho más a la espera de ingresar.

PUEDE HABER HAMBRE CON BUENAS COSECHAS

TEORIA DE LA INTITULACION

EN CONTEXTO

ENFOQUE
Crecimiento y desarrollo

PENSADOR CLAVE
Amartya Sen (n. en 1933)

ANTES
1798 En su *Ensayo sobre el principio de la población*, Thomas Malthus concluye que el incremento de la población resultará en hambre y muerte.

Década de 1960 Prevalece la idea de que el hambre se debe a un declive de la disponibilidad de los alimentos.

DESPUÉS
2001 El británico Stephen Devereux argumenta que la teoría de la intitulación ignora las causas políticas del hambre.

2009 El noruego Dan Banik publica *Starvation and India's Democracy*, que muestra cómo en una democracia funcional pueden darse la malnutrición y la muerte por hambre.

Las familias **intercambian su trabajo por dinero**, con el que compran alimentos para sobrevivir.

↓

Si se produce un **cambio en el precio** de su trabajo o de los alimentos…

↓

…y los salarios se vuelven insuficientes para comprar el **mínimo de alimentos** que necesita una familia…

↓

…la familia **pasará hambre**, aunque se esté produciendo alimento en abundancia.

↓

Puede haber hambre con buenas cosechas.

El economista indio Amartya Sen era un niño en 1943, cuando una hambruna asoló Bengala, y tenía solo nueve años cuando llegó a su escuela un hombre que no había comido en cuarenta días; hasta entonces no había sido consciente de lo que sucedía en la región, puesto que nadie en su familia ni en las de sus amigos se había visto afectado. Pese a su corta edad, quedó impactado por la naturaleza «clasista» de aquel azote. Casi cuarenta años después, el recuerdo y la reflexión sobre la hambruna movió a Sen a escribir *Poverty and Famines: An Essay on Entitlement and Deprivation* (1981). Sen concluía que, en contra de lo que se suele creer, el hambre no se debe a la escasez de alimento. Las malas cosechas, la sequía o la reducción de las importaciones pueden contribuir, pero es más importante el modo en que se distribuyen los alimentos.

Intitulación

La escasez absoluta de alimentos es muy rara; es mucho más común que los alimentos no estén disponibles para quienes más los necesitan. Sen llamó a los lotes de bienes y servicios a los que tienen acceso los individuos «intitulaciones». Las ham-

Véase también: Mercados y moralidad 22–23 ▪ Demografía y economía 68–69 ▪ Oferta y demanda 108–113 ▪ Pobreza 140–141 ▪ Economía del desarrollo 188–193

Hambrunas como la del Congo en 2008 se deben a fracasos económicos, según Amartya Sen, que argumenta que el fenómeno no se ha conocido en las democracias funcionales.

brunas son un fallo de intitulación, y esta depende de factores distintos a la cantidad de alimentos producida. En una economía moderna basada en el intercambio, la mayoría de la gente no produce sus propios alimentos, sino que intercambia un bien (su trabajo) por otro (el dinero), que luego se intercambia a su vez por alimentos. El hecho de que una familia disponga de alimento suficiente depende de lo que pueda vender o intercambiar en relación con el precio de los alimentos. Una hambruna se produce cuando las intitulaciones de las familias (los bienes a los que tienen acceso, no la cantidad disponible en general) caen por debajo de la cantidad mínima necesaria para sobrevivir. Esto puede ocurrir por el aumento del precio de los alimentos o por la caída de los salarios.

Sen analizó la hambruna del año 1943 que tuvo lugar en Bengala y otras más recientes de África y Asia con el objetivo de reunir datos empíricos en favor de su teoría. En el caso de Bengala descubrió que la producción total de alimentos, aunque menor que la del año anterior al que comenzara la hambruna, era mayor que en los años precedentes, en los que no hubo hambruna. Concluyó que la principal causa de la hambruna fue que los salarios de los trabajadores del campo no pudieron mantenerse a la altura de la subida de precios de los alimentos por la inflación en Calcuta. India, entonces bajo control británico, vivía un boom por las inversiones del gobierno colonial como parte del esfuerzo de guerra.

Sen argumentó que particularmente los países democráticos deberían ser capaces de prevenir las peores hambrunas, y su novedoso enfoque condujo a un gran cambio de perspectiva sobre el fenómeno. ■

Amartya Sen

Amartya Sen nació en Santiniketan, en Bengala Occidental (India), en 1933. Aunque su padre era profesor de química, él optó por la economía y se licenció en la Universidad de Calcuta en 1953. Ese mismo año obtuvo una segunda licenciatura en Cambridge. A los 23 años, se convirtió en el hombre más joven al frente de la Facultad de Economía de la Universidad de Jadavpur, en Calcuta. Una beca de investigación le permitió ampliar sus estudios hacia la filosofía. Sen ha impartido clases en las universidades de Calcuta y Delhi, en India; en el MIT, Stanford, Berkeley y Cornell, en EE UU; y en Cambridge y Oxford, en Gran Bretaña. En 2004 se trasladó a la Universidad de Harvard, donde es catedrático de economía y filosofía. En 1988 recibió el Nobel de economía. Sen se ha casado dos veces y es padre de cuatro hijos.

Obras principales

1970 *Elección colectiva y bienestar social.*
1981 *Poverty and Famines: An Essay on Entitlement and Deprivation.*
1999 *Desarrollo y libertad.*

ECONOMI
CONTEMP
1970—PRESENTE

A
ORANEA

1970 George Akerlof describe mercados en los que un comprador tiene mejor información que otro, y abre así el campo de la **economía de la información**.

1971 El presidente Richard Nixon **rompe el vínculo** entre el dólar y el precio del oro por consejo de Milton Friedman.

1973 La OPEP, grupo de países productores de petróleo, inicia un **embargo petrolero** que sume al mundo en una crisis económica.

1973 Augusto Pinochet da un golpe de Estado y toma el poder en Chile, que pasa a ser el primer país en aplicar una **política económica monetarista**.

1974 Arthur Laffer explica la **curva de Laffer**, que demuestra cómo mayores impuestos pueden llevar a una menor recaudación.

1974 Hyman Minsky expone su hipótesis de la **inestabilidad financiera**, que muestra cómo la estabilidad lleva a la inestabilidad.

1977 Edward Prescott y Finn Kydland defienden los **bancos centrales independientes**.

1979 Los psicólogos Amos Tversky y Daniel Kahneman publican *Prospect Theory*, base de la **economía del comportamiento**.

En los veinticinco años que siguieron a la Segunda Guerra Mundial, las políticas keynesianas, defensoras de una intervención estatal activa en la economía, trajeron la prosperidad a Occidente. En palabras del primer ministro británico Harold Macmillan, «nunca nos había ido tan bien». Sin embargo, a principios de la década de 1970 una crisis petrolera desencadenó un ciclo descendente, y tanto el desempleo como la inflación crecieron rápidamente. El modelo keynesiano ya no parecía funcionar.

Los economistas más conservadores habían estado defendiendo un regreso a políticas más liberalistas, y ahora sus argumentos fueron por fin tomados más en serio. El estadounidense Milton Friedman (p. 199), el economista más destacado de la escuela de Chicago y contrario a las ideas keynesianas, propuso que, en lugar del desempleo, el centro de la política económica debía ser la inflación, y que el único papel del Estado debía ser controlar la oferta de dinero y dejar operar a los mercados; esta es la doctrina conocida como monetarismo.

El auge de la derecha

Al tiempo que se erosionaba la confianza en las políticas keynesianas, los partidos derechistas de Ronald Reagan y Margaret Thatcher, ambos firmes defensores de las tesis monetaristas de Friedman, alcanzaron el poder en EE UU y Gran Bretaña respectivamente. Las políticas que introdujeron durante la década de 1980 marcaron un claro regreso a las viejas ideas de la estabilidad, la eficiencia y el crecimiento de los mercados dejados a su propio arbitrio.

Las políticas sociales de la llamada «reaganomía» y del thatcherismo estaban influidas por las ideas del economista de origen austriaco Friedrich Hayek (p. 177) –quien situaba al individuo, no al Estado, en el centro del pensamiento económico– y de otros economistas para quienes la reducción de impuestos era un modo de incrementar las rentas públicas.

La liberalización devino el nuevo santo y seña. La desregulación de las instituciones financieras facilitó los préstamos a las empresas y permitió a los prestamistas dedicarse a nuevas formas de ingeniería financiera que prometían grandes ganancias con riesgo cero. A lo largo de la década, el clima económico fue cambiando en todo el mundo. Las reformas en la Unión Soviética acabarían llevando a la disolución del Bloque del Este, reafirmando la convicción de los

1985
Mijaíl Gorbachov inicia en la Unión Soviética un proceso de reforma conocido como *perestroika*.

1988
If Women Counted de Marilyn Waring aporta una **perspectiva económica basada en el género**.

1989
Alice Amsden describe el **auge de los tigres de Asia oriental**.

1994
Robert Flood y Peter Garber idean el primero de una serie de **modelos de crisis monetarias**.

Década de 2000
Alberto Alesina y Dani Rodrik trabajan sobre la relación entre **crecimiento económico y desigualdad**.

2005
En *El fin de la pobreza*, Jeffrey Sachs propone que la **ayuda a la deuda** puede impulsar las economías del tercer mundo.

2006
Nicholas Stern se refiere al **calentamiento global** como el «mayor problema de acción colectiva» de la sociedad humana.

2008
Una crisis bancaria causa una **recesión mundial**, al retirarse el crédito y pincharse las burbujas inmobiliarias.

economistas conservadores de que el socialismo no funcionaba. La Europa continental, sin embargo, se resistió al giro angloamericano de Keynes a Friedman, y la adopción de políticas económicas más liberalistas por su parte fue más gradual.

Repensar el libre mercado

Aunque el monetarismo y la liberalización de los mercados contribuyeron a su eficiencia en las décadas de 1980 y 1990, algunos economistas dudaban de la sostenibilidad de tales políticas. Ya en 1974, el economista estadounidense Hyman Minsky (p. 301) había advertido de la inestabilidad inherente de las instituciones financieras, y la aceleración de los ciclos de boom y desplome parecía confirmar su hipótesis. La desregulación animaba a los préstamos arriesgados, que llevaban al colapso de empresas y bancos. Otros economistas ponían en entredicho la eficiencia y racionalidad del mercado, argumentando que los modelos «científicos» de la economía se basaban en ciencias inadecuadas: las nuevas ideas de la matemática y la física, así como las teorías de la complejidad y del caos, quizá eran analogías mejores, y la psicología conductual podía explicar mejor los actos del «hombre económico» que la noción de racionalidad al uso.

Entretanto se estaban desarrollando economías más jóvenes, sobre todo en Asia, donde las reformas estaban transformando las economías china e india. Apareció así un nuevo rival de Occidente: el bloque económico de los BRIC (Brasil, Rusia, India y China). La prosperidad de estas nuevas potencias económicas renovó el interés por la llamada economía del desarrollo, mientras otros países permanecían atrapados en la pobreza debido a una deuda aplastante y a la inestabilidad política. A la vez, la tecnología que había traído la prosperidad económica planteaba ahora una amenaza económica en forma de calentamiento global y cambio climático, a los que había que enfrentarse a nivel internacional.

En la primera década del siglo XXI, una serie de crisis financieras sacudió a las economías occidentales, y pareció que las políticas de libre mercado habían fracasado. Una vez más, la economía puso su atención en las desigualdades y consecuencias sociales del libre mercado, y algunos economistas llegaron a preguntarse si dicho fracaso no indicaba el fin del capitalismo anunciado por Karl Marx (p. 105). No por primera vez, el mundo parecía al borde de un cambio económico profundo. ■

ES POSIBLE INVERTIR SIN RIESGO

INGENIERIA FINANCIERA

EN CONTEXTO

ENFOQUE
Banca y finanzas

PENSADORES CLAVE
Fischer Black (1938–1995)
Myron Scholes (n. en 1941)

ANTES
1900 Según el matemático francés Louis Bachelier, los precios de las acciones siguen un proceso lógico pero azaroso.

1952 El estadounidense Harry Markowitz propone un método para crear carteras de acciones óptimas diversificando el riesgo.

Década de 1960 Aparece el modelo de valoración de activos financieros (CAPM).

DESPUÉS
Década de 1990 Se desarrolla el valor en riesgo (VeR) para medir el riesgo de pérdidas en una cartera de acciones.

2007–2008 Colapso de los mercados financieros globales.

Durante la década de 1960, los cimientos institucionales del mundo de posguerra se vieron erosionados. El sistema de Bretton Woods (pp. 186–187) de tipos de cambio fijos vinculados a un dólar que, a su vez, se hallaba vinculado al precio fijo del oro comenzaba a torcerse. EE UU sufría déficits comerciales persistentes, y las recurrentes crisis de la balanza de pagos en otros lugares llevaron a reclamar la introducción de tipos de cambio flotantes. En 1971 el presidente Richard Nixon decidió romper el vínculo dólar-oro, poniendo fin al sistema de Bretton Woods.

Por entonces se daba un aumento de la inflación en las diversas economías. El keynesianismo (pp. 154–161),

Véase también: Servicios financieros 26–29 ▪ Sociedades anónimas 38 ▪ Riesgo e incertidumbre 162–163 ▪ Economía del comportamiento 266–269 ▪ Mercados eficientes 272 ▪ Crisis financieras 296–301

Si suponemos que los mercados financieros son eficientes, y que los **precios rara vez se alejarán** de un valor medio…

…las probabilidades de **futuras variaciones de precios se pueden calcular**.

Esto supone que un contrato para comprar bienes a un precio futuro puede **valorarse con precisión** y cubrir frente al riesgo.

Es posible invertir sin riesgo.

pensamiento económico que predominó durante los años de posguerra, fue objeto de ataques por parte de los estudiosos. Los mercados financieros, estrictamente regulados desde la década de 1930, presionaron para que se eliminaran las restricciones sobre sus actividades. Estas se levantaron en 1972, cuando al Chicago Mercantile Exchange se le permitió redactar el primer contrato de derivados sobre tipos de cambio.

Contratos de futuros

Los derivados existen desde hace siglos; se trata de un tipo de contratos que se refieren no directamente a un bien, sino a algún atributo asociado con él. Así, por ejemplo, un antiguo contrato de derivados típico sería un *forward*, que especifica el precio y la futura fecha de entrega de un bien, tal como una determinada cantidad de café. La ventaja que tienen es que permiten a los productores comprometer a sus clientes a pagar un precio, al margen de cómo –tratándose de bienes agrícolas– resulten las cosechas y la producción. El derivado tenía como objetivo reducir el riesgo y asegurarse ante el futuro; esto se conoce como cobertura de riesgo. Sin embargo, los contratos de derivados también pueden funcionar al revés: en lugar de aportar cobertura frente al futuro, pueden servir para especular. Un *forward* compromete la entrega de bienes a un cierto precio en una fecha determinada; pero si el precio del mercado en esa fecha es inferior al del *forward*, se puede obtener una fácil ganancia. Obviamente, si el precio del mercado entonces es superior al especificado, habrá pérdidas. Por otra parte, como los contratos de derivados no implican el pago por activos ni bienes, sino tan solo por el derecho a comprar esos productos en el futuro, permiten operar con grandes cantidades. Los derivados proporcionan a quienes comercian con ellos un grado de influencia superior.

Riesgos especulativos

Los contratos de derivados fueron estandarizados, pudiéndose comprar y vender en el mercado como cualquier otro bien. El primer mercado en ofrecer derivados intercambiables para productos agrícolas fue el Chicago Board of Trade, en el año 1864, »

El precio del arroz puede variar debido a los cambios meteorológicos. Un *forward*, en el que una parte acuerda comprar el arroz a cierto precio y en una fecha determinada, permite al agricultor gestionar el riesgo.

Los contratos de opciones son un tipo de derivado que da a alguien la opción de comprar o vender algo, como café, a un precio y en una fecha determinados, sin obligación de ejercerla.

aunque el potencial para la especulación que contienen todos los contratos de derivados llevaron a repetidas prohibiciones de su uso. Los contratos de derivados con liquidación en efectivo fueron particularmente preocupantes; eran contratos de derivados en los que la entrega del activo subyacente no se tenía que producir en una fecha específica, pudiéndose pagar dinero en su lugar; aquí había desaparecido cualquier vínculo real entre el producto subyacente y el derivado, y el potencial para la pura especulación era inmenso.

Desregulación

El reconocimiento de este potencial especulativo llevó a los gobiernos a introducir normas estrictas. Desde la década de 1930 y en adelante, en EE UU los derivados con liquidación en efectivo fueron clasificados como una forma de juego, no de inversión, y estrictamente controlados. No se permitió a las bolsas comerciar con ellos. Sin embargo, con el colapso del sistema de tipos de cambio fijos en 1971, no tardó en surgir la necesidad de cobertura de riesgo frente a unos tipos de cambio flotantes potencialmente volátiles. Se levantaron las restricciones, y el mercado de derivados se expandió rápidamente.

Este era el telón de fondo de un problema crucial. No había manera de poner un precio preciso a los derivados, debido a que eran contratos muy complejos. Incluso una simple «opción» (que supone el derecho pero no el compromiso a intercambiar un activo subyacente en una determinada fecha futura) tenía un precio que determinaban diferentes variables, tales como el precio actual del activo subyacente, el plazo de la opción y la variación esperada de los precios. El problema de aportar una fórmula matemática fue finalmente resuelto en 1973 por los economistas estadounidenses Myron Scholes y Fischer Black, una fórmula que desarrolló su compatriota Robert C. Merton ese mismo año.

A fin de simplificar el problema, estos economistas partieron de ciertos supuestos y conocimientos sobre los mercados financieros. Primero, aplicaron la regla de «no arbitraje», que considera que los precios en un mercado financiero funcional reflejan toda la información disponible. El precio de una sola acción informaría tanto del valor de la empresa hoy como de lo que los comerciantes del mercado esperan de ella en el futuro. Sería imposible obtener unos beneficios garantizados por cobertura frente al riesgo futuro, porque los precios incorporan ya toda la información sobre la que se basa la cobertura. El segundo supuesto era que siempre es posible confeccionar un contrato de opciones que refleje una cartera de activos. En otras palabras, toda posible cartera de activos que se pueda confeccionar puede ser cubierta por opciones, y con este seguro desaparece todo riesgo. En tercer lugar, supusieron que aunque los precios de los activos fluctúan al azar a lo largo del tiempo, varían de una forma regular, conocida como «distribución normal». Esto implica que, en general, los precios no variarán mucho a corto plazo.

Con todos estos supuestos, Black, Scholes y Merton pudieron aportar un modelo matemático sólido para poner precio a un contrato de opciones estándar sobre la base de los movimientos de precio del activo subyacente. Los contratos de derivados, en su día vistos como instrumentos poco fiables, podían procesarse a gran escala con ayuda de la tecnología informática, y la senda quedaba despejada para una gran expansión del comercio con derivados.

El modelo ideado por Black, Scholes y Merton supuso una nueva forma de pensar en el mercado financiero; incluso podía funcionar a la inversa: su modelo permitía procesar los precios por opciones existentes con el fin de generar «volatilidades implícitas». Esto dio lugar a una nueva manera de gestionar el riesgo: en vez de

> No cruces un río si tiene una profundidad media de cuatro pies.
> **Nicholas Taleb**

En los años precedentes al desplome de 2008, los bancos supusieron que el riesgo de invertir seguía un patrón de «distribución normal» (la línea azul), en la que hay una alta probabilidad de beneficios pequeños, y una muy baja probabilidad de grandes ganancias o pérdidas. El riesgo de inversión, sin embargo, sigue un patrón distinto (la línea de puntos), en el que las incidencias extremas son mucho más frecuentes.

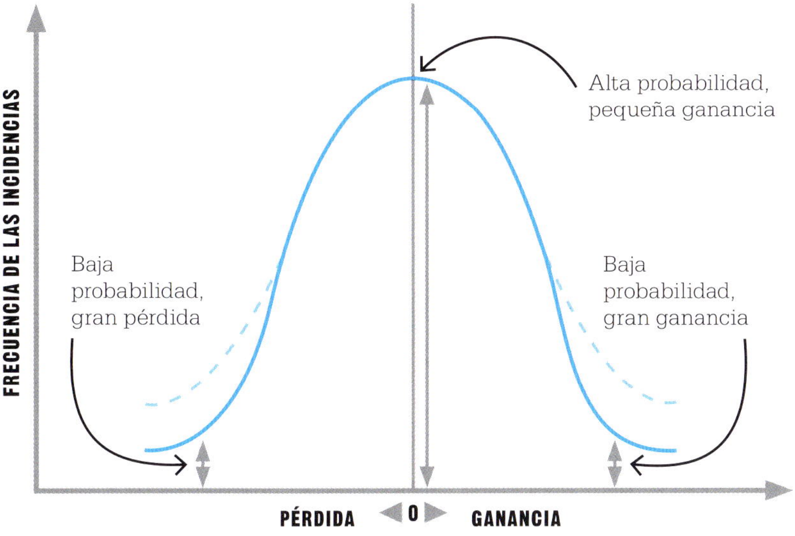

comerciar sobre la base de precios o de precios esperados, podían confeccionarse carteras de activos directamente sobre la base del riesgo que implicaba su precio en el mercado. El riesgo mismo, tal como lo describían los modelos matemáticos, podía ser objeto de comercio y gestión.

El desplome de 2008

La gran explosión de la innovación financiera, apoyada por sofisticadas matemáticas y por una tecnología informática cada vez más potente, contribuyó a una extraordinaria expansión del sistema financiero a lo largo de varias décadas. De cantidades insignificantes durante la década de 1970, el mercado global de derivados creció a una media del 24% anual, alcanzando un total de 457 billones de euros en 2008, unas veinte veces el PIB global. Las aplicaciones se fueron multiplicando a medida que las empresas encontraban nuevas formas rentables y aparentemente seguras de gestionar los diversos riesgos asociados al préstamo.

En septiembre de 2008, cuando el banco de inversiones estadounidense Lehman Brothers se declaró en quiebra, quedó patente que aquella expansión tenía varios defectos fatales. Entre ellos, la dependencia del supuesto de la distribución normal: la idea de que la mayoría de los precios se agrupan en torno a una media y de que los movimientos extremos son muy raros. Esto había sido puesto en tela de juicio ya en 1963, cuando el matemático francés Benoît Mandelbrot sugirió que los movimientos de precios extremos eran mucho más frecuentes de lo esperado.

Tras el desplome, los modelos se están reexaminando. Los estudiosos de la economía del comportamiento (pp. 266–269) y de la econofísica emplean modelos y técnicas estadísticas tomados de la física con objeto de comprender mejor los mercados financieros y el riesgo. ■

Bajo riesgo, gran ganancia

El economista estadounidense-libanés Nicholas Taleb sostiene que, al subestimar el riesgo de los movimientos de precios extremos, los «sofisticados» modelos financieros expusieron a sus inversores a un riesgo real. Las obligaciones de deuda garantizada (CDO) son un buen ejemplo: dichos instrumentos financieros consiguen dinero emitiendo bonos propios, antes de invertir ese dinero en activos tales como préstamos. Las CDO asumieron el riesgo de muchas deudas inmobiliarias de muy baja calidad *(subprime)* con altas probabilidades de impago, y las combinaron con deuda de alta de calidad, como letras del Tesoro de EE UU. Parecían ofrecer bajo riesgo y ganancias elevadas, pero ello se basaba en el supuesto de que el riesgo de impago era estable y seguía un patrón de distribución normal. Al aumentar los impagos de las hipotecas *subprime* en EE UU, quedó claro lo erróneo de dicho supuesto, y el gran mercado de las CDO implosionó.

Los cisnes negros se ven rara vez, pero existen. Nicholas Taleb se ha referido a los movimientos extremos e inesperados del mercado como «cisnes negros».

LA GENTE NO ES RACIONAL AL CIEN POR CIEN

ECONOMIA DEL COMPORTAMIENTO

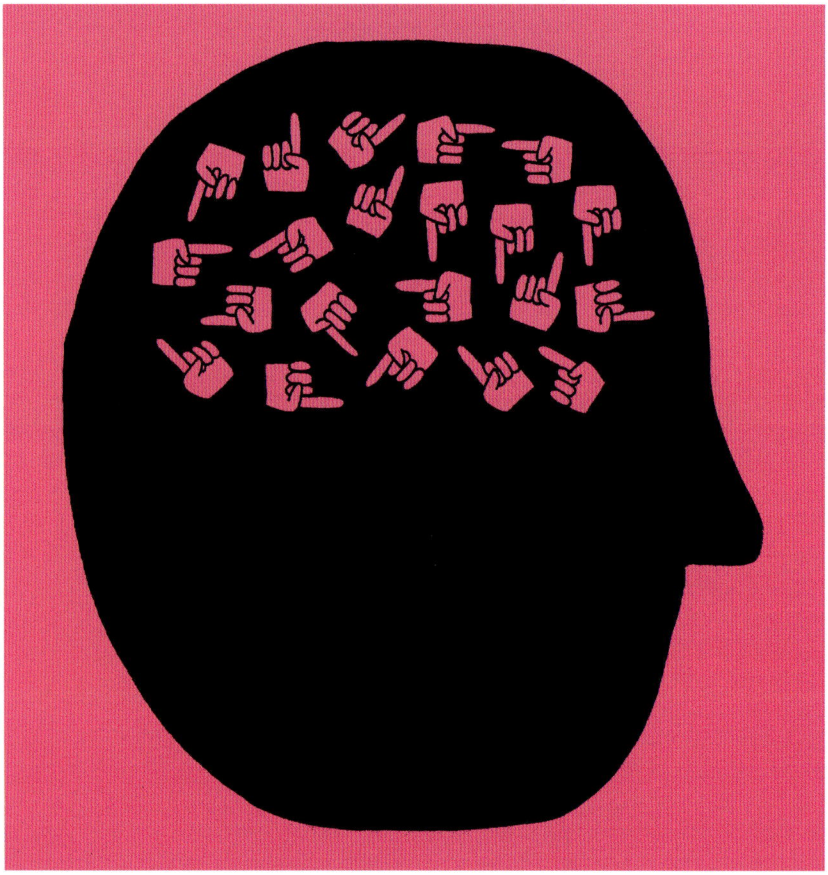

EN CONTEXTO

ENFOQUE
Toma de decisiones

PENSADORES CLAVE
Amos Tversky (1937–1996)
Daniel Kahneman (n. en 1934)

ANTES
Década de 1940 En EE UU, Herbert Simon afirma que la decisión racional por sí sola no explica la toma de decisiones.

1953 El francés Maurice Allais critica la teoría de la utilidad esperada, afirmando que en la vida real las decisiones no se toman siempre racionalmente.

DESPUÉS
1990 Lawrence Summers y Andrei Shleifer argumentan que las decisiones irracionales pueden afectar a los precios.

2008 El psicólogo y economista de EE UU Dan Ariely defiende en *Predictably Irrational* que la irracionalidad sigue un patrón.

Hasta la década de 1980, en la teoría económica común predominó la idea del «hombre económico racional» (pp. 52–53). Se entendía que los individuos eran agentes que toman decisiones de un modo racional, sopesan los costes y beneficios y optan por lo que ofrece el mejor resultado. Los economistas creían que la gente se comportaba así en situaciones de certidumbre e incertidumbre, y formalizaron la idea de la toma de decisiones racional en la teoría de la utilidad esperada (pp. 162–163). Sin embargo, en realidad, la gente toma con frecuencia decisiones irracionales que no ofrecen el mayor beneficio, y que llegan incluso a perjudicarles.

Véase también: El hombre económico 52–53 ▪ Economía de libre mercado 54–61 ▪ Burbujas económicas 98–99 ▪ Riesgo e incertidumbre 162–163 ▪ Toma de decisiones irracional 194–195 ▪ Paradojas en la toma de decisiones 248–249

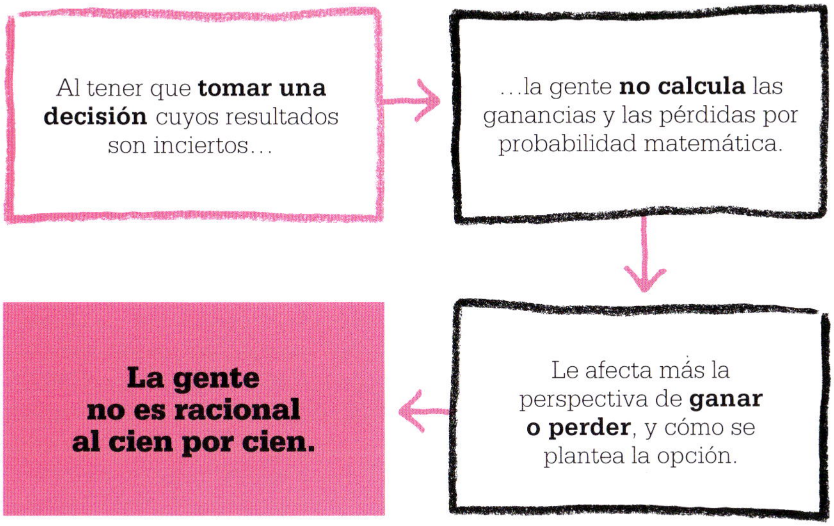

Los primeros estudios acerca de estas rarezas del comportamiento los realizaron en 1979 dos psicólogos israelíes-estadounidenses, Amos Tversky y Daniel Kahneman, quienes examinaron la psicología de la toma de decisiones y respaldaron sus hipótesis con diversos ejemplos empíricos. Su trabajo clave, *Prospect Theory: An Analysis of Decision under Risk*, planteaba una teoría que marcó el inicio de un nuevo campo de estudio conocido como economía del comportamiento. Su objetivo era hacer psicológicamente más realistas las teorías de los economistas sobre la toma de decisiones.

Tratar con el riesgo

Tversky y Kahneman se percataron de que la gente viola a menudo los supuestos de los economistas sobre el comportamiento, sobre todo cuando las consecuencias son inciertas: lejos de actuar de modo racional en favor del interés propio, les afectaba el modo en que se presenta la decisión, y sus respuestas contradecían las teorías establecidas.

Para los economistas era bien sabido que el común de la gente tiene aversión al riesgo. Así, por ejemplo, si se ofrece la opción de recibir 1.000 euros o de tener una probabilidad del 50% de recibir 2.500, la gente suele preferir lo primero, a pesar de que la expectativa media de lo segundo es superior, de 1.250 euros. Los psicólogos decidieron experimentar presentando la situación contraria, dando a las mismas personas la opción de perder 1.000 euros o de tener una probabilidad del 50% de perder 2.500. En dicha situación, los mismos que habían escogido la opción segura en la situación anterior eligieron la más arriesgada en este caso; se constataba, por consiguiente, una cierta propensión al riesgo.

El enfoque económico estándar sobre la toma de decisiones en condiciones de incertidumbre suponía que un individuo puede tener aversión al riesgo, buscarlo o ser indiferente, y que estas actitudes respecto al riesgo se aplicarían tanto en caso de ganancias como de pérdidas. Sin embargo, Tversky y Kahneman observaron que aquellos individuos que tenían aversión al riesgo en caso de ganancia lo asumían en caso de pérdida: la naturaleza de la preferencia individual parecía cambiar. Su trabajo permitió demostrar que las personas tienen «aversión a la pérdida», y que están dispuestas a arriesgarse para evitar pérdidas, pero no para ganar algo. Así, por ejemplo, la pérdida de utilidad por perder 10 euros parece mucho mayor que la ganancia de utilidad por ganar 10 euros.

Estas singularidades del comportamiento humano evidencian que la manera en que se presentan las opciones influye en las decisiones de las personas, aunque el resultado en último término sea el mismo. Considérese, por ejemplo, una situación en la que se espera que una enfermedad acabe con la vida de 600 individuos. Existen dos programas para combatirla: el A, que salva a 200, y el B, que ofrece una probabilidad de un tercio de salvarlos a todos frente a una de dos tercios de no salvar a nadie. Cuando el problema se plantea de esta manera, la mayoría de la gente muestra aversión al riesgo y opta por la certeza de salvar a 200. Pero si se replantea el problema con la opción del programa C, el cual garantiza »

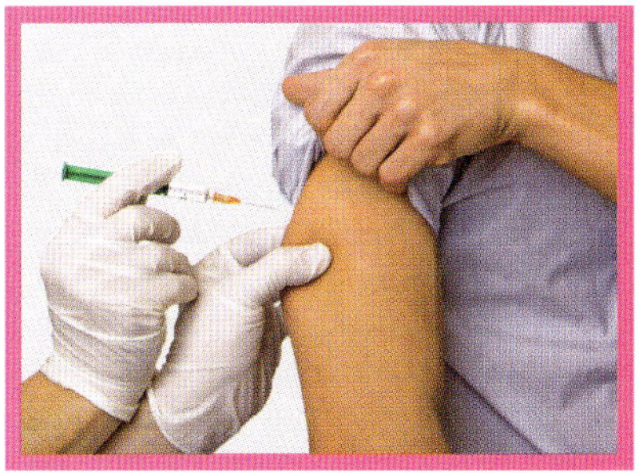

Un gobierno que quiera convencer a la gente de que se vacune debe hacer hincapié en la mayor probabilidad de morir si no lo hace. La gente detesta perder más de lo que le gusta ganar.

LA REDUCCION DE IMPUESTOS PUEDE AUMENTAR LA RECAUDACION

IMPUESTOS E INCENTIVOS ECONOMICOS

EN CONTEXTO

ENFOQUE
Política económica

PENSADORES CLAVE
Robert Mundell (n. en 1932)
Arthur Laffer (n. en 1940)

ANTES
1776 El escocés Adam Smith propone que unos impuestos moderados podrían suponer más recaudación que unos altos.

1803 El francés Jean-Baptiste Say defiende que la oferta crea su propia demanda.

DESPUÉS
1981 Ronald Reagan, presidente de EE UU, reduce los impuestos al sector de mayores ingresos y a las ganancias de capital.

2003 El presidente de EE UU George W. Bush, desoyendo las críticas de destacados economistas, decide aplicar recortes de impuestos.

2012 En enero, el déficit del gobierno de EE UU alcanza los 15 billones de dólares.

El sentido común nos dice que si un gobierno quiere recaudar más dinero para gastar en servicios públicos, debe subir los impuestos, por impopular que resulte. Asimismo, bajar los impuestos parece implicar un recorte de los servicios públicos. Sin embargo, algunos economistas afirmaron que no siempre es así, y que bajar los impuestos puede suponer una recaudación mayor.

Esta es una idea clave de la «economía de la oferta» de la década de 1980. Para esta, la oferta es la parte de la economía que fabrica y vende, contrapuesta a la demanda, que es la parte que compra bienes. Los economistas de esta corriente defienden

Si el gobierno no **aplica impuestos**, no recauda.

Si los impuestos fueran del **100%**, el gobierno no recaudaría porque nadie se molestaría en trabajar.

En algún punto entre el 0 y el 100% se halla el punto en que la recaudación es **máxima**.

Si los **impuestos son demasiado altos**, se desincentiva el trabajo, se pagan menos impuestos y se recauda menos.

Si **se bajan los impuestos**, se incentiva el trabajo y la recaudación aumenta.

La reducción de impuestos puede aumentar la recaudación.

Véase también: Carga fiscal 64–65 ▪ Saturación del mercado 74–75 ▪ Préstamo y deuda 76–77 ▪ El multiplicador keynesiano 164–165 ▪ Gobierno corporativo 168–169 ▪ Política monetarista 196–201

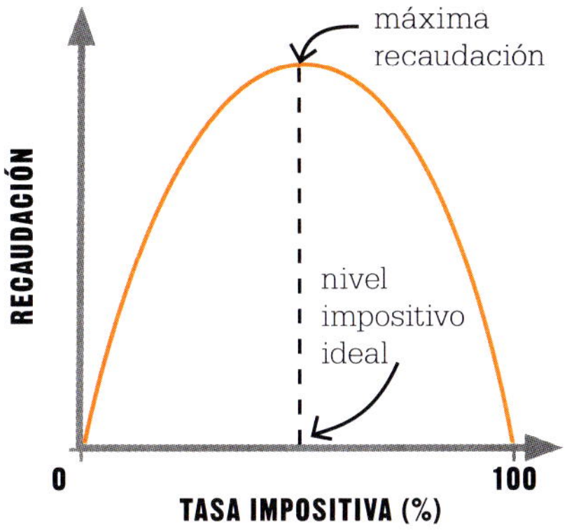

La curva de Laffer muestra la relación entre impuestos y recaudación, e indica que los impuestos más altos no siempre resultan en una mayor recaudación.

que la mejor manera de que la economía crezca es mejorar las condiciones para la oferta, liberando a las empresas de normas y recortando subsidios e impuestos elevados.

Impuestos y paraísos fiscales

El argumento recaudatorio para rebajar los impuestos se debe al estadounidense Arthur Laffer, que razonaba así: si el gobierno no cobra impuestos, no recauda; si cobra impuestos del 100%, tampoco recauda, ya que nadie trabajaría; pero incluso por debajo del 100%, los impuestos elevados desincentivan a la gente para trabajar. Esta reducción de las horas de trabajo pesa más que los impuestos altos, y resulta en una disminución de la recaudación. Si los impuestos a los más ricos son muy altos, también disminuye la recaudación, porque se marchan del país o depositan su dinero en paraísos fiscales, países que cobran pocos impuestos o ninguno. Laffer representó una curva (izda.) para mostrar que en algún punto entre los extremos impositivos del 0 y el 100% hay un punto de máxima recaudación.

El argumento es que, partiendo de unos impuestos elevados, su reducción, junto con otras políticas destinadas a reforzar la parte de la oferta, puede mejorar la eficiencia económica y generar más recaudación. En la década de 1970, cuando Laffer desarrolló sus teorías, algunos países tenían impuestos del 70% para ciertos sectores de la población, y de hasta el 90% para las mayores fortunas. Los economistas no se ponían de acuerdo sobre dónde se halla el pico de la curva de Laffer: según los de la derecha política, la economía se encontraba en un punto a la derecha del pico de la curva, así que bajar los impuestos aumentaría la recaudación; pero los de la izquierda no estaban de acuerdo.

Muchos paraísos fiscales fueron constituidos como tales en la década de 1970, cuando pequeñas islas y países como Mónaco redujeron o eliminaron los impuestos para atraer las inversiones.

Todos ganan

Para los políticos de la derecha, la teoría de Laffer era muy atractiva: podían tomar la popular medida de bajar los impuestos y además comprometerse a mantener los servicios públicos. En 1981, en EE UU, el presidente Ronald Reagan bajó los impuestos al sector de mayores ingresos sin dejar de ser un héroe para muchos de los más pobres. Con todo, no está del todo claro que la idea realmente funcione. En EE UU y otros países, los impuestos son mucho más bajos hoy que en la década de 1970, pero el incremento en la recaudación no se ha producido; en lugar de eso, los recortes de impuestos se han financiado en gran medida con un déficit en aumento. ■

Economía de la oferta

La teoría de la economía de la oferta desencadenó una polémica considerable cuando se desarrolló en la década de 1970. Surgió como respuesta al aparente fracaso de las políticas keynesianas de intervencionismo estatal (pp. 154–161) ante una economía que combina un alto desempleo con una inflación elevada, situación denominada estanflación. La expresión fue popularizada por el periodista estadounidense Jude Wanniski, pero lo que realmente llamó la atención de los economistas fue la curva de Arthur Laffer. El economista canadiense Robert Mundell (p. 254) desarrolló junto con su equipo la llamada curva de Laffer, y argumentaron que si se bajaban los impuestos, esto provocaría un incremento de la producción nacional, y con ella de la recaudación. Después de una breve bajada impositiva, así fue, pero se ha debatido mucho sobre la validez de su prueba.

LOS PRECIOS LO DICEN TODO

MERCADOS EFICIENTES

EN CONTEXTO

ENFOQUE
Mercado y empresa

PENSADOR CLAVE
Eugene Fama (n. en 1939)

ANTES
1863 El broker francés Jules Regnault publica *Calcul des chances et philosophie de la bourse*, donde afirma que las fluctuaciones de la bolsa no se pueden predecir.

1964 El estadounidense Paul Cootner amplía en *The Random Character of Stock Market Prices* las ideas de Regnault sobre los mercados fluctuantes.

DESPUÉS
1980 El estadounidense Richard Thaler publica el primer estudio de economía del comportamiento.

2011 Paul Volcker, expresidente de la Reserva Federal de EE UU, atribuye el desplome financiero de 2008 a «una fe injustificada en las expectativas racionales y la eficiencia del mercado».

Entre los inversores existe la creencia común de que pueden «ganar» a la bolsa, una idea con la que nunca llegó a estar de acuerdo el economista estadounidense Eugene Fama, que en su estudio *Efficient Capital Markets* (1970) concluyó que esto no puede ocurrir sistemáticamente. Su teoría se conoce en la actualidad como hipótesis del mercado eficiente.

Fama argumentaba que todos los inversores tienen acceso a la misma información pública que sus rivales, por lo que los precios de las acciones reflejan plenamente toda la información disponible. Esto es el llamado «mercado eficiente». Nadie puede saber qué nuevas informaciones saldrán, por lo que debería ser casi imposible que los inversores obtengan beneficios sin recurrir a información no disponible para la competencia, o información «privilegiada», lo cual es ilegal.

La economía del comportamiento, no obstante, ha señalado problemas en dicha teoría, ya que no tiene en cuenta el exceso de confianza del inversor y el «instinto de la manada». Esto se puso de manifiesto en la burbuja de las puntocom de la década de 1990, cuando se infló artificialmente la bolsa tecnológica, y en la más reciente crisis financiera de 2007–2008.

Tras estas crisis, muchos han declarado superada la teoría, y otros han llegado a culparla de los desplomes. El propio Eugene Fama ha reconocido que unos inversores mal informados pueden desorientar a los mercados, lo que puede resultar en unos precios «algo irracionales». ■

> En un mercado eficiente, el precio de un valor será en cualquier momento una buena estimación de su valor intrínseco.
> **Eugene Fama**

Véase también: Burbujas económicas 98–99 ■ Prueba de las teorías económicas 170 ■ Ingeniería financiera 262–265 ■ Economía del comportamiento 266–269

CON EL TIEMPO, INCLUSO LOS EGOISTAS COOPERAN CON OTROS

COMPETENCIA Y COOPERACION

EN CONTEXTO

ENFOQUE
Toma de decisiones

PENSADOR CLAVE
Robert Axelrod (n. en 1953)

ANTES
1859 El biólogo británico Charles Darwin publica *El origen de las especies*, donde argumenta que las especies mejor adaptadas tienen más posibilidades de sobrevivir.

1971 Robert Trivers, biólogo estadounidense, defiende que altruismo y cooperación pueden beneficiar a los individuos en la obra titulada *The Evolution of Reciprocal Altruism*.

DESPUÉS
1986 Los estadounidenses Drew Fudenberg y Eric Maskin estudian diversas estrategias de cooperación en juegos.

1994 El británico Kenneth Binmore publica *Playing Fair*, que aplica la teoría de juegos al estudio del desarrollo de la moralidad.

En el año 1984, el economista estadounidense Robert Axelrod publicó *La evolución de la cooperación*, trabajo basado en los resultados de una serie de juegos en los que las estrategias de los estudiosos de la teoría de juegos se contrastaban por medio de programas de ordenador, con objeto de comprobar cuáles tenían mayor éxito. Un juego era el dilema del prisionero (p. 238), en el que dos criminales atrapados tienen que elegir entre guardar silencio o «vender» al otro. El juego explora la cuestión de si es preferible cooperar en beneficio mutuo o bien actuar de forma egoísta.

La mejor estrategia

Axelrod descubrió que la cooperación también puede surgir al actuar en beneficio propio. Su serie de juegos ponía a prueba numerosas estrategias, de las que la de mayor éxito era un intercambio simple, en la que un jugador coopera durante el primer turno y luego hace lo mismo que su oponente, no siendo nunca el primero en «vender» al otro. Los enfoques de mayor éxito eran los conciliadores, y la cooperación producía resultados mutuamente beneficiosos; sin embargo, no hay que ser demasiado conciliador: si uno es traicionado, es esencial que responda vengándose en el turno siguiente, para conservar la credibilidad.

El análisis de la competencia y la cooperación se ha desarrollado en un fértil campo de estudio que indaga sobre el surgimiento de las normas sociales y morales. ■

Cuando los presidentes Bush, de EE UU, y Putin, de Rusia, firmaron el Tratado de Moscú en 2002, cooperaron con el objetivo de reducir sus arsenales nucleares pese a la desconfianza mutua.

Véase también: El hombre económico 52–53 ▪ Efectos de la competencia limitada 90–91 ▪ Economía y tradición 166–167 ▪ Teoría de juegos 234–241

MUCHOS DE LOS COCHES VENDIDOS SERÁN CACHARROS

INCERTIDUMBRE DEL MERCADO

EN CONTEXTO

ENFOQUE
Mercado y empresa

PENSADOR CLAVE
George Akerlof (n. en 1940)

ANTES
1558 El financiero inglés Sir Thomas Gresham advierte de que «la moneda mala expulsa a la buena».

1944 John von Neumann y Oskar Morgenstern publican el primer análisis acerca del comportamiento estratégico en situaciones económicas.

DESPUÉS
1973 El estadounidense Michael Spence explica cómo la gente indica sus habilidades a sus empleadores potenciales.

1976 Los estadounidenses Michael Rothschild y Joseph Stiglitz publican *Equilibrium in Competitive Insurance Markets*, un estudio sobre el problema de «selección de obligaciones» cuando las aseguradoras compiten por clientes.

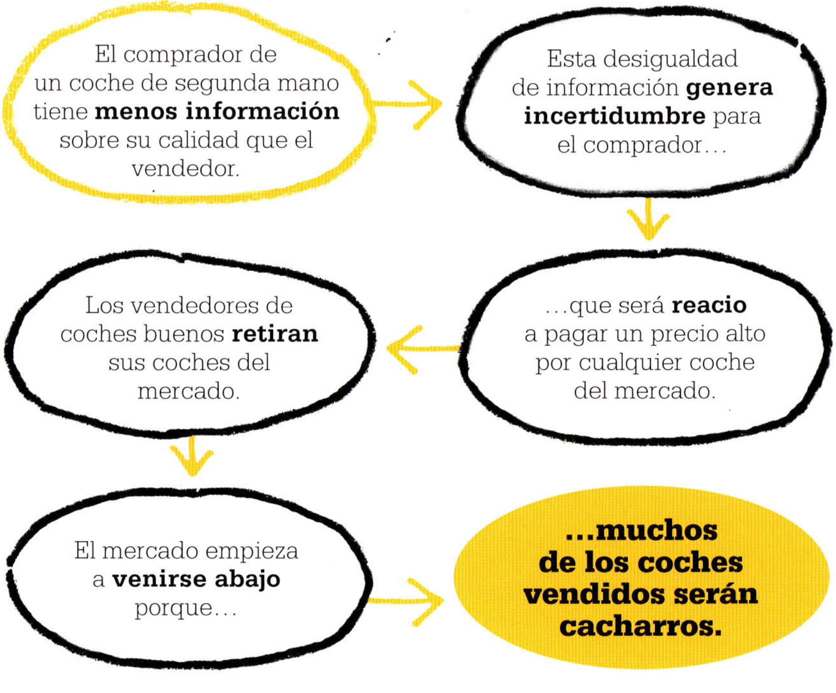

Hasta que el estadounidense George Akerlof comenzó a estudiar los precios y mercados en la década de 1960, la mayoría de los economistas creían que los mercados permitían a quien quisiera vender bienes a un cierto precio llegar a un acuerdo con quien quisiera comprar esos bienes a ese precio. Akerlof demostró que en muchos casos esto no es cierto. Su obra clave, *The Market for Lemons* (1970), explica cómo la incertidumbre generada por la información limitada puede hacer fallar a los mercados. Akerlof sostenía que compradores y vendedores disponen de distinta cantidad de información, y que tal asimetría puede tener consecuencias desastrosas para el funcionamiento de los mercados.

Véase también: Economía de libre mercado 54–61 ▪ Información de mercado e incentivos 208–209 ▪ Mercados e incidencias sociales 210–213 ▪ Señalización y credencialismo 281

Información asimétrica

El comprador de un coche de segunda mano posee menos información acerca de su calidad que el vendedor propietario del mismo, el cual habrá podido estimar si su coche es peor que el coche medio de similar categoría, y conoce todos sus defectos. El comprador que acaba adquiriendo un «cacharro» (*lemon* en el argot estadounidense) se siente engañado. La existencia de «limones» indetectables en el mercado provoca incertidumbre en el comprador, y esta se extiende respecto a la calidad de todos los coches de segunda mano a la venta. Como consecuencia de la incertidumbre, el precio que el comprador está dispuesto a ofrecer por cualquier coche desciende, y como resultado caen los precios en todo el mercado.

La teoría presentada por George Akerlof es una versión moderna de una idea sugerida mucho antes por el financiero inglés Sir Thomas Gresham (1519–1579), quien observó que cuando circulaban juntas monedas de mayor y menor contenido en plata, la gente procuraba conservar las de mayor contenido en plata: «la moneda mala expulsa de la circulación a la buena». Del mismo modo, los vendedores de los mejores coches los retirarán del mercado, puesto que les resulta imposible encontrar un precio justo entre compradores que no pueden saber si se trata de un cacharro o no. Así, «muchos de los coches vendidos serán cacharros». En teoría, esto podría llevar a fijar unos precios tan bajos que el mercado colapsara, y no hubiera comercio a ningún precio aunque hubiese gente dispuesta a comprar y a vender.

Selección adversa

Otro de los mercados en el que los «limones» afectan al comercio es el de los seguros. En el caso de los seguros médicos, por ejemplo, los compradores de pólizas tienen mucha más información sobre su estado de salud que los vendedores; y así, estos acaban tratando a menudo con aquellas personas a las que preferirían evitar: las menos sanas. A medida que las primas de seguros ascienden para los grupos de edad más avanzada, una proporción mayor de «limones» compra pólizas, pero las empresas no pueden detectarlos fácilmente. Esto se conoce como «selección adversa», y el potencial para la misma supone que las aseguradoras terminan, por lo general, asumiendo unos riesgos mucho más elevados que los cubiertos por las primas. Esto ha llevado, en algunos lugares, a la retirada de los seguros médicos para aquellas personas que se hallan por encima de cierta edad. ■

Un vendedor de coches puede reducir el riesgo de los compradores ofreciendo garantías. En muchas ocasiones, los mercados se adaptan para compensar la información asimétrica.

George Akerlof

Nacido en Connecticut (EE UU) en 1940, George Akerlof se crió en el seno de una familia de académicos. En la escuela mostró predilección por las ciencias sociales, sobre todo por la historia y la economía. Más tarde, los irregulares empleos de su padre despertaron su interés hacia la economía keynesiana. Akerlof se licenció en economía en la Universidad de Yale, y en el año 1966 obtuvo un doctorado en el Massachusetts Institute of Technology (MIT). Poco después de ingresar en Berkeley como profesor asociado, pasó un año en India, donde se dedicó a estudiar los problemas del desempleo. En 1978 impartió clases en la London School of Economics, antes de su regreso a Berkeley como catedrático. En 2001 fue galardonado con el Nobel de economía, junto con Michael Spence y Joseph Stiglitz.

Obras principales

1970 *The Market for Lemons.*
1988 *Fairness and Unemployment* (con Janet Yellen).
2009 *Animal Spirits: How Human Psychology Drives the Economy* (con Robert J. Shiller).

LAS PROMESAS DEL GOBIERNO NO SON CREIBLES

BANCOS CENTRALES INDEPENDIENTES

EN CONTEXTO

ENFOQUE
Política económica

PENSADORES CLAVE
Edward Prescott (n. en 1940)
Finn Kydland (n. en 1943)

ANTES
1961 John Muth publica su obra *Rational Expectations and the Theory of Price Movements*.

1976 Robert Lucas, economista estadounidense, afirma que es ingenuo tratar de modelar la política gubernamental sobre soluciones del pasado.

DESPUÉS
1983 Los estadounidenses Robert Barro y David Gordon sostienen que la inflación alta viene provocada por la política discrecional de los gobiernos, y proponen la independencia de los bancos centrales.

Década de 1980 Empiezan a establecerse bancos centrales independientes, comprometidos con normas simples, en un gran número de países.

Si los gobiernos pueden actuar **discrecionalmente**, pueden incumplir sus promesas, luego...

↓

...las promesas del gobierno no son creíbles.

↓

Los individuos racionales predicen tal incumplimiento, y **adaptan su propio comportamiento**.

↓

Esto impide que la **política gubernamental discrecional** funcione.

↓

Los gobiernos deberían comprometerse a seguir unas **normas simples** y evitar la discrecionalidad.

Una vez finalizada la Segunda Guerra Mundial, la economía estuvo dominada por el pensamiento keynesiano (pp. 154–161), según el cual los gobiernos podían mantener un nivel de empleo elevado mediante políticas discrecionales de dos tipos, destinadas a lograr metas específicas con una serie de medidas concretas: la política fiscal (gasto y fiscalidad gubernamentales) y la política monetaria (tipos de interés y oferta de dinero).

En 1977, dos economistas –el noruego Finn Kydland y el estadounidense Edward Prescott– publicaron un trabajo titulado *Rules Rather than Discretion*, contrario a la política discrecional. Su argumentación se basaba en el concepto de las expectativas racionales, desarrollado por el economista estadounidense John Muth (p. 247). Este sostenía que, dado que los supuestos incorrectos acerca de los precios resultan muy costosos, los individuos racionales tratan de minimizar sus errores planificando por anticipado.

Antes de esta novedosa idea, los diversos modelos macroeconómicos habían operado siempre sobre el supuesto de que los individuos tan solo miran hacia atrás, esperando ingenuamente que el futuro sea como el

Véase también: El hombre económico 52–53 ▪ El multiplicador keynesiano 164–165 ▪ Política monetarista 196–201 ▪ Inflación y desempleo 202–203 ▪ Expectativas racionales 244–247

Un gobierno puede desincentivar la construcción de viviendas en aquellas zonas propensas a las inundaciones no dando subsidios para los seguros contra inundaciones; pero si en el pasado ya ha rescatado financieramente a los afectados tras una inundación, eso no funcionará.

pasado. El nuevo modelo, en cambio, predecía que si la gente reúne información y es racional, puede anticiparse a las medidas del gobierno, adaptándose a ellas y restándoles eficacia. La política discrecional solo funciona cuando sorprende a los individuos, y no es fácil sorprender a los individuos racionales.

Para comprender cómo funciona esto, imaginemos un profesor permisivo que trata de conseguir que un alumno holgazán haga sus deberes. El profesor le dice al alumno que si no entrega los deberes será castigado, pero el alumno sabe que el profesor es permisivo y no le gusta castigar. El alumno prevé que si no entrega los deberes, no será castigado, y por tanto no los hace. El objetivo del profesor se ve minado por el comportamiento racional del alumno.

Kydland y Prescott sostuvieron que las promesas gubernamentales de baja inflación se enfrentan a este mismo problema. El gobierno no desea un desempleo elevado, por lo que estimulará la economía para mantenerlo bajo, pero esto hará que aumente la inflación. Como el profesor, que amenaza al alumno con un castigo que no aplicará, el gobierno tiene objetivos encontrados. Los individuos lo saben y por tanto no creen en las promesas de baja inflación. Esto desbarata el objetivo de aumentar la demanda para conseguir más empleo, porque la gente sabe que los salarios más altos quedarán anulados por unos precios más altos. Teniendo en cuenta las expectativas racionales, el efecto del estímulo es tan solo una mayor inflación.

Una regla sin compromiso

La solución para el profesor sería la de aplicar una norma escolar obligatoria para castigar los deberes no entregados a tiempo. De forma análoga, Kydland y Prescott proponían que en lugar de tener total libertad para decidir la política económica, los gobiernos debían comprometerse a seguir unas normas claras. Una solución más radical del dilema del profesor sería delegar el castigo en un director estricto. En la política macroeconómica, este papel lo pueden desempeñar los bancos centrales independientes, que hacen menos hincapié en el empleo y más en la baja inflación que el gobierno. Su control sobre la política monetaria permite al gobierno comprometerse creíblemente a una baja inflación. El periodo de baja inflación de la década de 2000 suele atribuirse, en efecto, al surgimiento de los bancos centrales independientes. ▪

Finn Kydland

Nacido en una granja en Gjesdal (Noruega) en 1943, Kydland fue el mayor de seis hermanos. Tras pasar por la escuela secundaria, enseñó durante varios años en una escuela primaria, donde un colega le aconsejó que estudiara contabilidad, lo cual despertó su interés por la economía. En 1965 ingresó en la Escuela Noruega de Economía (NHH). Aunque su objetivo era llegar a ser director de negocios, una vez terminada su licenciatura se convirtió en profesor ayudante del catedrático de economía Sten Thore, quien se trasladó a la Universidad Carnegie Mellon, en EE UU, y llevó consigo a Kydland.

En el año 1973 volvió a la NHH, donde publicó su trabajo clave con Edward Prescott, y a continuación regresó a EE UU para ejercer de docente. En 2004 recibió el Nobel de economía.

Obras principales

1977 *Rules Rather than Discretion* (con Edward Prescott).
1982 *Time to Build and Aggregate Fluctuations.*
2002 *Argentina's Lost Decade* (con Carlos E.J.M. Zarazaga).

LA ECONOMIA ES CAOTICA AUN CUANDO LOS INDIVIDUOS NO LO SON

COMPLEJIDAD Y CAOS

EN CONTEXTO

ENFOQUE
Macroeconomía

PENSADORES CLAVE
René Thom (1923–2002)
Jean-Michel Grandmont (n. en 1939)
Alan Kirman (n. en 1939)

ANTES
1887 El análisis del matemático francés Henri Poincaré sobre la interacción de tres cuerpos que se orbitan unos a otros pone los cimientos de la teoría del caos.

Década de 1950 El francés y matemático Benoît Mandelbrot encuentra patrones recurrentes en la variación de los precios del algodón.

1960 El matemático y meteorólogo estadounidense Edward Lorenz descubre en la meteorología el efecto mariposa.

DESPUÉS
Década de 1980 Brian Arthur, norirlandés, desarrolla la teoría de la complejidad.

No se ha descubierto sistema alguno que garantice grandes ganancias en la bolsa. Cabría esperar que la ciencia económica, con sus modelos teóricos en los que la economía siempre recupera el equilibrio, hubiera ofrecido tal herramienta. Buena parte de la teoría económica surge de las leyes del movimiento desarrolladas en la década de 1680: toda acción lleva a un resultado, y todos los sucesos están unidos por una cadena causal hacia atrás y hacia delante, en un proceso lineal. La ciencia económica común formula sus predicciones a gran escala –el equilibrio que alcanzará una economía– a partir del efecto combinado del comportamiento de individuos racionales en reacción a los precios.

Pequeños cambios en las condiciones iniciales pueden causar grandes cambios en los resultados. Esto se conoce como «efecto mariposa», en alusión a la idea propuesta por Edward Lorenz de que el aleteo de una mariposa en Brasil puede provocar un ciclón en Texas.

En torno a la complejidad

Si el mundo real se comporta de este modo, ¿por qué es tan difícil predecir los desplomes de la bolsa? Algunos economistas consideran obsoleto el enfoque lineal en su conjunto. El austriaco Friedrich Hayek (p. 177) creía que la economía es demasiado compleja como para que sus modelos se inspiren en la física. Una de las respuestas a tales dudas es la teoría de la complejidad, que surgió del trabajo sobre termodinámica del químico ruso-belga Ilya Prigogine (1917–2003). A diferencia de la ciencia económica al uso, dicho enfoque reconoce que las acciones predecibles y regulares de los individuos no resultan necesariamente en una economía estable y predecible.

En 1975, los economistas franceses Jean-Michel Grandmont y Alan Kirman argumentaron que las economías son «sistemas complejos». En los modelos económicos estándar de competencia perfecta, los individuos

Véase también: El hombre económico 52–53 ▪ Burbujas económicas 98–99 ▪ Prueba de las teorías económicas 170 ▪ Economía del comportamiento 266–269

no interactúan directamente unos con otros, sino que responden a los precios, cambiando constantemente su comportamiento y los precios en busca del mejor resultado. En un sistema complejo como una economía, los individuos interactúan entre sí directamente, usando reglas prácticas simples más que cálculos racionales, a la manera de las abejas en una colmena. Esto puede resultar en patrones de conducta complejos dentro de la economía en su conjunto.

Economías caóticas

Algunas ideas relacionadas con los argumentos de Grandmont y Kirman se encuentran en la teoría del caos, desarrollada en la década de 1950 por el matemático y meteorólogo estadounidense Edward Lorenz. Este estudiaba por qué no se puede predecir el tiempo a largo plazo, y sus análisis informáticos revelaron que pequeños cambios en la atmósfera podían multiplicarse hasta provocar drásticos efectos sobre el tiempo.

Para analizar movimientos caóticos, algunos teóricos han desarrollado un tipo de matemática «no lineal». Como en la meteorología, argumentan que un pequeño cambio en las condiciones iniciales puede producir un resultado tan sorprendente que el proceso parezca caótico, ya sea en la bolsa o en el crecimiento económico. Si tienen razón, los equilibrios predecibles que constituyen el fundamento de la mayoría de las teorías económicas están en entredicho. ■

Aleatoriedad salvaje

Benoît Mandelbrot, matemático francés-estadounidense, arguyó durante las décadas de 1960 y 1970 que los economistas se equivocaban al limar las cifras económicas buscando medias e ignorando los extremos, y que eran estos los que ofrecen una imagen real.

La crítica de Mandelbrot se dirigía a aquellos que modelan los precios de las acciones y los bienes bajo el supuesto de que un precio lleva directamente a otro y que a la larga todas las cosas se mueven alrededor de una media. Muy al contrario, él defendía la idea de que los leves elementos de aleatoriedad que incorporaban estos modelos únicamente confundían, y que los modelos debían basarse en un supuesto de «aleatoriedad salvaje»: en la idea de que los sucesos imprevistos importan cuando se produce un cambio. En opinión de Mandelbrot, los mercados resultan mucho más volátiles de lo que piensan los economistas, cuyo principal error consiste en buscar leyes que operan a la manera de las de la física clásica.

En un *pinball*, las variaciones en el impulso de la bola resultan en trayectorias totalmente diferentes. Igualmente, el economista no puede predecir hacia dónde irán los valores.

LAS REDES SOCIALES SON UN TIPO DE CAPITAL

CAPITAL SOCIAL

EN CONTEXTO

ENFOQUE
Economía y sociedad

PENSADOR CLAVE
Robert Putnam (n. en 1941)

ANTES
1916 El término «capital social» aparece en un artículo de la pedagoga estadounidense Lyda J. Hanifan.

1988 James Coleman, sociólogo estadounidense, describe el capital social, aplicándolo al fenómeno del abandono escolar.

DESPUÉS
1999 Según Francis Fukuyama, politólogo estadounidense, el capital social no ha declinado en países desarrollados como EE UU.

2001 El economista marxista británico Ben Fine critica el concepto de capital social.

2003 El sociólogo británico John Field afirma que la teoría del capital social implica que «las relaciones importan».

El término «capital» suele referirse a la maquinaria utilizada en la producción: el capital físico. Una definición más amplia incluye las capacidades de la fuerza de trabajo: el capital humano. El uso eficiente del capital físico y humano se considera clave para la economía desde hace tiempo, pero en la década de 1990 el politólogo estadounidense Robert Putnam apuntó a una forma menos tangible de capital, compuesta de vínculos sociales, y argumentó que las redes sociales también son importantes en el rendimiento de la economía. Un destornillador (capital físico) o una formación universitaria (capital humano) pueden aumentar la productividad, pero también pueden hacerlo los contactos sociales, pues afectan a la productividad de grupos e individuos. Las interacciones entre las personas, en su trabajo, en su comunidad y en su tiempo libre, pueden considerarse «capital social».

> Una sociedad de muchos individuos virtuosos pero aislados no es necesariamente rica en capital social.
> **Robert Putnam**

Las redes sociales ayudan a los individuos a desarrollar sus capacidades y progresar en su profesión, e incrementan la productividad general al animar a cooperar y a compartir información. A la inversa, cuando estos vínculos menguan, empeora el rendimiento económico. Putnam señaló que desde la década de 1960 la gente de los países desarrollados vive en un aislamiento cada vez mayor, habitando en áreas urbanas con escaso sentido de la comunidad, y que esto ha contribuido al declive económico. Pese a que no todos los economistas están de acuerdo con su análisis, hoy día el capital social es generalmente aceptado como un importante factor del rendimiento económico. ■

Véase también: Proteccionismo y comercio 34–35 ▪ Ventaja comparativa 80–85 ▪ Economías de escala 132 ▪ Integración del mercado 226–231

LA FORMACION ES SOLO UN SIGNO DE CAPACIDAD

SEÑALIZACION Y CREDENCIALISMO

EN CONTEXTO

ENFOQUE
Toma de decisiones

PENSADORES CLAVE
Michael Spence (n. en 1943)
Joseph Stiglitz (n. en 1943)

ANTES
1963 Kenneth Arrow trata los problemas de la economía de la información, como el que se da cuando, en una transacción, una parte tiene mejor información que otra.

1970 George Akerlof describe los mercados con información asimétrica en *The Market for Lemons*.

DESPUÉS
1976 Michael Rothschild y Joseph Stiglitz proponen la «señalización», por la cual una parte no informada es capaz de inducir a otra a transmitir información.

2001 Michael Spence, George Akerlof y Joseph Stiglitz logran el Nobel por su trabajo sobre economía de la información.

En la década de 1970 se desarrolló un nuevo campo de la economía cuando el economista estadounidense George Akerlof publicó sus ideas acerca de cómo superar las disparidades en el acceso a la información (pp. 274–275). Su colega Michael Spence argumentó que, en la práctica, en una transacción, si una parte tiene más información que la otra es probable que aquella envíe alguna señal con objeto de que esta pueda tomar una decisión más informada.

El ejemplo propuesto por Spence fue el de la entrevista de trabajo, en la que el empleador tiene menos información que el candidato sobre su productividad potencial. El candidato aporta un currículum con su formación, que puede no tener relación con el puesto al que aspira, pero es señal de una voluntad de esfuerzo y aplicación. Para Spence, la educación superior, a diferencia de la capacitación profesional, tiene principalmente esta función de señal, y los potenciales «buenos» empleados invertirán en más formación para señalar así su mayor productividad potencial.

La carrera realizada por un licenciado y su conocimiento de la materia tienen una importancia secundaria para muchos trabajos. Lo que indica su título es una aptitud, una capacidad para trabajar.

El proceso inverso, cuando el empleador utiliza la entrevista para obtener información del candidato, se denomina «credencialismo». Quien va a comprar un coche usado o está considerando si conceder un préstamo hará preguntas para inducir a la otra parte a informarle antes de decidir. Señalización y credencialismo se emplean en transacciones de todo tipo. ■

Véase también: Economía del comportamiento 266–269 ■ Incertidumbre del mercado 274–275 ■ Rigidez salarial 303 ■ Teoría de la búsqueda 304–305

EN ASIA ORIENTAL, EL ESTADO GOBIERNA EL MERCADO

LOS TIGRES ASIATICOS

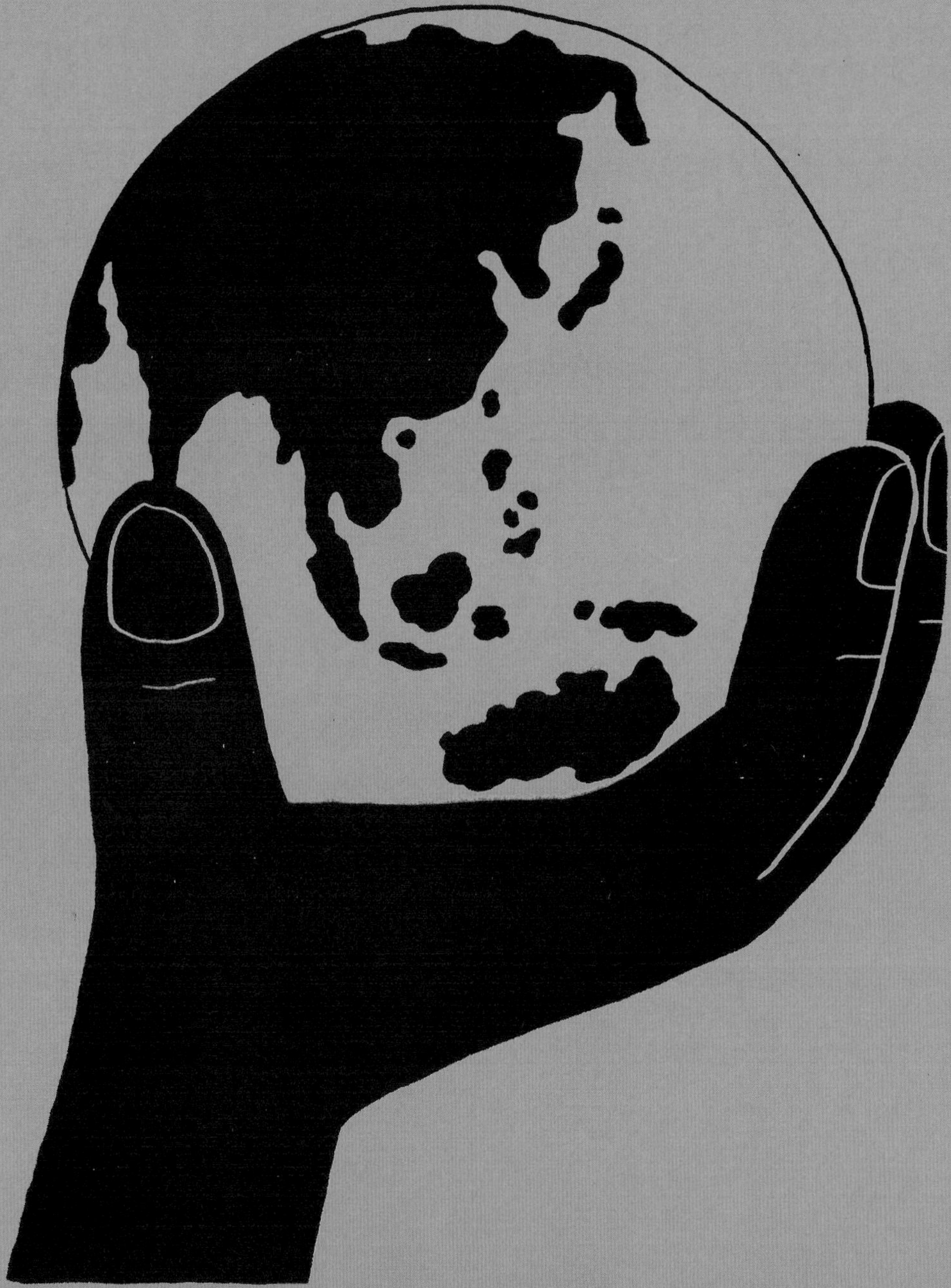

EN CONTEXTO

ENFOQUE
Crecimiento y desarrollo

ACONTECIMIENTO CLAVE
Las inversiones japonesas comienzan a fluir hacia Corea del Sur a partir de 1965.

ANTES
1841 El alemán Friedrich List defiende que proteger a la industria ayuda a las economías a diversificarse.

1943 El economista polaco Paul Rosenstein-Rodan afirma que los países pobres necesitan un «gran impulso» estatal para desarrollarse.

DESPUÉS
1992 Según la estadounidense Alice Amsden, los criterios de rendimiento de Corea del Sur propiciaron el crecimiento industrial.

1994 Para el estadounidense Paul Krugman, el despegue de Asia oriental fue debido a un incremento del capital físico.

Tras la Segunda Guerra Mundial, las economías de un grupo de naciones de Asia oriental crecieron de forma drástica. Dirigidos por nuevos gobiernos activamente intervencionistas, en pocas décadas estos países pasaron de ser remansos económicos a dinámicas potencias industriales. A los llamados tigres asiáticos –Corea del Sur, Hong Kong, Singapur y Taiwán– les siguieron Malasia, Tailandia e Indonesia, y luego China. Dichos países lograron un crecimiento económico sostenido en sus ingresos per cápita más rápido que ninguna otra región. Al calcular la riqueza de un país se acostumbra a emplear el PIB (el producto interior bruto, o los ingresos totales por bienes y servicios). En 1950, el PIB per cápita (PIB dividido por la población) de Corea del Sur era la mitad del de Brasil; en 1990, era el doble; en 2005, el triple. Un crecimiento tal resultó en una reducción extraordinaria de la pobreza, y a finales del siglo XX los cuatro tigres asiáticos originales tenían niveles de vida que rivalizaban con los de Europa occidental; este cambio sin precedentes se conoció como el «milagro de Asia oriental».

El medio en el que los tigres asiáticos hicieron su aparición estaba configurado por la intervención gubernamental y unos vínculos estrechos entre el Estado y la economía, un modelo económico al que se vino a llamar «Estado desarrollista». Una vez acabada la Segunda Guerra Mundial, hubo grandes expectativas de desarrollo en los países pobres, y el objetivo del rápido progreso económico fue el motor de la política económica. Unas burocracias poderosas intervenían directamente en la actividad del sector privado de un modo que iba mucho más allá de lo visto

Véase también: Surgimiento de las economías modernas 178–179 ▪ Economía del desarrollo 188–193 ▪ Teorías del crecimiento económico 224–225 ▪ Integración del mercado 226–231 ▪ Comercio y geografía 312

El rápido desarrollo de Corea del Sur fue iniciado por el general del ejército Park Chung-hee, en 1961. Restableció las relaciones con Japón, antigua potencia ocupante, y atrajo inversiones japonesas.

en Europa occidental. Con todo, los gobiernos conservaron la empresa privada, por lo que el modelo tenía poco que ver con la planificación estatal del bloque comunista. Los tigres asiáticos dieron forma al desarrollo dirigiendo la inversión hacia industrias estratégicas y promoviendo la puesta al día tecnológica de los productores. Esto produjo un movimiento de trabajadores agrícolas hacia un sector industrial en expansión. Las enormes inversiones en educación dieron a los trabajadores la capacitación necesaria para las nuevas industrias, y las empresas industriales pronto empezaron a exportar sus productos, convirtiéndose en motores de un crecimiento sostenido basado en el comercio.

Un nuevo tipo de Estado

Esta clase de Estado no tenía precedentes, y suponía un desafío para las ideas ortodoxas acerca del papel del Estado en la economía. La ciencia económica común considera que el Estado debe corregir los fallos del mercado, aportando bienes públicos como la defensa y el alumbrado, de los que no suele ocuparse la empresa privada; garantiza que instituciones como los tribunales funcionen adecuadamente para obligar a respetar los contratos y proteger los derechos de propiedad, pero más allá de eso su papel es mínimo. Una vez asentados los prerrequisitos básicos para la actividad del mercado, la economía clásica supone que el Estado se debe retirar y dejar que funcione el mecanismo de precios. Se considera que unas instituciones favorables al mercado y un Estado limitado fueron las claves del éxito económico de Gran Bretaña durante la industrialización.

Algunos economistas mantienen que esto se produjo también en las exitosas economías de Asia oriental, que habrían promovido el desarrollo apoyando a los mercados y no interfiriendo en ellos. Sus intervenciones ayudaron a destinar recursos e inversiones de acuerdo con los mercados: en cierto sentido, el Estado «acertó» con los precios. Para lograrlo, los gobiernos cultivaron la estabilidad macroeconómica, vital para dar seguridad a los inversores. Intervinieron para corregir fallos del mercado por medio de la defensa y la educación, y construyeron infraestructuras como puertos y ferrocarriles, cuyas elevadas inversiones iniciales desanimaban a la empresa privada. Los estados desarrollistas del este de Asia, se decía, habían tenido éxito por seguir al mercado.

Dirigir el mercado

El economista neozelandés Robert Wade sostiene que todos estos estados dirigieron y asimismo siguieron al mercado. Lograron impulsar la expansión de las industrias favorecidas con créditos baratos y subsidios. Al dirigir los mercados, la distribución de los recursos fue muy distinta de lo que hubiera sido de haberla dictado solo los mercados.

La estadounidense y economista Alice Amsden ha explicado esto afirmando que el Estado «se equivocó» con los precios deliberadamente para obtener nuevos tipos de ventaja competitiva. Un factor clave en ello »

Hong Kong, uno de los grandes centros de las finanzas internacionales, tiene un papel clave en el éxito económico chino, al tiempo que conserva su propio sistema de gobierno.

El rápido ascenso de los tigres asiáticos se basó en la exportación. Los gobiernos construyeron grandes infraestructuras para el transporte de mercancías, como esta de Singapur, para promover el crecimiento.

fue el crecimiento de las industrias nacientes, alimentadas por medio de subsidios y de aranceles. El Estado podía imponer sus criterios de rendimiento a dichas empresas porque podía retirarles el trato preferencial cuando fuera necesario.

Robert Wade sostiene que la manera en que estos estados dirigieron los mercados explica la creación de ventajas comparativas en industrias donde antes no las había. En un principio, los precios de los bienes de cualquier industria nueva no serían competitivos a nivel internacional. Además, producir bienes nuevos a menudo requiere crear simultáneamente otras industrias e infraestructuras. Coordinar este proceso resulta difícil si se deja en manos de la empresa privada, y las industrias nacientes se volvieron competitivas al darles incentivos clásicos para aprender a ser más eficientes. Para poder conseguir la educación económica de las nuevas empresas y coordinar la producción inicial, los gobiernos tenían que violar unos estrechos precios de mercado. Este fenómeno se dio en la industria del acero surcoreana: en la década de 1960, el Banco Mundial aconsejó al gobierno coreano no entrar en el sector del acero por carecer en él de ventaja comparativa alguna; otras naciones podían superarles fácilmente en precio. Sin embargo, en la década de 1980, Posco, una gran empresa coreana, se había convertido uno de los productores de acero más eficientes del mundo.

Interferencia política

Los intentos de política intervencionista fuera de Asia oriental no tuvieron éxito, lo cual empañó el prestigio del Estado desarrollista. Por ejemplo, en América Latina y África, el trato preferencial a las empresas generó incentivos pobres: las empresas estaban protegidas de la competencia, pero el Estado no impuso criterios de rendimiento. Las industrias nacientes no se convirtieron en exportadoras de éxito.

Especialmente en América Latina, el trato preferencial se vinculó a cuestiones políticas, y tuvo escasos resultados económicos: las empresas con buenos contactos recibieron subsidios y protección arancelaria, pero no se volvieron más productivas. Con el tiempo, estas empresas fueron un sumidero para los presupuestos estatales, absorbiendo recursos en lugar de generarlos. Aquí, la «equivocación» con los precios no contribuyó a crear ventajas comparativas en las nuevas industrias; llevó a una producción ineficiente y al estancamiento económico.

En Asia oriental, aquellos estados que prosperaron parecían mucho más capaces de resistir las presiones de los intereses privados. Después de levantar su nueva empresa del acero en la década de 1960, el gobierno surcoreano se aseguró de que cumpliera los criterios de eficiencia. De haber surgido intereses políticos que impidieran al Estado imponerse a la empresa, el Estado se habría visto sometido a tales intereses, desatendiendo la eficiencia económica general. El Estado debía conservar su autonomía y ser capaz de resistir a las presiones de grupos particulares. A la vez, debía aportar a las empresas crédito y ayuda técnica; para hacer esto y supervisar el rendimiento de las empresas, era necesario controlar cada uno de los mecanismos de la economía: se requería una burocra-

> El Estado [...] ha establecido precios deliberadamente «equivocados» para crear oportunidades de inversión rentable.
> **Alice Amsden**

cia económica suficiente para tener una información detallada de todas las inversiones potenciales y mantener relaciones eficaces con los gerentes industriales.

A propósito del Estado desarrollista, el economista estadounidense Peter Evans habló de «autonomía incrustada», y argumentó que solamente cuando esta se da existe la posibilidad de que el Estado «se equivoque» con los precios sin verse desviado por intereses creados. Dicha autonomía no es fácil de lograr, y su ausencia podría ser una de las causas de los pobres resultados de la intervención estatal en otras regiones en desarrollo.

El auge de China

La crisis financiera de Asia oriental en la década de 1990 provocó que el modelo del Estado desarrollista fuese cuestionado de nuevo. Al parecer, las instituciones que habían alimentado el rápido crecimiento industrial tras la Segunda Guerra Mundial habían perdido fuerza a finales de siglo. Posteriormente, el espectacular ascenso de China ha resucitado la idea del Estado desarrollista, o al menos de políticas e instituciones que producen una transformación económica rápida al margen de los esquemas de la economía clásica.

Como la mayoría de las ciudades chinas, Hangzhou ha experimentado un rápido crecimiento al ritmo de la industrialización del país.

A finales de la década de 1970, China puso en marcha una serie de reformas de su sistema comunista y creó una variante propia del Estado desarrollista, muy semejante a la de los tigres asiáticos, con un gobierno autoritario que se hizo responsable de promover tanto el sector privado como las exportaciones. Se descolectivizó la agricultura y la industria de propiedad estatal obtuvo una mayor autonomía y se sometió a mayor competencia. Todas estas reformas desencadenaron una expansión sin precentes de la actividad económica en el sector privado, y ello sin introducir los derechos de propiedad propios del mundo occidental.

Las singulares instituciones chinas han dado lugar a incentivos alternativos; sirva de ejemplo el «sistema de responsabilidad por contrata», en virtud del cual los gerentes locales son los responsables tanto de los beneficios de la empresa como de sus pérdidas, sin necesidad de propiedad privada. Los resultados han sido extraordinarios: China continúa siendo pobre comparada con Europa occidental, pero su imparable crecimiento sacó de la pobreza a 170 millones de personas en la década de 1990, lo cual representa tres cuartas partes de la reducción de la pobreza en el conjunto de los países en desarrollo.

Los casos de China y de los tigres asiáticos demuestran que no existe un único camino hacia el desarrollo: la manera en que sus estados intervinieron en la economía fue muy diferente a la de cualquier región de Europa cuando esta se desarrolló. Sin embargo, todos los sistemas, sea cual sea su éxito, encuentran finalmente unas limitaciones. Los beneficios del Estado desarrollista decayeron entre los tigres asiáticos durante la década de 1990, y el Estado chino puede asimismo perder su ímpetu y tener que reinventarse para continuar en su espectacular auge. ■

Política e incentivos industriales

Los estados desarrollistas de Asia oriental dieron un trato preferente, así como incentivos al rendimiento, a empresas de ciertos sectores. Exigían a estas empresas cumplir unos criterios de rendimiento determinados, en parte mediante concursos en los que las empresas competían por un premio.

El criterio para ganar solían ser el número de exportaciones, y el premio, líneas de crédito o el acceso a divisas. En Corea del Sur y Taiwán, por ejemplo, las empresas debían demostrar que habían conseguido pedidos de exportación; solo entonces obtenían el premio. El gobierno de Corea del Sur también llevó a cabo concursos para grandes proyectos en nuevas industrias como la naval. A las empresas prósperas se las protegía de la competencia extranjera durante algún tiempo, y los criterios de rendimiento suponían que estas debían ser competitivas al cabo de cierto plazo. Paralelamente, las empresas que fracasaban eran castigadas.

La industria del acero surcoreana supuso un éxito sin precedentes del Estado desarrollista. En el año 2011, Corea del Sur fue el sexto productor de acero del mundo.

LAS OPINIONES PUEDEN PROVOCAR CRISIS MONETARIAS

ESPECULACION Y DEVALUACION MONETARIA

EN CONTEXTO

ENFOQUE
Economía global

PENSADOR CLAVE
Paul Krugman (n. en 1953)

ANTES
1944 Grecia sufre la mayor crisis monetaria de la historia.

1978 Charles Kindleberger, historiador estadounidense, hace hincapié en el papel del comportamiento irracional en las crisis.

DESPUÉS
2009 Los estadounidenses Carmen Reinhart y Kenneth Rogoff publican la obra *Esta vez es distinto: ocho siglos de necedad financiera*, donde comparan diversas crisis de la historia.

2010–2012 Graves errores de política, prioridades nacionales divergentes y presiones por parte de los especuladores amenazan al euro.

Una crisis monetaria es un repentino y enorme colapso del valor de una moneda en relación con las de otras naciones. Durante unos treinta años después de la Segunda Guerra Mundial, las principales monedas del mundo estuvieron gobernadas por el sistema de Bretton Woods (pp. 186–187), que se basaba en tipos de cambio fijos pero ajustables.

Cuando se puso fin al mencionado sistema en el año 1971, las crisis monetarias empezaron a producirse con mayor frecuencia. Por lo general, una crisis monetaria se desencadena cuando la moneda de un país comienza a venderse en gran cantidad. Dicho comportamiento parece deberse a la interacción de las expectativas de la gente y de ciertas debilidades subyacentes en los parámetros fundamentales de la economía; en otras palabras, es el resultado de la reacción de las personas ante los distintos problemas que perciben. Si bien los economistas han tratado en múltiples ocasiones de formular matemáticamente esta interacción, cada vez que creen haber dado con un modelo que se ajusta a los datos, surge un nuevo tipo de crisis.

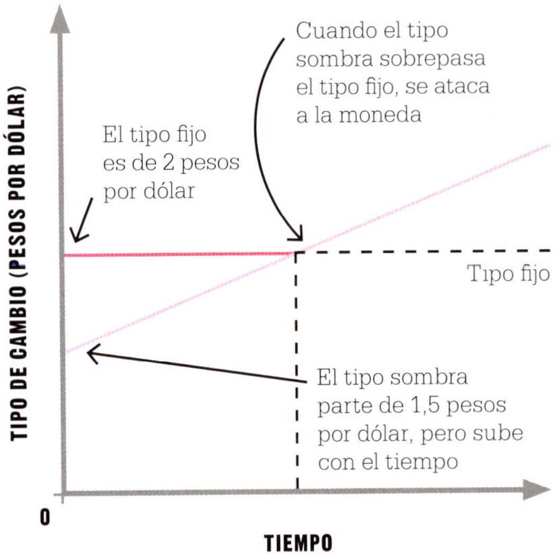

En los modelos de crisis de «primera generación», cuando una moneda está ligada a otra, su valor «real», o tipo de cambio «sombra», puede caer por debajo de su valor fijo. En este caso, este es el punto en el que el tipo sombra sobrepasa los 2 pesos por dólar. Si esto ocurre, la moneda es vulnerable, pues los especuladores compran las reservas de divisas extranjeras del país a la espera de una devaluación.

Las crisis en contexto

Al igual que sucede con los huracanes, las crisis financieras se dan con una frecuencia sorprendente pero resultan muy difíciles de predecir. Hace siglos, cuando la moneda se basaba en metales preciosos, normalmente perdía su valor por envilecimiento, al reducir un soberano la proporción de metal precioso en la moneda. Una vez que los bancos centrales comenzaron a imprimir papel moneda, una inflación elevada también podía provocar el colapso de la moneda de un país. Esto ocurrió en 1923 en Alemania, donde los precios llegaron a doblarse cada dos días. Sin embargo, no es necesaria la hiperinflación para que haya una crisis monetaria. Durante la Gran Depresión de 1929–1933, por ejemplo, los precios de los alimentos se vinieron abajo, y las monedas de los países latinoamericanos que dependían de su exportación se hundieron con ellos.

Políticas incoherentes

El economista estadounidense Paul Krugman escribía en 1979 que, para que haya una crisis monetaria, basta con que el gobierno aplique políticas incoherentes con el tipo de cambio.

El argumento de Krugman es el cimiento de la primera generación de modelos de las crisis monetarias, que parten del supuesto de que existe un tipo de cambio fijo entre la moneda nacional y otra foránea, y que el gobierno nacional tiene un déficit presupuestario (gasta más de lo que recauda en impuestos) que financia imprimiendo dinero. Al aumentar la oferta de dinero, esta política genera una disparidad con el valor de la moneda establecido por el tipo de cambio fijo. Si no se produce la intervención de otros factores, el valor «real» de la moneda nacional caerá.

Los modelos suponen entonces que el banco central vende sus reservas de moneda extranjera con el

Véase también: Burbujas económicas 98–99 ▪ Expectativas racionales 244–247 ▪ Tipos de cambio y monedas 250–255 ▪ Crisis financieras 296–301 ▪ Pánico bancario 316–321 ▪ Desequilibrio global del ahorro 322–325

fin de apoyar la propia. Sin embargo, la gente percibe que las reservas de divisas del banco central se agotarán. El tipo de cambio tendrá entonces que «flotar» (ser intercambiado libremente) y caer. Los modelos proponen que existe un tipo de cambio «sombra», correspondiente a lo que sería el tipo de cambio si el banco central no estuviera defendiendo el tipo de cambio fijo. La gente sabe cuál es (y será) este tipo sombra en cualquier momento en función del déficit del gobierno. En el momento en que los especuladores perciban que es más rentable vender la moneda al tipo de cambio fijo que al tipo sombra, lanzarán un ataque especulativo, adquiriendo todas las reservas de divisas del banco central. La moneda nacional se verá entonces obligada a flotar y el tipo sombra depreciado se convertirá en el tipo de cambio real. El ataque especulativo se produce en el momento en que el tipo sombra en depreciación iguala al tipo de cambio fijo.

Este modelo parecía cuadrar con las crisis monetarias latinoamericanas de las décadas de 1970 y 1980, como la de México en 1982, pero entre 1992 y 1993 tuvo lugar una crisis »

Unas mujeres contemplan un nuevo billete de 10 dólares zimbabuenses en 2009. Tras un periodo de hiperinflación, el gobierno revalorizó la moneda eliminando doce ceros de los billetes antiguos.

Si la gente **cree** que…

…**las políticas del gobierno son incoherentes** con un tipo de cambio fijo y hay ocasión de lograr beneficio…

…el compromiso del gobierno con un tipo de cambio está en entredicho por **prioridades internas** en conflicto…

…un **tipo de cambio es vulnerable** debido a una burbuja financiera, unos bancos débiles, la desinformación o la actividad de otros especuladores…

…puede lanzarse un **ataque especulativo** a la moneda.

Las opiniones pueden provocar crisis monetarias.

Cuando la moneda de un país está fijada a otra, el vínculo puede romperse por presiones internas o externas. En cierto punto, el valor de la moneda puede colapsar.

monetaria en el Sistema Monetario Europeo (SME) que parecía contradecirlo. Bajo el mecanismo de tipos de cambio (MTC), los distintos países europeos vincularon sus monedas al marco alemán. Varias monedas sufrieron la presión de los especuladores, como el financiero George Soros. Sería difícil defender que ciertos países como Reino Unido aplicaron unas políticas incoherentes con el tipo de cambio fijo: el país tenía un déficit presupuestario muy pequeño, y antes había tenido superávit, pero en 1992 se vio obligado a retirarse del MTC, para bochorno del ministro de finanzas Norman Lamont. Era necesario un nuevo modelo que permitiese explicar lo ocurrido.

Crisis autocumplidas

En los modelos de primera generación, la política del gobierno es «fija»: las autoridades van consumiendo de forma mecánica sus reservas de divisas con objeto de defender la moneda. Una segunda generación de modelos permitía al gobierno optar. Aunque puede comprometerse a un tipo de cambio fijo, dicha «norma» tiene una cláusula de escape. Si el desempleo fuera muy elevado, el gobierno puede abandonar este compromiso, ya que los costes sociales de defender la moneda (por ejemplo, mediante unos tipos de interés elevados) resultan demasiado altos. Piénsese, por ejemplo, en la coyuntura de Grecia en 2012. Sin embargo, sin un ataque especulativo, los costes sociales extra nunca llegarían a surgir.

Estos dos modelos implican que hay más de un resultado posible, lo que los economistas llaman «equilibrios múltiples». Puede darse un ataque especulativo –y la consiguiente crisis– si un número suficiente de personas sospechan que otros van a atacar a la moneda; en cambio, si la gente no lo cree, puede no haber crisis. En estos modelos, las crisis son «autocumplidas». Llevados al extremo, sugieren que una crisis puede darse al margen de los datos económicos de un país. Estos nuevos modelos, basados en el trabajo de varios economistas, como el estadounidense Maurice Obstfeld, parecían más realistas que los anteriores, pues tenían en cuenta el empleo por parte de los gobiernos de ciertos instrumentos para defender su moneda, como los tipos de interés, que elevarían para prevenir la devaluación. También parecían casar con la crisis del MTC, en que las políticas gubernamentales se hallaban constreñidas por unos elevados niveles de desempleo.

> La única manera absolutamente segura de que no se especule contra la propia moneda [...] es no tener una moneda propia.
> **Paul Krugman**

Fragilidad financiera

La crisis de Asia oriental que tuvo lugar en el año 1997 (p. siguiente), no obstante, no parecía encajar con ninguno de los dos primeros tipos de modelo. El desempleo no constituía un problema, pero las monedas del este asiático fueron objeto de un ataque especulativo masivo. En los modelos de segunda generación, la salida de la devaluación tenía como objetivo aliviar la economía de los costes sociales, pero al abrupto colapso de sus monedas le siguió una grave, aunque breve, caída. La fragilidad financiera, causada por un auge y desplome bancario, tuvo un papel importante. En vista de ello, los economistas comenzaron a centrarse en la interacción de las debilidades de la economía y las expectativas autocumplidas de los especuladores. Este modelo de tercera generación tenía en cuenta nuevos tipos de fragilidad financiera, como la que surge cuando las empresas y los bancos toman prestado en moneda extranjera y prestan en moneda nacional. Los bancos no serían capaces de pagar sus deudas en el caso de que se produjese una devaluación. Así pues, dicho tipo de debilidades podía llegar a desencadenar ataques especulativos y crisis.

Además de desarrollar una serie de teorías, los economistas también han considerado los posibles signos de advertencia de las crisis monetarias. En un artículo publicado en 1996, Jeffrey Frankel y Andrew Rose revisaron crisis monetarias ocurridas en 105 países entre 1971 y 1992. Se percataron de que las devaluaciones se producen cuando se agotan las entradas de capital extranjero, cuando las reservas de divisas de los bancos centrales son escasas, cuando el crecimiento del crédito interior es alto, cuando suben los tipos de interés exteriores (especialmente el del dólar de EE UU) y cuando el tipo de cambio real (los precios de los bienes propios en relación con los del exterior) es alto, lo cual supone que los bienes de un país dejen de ser competitivos en los mercados extranjeros. Según los economistas, si se vigilan todas estas señales se pueden predecir las crisis con una antelación aproximada de uno o dos años.

Evitar las crisis

Algunos estudios sugieren que entre un 5 y un 25% de la historia reciente se ha desenvuelto en una crisis de uno u otro tipo. A pesar de que nuevas crisis nos sorprenderán, existen señales –tales como el tipo de cambio real, las exportaciones y la cuenta corriente, y la cantidad de dinero en la economía relativa a las reservas internacionales del banco central– que pueden avisarnos de que se aproxima un huracán monetario. Las experiencias de las últimas décadas han expuesto las raíces financieras de las crisis. Los economistas hablan ahora de «crisis gemelas»: espirales viciosas de crisis monetarias y bancarias. La rápida desregulación financiera y la liberalización de los mercados internacionales del capital parecen haber provocado crisis en aquellos países que cuentan con unas instituciones financieras y reguladoras débiles. Además de prestar más atención a las señales macroeconómicas de futuras crisis, los gobiernos también deben atender a estas fragilidades institucionales. ■

La crisis financiera de Asia oriental

La crisis financiera de Asia oriental en 1997 pareció caída del cielo, y abrumó a naciones con un historial reciente de fuerte crecimiento y superávit comercial. Antes de esta crisis, la mayoría de los países de la zona habían fijado sus tipos de cambio al dólar. La quiebra en Tailandia y Corea del Sur de varias empresas fue una de las primeras señales preocupantes. El 2 de julio de 1997, después de meses de batalla por salvar el tipo fijado, Tailandia devaluó su moneda. Filipinas se vio obligada a dejarla flotar el 11 de julio, Malasia el 14 de julio e Indonesia el 14 de agosto. En menos de un año, las monedas de Indonesia, Corea del Sur, Tailandia, Malasia y Filipinas cayeron entre el 40 y el 85%. Solo Hong Kong resistió a los especuladores.

Esta crisis financiera fue atribuida a una severa crisis bancaria. Los préstamos eran a menudo a corto plazo, y con la retirada del capital extranjero, se produjo un contagio y el colapso de las monedas.

Los islandeses salen a las calles de Reikiavik para denunciar la gestión estatal de la crisis monetaria de 2008, en la que la corona llegó a perder más de un tercio de su valor oficial.

LOS GANADORES DE LAS SUBASTAS PAGAN POR ENCIMA DEL VALOR

LA MALDICION DEL GANADOR

EN CONTEXTO

ENFOQUE
Toma de decisiones

PENSADORES CLAVE
William Vickrey (1914–1996)
Paul Milgrom (n. en 1948)
Roger Myerson (n. en 1951)

ANTES
1951 John Nash, matemático estadounidense, desarrolla un concepto de equilibrio en los juegos que deviene un principio de la teoría de subastas.

1961 El canadiense William Vickrey aplica la teoría de juegos al análisis de las subastas.

DESPUÉS
1971 Las petroleras que pujan por derechos de explotación parecen no ser conscientes de la «maldición del ganador».

1982 Los estadounidenses Paul Milgrom y Robert J. Weber demuestran que cuando los postores conocen la valoración de sus competidores, la subasta «inglesa» ofrece el mejor precio para el vendedor.

En una subasta en la que el valor del bien a la venta es incierto, cada postor toma **su propia decisión** sobre su valor.

↓

Si cada uno valora por su cuenta, habrá una gama de **valoraciones diferentes**.

↓

El verdadero valor del bien tiende a situarse en **la media** de las diferentes valoraciones.

↓

Se quedará con el bien aquel que **sobreestime** más su valor.

↓

Los ganadores de las subastas pagan por encima del valor.

Hace mucho que se celebran subastas, pero no tanto que los economistas han descubierto que son un campo de pruebas idóneo para las estrategias competitivas de la teoría de juegos. Esta despuntó en la década de 1950, cuando los matemáticos vieron que unos sencillos juegos podían arrojar luz sobre situaciones en las que la gente compite directamente. La teoría de juegos era difícil de aplicar al mundo real; pero las estrictas reglas de una subasta, con participantes limitados y estrategias de compra similares a las del póker, parecían mucho más próximas a la teoría.

Tipos de subasta

El primero en aplicar la teoría de juegos a las subastas fue el economista canadiense William Vickrey, en la década de 1960. Comparó los tres tipos de subasta más comunes: la subasta «inglesa», empleada en Gran Bretaña para la venta de arte, en la que la puja asciende hasta que queda un solo postor; la subasta «holandesa», en la que el precio va cayendo hasta que alguien está dispuesto a pagarlo; y la subasta «de primer precio», en la que los postores entregan sus pujas selladas y gana la más alta. Vickrey propuso un cuarto tipo de subasta,

Véase también: El mercado competitivo 126–129 ▪ Riesgo e incertidumbre 162–163 ▪ Teoría de la elección social 214–215 ▪ Teoría de juegos 234–241

En una subasta, la puja ganadora puede proceder de algún postor que ha sobreestimado el bien; es lo que se conoce como la «maldición del ganador».

similar a esta última, pero en la que el ganador paga lo pujado por el segundo mejor postor.

Utilizando las matemáticas, Vickrey demostró que cuando los postores valoran el artículo en cuestión de modo independiente, los cuatro tipos de subasta ofrecen el mismo beneficio al vendedor, un descubrimiento que se llamó «teorema de la equivalencia del ingreso».

Shading

Vickrey mostró que es mejor para los postores pujar por debajo de su valoración –estrategia que los teóricos de las subastas llaman *shading*– para no acabar pagando por encima del valor. Esta estrategia cobró especial relevancia en la década de 1970, cuando parecía que las petroleras que pujaban por derechos de explotación en el extranjero terminaban pagando demasiado. Los teóricos de las subastas descubrieron el fenómeno de la «maldición del ganador»: el bien va a parar a las manos de quien más lo sobreestima. Supongamos que ofrecemos 100 euros por un cuadro y nos lo llevamos por ser el mejor postor; el siguiente mejor postor había ofrecido 98 euros; así, podíamos haber ofrecido menos –98,01 euros– y haber ganado igualmente. Por norma general, el mejor postor paga «demasiado», en este caso, 1,99 euros de más.

La teoría de subastas permite diseñar subastas que maximizan la ganancia del vendedor y garantizan que el bien vaya a parar al postor que más lo valora. El éxito de las subastas de espectro del gobierno de EE UU en la década de 1990 (recuadro, dcha.) fue muy sonado. Para muchos, demostraba que la teoría de juegos no era solo una teoría, sino que tenía aplicación en los mercados reales. Otros insisten en que las subastas son un tipo de mercado especial, quizá ni siquiera del todo explicable por la teoría de juegos. Lo que parece cierto es que las subastas se han extendido mucho más allá de sus áreas tradicionales de la adquisición y contratación pública y la venta de bonos públicos. ■

El espectro a subasta

La teoría de subastas ganó atención a raíz de una serie de sonadas subastas realizadas por el gobierno de EE UU en la década de 1990, cuando se privatizaron varias industrias. El episodio más impactante se dio cuando las empresas de telefonía móvil se dispusieron a pagar importantes sumas por una parte del espectro electromagnético por el que se realizaban las transmisiones. El gobierno quería maximizar sus beneficios y a la vez garantizar que la venta favoreciera al postor que más lo valorara.

En 1993, la FCC (Federal Communications Commission) encargó a especialistas que diseñaran las subastas para las 2.500 licencias de espectro. Por su parte, las empresas de telecomunicaciones también los contrataron para diseñar sus estrategias de puja. La FCC se decidió por la subasta inglesa con un retoque: la identidad de los postores se mantendría en secreto a fin de evitar la puja de revancha o la colusión para mantener bajos los precios. Las subastas batieron récords, y el modelo fue muy imitado.

En las subastas holandesas, como las del mercado de flores de Aalsmeer, se comienza con un precio elevado que va descendiendo. El primero de los postores que detiene la caída se lleva las flores.

LAS ECONOMIAS ESTABLES CONTIENEN LA SEMILLA DE LA INESTABILIDAD

CRISIS FINANCIERAS

EN CONTEXTO

ENFOQUE
Banca y finanzas

PENSADOR CLAVE
Hyman Minsky (1919–1996)

ANTES
1933 El estadounidense Irving Fisher explica cómo la deuda puede provocar la depresión.

1936 El británico John Maynard Keynes afirma que los mercados financieros tienen un papel mayor en el funcionamiento de la economía de lo que se había pensado.

DESPUÉS
2007 El libanés-estadounidense Nassim Nicholas Taleb publica *The Black Swan*, donde critica la gestión del riesgo de los mercados financieros.

2009 Paul McCulley, exdirector ejecutivo de un gran fondo de inversiones estadounidense, acuña la expresión «momento Minsky» para referirse al punto en que el boom se desploma.

La inestabilidad de los sistemas económicos ha sido objeto de debate a lo largo de la historia del pensamiento económico. La postura de los economistas clásicos, que siguen el camino trazado por Adam Smith, es que la economía se ve impulsada permanentemente hacia un equilibrio estable. Siempre existirán perturbaciones que provoquen los booms y las depresiones de lo que se ha llamado el ciclo económico, pero la tendencia última es hacia la estabilidad, con una economía de pleno empleo.

La Gran Depresión de 1929 llevó a algunos economistas a investigar los ciclos económicos con mayor detalle. En 1933, el estadounidense Irving Fisher describió cómo un boom puede convertirse en desplome a través de las inestabilidades causadas por una deuda excesiva y la caída de los precios. Tres años después, John Maynard Keynes (p. 161) cuestionó la creencia de que la economía se corrige por sí sola. En su *Teoría general*, desarrolló la tesis de que una economía puede caer en una depresión de la que difícilmente pueda salir.

Estos estudios fueron hitos para la comprensión del carácter inestable de las economías modernas. En 1992,

Retratado tras su detención en EE UU en 1910, Charles Ponzi tramó estafas en las que prometía beneficios desaforados. Hyman Minsky comparó los booms capitalistas al «esquema Ponzi», condenado al colapso.

Hyman Minsky examinó de nuevo el problema en su artículo «The Financial Instability Hypothesis», donde afirmaba que la economía capitalista moderna contiene las semillas de su propia destrucción.

Desde el punto de vista de Keynes, la economía capitalista moderna era diferente de la que había existido en el siglo XVIII. La mayor diferencia era el papel del dinero y de las instituciones financieras. En 1803, el economista francés Jean-Baptiste Say (p. 75) había ofrecido una interpretación clásica de la economía, que en esencia sería un sistema de trueque refinado en el que la gente produce bienes a cambio de dinero, el cual intercambian por los bienes que desean. El verdadero intercambio es de bien por bien, y el dinero es solo un lubricante. Keynes argumentó que la función del dinero va más allá: permite que las transacciones se den a lo largo del tiempo. Una empresa puede tomar dinero prestado hoy para construir una fábrica, que espera genera-

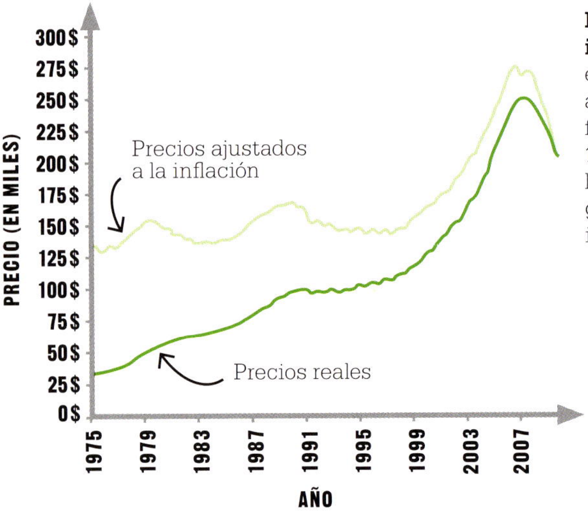

Los precios inmobiliarios en EE UU subieron acusadamente entre finales de la década de 1990 y 2007, al conceder los bancos hipotecas a gente sin suficientes ingresos para pagarlas.

Véase también: Servicios financieros 26–29 ▪ Auge y caída 78–79 ▪ Burbujas económicas 98–99 ▪ Equilibrio económico 118–123 ▪ Ingeniería financiera 262–265 ▪ Pánico bancario 316–321 ▪ Desequilibrio global del ahorro 322–325

rá beneficios para pagar el préstamo y el interés en el futuro. Minsky señaló que no solo las empresas participan de este proceso; los gobiernos financian su deuda nacional, y los consumidores toman prestadas enormes sumas para comprar coches y casas: también ellos son parte del complejo mercado financiero que sostiene las transacciones a lo largo del tiempo.

Mercaderes de deuda

Minsky también argumentó que hay una segunda gran diferencia entre las economías modernas y las precapitalistas. Señaló que el sistema bancario no se limita únicamente a poner en relación a prestamistas y prestatarios, sino que además innova en la manera en que vende y toma prestados fondos. Entre los ejemplos más recientes de ello figuraban algunos instrumentos financieros como las obligaciones de deuda garantizada (CDO), desarrolladas en la década de 1970, que se constituían reuniendo distintos activos financieros (préstamos), algunos de alto riesgo y otros de bajo riesgo. Los nuevos activos se dividían en secciones menores para ser vendidos, y cada sección contenía una mezcla de deudas. En 1994 se introdujo la permuta de riesgo de crédito (CDS) para proteger estos activos asegurándolos frente al riesgo de impago. Ambas innovaciones incentivaron la oferta de préstamos en el sistema financiero, lo cual aumentó la oferta de liquidez, o dinero, en el sistema. Minsky concluyó que estas innovaciones suponían que el gobierno ya no podía controlar la cantidad de dinero en la economía. Si había demanda de préstamos, los mercados financieros podían encontrar el modo de satisfacerla.

> El dinero es un velo que oculta la acción de las fuerzas económicas reales.
> **Arthur Pigou**

Según Minsky, tras la Segunda Guerra Mundial las economías capitalistas se habían alejado del dominio de un Estado fuerte o de las grandes empresas, quedando sujetas en cambio a la influencia de los grandes mercados del dinero. La influencia de los mercados financieros en el comportamiento de la gente creó un sistema que contenía en sí las semillas de su propia destrucción. Minsky argumentó que cuanto más largo fuera el periodo de crecimiento económico estable, más gente pensaría que la prosperidad continuaría. A mayor confianza, mayores deseos de asumir riesgos. Paradójicamente, los periodos de estabilidad más largos resultaban en una economía más propensa a una inestabilidad fatal.

Hyman Minsky explicó el camino de la estabilidad a la inestabilidad considerando tres tipos de opción inversora, que se pueden ilustrar sencillamente a la luz de cómo se compran las casas. La manera más segura es tomar prestada una cantidad que »

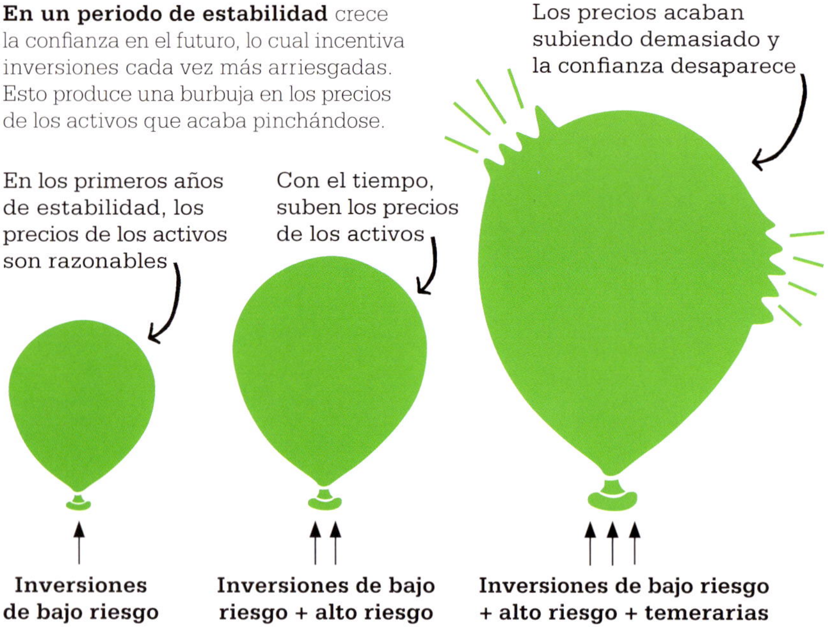

En un periodo de estabilidad crece la confianza en el futuro, lo cual incentiva inversiones cada vez más arriesgadas. Esto produce una burbuja en los precios de los activos que acaba pinchándose.

permita a la persona pagar con sus ingresos los intereses y el valor original del préstamo a lo largo de cierto periodo de tiempo. Minsky llamó a estos «préstamos de cobertura», y suponían un escaso riesgo para prestamistas y prestatarios. Si la gente confiaba más en su futuro, podía contratar una hipoteca más alta sobre la que solo pagaba los intereses; sus ingresos podrían cubrir estos, pero no el préstamo en sí. La esperanza era que un periodo estable de crecimiento económico incrementaría la demanda, de manera que el valor de la casa fuese mayor al final del periodo que al inicio. Minsky llamó a estos «préstamos especulativos».

Con el paso del tiempo, si la estabilidad y la confianza perduraban, el deseo de asumir riesgos aún mayores animaría a la gente a comprar una casa de la que sus ingresos no podían pagar ni los intereses, de modo que el nivel total de deuda aumentaría, al menos, a corto plazo. La expectativa era que los precios de las casas subirían lo suficientemente rápido para cubrir la parte impagada del interés. Este tipo de inversión provocaría la mayor inestabilidad en el futuro. Minsky llamó a este tercer tipo «préstamos Ponzi», por Charles Ponzi, inmigrante italiano en EE UU que fue uno de los primeros detenidos por la estafa financiera que hoy lleva su nombre. El «esquema Ponzi» atrae fondos ofreciendo beneficios muy altos; en un principio los estafadores usan el dinero de los nuevos inversores para pagar los dividendos, manteniendo así la ilusión de que su inversión es rentable y atrayendo nuevos clientes. Sin embargo, este esquema no tarda en colapsar cuando no se pueden obtener los elevados beneficios prometidos, y quienes han invertido pueden perder gran parte de su dinero.

Burbuja inmobiliaria

La historia reciente del mercado inmobiliario en EE UU es el claro ejemplo de cómo una economía que viene de un largo periodo de estabilidad genera por sí misma las condiciones de la inestabilidad. Durante las décadas de 1970 y 1980, la hipoteca estándar se vendía de un modo que garantizaba que se pagaran el capital y los intereses, en lo que Minsky llamó préstamos de cobertura. Sin embargo, a finales de la década de 1990, un periodo de crecimiento sostenido había elevado los precios de la vivienda, lo cual convenció a un número creciente de personas a contratar hipotecas de interés solamente, especulando con que los precios continuarían subiendo. En ese momento, el sistema financiero comenzó a ofrecer un amplio abanico de tratos hipotecarios estilo Ponzi a prestatarios de ingresos tan bajos que ni siquiera podían pagar los intereses del préstamo: las hipotecas *subprime*. El déficit mensual se añadía a la deuda total. Mientras el precio de la vivienda subiera, el valor de la propiedad sería superior al de su deuda. Mientras siguieran entrando nuevas personas en el mercado, los precios no dejarían de subir. A la vez, la industria financiera que vendía las hipotecas hacía lotes de ellas y las vendía a otros bancos como activos que proporcionarían dinero durante treinta años.

El juego se acabó en 2006. Con el parón de la economía de EE UU cayeron los ingresos, y la demanda de

Un agente inmobiliario muestra una casa a una pareja. Durante el boom de la vivienda de EE UU, los bancos prestaban contando con el ascenso de los precios, y animaban a comprar a quienes no podían pagar la hipoteca.

> Los rasgos de conducta propios de la economía capitalista se centran en el impacto de las finanzas sobre el comportamiento del sistema.
> **Hyman Minsky**

vivienda nueva disminuyó. Al ralentizarse la subida del precio de la vivienda se desencadenaron los primeros de una serie creciente de impagos, y los prestatarios veían cómo su deuda aumentaba en lugar de menguar. Un número cada vez mayor de casas embargadas salió al mercado, y los precios se desplomaron.

En el año 2007, la economía estadounidense alcanzó el que se ha dado en llamar «momento Minsky», el punto en que la especulación insostenible se convierte en crisis. El colapso del mercado de la vivienda dejó a los bancos con unas deudas enormes, y como nadie sabía quién había comprado la deuda hipotecaria tóxica, las instituciones dejaron de prestarse unas a otras. Como resultado empezaron a quebrar bancos; el caso más sonado fue el de Lehmann Brothers, en 2008. Como predijo Minsky, se avecinaba un colapso casi catastrófico del sistema financiero, porque un periodo de estabilidad había generado un nivel de deuda enorme y, asociadas a ella, las condiciones para una gran inestabilidad.

Minsky también apuntó tres posibles medidas para tratar de frenar la fatal inestabilidad y sus problemas asociados. Primero, el banco central podría actuar como prestamista de último recurso y rescatar al sistema bancario. Sin embargo, en opinión de Minsky, dicha solución podía causar mayor inestabilidad en el futuro, pues animaría a los bancos a asumir riesgos mayores sabiendo que serían rescatados. Segundo, el gobierno podría aumentar su deuda con objeto de estimular la demanda en la economía, aunque incluso los gobiernos tienen problemas para financiar deudas en tiempos de crisis. Tercero, se podría someter a los mercados financieros a una regulación más estricta. Minsky estaba absolutamente convencido de que esto era necesario a la larga, pero la rapidez con la que se innova en los mercados del dinero dificulta mucho la regulación.

En el año 2009, el financiero Bernard Madoff fue condenado por llevar a cabo el mayor «fraude Ponzi» de la historia. A lo largo de cuarenta años, se quedó con más de 18.000 millones de dólares de inversores, hasta que la trama colapsó.

Según Minsky, la inestabilidad financiera es clave a la hora de explicar el capitalismo moderno. El dinero ya no es un velo que oculta los verdaderos mecanismos de la economía; se ha convertido en la economía misma. Las ideas de Minsky son hoy objeto de una creciente atención. ■

Hyman Minsky

El economista Hyman Minsky, siempre vinculado a la izquierda política, nació en Chicago en el año 1919; sus padres, judíos rusos, se conocieron en un acto en honor de Karl Marx (p. 105). Antes de dedicarse a la economía, Minsky estudió matemáticas en la Universidad de Chicago. Tenía el ideal de un mundo mejor, pero también le fascinaba el mundo práctico del comercio, y trabajó como consejero y director de un banco estadounidense durante treinta años. Después de servir en el ejército durante la Segunda Guerra Mundial, regresó a EE UU, y pasó la mayor parte de su vida como profesor de economía en la Universidad de Washington.

Gran comunicador y pensador original, Minsky hizo amigos con facilidad. En lo académico mostró más interés por la idea que por el rigor matemático y la cuestión del flujo del dinero domina toda su obra. En parte por una decisión propia, en vida permaneció en los márgenes de la corriente principal del pensamiento económico; pero desde su muerte, y en particular tras el desplome de 2007–2008 predicho por él, sus ideas ganaron influencia. Casado y con dos hijos, murió de cáncer a los 77 años.

Obras principales

1965 *Labor and the War against Poverty.*
1975 *John Maynard Keynes.*
1986 *Stabilizing an Unstable Economy.*

LAS EMPRESAS PAGAN POR ENCIMA DEL SALARIO DE MERCADO

INCENTIVOS Y SALARIOS

EN CONTEXTO

ENFOQUE
Mercado y empresa

PENSADORES CLAVE
Joseph Stiglitz (n. en 1943)
Carl Shapiro (n. en 1955)

ANTES
1914 Durante una recesión, el empresario Henry Ford anuncia que dobla el sueldo, a 5 dólares diarios, a sus trabajadores.

Década de 1920 El británico Alfred Marshall propone la idea de los salarios de eficiencia.

1938 La Fair Labour Standards Act introduce el salario mínimo en EE UU.

DESPUÉS
1984 Carl Shapiro y Joseph Stiglitz sostienen la idea de que los salarios de eficiencia previenen la holgazanería.

1986 Los estadounidenses George Akerlof y Janet Yellen sugieren razones sociales para pagar salarios de eficiencia, como animar la moral.

En opinión de los estadounidenses Carl Shapiro y Joseph Stiglitz, las empresas pagan por encima de los salarios del mercado, dado que hay un núcleo de trabajadores desempleados. Lo explican mediante la idea de los «salarios de eficiencia». Los empleadores actúan así porque les compensa: de esa manera obtienen más de sus empleados.

Esta situación surge debido a las «imperfecciones» del mercado. Los empleadores no pueden vigilar el esfuerzo de sus trabajadores sin coste (problema llamado por los economistas «riesgo moral»). Por ello, Shapiro y Stiglitz sostienen que los salarios de eficiencia limitan la holgazanería. Si los trabajadores supieran que tendrían trabajo nada más ser despedidos, podría tentarles el relajarse, pero los salarios más altos y el saber que el despido puede llevarles al desempleo prolongado aumentan el coste de perder un empleo y hacen que esa actitud sea menos probable.

Los empleadores tampoco pueden observar sin coste la capacidad de sus trabajadores, y los salarios de eficiencia ayudan a atraer mejores candidatos. Otras explicaciones incluyen el deseo de los empleadores de aumentar la moral y minimizar los cambios de personal (cuanto mayor es el salario, más fácil es retener a los trabajadores y ahorrar en cursos de perfeccionamiento), así como mantener a unos trabajadores con buena salud para que trabajen bien, algo especialmente importante en los países en desarrollo. Los salarios de eficiencia pueden explicar por qué las empresas no reducen los salarios si cae la demanda: de hacerlo, sus mejores trabajadores podrían irse. ■

Unos trabajadores montan el Modelo T en la revolucionaria cadena de montaje de Henry Ford, en 1913. Ford, muy perspicaz, comprendió que sus trabajadores debían ser también sus mejores clientes.

Véase también: Oferta y demanda 108–113 ▪ Depresión y desempleo 154–161 ▪ Información de mercado e incentivos 208–209

LOS SALARIOS REALES SUBEN DURANTE LAS RECESIONES

RIGIDEZ SALARIAL

EN CONTEXTO

ENFOQUE
Macroeconomía

PENSADOR CLAVE
John Taylor (n. en 1946)

ANTES
1936 John Maynard Keynes, británico, defiende la idea de que una intervención estatal puede sacar a la economía de la recesión.

1976 Los economistas Thomas Sargent y Neil Wallace afirman que las expectativas racionales vuelven inútiles las políticas macroeconómicas keynesianas.

DESPUÉS
1985 Greg Mankiw afirma que los «costes de menú» (lo que le cuesta a una empresa cambiar los precios) pueden provocar la rigidez de precios.

1990 El estadounidense John Taylor formula la regla según la cual los bancos centrales deben aplicar políticas monetarias activas con el fin de estabilizar la economía.

La economía de corte keynesiano (pp. 154–161) supone que la cifra de los salarios tiende a no caer: estos son «rígidos» y su respuesta a las condiciones cambiantes del mercado es lenta. Por consiguiente, cuando llega una recesión y caen los precios, el valor real de los salarios aumenta. Las empresas demandan entonces menos trabajo y esto incrementa el desempleo.

Los nuevos economistas keynesianos, como el estadounidense John Taylor, tratan de explicar esta rigidez. En la década de 1970, la noción de las expectativas racionales (pp. 244–247) socavó la economía keynesiana: no podía haber un desempleo persistente porque entonces los salarios caerían y no funcionarían las políticas estatales para estimular la economía. El pensamiento neokeynesiano mostró que incluso con las expectativas racionales, el desempleo podía persistir y la política estatal ser eficaz, pues la rigidez salarial podía coexistir con los individuos racionales.

Los estadounidenses John Taylor y Greg Mankiw afirman que los precios pueden ser rígidos por los llamados «costes de menú»: los costes de cambios tales como imprimir nuevas listas de precios. La rigidez puede deberse también a los contratos laborales, que fijan los salarios por un tiempo. El comportamiento individual y la racionalidad estaban ausentes en los primeros modelos keynesianos, pero los nuevos economistas keynesianos fundaron sus conclusiones en unos cimientos teóricos más sólidos. ■

> “Si hubiera que recurrir a un solo economista para comprender los problemas a los que se enfrenta la economía, sin duda ese sería John Maynard Keynes.”
> **Greg Mankiw**

Véase también: Depresión y desempleo 154–161 ▪ El multiplicador keynesiano 164–165 ▪ Expectativas racionales 244–247 ▪ Incentivos y salarios 302

ENCONTRAR TRABAJO ES COMO ENCONTRAR PAREJA O CASA

TEORIA DE LA BUSQUEDA

EN CONTEXTO

ENFOQUE
Toma de decisiones

PENSADOR CLAVE
George Stigler (1911–1991)

ANTES
1944 El político británico William Beveridge afirma que si la tasa de desempleo es alta, el número de puestos vacantes es bajo.

DESPUÉS
1971 El estadounidense Peter Diamond argumenta que las costosas fricciones de búsqueda impiden que la ley de «un salario» funcione en la práctica.

1971 El estadounidense Dale Mortensen estudia cómo el desempleo puede aumentar entre trabajadores cualificados incluso cuando hay vacantes.

1994 El británico Christopher Pissarides aporta varios datos empíricos y modelos para la teoría de la búsqueda.

Normalmente es fácil decidir dónde comprar pan o jabón, pues hay muchas tiendas y son fáciles de encontrar, pero ¿qué sucede si se trata de localizar un instrumento musical antiguo o un coche de segunda mano de cierta marca? Según la visión clásica del mercado –que supone un equilibrio entre oferta y demanda–, compradores y vendedores se encuentran enseguida, sin coste, y poseen una información perfecta sobre los precios de todos los bienes y servicios. Sin embargo, cualquiera que haya buscado un coche usado –o una casa nueva o una pareja– sabe que la realidad es diferente.

Fricciones de búsqueda

Se dice que los mercados tienen «fricciones de búsqueda» cuando compradores y vendedores no se encuentran automáticamente. Para estudiar estas fricciones, los economistas han desarrollado la «teoría de la búsqueda». Uno de los intereses fundamentales de esta teoría ha sido la búsqueda de trabajo y el desempleo.

El modelo clásico del mercado laboral presupone que existe un número de trabajadores dispuestos a trabajar por un determinado salario y un número de vacantes por determinado salario. Cuando ambos se corresponden, la oferta iguala a la demanda y el mercado se encuentra en equilibrio. Pero, ¿cómo explicar entonces que en un momento dado haya mucha gente buscando empleo y, a la vez, empleadores en busca de empleados?

En la década de 1960, el economista estadounidense George Stigler afirmó que el mercado de «un salario» descrito por los economistas clásicos solo se daría donde no hay coste por la información sobre salarios ofrecidos o buscados. En cualquier mercado, donde los productos (tales como

Las agencias de contactos *online* son mercados en que sus miembros son a la vez vendedores y compradores. Al no poder buscar indefinidamente, lo hacen con mayor eficacia dentro de un rango.

Véase también: Economía de libre mercado 54–61 ▪ Depresión y desempleo 154–161 ▪ Expectativas racionales 244–247 ▪ Rigidez salarial 303

Los economistas suponen que compradores y vendedores **siempre pueden encontrarse** de inmediato…

…y que los compradores tienen **fácil acceso** a toda la información que necesitan de todos los vendedores del mercado.

Pero, en realidad, este no es el caso, y el problema se agrava si cada búsqueda **cuesta tiempo y dinero**.

En el mercado laboral, los individuos deben **limitar su búsqueda** a las vacantes que puedan encontrar con un presupuesto y en un tiempo limitados.

Encontrar trabajo es como encontrar pareja o casa.

los empleos) son todos distintos, buscar cuesta dinero. Cuanto más caros sean los costes de la búsqueda, más amplio será el espectro de salarios por un trabajo similar. Los que buscan trabajo se percatan de que los salarios difieren y tienen que decidir hasta dónde y hasta cuándo buscar. El estudio de Stigler demostró que, para una búsqueda óptima, los trabajadores debían rechazar todo salario inferior a su «salario de reserva» (el mínimo que estaban dispuestos a aceptar), pero aceptar cualquiera que lo superase. Este modelo, en el que se fija un mínimo aceptable, sirve para buscar en cualquier mercado, incluido el de las agencias de contactos.

En 2010, los economistas Peter Diamond, Dale Mortensen y Christopher Pissarides fueron galardonados con el Nobel por su trabajo sobre la teoría de la búsqueda. Diamond halló que hasta un incremento minúsculo en el coste de la búsqueda conduce a un aumento del precio de los bienes. Los compradores se resisten a pagar por una segunda o tercera búsqueda, por lo que si el aumento de precio es pequeño en el lugar donde buscan, los vendedores saben que el comprador no lo notará, pues no compara con los resultados de otras búsquedas.

La teoría de la búsqueda tiene implicaciones para el diseño eficiente de las ayudas al desempleo: las ayudas sin condiciones pueden llegar a desincentivar la búsqueda y la aceptación de nuevas ofertas laborales; en cambio, las ayudas que estimulan la búsqueda pueden mejorar la eficiencia de los mercados laborales. ■

Desempleo global

Mucha gente tiene un trabajo satisfactorio y bien remunerado, pero en algunas regiones del mundo persiste el desempleo elevado. Además, el mercado laboral es variable, y los buenos empleos desaparecen incluso en las regiones más ricas. En marzo de 2012, casi la mitad de los españoles y griegos menores de 25 años estaban sin trabajo, y el desempleo en Sudáfrica era de casi el 30%. Incluso en EE UU el desempleo superó el 9,1%. Tales datos contradicen la tesis de que, para aquellos dispuestos a aceptar salarios menores, siempre hay trabajo.

Michael Phelps, economista estadounidense, opina que una causa importante del problema es la globalización, ya que los puestos de trabajo en los países más ricos suelen ser de sectores «no intercambiables» como la administración o la salud, pero los trabajos intercambiables (por ejemplo, la fabricación de teléfonos) se han desplazado a China y a Filipinas, donde los salarios son muy bajos. Resolver estos problemas es una de las mayores preocupaciones de los economistas de hoy.

En el año 2011, miles de españoles llamados a sí mismos «indignados» se reunieron en Bruselas con el fin de protestar contra una tasa de desempleo juvenil del 40%.

EL MAYOR RETO PARA LA ACCION COLECTIVA ES EL CAMBIO CLIMATICO

ECONOMIA Y MEDIO AMBIENTE

EN CONTEXTO

ENFOQUE
Política económica

PENSADORES CLAVE
William Nordhaus (n. en 1941)
Nicholas Stern (n. en 1946)

ANTES
1896 El científico sueco Svante Arrhenius predice que una duplicación del dióxido de carbono atmosférico producirá un incremento de 5-6 °C en la temperatura global.

1920 El economista británico Arthur Pigou propone gravar la contaminación.

1992 Se firma la Convención Marco de las Naciones Unidas sobre el Cambio Climático.

1997 Se ratifica el Protocolo de Kioto; en 2011 hay más de 190 países signatarios.

DESPUÉS
2011 Canadá decide retirarse del Protocolo de Kioto.

Desde la revolución industrial, el desarrollo económico y la prosperidad han venido de la mano de la tecnología, impulsada en gran medida gracias a combustibles como el carbón, el petróleo o el gas. Cada vez está más claro, sin embargo, que dicha prosperidad tiene un precio: no solo estamos agotando rápidamente esos recursos naturales, sino que además quemar combustibles fósiles contamina la atmósfera. Hay cada vez más pruebas de que la emisión de gases de efecto invernadero, en particular de dióxido de carbono (CO_2), es una causa del calentamiento global, y científicos de todo el mundo están de acuerdo en que, si no se reducen las emisiones de forma rá-

Véase también: Provisión de bienes y servicios públicos 46–47 ▪ Demografía y economía 68–69 ▪ Externalidades 137 ▪ Economía del desarrollo 188–193 ▪ Economía de la felicidad 216–219

La revolución industrial iniciada hace unos 150 años ha conllevado la quema de una gran cantidad de combustibles fósiles. Estas emisiones producen un «efecto invernadero» en la atmósfera.

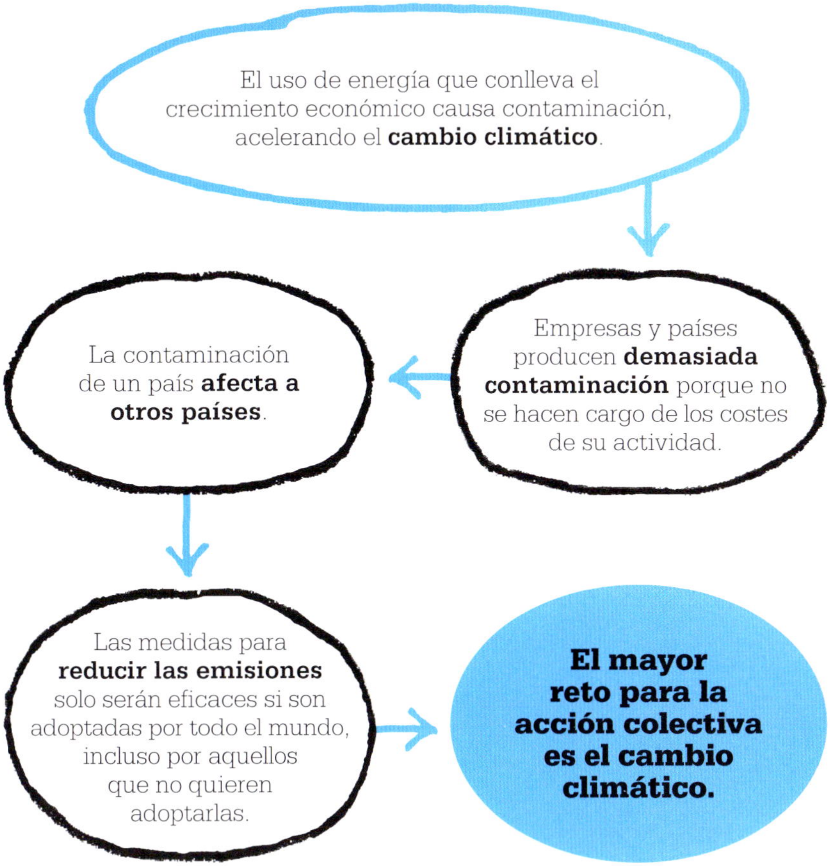

pida y drástica, nos arriesgamos a un cambio climático devastador.

Pese a que dichas implicaciones son tanto medioambientales como económicas, ni entre los economistas ni entre los gobiernos hay acuerdo acerca de las medidas que se deben tomar. Hasta hace poco, muchos han argumentado que los costes de combatir el cambio climático resultan demasiado dañinos para la prosperidad económica en relación con los beneficios potenciales. Algunos siguen negando que el cambio climático sea obra del hombre, mientras que otros alegan que el calentamiento global podría ser incluso beneficioso. En fin, cada vez son más los que reconocen que es un problema que exige atención y para el que hay que encontrar soluciones económicas.

Los datos económicos

En el año 1982, el economista estadounidense William Nordhaus publicó *How Fast Should We Graze the Global Commons?*, que examinaba en detalle el impacto económico del cambio climático y sus posibles soluciones. Nordhaus señalaba que ciertos rasgos del problema climático lo hacen único a la hora de hallar soluciones económicas: la larga escala temporal, la incertidumbre que entraña, su alcance internacional y la distribución desigual de beneficios y costes por el mundo.

En 2006, el gobierno británico encargó al economista Nicholas Stern un informe sobre el aspecto económico del cambio climático, y el Informe Stern resultó inequívoco en su veredicto: presentaba sólidos argumentos económicos a favor de la acción inmediata para reducir la emisión de gases de efecto invernadero. Stern estimó que el coste del cambio climático podía llegar a alcanzar el 20% del PIB, comparado con un 1% del PIB si se actuaba con prontitud. En 2009, Nordhaus estimó que si no se intervenía, los daños económicos debidos al cambio climático serían aproximadamente del 2,5% de la producción mundial anual en 2099. Los mayores daños serían para regiones de bajos ingresos como las áreas tropicales de África e India.

La cuestión no era ya si nos podemos permitir reducir las emisiones, sino si nos podemos permitir el no hacerlo, y cuál es la mejor manera de conseguirlo. Hay argumentos fuertes a favor de la intervención estatal: en términos económicos, la atmósfera »

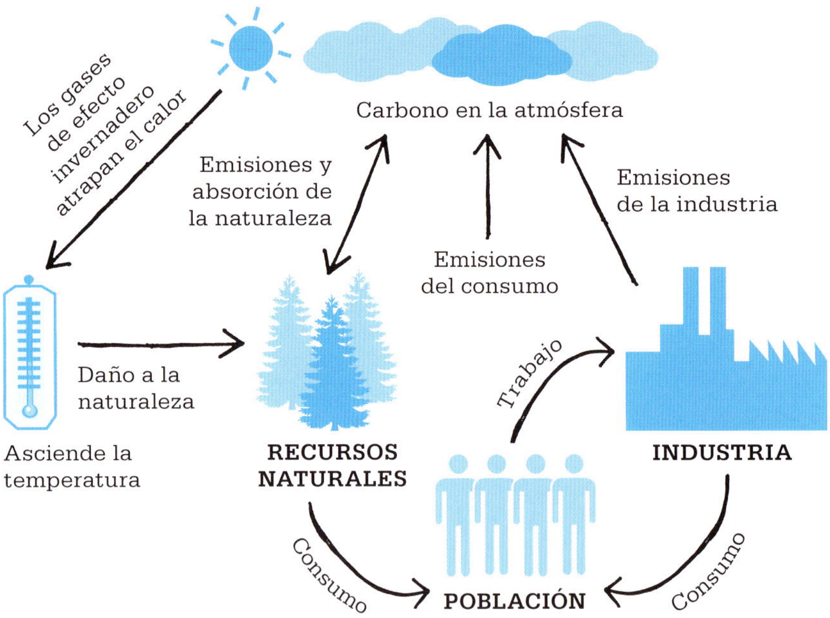

William Nordhaus ingenió un programa informático llamado DICE para mostrar cómo interactúan los elementos del cambio climático y dónde residen los costes ecológicos y económicos. Este simulador financiero permite a los gobiernos considerar su consumo, recursos y necesidades actuales, y sopesar los costes y los beneficios –para ellos y para la Tierra– de las alternativas disponibles.

puede ser considerada como un bien público (pp. 46–47) que tiende a ser desatendido por los mercados; la contaminación puede entenderse como una externalidad (p. 137) en la que los costes sociales de una actividad no se reflejan en los precios y por tanto no son asumidos por sus responsables. Por todo ello, Stern se refirió al cambio climático como el mayor fracaso del mercado de la historia.

Un problema global

El primer obstáculo para los economistas como Nordhaus y Stern era convencer a los gobiernos de aplicar medidas dañinas para la economía a corto plazo, pero que mitigarían consecuencias más graves a largo plazo. El segundo era encontrar el modo más eficiente de ejecutar una política de emisiones. No a todos los gobiernos se les podía convencer con facilidad. Las economías más desarrolladas, que se encuentran principalmente en zonas templadas, están menos expuestas a las peores consecuencias del ascenso de la temperatura global; los cambios del clima previsibles golpearían con mayor dureza a los países pobres. Esto supone que, en muchos casos, los países con más incentivos para mitigar los efectos del cambio climático son los que producen menos contaminación.

Los principales causantes de la contaminación, como China, EE UU y Europa, han sido reacios a que los gobiernos impongan políticas caras. Pero aunque lo hicieran, la contaminación no se restringe a su territorio: el problema es global y exige una acción colectiva a escala mundial.

La necesidad de la acción colectiva fue reconocida en la Cumbre de la Tierra de las Naciones Unidas en 1992, en la que se hizo un llamamiento a todos sus miembros para que redujeran sus emisiones de gases de efecto invernadero. Muchos gobiernos han desarrollado políticas medioambientales y estrategias para llevarlas a cabo. La regulación en forma de castigos, como las multas por la producción excesiva de contaminantes, es una solución, pero es tan difícil fijar cuotas justas para todas las empresas implicadas como obligar a su pago.

Otra opción, propuesta por primera vez por el economista británico Arthur Pigou en el año 1920, son los impuestos por contaminación (p. 137). Cobrar impuestos a las empresas que emiten gases de efecto invernadero, y a los suministradores y los productores de energía por la cantidad de dióxido de carbono que liberan a la atmósfera, ayudaría a desincentivar la contaminación. Asimismo, los impuestos sobre los combustibles fósiles desincentivarían su consumo excesivo. La idea de Pigou es hacer que los individuos se enfrenten a los costes sociales de su actividad, que «internalicen» la externalidad.

Intercambio de emisiones

La contaminación puede verse como un fallo de mercado porque generalmente no hay un mercado para ella. Los economistas apuntan a que si

> Los enfoques de precio como la armonización fiscal son poderosas herramientas para coordinar políticas y ralentizar el calentamiento global.
> **William Nordhaus**

El huracán Katrina destruyó Nueva Orleans en 2005. El coste de los daños, unos 81.000 millones de dólares, atrajo la atención mundial sobre los efectos económicos del cambio climático.

lo hubiera, se emitiría una cantidad de contaminación socialmente óptima, pues los contaminadores asumirían los costes de sus actos. Así, otra solución propuesta al problema del clima es crear un mercado de la contaminación por medio del intercambio de emisiones. Un gobierno (o varios actuando de forma conjunta) determinaría un nivel aceptable de, por ejemplo, emisiones de CO_2, y subastaría permisos a las empresas que lo emiten. Los permisos serían intercambiables, de modo que si una empresa necesitara incrementar sus emisiones, tendría la opción de comprar permisos a otra que no hubiera agotado su cuota. Esta clase de plan tiene a su favor que recompensa a las empresas que reducen sus emisiones y pueden vender los permisos sobrantes, y a la vez puede disuadir a las empresas de superar sus cuotas y tener que comprar permisos extra; sin embargo, la cantidad total de emisiones podría seguir siendo la misma.

El Protocolo de Kioto

Si bien los planes de intercambio de emisiones son un paso en la dirección correcta, para evitar el riesgo del cambio climático también hay que atacar el problema de forma global. Sin embargo, acuerdos internacionales como el Protocolo de Kioto nunca han sido universalmente ratificados. En 1997, 141 países participaron en los debates, pero en 2012 solo 37 de ellos habían decidido implementar las medidas relativas a las emisiones de gases de efecto invernadero. EE UU se ha negado reiteradamente a los términos del acuerdo, y Canadá se retiró en 2011. Incluso los países que se comprometieron a reducir sus emisiones han dejado a menudo de cumplir sus objetivos. Países desarrollados como EE UU y Australia alegan que sería demasiado dañino para su economía; países en desarrollo como China, India y Brasil consideran que ellos no deberían tener que pagar por la contaminación generada por Occidente (si bien ellos se están convirtiendo en grandes contaminantes). Por otra parte, los países con mayor conciencia ecológica como Alemania y Dinamarca acordaron objetivos de reducción de más del 20%.

Modelos económicos

Los economistas han ideado diversos modelos para estudiar el impacto económico del cambio climático, como el Modelo Dinámico Integrado del Clima y la Economía (DICE) de Nordhaus, presentado en 1992 (p. anterior), que vincula las emisiones de CO_2, los ciclos del carbono, el cambio climático, los daños climáticos y los factores que afectan al crecimiento.

Casi todos los economistas están hoy de acuerdo en que el cambio climático es un problema muy complejo y, a largo plazo, capaz de causar un grave daño. La solución está lejos de ser obvia; con todo, en 2007 Nordhaus afirmaba que el secreto del éxito no residía en grandes y ambiciosos proyectos como el de Kioto, sino en ideas «universales, predecibles y aburridas», como armonizar los impuestos sobre el dióxido de carbono. ■

El crecimiento de India

Según todas las predicciones, el crecimiento anual de India en 2012 será de un 7–8%. Los responsables económicos del país son conscientes de que, de continuar a ese ritmo, habrá una gran escasez de energía. El principal temor es que esto se resuelva recurriendo a carbón «sucio» y combustible diésel, por lo que se están realizando esfuerzos a fin de incrementar la eficiencia e incentivar el uso de energías renovables como la solar, la eólica y la geotérmica.

Los economistas esperan que las energías renovables, junto con la energía nuclear (considerada «limpia»), sirvan para abastecer las crecientes necesidades de este país. Sin embargo, las distintas energías renovables, como la solar, no son industrias comercialmente viables a gran escala por lo que, para expandirse, requerirán un impulso a corto plazo en forma de subsidios estatales, tal como fue estipulado en el ambicioso Plan de Acción Nacional sobre el Cambio Climático, aprobado en junio de 2008.

Unos paneles solares capturan la luz del sol en el Himalaya, al norte de India. La energía solar puede ser una fuente eficiente de energía renovable en un país donde el sol es intenso.

EL PIB IGNORA A LA MUJER

ECONOMIA Y GENERO

EN CONTEXTO

ENFOQUE
Economía y sociedad

PENSADOR CLAVE
Marilyn Waring (n. en 1952)

ANTES
1932 El ruso-estadounidense Simon Kuznets presenta las primeras cuentas nacionales de la economía de EE UU.

1987 La estadounidense Marianne Ferber publica la obra *Women and Work: Paid and Unpaid*, una bibliografía de estudios anteriores sobre mujer y economía.

DESPUÉS
1990 Primera publicación del Índice de Desarrollo de las Naciones Unidas, que se basa en un concepto del desarrollo más amplio que el de las cuentas nacionales.

1996 Los estadounidenses Barnet Wagman y Nancy Folbre analizan la aportación del trabajo doméstico a los ingresos nacionales de EE UU.

Sin lugar a dudas, el producto interior bruto (PIB) es la estadística económica más citada. Resume la actividad económica de una nación a lo largo de todo un año, y parece directamente relacionada con factores importantes como los ingresos por familia o la tasa de desempleo. Sin embargo, pese a su relieve en los debates económicos, el PIB presenta una serie de problemas considerables.

Tanto los problemas como los límites del PIB tienen que ver con la manera en que se calcula y qué es lo que incluye. Su medida depende de la recolección de aquellos datos relativos a las transacciones económicas, y el principio en que se basa es que debe registrar todo lo que se compra y se vende durante un año. Los estadísticos gubernamentales realizan incontables sondeos en profundidad con el objetivo de obtener esta cifra, pero todo lo que se vende y se compra en un país no equivale exactamente al conjunto de la actividad económica que tiene lugar. Asimismo, la cifra resultante tampoco refleja buena parte de lo que pueden valorar los habitantes de un país. Así, por ejemplo, un ecologista diría

Véase también: Medida de la riqueza 36–37 ▪ Economía y tradición 166–167 ▪ Economía de la felicidad 216–219 ▪ Capital social 280

Ciertos trabajos, como el cuidado de los niños, son en su mayoría realizados por mujeres. Pese a ser vitales para la economía, no cuentan para el PIB, que solo registra las transacciones.

que el PIB no tiene en cuenta la destrucción de los recursos naturales. La deforestación suele sumar al PIB, suponiendo que la madera se venda; pero se ha consumido un recurso natural potencialmente irremplazable, lo cual no aparece reflejado en el PIB. De manera similar, si una actividad económica contamina, el PIB únicamente tiene en cuenta los productos vendidos e ignora todos los efectos colaterales indeseables, como la pérdida de biodiversidad o los daños a la salud pública.

El trabajo de las mujeres

El cálculo del PIB presenta además otras dificultades. En su influyente libro de 1988 *If Women Counted*, la exdiputada neozelandesa Marilyn Waring defendía la idea de que el PIB ignora de manera sistemática el trabajo llevado a cabo por las mujeres que, históricamente, asumen la mayor parte del trabajo doméstico en todo el mundo, así como el cuidado de los niños y los ancianos. Está claro que este trabajo es económicamente imprescindible, pues garantiza, por ejemplo, la reproducción de la fuerza de trabajo; pero en la gran mayoría de casos no es remunerado, y por lo tanto no queda recogido en los cálculos del PIB.

La exclusión de la mujer

Las diferencias contables al calcular la producción económica pueden ser enormemente arbitrarias y tratar trabajos esencialmente equivalentes de modos muy distintos. Cocinar es una actividad «económicamente activa» cuando se vende la comida, pero es «económicamente inactiva» si no se vende. La única distinción aquí es la presencia o ausencia de una transacción, pero la actividad es idéntica. En un caso las mujeres serán excluidas, en el otro no.

Existe, por consiguiente, un importante sesgo de género implícito en las cuentas nacionales, y el verdadero valor económico del trabajo realizado por la mujer se subestima sistemáticamente en los sistemas de cuentas convencionales. Waring fue aún más lejos y arguyó que el sistema internacional estándar para calcular los ingresos nacionales, el Sistema de Cuentas Nacionales de las Naciones Unidas (SCN), es un claro ejemplo de «patriarcado aplicado»: un intento por parte la economía masculina de excluir a la mujer de un modo que refuerza la división por razón de sexo a nivel global.

Tanto las críticas de Waring como las de otras economistas feministas han contribuido a dar forma a distintos argumentos acerca del futuro de las cuentas de ingresos nacionales. En la actualidad, los debates sobre cómo contabilizar el bienestar y el desarrollo de indicadores sociales de progreso económico más inclusivos indican un deseo creciente de superar las limitaciones del PIB como medida de valor. ▪

Marilyn Waring

Marilyn Waring, una de las primeras mujeres que llegó a ser diputada en Nueva Zelanda, nació 1952. El primer ministro del Partido Nacional, Robert Muldoon, la nombró miembro del Comité de Gasto Público en 1978, pero mantuvo ciertas desavenencias con el gobierno: en 1984 amenazó con votar a favor de una propuesta de la oposición de prohibir las armas y la energía nucleares en Nueva Zelanda; Muldoon respondió convocando unas elecciones generales, en las que perdió el Partido Nacional.

Después de su experiencia parlamentaria, se interesó por la agricultura y la economía. En el año 2006 se convirtió en profesora de políticas públicas en la Auckland University of Technology, donde ha seguido estudiando la medición de las áreas excluidas por la economía convencional.

Obra principal

1988 *If Women Counted*: *A New Feminist Economics.*

“Las mujeres somos visibles y valiosas unas para otras, y ahora debemos proclamar, a millones, esa visibilidad y ese valor.”

Marilyn Waring

LA VENTAJA COMPARATIVA ES UN ACCIDENTE

COMERCIO Y GEOGRAFIA

EN CONTEXTO

ENFOQUE
Economía global

PENSADOR CLAVE
Paul Krugman (n. en 1953)

ANTES
1817 David Ricardo afirma que los países tienen ventajas comparativas debido a factores físicos.

Décadas de 1920 y 1930 Eli Heckscher y Bertil Ohlin defienden que los países ricos en capital exportan bienes con uso intensivo de capital.

1953 Wassily Leontief halla una paradoja empírica: EE UU, país rico en capital, exporta bastantes bienes que requieren un uso intensivo de mano de obra, en contra de las teorías comerciales vigentes.

DESPUÉS
1994 Gene Grossman y Elhanan Helpman estudian el efecto de los *lobbies* sobre el nivel de protección que se da a las empresas.

En el pasado los economistas solían suponer que los países comerciaban entre sí porque eran diferentes. Así, los países tropicales vendían su azúcar a los de las zonas templadas, y estos exportaban lana. A algunos países se les daba mejor producir ciertos bienes: tenían una «ventaja comparativa» debida al clima o la tierra.

Sin embargo, existen varias razones de peso para pensar que dicha cuestión no es tan sencilla. En 1895, Catherine Evans, una vecina de Dalton (Georgia, EE UU), se hallaba de visita en casa de una amiga y llamó su atención una colcha de confección casera. Inspirada, hizo otra similar, y comenzó a enseñar a otras. Pronto surgieron empresas textiles, formándose una industria de las alfombras que llegó a dominar el mercado. Este hecho contradecía la explicación al uso del comercio internacional, pues Georgia no poseía ninguna ventaja comparativa para fabricar alfombras.

Caprichos de la historia

El estadounidense Paul Krugman sugirió, en 1979, una nueva teoría que tenía en cuenta la influencia de los accidentes de la historia, tales como una industria surgida de un suceso fortuito en Georgia. Krugman observó que mucha actividad comercial se establece entre economías similares. Un país u otro puede, por ejemplo, fabricar automóviles; pero una vez que uno empieza, cuenta con una ventaja de costes difícil de superar. Así, una región puede acabar dominando el comercio de un bien debido en gran medida a un capricho de la historia. ■

> Las regiones que por razones históricas han tenido ventaja como centros de producción atraerán aún más productores.
> **Paul Krugman**

Véase también: Proteccionismo y comercio 34–35 ▪ Ventaja comparativa 80–85 ▪ Economías de escala 132 ▪ Integración del mercado 226–231

COMO EL VAPOR, LA INFORMATICA HA REVOLUCIONADO LA ECONOMIA

SALTOS TECNOLOGICOS

EN CONTEXTO

ENFOQUE
Crecimiento y desarrollo

PENSADOR CLAVE
Robert Solow (n. en 1924)

ANTES
1934 Joseph Schumpeter insiste en el papel fundamental del cambio tecnológico para el crecimiento económico.

1956 Robert Solow, economista, idea el modelo de crecimiento neoclásico, en el que el cambio tecnológico tiene un papel pero no se explica.

1966 Jacob Schmookler afirma que el desarrollo tecnológico responde a unos incentivos económicos.

DESPUÉS
2004 Nicholas Crafts muestra que las tecnologías de utilidad general tardan en difundirse entre las economías.

2005 Según Richard Lipsey, las revoluciones tecnológicas llevaron al auge de Occidente.

I innovación e invención impulsan el crecimiento económico. Algunas innovaciones suponen un avance gradual; otras son revolucionarias. Un martillo neumático mejor puede ser una de las pequeñas innovaciones que gradualmente hacen más productiva la economía; el descubrimiento de la electricidad, en cambio, fue revolucionario, y a lo largo de los últimos dos siglos ha transformado las economías, permitiendo el uso de máquinas nuevas. Los economistas estadounidenses Timothy Bresnahan y Manuel Trajtenberg se han referido a la electricidad como una «tecnología de utilidad general»: a diferencia de otras innovaciones, hace a todas las empresas más productivas. Con todo, los efectos positivos de tales avances revolucionarios pueden tardar en hacerse sentir.

En la década de 1980, los ordenadores revolucionaron el modo en que muchos trabajamos. Con todo, pueden pasar años antes de que cambios tan fundamentales se reflejen en una mayor productividad.

Explotar la nueva tecnología

El economista estadounidense Robert Solow (p. 225) señaló, a finales de la década de 1980, una aparente paradoja: la proliferación de la tecnología de la información y de la comunicación (TIC) no parecía tener un impacto evidente en la productividad. Durante la revolución industrial, la expansión del vapor fue sorprendentemente lenta: tardó en ser rentable como para que las empresas la usaran. El desarrollo de la TIC no ha sido tan lento, pero ha tardado en difundirse. La paradoja de Solow se resuelve, pues, teniendo en cuenta que el pleno beneficio de las tecnologías de utilidad general tarda en llegar. ■

Véase también: Surgimiento de las economías modernas 178–179 ▪ Instituciones en la economía 206–207 ▪ Teorías del crecimiento económico 224–225

SE PUEDE IMPULSAR A LAS ECONOMIAS POBRES CONDONANDO SU DEUDA

DEUDA INTERNACIONAL

EN CONTEXTO

ENFOQUE
Crecimiento y desarrollo

PENSADOR CLAVE
Jeffrey Sachs (n. en 1954)

ANTES
1956 Se funda el Club de París, grupo de países acreedores, para facilitar la renegociación de la deuda entre países.

DESPUÉS
1996 El FMI y el Banco Mundial lanzan la iniciativa HIPC (en inglés, países pobres altamente endeudados) para reformar los países pobres y paliar su deuda.

2002 Seema Jayachandran y Michael Kremer mantienen que los países no deben ser legalmente responsables de deudas «odiosas» contraídas por regímenes corruptos.

2005 Según la iniciativa multilateral de alivio de la deuda (MDRI), los países del G8 acuerdan condonar 40.000 millones de dólares de deuda en la cumbre de Gleneagles.

La deuda en los países pobres ha crecido tanto que **no pueden permitirse** pagarla e invertir en crecimiento.

Muchos de los préstamos fueron hechos por países ricos a **gobiernos corruptos**.

Los préstamos **nunca debieron haberse hecho**.

Cancelar los préstamos permitirá a los países pobres invertir en crecimiento.

Se puede impulsar a las economías pobres condonando su deuda.

Durante las últimas décadas del siglo XX los países más pobres del mundo acumularon una deuda sofocante, que pasó de 25.000 millones de dólares en 1970 a 523.000 millones de dólares en 2002. En la década de 1990 estaba ya claro que había una crisis de deuda. Ninguna nación africana fuertemente endeudada había logrado prosperar, y la mayoría se encontraba en una situación económica tan mala que no podían siquiera pagar la deuda sin un sufrimiento terrible, por no hablar de realizar inversiones para salir del círculo vicioso del declive económico.

Las campañas por la condonación de la deuda se intensificaron, en muchos casos desde una postura moral que criticaba el papel interesado o negligente de las naciones ricas y de instituciones como el Banco Mundial y el Fondo Monetario Internacional, responsables de muchos de los préstamos. Los defensores de la condonación argumentaban que, dado que

Véase también: Bretton Woods y el comercio internacional 186–187 ▪ Economía del desarrollo 188–193 ▪ Teoría de la dependencia 242–243 ▪ Los tigres asiáticos 282–287 ▪ Especulación y devaluación monetaria 288–293

> ¿Vamos a permitir que los niños de Asia y África mueran de enfermedades curables, a impedirles ir a la escuela y a limitar sus oportunidades de trabajar, y todo ello por pagar préstamos injustos e ilegítimos hechos a sus antepasados?
>
> **Desmond Tutu**
> **Arzobispo sudafricano (n. en 1931)**

los países ricos habían hecho dichos préstamos para obtener apoyo en la Guerra Fría o asegurar contratos para sus propias empresas, tenían la obligación moral de condonar la deuda. El economista estadounidense Michael Kremer empleó argumentos legales, afirmando que muchas de estas deudas habían sido contraídas por regímenes corruptos para enriquecerse: tales deudas se podían considerar «odiosas», y los países en cuestión no tenían obligación legal de pagarlas. El Banco Mundial, por ejemplo, siguió dando préstamos al dictador Mobutu Sese Seko de Zaire (hoy República Democrática del Congo) aun después de que un representante del FMI declarase que estaba robando el dinero. Asimismo, buena parte de la deuda de Sudáfrica fue contraída por el régimen del *apartheid*, considerado ilegítimo por muchos.

Otros, como Jeffrey Sachs, ofrecieron argumentos económicos, afirmando que condonar la deuda e incrementar la ayuda podía impulsar el crecimiento en los países pobres. Estos argumentos resultaron lo bastante persuasivos para que los países del G8 (las ocho mayores economías del mundo) acordaran condonar más de 40.000 millones de dólares de deuda en 2005. Otro estadounidense, William Easterly, sostiene que la condonación recompensa la corrupción y las políticas erróneas en los países beneficiarios. Son muchos quienes han criticado los programas de reforma de libre mercado que condicionan la ayuda, que pueden dañar las perspectivas económicas de las naciones que la reciben.

Últimamente, la crisis de la deuda ha pasado del mundo en desarrollo a países europeos antes prósperos a los que se están imponiendo medidas de austeridad y libre mercado similares, pero sin condonación de la deuda. ■

En Sudáfrica, el régimen del *apartheid* contrajo grandes deudas. Muchos argumentan que deberían condonarse las deudas de esa época por tratarse de un gobierno ilegítimo.

Jeffrey Sachs

Jeffrey Sachs, sin duda uno de los economistas más polémicos del mundo, nació en Detroit (EE UU) en 1954. Se dio a conocer en 1985, con un plan para ayudar a Bolivia a resolver la hiperinflación. Dicho plan fue conocido como «terapia de choque», y se basó en hacer accesible el país para las empresas extranjeras. Esto supuso abrir el mercado boliviano, poner fin a los subsidios estatales, eliminar las diferentes cuotas de importación y ligar al dólar estadounidense la moneda boliviana. La inflación quedó bajo control, y Sachs se hizo mundialmente famoso. Más tarde, en el año 1990, fue requerido por Polonia para asesorar el proceso de abandono del comunismo y la rápida privatización, e hizo lo mismo en Rusia a principios de la década de 1990. En la década de 2000 se centró en cuestiones relacionadas con el desarrollo global, y sostuvo que, con ayuda de una intervención adecuada –como ayuda y micropréstamos–, se podría erradicar la pobreza extrema en veinte años.

Obra principal

2005 *El fin de la pobreza.*

EL PESIMISMO PUEDE ARRUINAR BANCOS SANOS

PANICO BANCARIO

EN CONTEXTO

ENFOQUE
Banca y finanzas

PENSADORES CLAVE
Douglas Diamond (n. en 1953)
Philip Dybvig (n. en 1955)

ANTES
1930–1933 Un tercio de los bancos de EE UU quiebra y se crea la Corporación Federal de Seguro de Depósitos (FDIC) para asegurar el dinero de los ahorradores.

1978 Charles Kindleberger, historiador estadounidense, publica un estudio del pánico bancario bajo el título *Manías, pánicos y cracs: Historia de las crisis financieras*.

DESPUÉS
1987–1989 En la cumbre de la crisis de ahorro y préstamo de EE UU, las quiebras de bancos ascienden a doscientas por año.

2007–2009 Trece países sufren crisis bancarias sistémicas.

Durante la Gran Depresión de inicios de la década de 1930 quebraron unos 9.000 bancos estadounidenses, un tercio del total. Sin embargo, no fue hasta la década de 1980 cuando la teoría económica se ocupó de cuestiones básicas tales como por qué existen los bancos y qué causa el pánico bancario, cuando los clientes se apresuran a retirar su dinero de los bancos que suponen en peligro de quiebra. El artículo que inició el debate fue *Bank Runs, Deposit Insurance, and Liquidity*, escrito en 1983 por los economistas estadounidenses Douglas Diamond y Philip Dybvig, y que mostraba que incluso los bancos sanos pueden ser víctimas del pánico y quebrar.

> Si un banco quiebra, es probable que los bancos vecinos sean víctima del pánico, y si este no se controla enseguida con la circulación de gran cantidad de oro, acarrea un gran perjuicio.
>
> **Henry Thornton**
> **Economista británico (1760–1815)**

Inversiones líquidas

Diamond y Dybvig idearon un modelo matemático de una economía con objeto de demostrar cómo puede producirse el pánico bancario. Su modelo considera tres puntos en el tiempo –tales como lunes, martes y miércoles– y supone que hay un único bien disponible para la gente, que pueden consumir o invertir.

Cada persona empieza poseyendo una determinada cantidad del bien en cuestión. El lunes, la gente puede hacer dos cosas con el bien: almacenarlo, en cuyo caso el martes recibirán la misma cantidad para consumir, o invertirlo. Si deciden invertir el bien, cosa que solamente pueden hacer el lunes, recibirán mucho más del mismo el miércoles. Sin embargo, si cobran su inversión pronto, el martes, recibirán menos de lo que in-

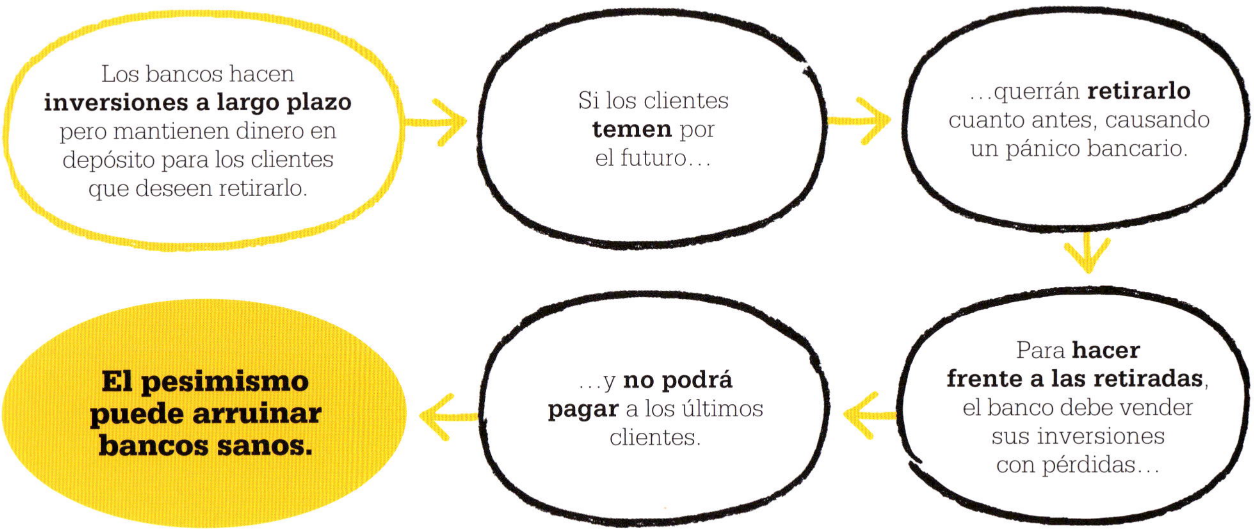

Véase también: Servicios financieros 26–29 ▪ Instituciones en la economía 206–207 ▪ Información de mercado e incentivos 208–209 ▪ Especulación y devaluación monetaria 288–293 ▪ Crisis financieras 296–301

Los bancos guardan solo una porción relativamente pequeña de sus depósitos en metálico. Si todos los depositantes exigen su dinero el mismo día, tan solo los primeros de la fila podrán recibirlo.

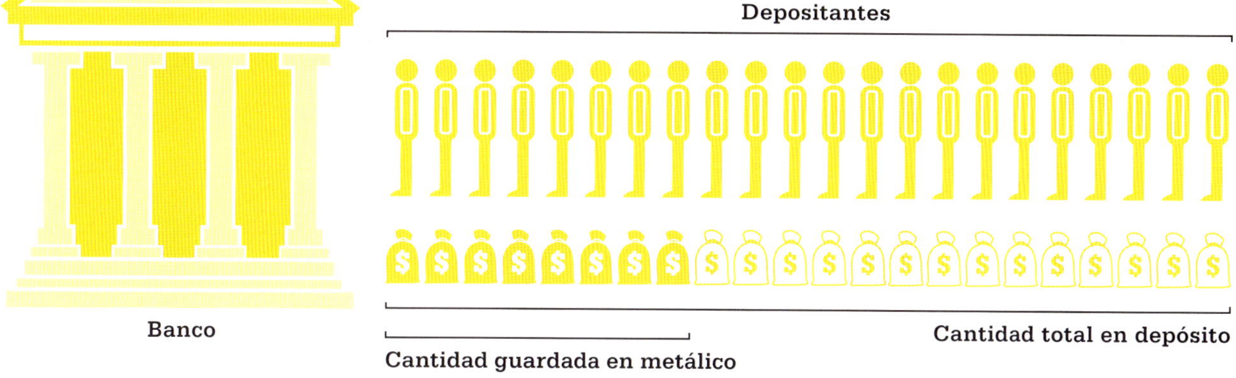

virtieron. Estas inversiones, hechas para un periodo de tiempo determinado, se conocen como «ilíquidas»: no pueden transformarse fácilmente en dinero como los activos líquidos.

Pacientes e impacientes

Diamond y Dybvig suponen que hay dos clases de personas: las pacientes, que esperarán hasta el miércoles, cuando podrán consumir más, y las impacientes, que querrán consumir el martes. Sin embargo, la gente no descubre qué tipo de persona es hasta el martes. La decisión a la que se enfrentan el lunes es cuánto van a guardar y cuánto a invertir. La única incertidumbre en este modelo es si la gente es paciente o impaciente. Los bancos pueden hacerse una idea acerca de las probabilidades: en general, el 30% de la gente resulta ser impaciente y un 70% paciente. Así, cabe esperar que la gente guarde e invierta cantidades que reflejen dicha proporción. Pero, escoja lo que escoja la gente, nunca será el resultado más eficiente de conjunto, pues los impacientes nunca deberían invertir, y los pacientes no deberían guardar nada. Los bancos pueden resolver tal problema. En dicho modelo el banco se puede concebir como un lugar donde todos acuerdan reunir sus bienes y compartir riesgos. El banco ofrece a la gente un contrato de depósito, y luego él mismo invierte y guarda el conjunto de los bienes.

El contrato de depósito ofrece beneficios mayores que el almacenamiento y menores que la inversión, y permite a la gente retirar el martes o el miércoles sus bienes sin cobrarles por ello. Habiendo reunido los bienes de la gente, el banco, que conoce la proporción de pacientes e impacientes, puede guardar lo suficiente para cubrir las necesidades de los impacientes e invertir lo suficiente para cubrir las de los pacientes. En el modelo Diamond-Dybvig, esta es una solución más eficiente que la que podría lograr la gente por su cuenta, ya que el banco puede operar con grandes cifras de un modo que es imposible para el individuo. El martes, el banco tiene activos ilíquidos: la inversión de los pacientes que producirá un beneficio el miércoles. A la vez, tiene que pagar sus depósitos a los impacientes en el acto. Su capacidad para hacer esto es su razón de ser.

Diamond y Dybvig demostraron que, por otro lado, esta característica hace que el banco sea vulnerable al pánico. El pánico se produce cuando, el martes, los pacientes se vuelven pesimistas acerca de lo que recibirán del banco el miércoles, y por tanto »

> En nuestro modelo, el pánico bancario es causado por un cambio en las expectativas, que puede deberse a casi cualquier cosa.
> **Douglas Diamond**
> **Philip Dybvig**

La policía contiene a una multitud a las puertas de un banco en Alemania, en 1914. La declaración de guerra había desatado el pesimismo entre los clientes y el pánico bancario.

retiran sus depósitos el martes. Esto supone para el banco tener que vender sus inversiones con pérdidas; no tendrá bastantes recursos para pagar a todos sus clientes pacientes e impacientes, y los últimos de la fila no recibirán nada. Sabiéndolo, los clientes están ansiosos por ser los primeros de la fila.

El pesimismo puede surgir por la preocupación acerca de las inversiones, de que otros retiren sus depósitos o de la supervivencia del banco. De ahí que un banco pueda llegar a quebrar víctima del pánico aunque esté sano. Supongamos, por ejemplo, que el martes presiento que otra gente va a retirar sus depósitos; yo decido hacer lo mismo, ante el temor de que nuestro banco pueda quebrar. Imaginenos que muchos otros han pensado lo mismo que yo. Esto, por sí solo, puede causar un pánico bancario, aunque en condiciones normales el banco pudiera hacer frente a sus obligaciones hoy y mañana. Se trata de un ejemplo de lo que los economistas denominan «equilibrios múltiples»: hay más de un resultado posible, en este caso, dos: uno «bueno» –el banco se salva– y uno «malo» –el pánico lo hunde–. El desenlace depende más de las expectativas de la gente que de la salud del banco.

Prevenir el pánico bancario

Diamond y Dybvig también mostraron cómo los gobiernos podían aliviar el problema del pánico bancario. Su modelo era en parte una defensa del sistema federal de seguro de depósitos de EE UU, en el que el Estado garantiza el valor de todos los depósitos hasta una determinada cantidad. Introducido en 1933, el sistema redujo las quiebras bancarias. En marzo de aquel año, el presidente Franklin D. Roosevelt declaró además un día festivo bancario con objeto de evitar que la gente retirara sus ahorros. Alternativamente, el banco central puede actuar como el «prestamista de última instancia» para los bancos. Sin embargo, a menudo resulta incierto lo que hará el banco central. El seguro de depósitos es idóneo, pues

Un caso reciente de pánico bancario

En septiembre de 2007 se dio el primer caso de pánico bancario grave en Gran Bretaña desde 1866. Northern Rock, el octavo banco del país, un prestamista hipotecario en rápida expansión, había llegado a depender en exceso de una financiación que procedía de otras instituciones bancarias en lugar de hacerlo de los depósitos personales. Cuando el 9 de agosto del año 2007 el mercado interbancario se congeló, comenzó a extenderse el pánico y se estudiaron planes de rescate. El jueves 13 de septiembre por la tarde la BBC informaba de que el banco central del Reino Unido, el Banco de Inglaterra, anunciaría al día siguiente su respaldo de liquidez de emergencia.

Posteriormente se supo que Mervyn King, el gobernador del Banco de Inglaterra, se opuso a una oferta de rescate de Lloyds, otro banco británico, afirmando que el apoyo del banco central devolvería a los depositantes la confianza. Sin embargo, no fue así y la tarde del 13 de septiembre se produjo una retirada masiva de los depósitos personales vía internet. Bajo el plan de seguro de depósitos de Gran Bretaña, no estaban plenamente asegurados aquellos depósitos superiores a 2.000 libras, y al día siguiente se formaron largas colas delante de las sucursales de Northern Rock. El pánico cesó el lunes siguiente, cuando el gobierno anunció una garantía para todos los depósitos.

> En la tarde del 3 de marzo, apenas había un banco abierto al público en todo el país.
> **Franklin D. Roosevelt**

garantiza que las personas pacientes no participen del pánico.

Visiones alternativas

Hay explicaciones alternativas para la existencia de los bancos. Algunas se han centrado en su papel inversor: el banco puede reunir y conservar información privada sobre inversiones, distinguir las buenas de las malas, y reflejar de una forma eficiente esta información privada a través de los beneficios que ofrece a los ahorradores. Puede ofrecer a los depositantes beneficios que solo es posible ofrecer si desempeña bien ese seguimiento informativo.

En el año 1991, los economistas estadounidenses Charles Calomiris y Charles Kahn publicaron un artículo en el que cuestionaban la perspectiva de Diamond y Dybvig, aduciendo que el pánico bancario beneficia a los bancos. A falta de un seguro de depósitos, los depositantes tienen un incentivo para vigilar cómo funciona su banco. La amenaza del pánico es también un incentivo para que el banco solo lleve a cabo inversiones seguras. Es una cuestión de «riesgo moral» (pp. 208–209). Con un seguro de depósitos, los gestores tomarían unas decisiones más arriesgadas que sin él. El problema del riesgo moral

En 1933, el presidente de EE UU Roosevelt firmó una ley que garantizaba los depósitos bancarios y con ello logró una disminución del pánico bancario. Con todo, hay quien opina que dichas garantías incentivan la toma de riesgos.

se manifestó en EE UU con la crisis de ahorro y préstamo de la década de 1980, cuando a los prestamistas hipotecarios se les permitió hacer préstamos más arriesgados y el seguro de depósitos se reforzó. El número de quiebras bancarias ascendió.

Crisis recientes

No es fácil demostrar cuál de estas dos visiones del pánico bancario es correcta, pues en la práctica ninguna de las dos explicaciones se puede aislar. Hay muchas formas de riesgo moral en un banco: un accionista de un banco puede tratar de fomentar la toma de riesgos porque lo único que tiene que perder es su inversión; un empleado de banca al que se le ofrece el incentivo de unas primas puede arriesgarse porque solo se juega el trabajo. Una de las soluciones que se propone más a menudo para el riesgo moral es una regulación más severa.

Las crisis bancarias más recientes normalmente han comenzado con pérdidas en inversiones. Los bancos se ven obligados a vender sus activos para reducir su endeudamiento; esto desemboca en nuevas caídas del precio de los activos y en nuevas pérdidas. Sigue un pánico sobre los depósitos, que puede extenderse a otros bancos. Si se ve afectado todo el sistema bancario, nos encontramos ante una crisis bancaria sistémica. En la crisis de 2007–2008, sobrevino el pánico bancario a pesar del sistema de seguro de depósitos. Gran parte de la reciente crisis comenzó en instituciones como, por ejemplo, los fondos de cobertura de riesgo, que pese a no estar reguladas como los bancos, prácticamente hacían lo mismo que estos: tomar prestado para el corto plazo y prestar para el largo plazo.

Durante la crisis financiera iniciada en 2007–2008 numerosos países reforzaron sus planes de seguro de depósitos. Esto es comprensible, pues las quiebras bancarias pueden tener un efecto devastador sobre la economía real, al romperse el vínculo entre las personas que tienen ahorros y las personas que necesitan dinero para invertir. El argumento del riesgo moral es muy similar a la prevención de incendios, en tanto que se ocupa de proteger a la economía de posibles crisis futuras. Sin embargo, los tiempos de plena crisis quizá no sean los mejores para hablar de acciones preventivas. ■

> En la historia del capitalismo moderno, las crisis son la norma, no la excepción.
> **Nouriel Roubini**
> **Stephen Mihm**

EL EXCESO DE AHORRO EXTERNO ALIMENTA LA ESPECULACION INTERNA

DESEQUILIBRIO GLOBAL DEL AHORRO

EN CONTEXTO

ENFOQUE
Economía global

PENSADOR CLAVE
Ben Bernanke (n. en 1953)

ANTES
2000 Los estadounidenses Maurice Obstfeld y Kenneth Rogoff alertan sobre el gran déficit comercial que padece EE UU.

2008 El historiador británico Niall Ferguson describe un mundo en crisis por el abuso del crédito.

DESPUÉS
2009 El estadounidense John B. Taylor niega que exista un exceso de ahorro.

2011 El italiano Claudio Borio y el tailandés Piti Disyatat afirman que es erróneo pensar que el desequilibrio global del ahorro desencadenara la crisis financiera.

El 5 de febrero de 2012, aproximadamente 111 millones de espectadores estadounidenses vieron la Superbowl en televisión. Durante la media parte se emitió un anuncio de automóviles Chrysler que daría mucho que hablar. «EE UU también está en la media parte», decía el anuncio. «La gente está sin trabajo y sufre [...] Detroit nos está enseñando que lo podemos conseguir. No se puede derribar a este país de un puñetazo».

El mensaje abiertamente patriótico de este anuncio –comprad Chrysler porque de esa forma se salvarán puestos de trabajo estadounidenses– casaba a la perfección con el sentimiento de muchos ciudadanos esta-

Véase también: Servicios financieros 26–29 ▪ Burbujas económicas 98–99 ▪ Integración del mercado 226–231 ▪ Ingeniería financiera 262–265 ▪ Crisis financieras 296–301 ▪ Vivienda y ciclo económico 330–331

Desde el cierre de fábricas como esta de Chrysler en Detroit, EE UU ha tenido déficit comercial, es decir, que importa más de lo que exporta.

Si un país **importa más** de lo que exporta (tiene déficit comercial), otro país debe estar exportando más de lo que importa (tiene superávit).

↓

El país con déficit debe compensar el desequilibrio, mientras que el país con superávit puede tener un **exceso de ahorro**.

↓

Los ahorros del país con superávit son **tomados en préstamo en el país con déficit**, lo cual puede alimentar la especulación.

↓

El exceso de ahorro externo alimenta la especulación interna.

dounidenses de que su país había permitido que el poder económico que detentaba pasase a manos extranjeras, particularmente chinas. Y eran tales sentimientos los que dotaban de atractivo a las explicaciones de la crisis financiera global de 2008 ofrecidas por el presidente de la Reserva Federal de EE UU, Ben Bernanke. Este había desarrollado su argumento a partir del año 2005, antes del impacto de la crisis, y su tesis se centraba en los desequilibrios entre el ahorro y el gasto.

En el centro de la explicación propuesta por Bernanke se halla la balanza de pagos de EE UU. La balanza de pagos es la cuenta de todas las transacciones de un país con el resto del mundo; si un país importa más de lo que exporta, su balanza de pagos es deficitaria, y, por lo tanto, hay que equilibrar las cuentas. El déficit se compensa de algún otro modo, por ejemplo, consumiendo las reservas del banco central o con fondos de inversiones extranjeras. Bernanke señaló que el déficit de EE UU se había disparado a finales de la década de 1990, alcanzando los 640.000 millones de dólares, el 5,5% de su PIB, en 2004. Si el ahorro interno cayó pero se mantuvieron las inversiones, el déficit únicamente se pudo financiar con dinero extranjero.

El exceso de ahorro

Bernanke argumentaba que el déficit estaba siendo financiado por un «exceso de ahorro global», es decir, una acumulación del ahorro en otros países. Así, por ejemplo, China, que posee una balanza comercial muy favorable con EE UU, no estaba dedicando todos los beneficios de sus exportaciones estadounidenses a las inversiones en el propio país ni tampoco comprando bienes, sino que los acumulaba en ahorros y reservas de divisas. Junto a la frugalidad china, Bernanke señala además otras razones para el exceso de ahorro global, entre ellas la subida del precio del petróleo y la acumulación de fondos de financiación en previsión de futuras conmociones financieras. »

A primera vista, ahorrar parece la opción más prudente, una salvaguardia de cara al futuro. Sin embargo, en el mundo capitalista el ahorro tiene sus pros y sus contras. El dinero que va a parar al ahorro es dinero perdido para la inversión directa o para el gasto de los consumidores, pero no desaparece sin más. El argumento de Ben Bernanke es que el dinero del exceso de ahorro fuera de EE UU acabó por inundar los mercados financieros del país.

Abundancia de dinero

Todo ese dinero produjo un descenso de los tipos de interés y redujo el incentivo para ahorrar de estadounidenses y europeos. Con los mercados del préstamo aparentemente saturados de dinero fácil, los prestamistas hicieron cualquier cosa por llegar a acuerdos. Con el objetivo de satisfacer la demanda de salida para el dinero extranjero, los ingenieros financieros estadounidenses crearon productos tales como las obligaciones de deuda garantizada (CDO), que reunían hipotecas de alto riesgo con deudas de riesgo menor en forma de bonos calificados como AAA, lo cual implicaba que eran de muy bajo riesgo.

> A largo plazo, el conjunto de los países industrializados debería tener superávit en su cuenta corriente y prestar [...] al mundo en desarrollo, y no al revés.
> **Ben Bernanke**

En la década de 1990 se inventó un nuevo instrumento financiero llamado obligación de deuda garantizada (CDO), que combinaba hipotecas de alto riesgo con bonos de bajo riesgo para pasar por deuda de bajo riesgo. Estas obligaciones de deuda fueron clave en la crisis del sistema crediticio de 2007–2008.

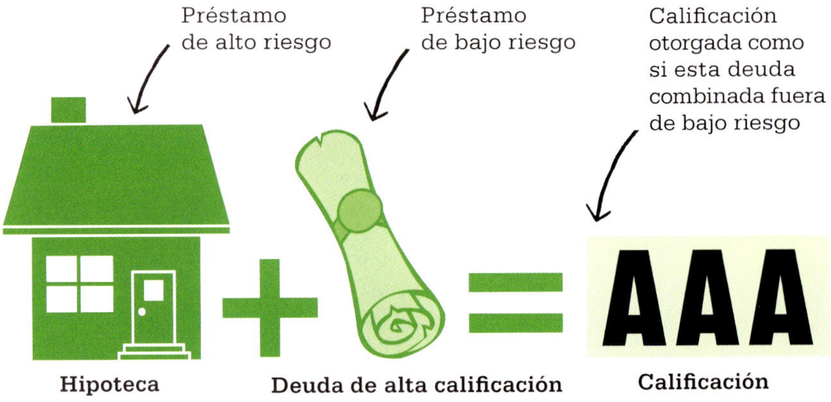

Entre tanto, el precio de la vivienda experimentó un boom en más de veinte países, e incluso la gente con menores ingresos hallaba un hueco entre los propietarios. Algunas de las hipotecas concedidas para financiar dicho boom –las llamadas hipotecas *subprime* en EE UU– fueron a parar a personas que no podían pagarlas.

La crisis

En 2008, la crisis de una serie de hipotecas *subprime* puso de manifiesto que muchas instituciones financieras habían invertido cantidades mucho mayores que el valor de su capital. El banco de inversiones Lehman Brothers quebró en 2008, y muchas otras instituciones financieras parecían correr tal peligro que tuvieron que ser rescatadas con paquetes de ayuda estatal en la mayoría de los países ricos del mundo.

La idea central del mensaje lanzado por Bernanke parecía ser que la crisis financiera se debía exclusivamente al ahorro de China y al exceso de gasto estadounidense. Este era también el mensaje de *El triunfo del dinero* de Niall Ferguson (2008), que analizaba la restricción crediticia y se centraba en la infausta «Chimérica», es decir, en la relación simbiótica (o, en opinión de algunos, parasitaria) entre China y EE UU. La idea seducía a muchos en los círculos financieros estadounidenses, ya que parecía implicar que eran los frugales chinos los culpables de la crisis financiera.

Bernanke insiste en que fue el dinero chino el que avivó los incendios estadounidenses, aunque afirma que solo una pequeña parte fue a parar a activos de alto riesgo. En 2011 declaró: «El superávit en la cuenta corriente de China sirvió casi enteramente para comprar activos en EE UU, más del 80% de los cuales eran de tesoros y agencias muy seguros».

Negación del exceso

Muchos economistas han cuestionado la teoría de Bernanke. En el blog financiero «Naked Capitalism», Yves Smith ha afirmado que el exceso de ahorro global es un mito, aduciendo que los ahorros globales se han mantenido casi constantes desde mediados de la década de 1980. El economista estadounidense John B. Taylor afirma que aunque había más ahorro fuera de EE UU, su reducción en el país significaba que no había brecha global entre el ahorro y la inversión, y

> No creo que la titularidad china de activos de EE UU sea tan grande como para suponer un riesgo económico.
> **Ben Bernanke**

por tanto la idea de un mundo saturado de dinero barato era falsa.

Otros economistas han señalado que los déficits por cuenta corriente de EE UU y otros países representan menos del 2% del flujo del dinero, por lo que su efecto tenía que ser marginal. Asimismo, la teoría del exceso de ahorro resulta más difícil de aplicar a Europa. Alemania, por ejemplo, era rica en ahorros en los años precedentes a la crisis de 2008; la teoría, por consiguiente, implicaría que los ahorradores alemanes realizaron operaciones especulativas en Irlanda y España en lugar de guardar su dinero en instituciones alemanas, lo cual parece altamente improbable.

¿Un «exceso bancario»?

Hyun Song Shin, catedrático de economía de la Universidad de Princeton, ha argumentado que la inundación de dinero especulativo en pos de garantías hipotecarias no se debió a un exceso de ahorro sino al sistema bancario «en la sombra», es decir, a la compleja variedad de entidades financieras situadas fuera del sistema bancario normal, como mercados monetarios, vehículos de inversión estructurados y fondos de cobertura de riesgo. Los bancos en la sombra europeos y estadounidenses buscaron con avidez estas garantías, y las encontraron en Irlanda y España además de en EE UU.

Los mercados en los que juegan estos bancos en la sombra están dominados por los derivados, que son «instrumentos financieros»: apuestas sobre apuestas acerca de hacia dónde irán los mercados, basadas en intrincadas fórmulas matemáticas. Los derivados pueden incentivar la toma de riesgos excesivos, y así se genera un mercado en el que las instituciones financieras pueden lograr beneficios masivos apostando sobre fracasos, entre ellos el impago de garantías hipotecarias.

Las reservas extra de un exceso de ahorro pueden resultar irrelevantes en este casino virtual; es más, el problema parece haber sido que los bancos operaban sin contar con el suficiente respaldo financiero. Bernanke ha señalado que mientras que los compradores de China y Oriente Medio adquirían garantías estadounidenses con fondos procedentes del superávit comercial y la exportación de petróleo, la banca europea debía tomar dinero prestado para adquirirlas, y la llegada de la crisis les encontró desprotegidos.

Actualmente, los economistas difieren en su visión sobre los desequilibrios comerciales subyacentes al exceso de ahorro: algunos mantienen que el déficit de EE UU es sostenible y que siempre será fácil de financiar con ahorros extranjeros; a otros les preocupa el duro aterrizaje que supondría para la economía estadounidense si el flujo de capital se secara. En buena medida, este asunto se ha convertido en una cuestión política entre EE UU y China, y políticos estadounidenses han acusado a China de mantener su moneda en un valor injustamente bajo para sostener su superávit comercial. ■

Ben Bernanke

Ben Shalom Bernanke nació y se crió en Carolina del Sur (EE UU). Hacia principios de la década de 1970 fue alumno de la Universidad de Harvard y más tarde del Massachusetts Institute of Technology, donde se doctoró en economía bajo la tutela de Stanley Fischer, futuro gobernador del Banco de Israel.

En el año 2002, Bernanke ingresó en la Reserva Federal de EE UU y solo dos años más tarde propuso la idea de la Gran Moderación, según la cual las distintas políticas monetarias modernas habían eliminado prácticamente la volatilidad del ciclo económico. En 2006 fue nombrado presidente de la Reserva Federal. Su presidencia no ha resultado sencilla, y se le ha criticado por no ser capaz de prever la crisis financiera y por rescatar a algunas entidades financieras de Wall Street.

Obras principales

2002 *Deflation: Making Sure It Doesn't Happen Here.*
2005 *The Global Saving Glut and the US Current Account Deficit.*
2007 *Global Imbalances.*

LAS SOCIEDADES MAS IGUALITARIAS CRECEN MAS RAPIDO

DESIGUALDAD Y CRECIMIENTO

EN CONTEXTO

ENFOQUE
Crecimiento y desarrollo

PENSADOR CLAVE
Alberto Alesina (n. en 1957)
Dani Rodrik (n. en 1957)

ANTES
1955 Se publica *Economic Growth and Income Inequality*, donde el estadounidense Simon Kuznets llega a la conclusión de que la desigualdad es un efecto secundario del crecimiento.

1989 Los estadounidenses Kevin Murphy, Andrei Shleifer y Robert Vishny afirman que la distribución de los ingresos afecta a la demanda.

DESPUÉS
1996 El italiano Roberto Perrotti defiende la idea de que no hay ningún vínculo entre menores impuestos y mayor crecimiento.

2007 El economista español Xavier Sala-i-Martín afirma que en las economías en crecimiento se reduce la desigualdad.

La riqueza está **desigualmente** repartida en la sociedad.

Los que carecen de capital acumulado se sienten **insatisfechos**…

…y piden una **política más redistributiva** por parte del gobierno.

Pero la redistribución se paga con **mayores impuestos** sobre el capital acumulado…

…y los mayores impuestos **ralentizan el crecimiento económico**.

Las sociedades más igualitarias crecen más rápido.

Durante gran parte del siglo XX los economistas se preguntaron cómo afecta el crecimiento económico a los ingresos de la gente. Con el crecimiento, ¿aumenta o disminuye la desigualdad de los ingresos? En 1994, el italiano Alberto Alesina y el turco Dani Rodrik dieron la vuelta a la pregunta, y se preguntaron cómo afecta la distribución de la renta al crecimiento económico.

Para elaborar su modelo, Alesina y Rodrik examinaron dos factores: el trabajo y el capital (riqueza acumulada). Argumentaron que el crecimiento económico se ve alimentado por el incremento del capital total, pero que los servicios estatales se financian a través de impuestos sobre el capital. Por lo tanto, cuanto mayores sean los impuestos sobre la riqueza acumulada, menor incentivo habrá para acumular capital y menor acabará siendo el crecimiento de la economía.

Aquellos cuyos ingresos provienen principalmente del capital acumulado prefieren los impuestos bajos, mientras que quienes obtienen sus ingresos enteramente de su trabajo y carecen de riqueza acumulada tienden a preferir unos impuestos altos. Esto les aporta servicios públicos e implica una mejor redistribución de la riqueza acumulada.

Véase también: Carga fiscal 64–65 ▪ Surgimiento de las economías modernas 178–179 ▪ Teoría de la elección social 214–215 ▪ Teorías del crecimiento económico 224–225 ▪ Impuestos e incentivos económicos 270–271

> Cuanto mayor es la desigualdad de riqueza y renta, mayores son los impuestos y menor el crecimiento.
> **Alberto Alesina**
> **Dani Rodrik**

Los impuestos vienen fijados por los gobiernos, que reaccionan ante las inquietudes populares. Ni siquiera las dictaduras pueden permitirse ignorar los deseos de su pueblo, por temor a ser derrocadas. Así, las tasas impositivas se establecen con el objetivo de contentar al mayor número de personas, o al votante medio (el que se halla en el centro justo de las posturas de los votantes). De acuerdo con la lógica de Alesina y Rodrik, si se da una distribución de capital y riqueza acumulada igualitaria, el votante medio será relativamente rico en capital, y por lo tanto querrá una fiscalidad moderada que no impida el crecimiento. Si se da, en cambio, una fuerte desigualdad distributiva, con gran parte de la riqueza concentrada en manos de una pequeña elite, la mayoría será pobre y exigirá unos impuestos mayores, que ahogarían el crecimiento. En resumen, Alesina y Rodrik concluyen que cuanto mayor sea la igualdad económica en una sociedad, mayor será también su tasa de crecimiento.

Crecimiento e igualdad

La explicación propuesta por Alesina y Rodrik no agota el tema, pues hay quien considera que, en su exposición, estos han confundido causa y efecto. El economista español Xavier Sala i Martín, por ejemplo, defiende la idea de que es el crecimiento económico el que ha motivado una disminución de la tasa de desigualdad de la renta por todo el globo. Según informes del Banco Mundial, la reducción de la pobreza global –que puede contribuir a disminuir la desigualdad– se debe principalmente al crecimiento económico. Por otra parte, los países de desarrollo más lento, como muchos de África, han padecido décadas de escaso o ningún crecimiento. Esto ha perjudicado al nivel de vida e impedido la reducción de la pobreza; los más pobres quedan rezagados, y la desigualdad persiste. ■

Países nórdicos como Suecia parecen contradecir las conclusiones de Alesina y Rodrik, pues conjugan unos impuestos elevados con un alto nivel de vida y la menor tasa de desigualdad del mundo.

Alberto Alesina

Alberto Alesina nació en 1957 en Broni, en el norte de Italia. Estudió ciencias económicas y sociales en la Universidad de Boccini de Milán, donde se licenció en 1981, y después decidió trasladarse a Harvard (EE UU), donde realizó un máster y obtuvo un doctorado en economía. En 1993 se convirtió en catedrático de esta universidad, cuyo departamento de economía dirigió entre 2003 y 2006.

Hasta la fecha, Alesina ha sido autor de cinco libros que centran su interés en temas económicos y políticos y fundamentalmente se ocupan de los sistemas económicos y políticos de EE UU y Europa. Ha logrado alcanzar un amplio reconocimiento mundial por haber llamado la atención sobre la fuerte influencia de la política en la economía.

Obras principales

1994 *Distributive Politics and Economic Growth* (con Dani Rodrik).
2003 *The Size of Nations* (con Enrico Spolaore).
2004 *Fighting Poverty in the US and Europe: A World of Difference* (con Edward Glaeser).

INCLUSO LAS REFORMAS ECONOMICAS BENEFICIOSAS PUEDEN FALLAR

RESISTENCIA AL CAMBIO ECONOMICO

EN CONTEXTO

ENFOQUE
Política económica

PENSADORES CLAVE
Dani Rodrik (n. en 1957)
Daron Acemoğlu (n. en 1967)

ANTES
1989 John Williamson, economista británico, emplea por primera vez la expresión «consenso de Washington» (recuadro, p. siguiente).

2000 El sudafricano Nicolas van de Walle documenta el fracaso en África de las reformas de «ajuste estructural» respaldadas por el FMI.

DESPUÉS
2009 Los estadounidenses Douglass North, John Wallis y Barry Weingast proponen un nuevo enfoque de las reformas basado en las respuestas de las sociedades al problema de la violencia.

2011 Las reformas en Europa después de la crisis financiera de 2008 suscitan oposición.

Las reformas tienen como objetivo impulsar a una economía y beneficiar a la población entera por medio de la transformación de las instituciones, de manera que cabría pensar que por ello siempre deberían ser bienvenidas y llevarse a cabo. Sin embargo, en numerosas ocasiones topan con una fuerte resistencia, incluso por parte de aquellos a quienes podría beneficiar. Para «arreglar» una economía y devolverla al crecimiento es necesario eliminar las ineficiencias del sistema económico, y esto puede resultar muy difícil si el país lo gobierna en beneficio propio una clase política que no rinde cuentas, como sucede a menudo en el mundo en desarrollo.

Reformas e influencia

Los economistas turcos Dani Rodrik y Daron Acemoğlu han señalado que cuando los grupos poderosos temen

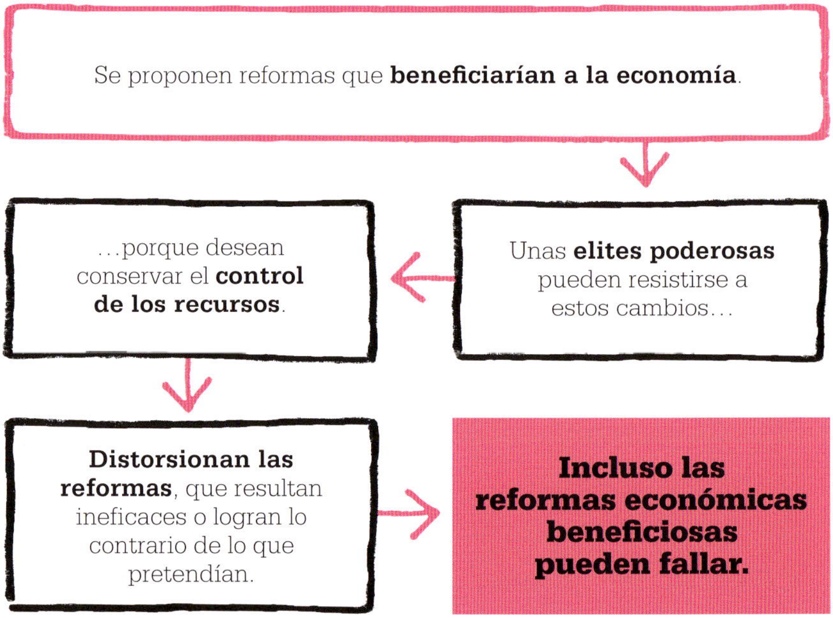

Véase también: Economía de libre mercado 54–61 ■ Instituciones en la economía 206–207 ■ Teoría del segundo mejor 220–221 ■ Teorías del crecimiento económico 224–225 ■ Bancos centrales independientes 276–277 ■ Los tigres asiáticos 282–287

> Las políticas que funcionan acaban teniendo apoyo popular, pero el lapso de tiempo puede ser tan largo [...] que ello no sea explotable por los reformadores.
> **Dani Rodrik**

ver desaparecer sus privilegios como resultado de las reformas económicas, pueden utilizar su influencia con objeto de introducir políticas económicas que redistribuyan los ingresos o el poder hacia ellos mismos. También pueden distorsionar las políticas para que finalmente las medidas no resulten eficaces.

Acemoğlu afirma que semejante fenómeno se suele producir cuando las elites políticas no tienen que rendir cuentas a nadie, y hay por lo tanto escasos obstáculos a cualquiera de sus iniciativas. En estos casos las reformas acostumbran a fracasar, al obviar estas limitaciones políticas más profundas. En países donde los líderes deben rendir cuentas, en cambio, los beneficios de las reformas pueden haberse cosechado ya. Por estos motivos, las reformas resultan más eficaces en países «intermedios», con potencial para un impacto importante y positivo, y donde las elites políticas no son lo bastante dominantes como para frustrarlas.

Ganadores y perdedores

Sin embargo, también existen dificultades a la hora de introducir reformas en las sociedades intermedias. Cuando se propone una reforma económica, con frecuencia no está claro quién puede salir beneficiado y quién perjudicado, y esto dificulta su aceptación, aunque en último término hubiera más ganadores que perdedores. La población puede preferir el mantenimiento del *statu quo*, debido a que hay una tendencia natural a proteger lo que se tiene y minimizar el riesgo de perder algo.

Sani Abacha tomó el poder en Nigeria en 1994. Su corrupta dictadura escapaba a la jurisdicción de los tribunales, lo cual le permitió apropiarse de 5.000 millones de dólares de fondos estatales.

Si se propone una reforma económica beneficiosa y se descarta por la falta de apoyo popular, los políticos y economistas pueden volver a proponerla más adelante, suponiendo que beneficiará a la economía y a la sociedad; pero si no surge nueva información para apoyarla, la sociedad puede rechazarla de nuevo. Por otra parte, si se lleva a cabo una reforma pese a la falta de apoyo popular, pero con ella finalmente sale ganando más gente de la que sale perdiendo, puede acabar ganándose dicho apoyo.

Casi todos los intentos de reforma se centran en medidas destinadas a cambiar las instituciones «formales» como los sistemas de votación y los tribunales, y su éxito depende de si las instituciones «informales» subyacentes y la política que las rodea los apoyan. Sin tal apoyo, es improbable que las reformas de leyes y constituciones logren cambios importantes. ■

El consenso de Washington

La expresión «consenso de Washington» fue acuñada en 1989 por el economista británico John Williamson para referirse a la serie de reformas económicas de libre mercado recetadas a los países en desarrollo durante la década de 1980.

El objetivo de estas políticas era conducir a las economías de América Latina y de la Europa oriental poscomunista hacia el libre mercado privatizado. Fueron privatizadas numerosas empresas públicas, se liberalizaron tanto el comercio interior como el exterior, se introdujeron tipos de cambio más competitivos y se equilibró la política fiscal.

El consenso de Washington se hundió en el descrédito durante la década de 1990; se arguyó que sus reformas se llevaron a cabo sin tener en cuenta la diversidad política de países tan diferentes. En África, por ejemplo, si bien los mercados dinámicos ayudaron a unos pocos países a aumentar su nivel económico, muchos otros se empobrecieron todavía más.

EL MERCADO DE LA VIVIENDA REFLEJA EL CICLO DE AUGE Y CAIDA

VIVIENDA Y CICLO ECONOMICO

EN CONTEXTO

ENFOQUE
Macroeconomía

PENSADOR CLAVE
Charles Goodhart
(n. en 1936)

ANTES
1965 El economista Sherman Maisel es el primero en estudiar los efectos de la inversión en vivienda sobre la economía.

2003 Morris Davis y Jonathan Heathcote, estadounidenses, concluyen que los precios de la vivienda guardan relación con el estado general de la economía.

DESPUÉS
2007 Según el estadounidense Edward Leamer, las tendencias de la construcción de vivienda alertan de la recesión.

2010 Fannie Mae y Freddie Mac, prestamistas hipotecarios estadounidenses, son excluidos de la bolsa de Nueva York por ofrecer hipotecas a quienes no las podían pagar durante la crisis de las *subprime*.

Los movimientos del mercado de la vivienda son el reflejo del ciclo de boom y desplome de la economía en su conjunto, esto es, de los periodos en que la producción real de una economía alcanza sus niveles máximo y mínimo en los ciclos económicos, que pasan por periodos de contracción y expansión, generalmente en lapsos de tres a siete años.

La inversión en vivienda es alta en las fases de crecimiento económico por muchas razones: hay más empleo, y un mayor número de personas se plantea comprarse una casa. A la vez, los prestamistas hipotecarios se vuelven menos exigentes, facilitan la compra, y así se venden más casas. El crecimiento de la demanda implica que el precio de la vivienda aumenta. Quienes venden pueden pagar grandes hipotecas, y los constructores siguen invirtiendo en vivienda para beneficiarse de los precios más altos.

Los precios de la vivienda suelen ser bastante rígidos, es decir, que no cambian rápidamente ante los factores que podrían influir en ellos. Esta es una de las razones por las que la vivienda se considera una inversión tan buena, ya que en lugar de ajustarse a la baja, los precios pueden mantenerse estables incluso cuando cae el volumen de ventas.

Una nueva urbanización se expande por las tierras de labranza en el estado de Washington (EE UU) en 2004, en pleno boom inmobiliario. Unas prácticas de préstamo hipotecario laxas incentivaron la construcción.

Indicios de recesión

Aunque por lo general los precios de la vivienda sean rígidos, también ha habido casos de estancamiento, y el consiguiente declive de la inversión en vivienda es con frecuencia el primer indicio de que se aproxima una recesión. En los últimos cincuenta años, en los países más desarrollados el mercado inmobiliario ha decaído antes de cada gran recesión. El mercado de la vivienda solamente se recupera cuando los consumidores confían en que el valor de sus casas subirá, confianza que siempre viene

Véase también: Auge y caída 78–79 ▪ Burbujas económicas 98–99 ▪ Oferta y demanda 108–113 ▪ Prueba de las teorías económicas 170 ▪ Crisis financieras 296–301

Al crecer la economía, más gente se siente lo **bastante segura para comprar** una casa.

↓

La mayor demanda resulta en un **alza de los precios de la vivienda**. Los constructores invierten en vivienda nueva.

↓

Los precios llegan a un **nivel insostenible** y la demanda se estanca.

↓

Cesa la inversión en vivienda y se pierden empleos en las industrias asociadas. **Los precios de la vivienda caen** y la economía en su conjunto se debilita.

↓

El mercado de la vivienda refleja el ciclo de auge y caída.

de la mano de una economía que mejora. Cuando las ventas de vivienda regresan a un nivel normal, las inversiones en vivienda aumentan, hecho que genera empleo y estimula la vuelta al crecimiento económico.

Los economistas han examinado la relación existente entre el mercado de la vivienda y la economía en su conjunto y consideran que, estudiando los niveles de inversión en vivienda, es posible predecir con precisión las recesiones y recuperaciones. En su libro de 2006 *Housing Prices and the Macroeconomy*, los economistas británicos Charles Goodhart y Boris Hofmann demostraban la correlación entre el comportamiento de la economía y los precios de la vivienda y defendían la idea de que, aplicando las políticas adecuadas en el futuro, debería ser posible mitigar en gran medida, o incluso llegar a evitar, los peores efectos de una recesión.

Desafortunadamente, no sucedió así con la burbuja inmobiliaria que estalló en EE UU en 2008. Las rápidas innovaciones financieras produjeron una inestabilidad en la financiación hipotecaria que suscitó una confianza sin fundamento en los consumidores y llevó a un boom insostenible. El mercado de la vivienda fue la causa del desplome. ▪

Préstamo irresponsable

El crack económico de 2008 fue causado en buena medida por la liberalización del mercado hipotecario, así como por los préstamos irresponsables de los bancos. En un principio, los prestamistas exigían requisitos estrictos a los prestatarios, y prestaban solo a aquellos que podían pagar tanto los intereses como los plazos del préstamo. Sin embargo, con la mejora de la economía, se comenzaron a ofrecer hipotecas a quienes solo podían pagar los intereses. Estas personas contaban con un aumento en sus ingresos o con que el precio de su casa bastara para pagar el préstamo.

En EE UU, los prestamistas empezaron a ofrecer hipotecas incluso a quienes no ganaban lo suficiente ni para pagar los intereses; eran préstamos que solo se podrían pagar con un gran aumento de los precios de la vivienda y de los ingresos. Cuando el sistema se tambaleó y los prestatarios empezaron a incurrir en impago, la economía en su conjunto se desplomó.

Las casas selladas, como esta de Nueva Jersey (EE UU), se convirtieron en una imagen cotidiana durante la ola de ejecuciones bancarias que siguió a la crisis financiera de 2008.

BIOGRAF

IAS

BIOGRAFIAS

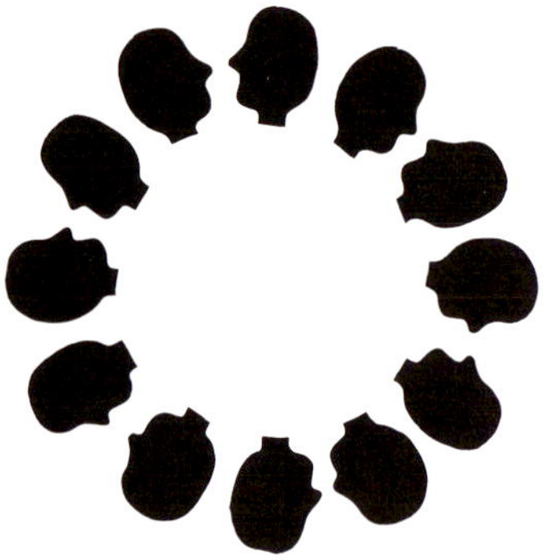

Esta obra revisa algunas de las ideas más importantes del pensamiento económico, desde sus inicios hasta su evolución en la amplia disciplina que hoy conocemos. Tal revisión implica necesariamente el examen de las tesis de grandes economistas como Adam Smith, John Maynard Keynes o Friedrich Hayek. Sin embargo, hay otros muchos economistas que han hecho importantes aportaciones, con frecuencia en más de un área de estudio, y que merecen algo más que una simple mención. Todos los pensadores reseñados en las siguientes páginas han contribuido de algún modo a establecer la economía como una materia clave en la sociedad industrial moderna, racionalizando la complejidad y ampliando nuestra comprensión de la actividad económica en el mundo actual.

JEAN-BAPTISTE COLBERT
1619–1683

Nacido en el seno de una familia de mercaderes de Reims (Francia), Colbert eligió no obstante la carrera política en vez de la comercial. En 1665 se convirtió en ministro de Luis XIV, encargado de las finanzas. Como tal, tomó medidas para acabar con la corrupción política, reformó el sistema tributario, estableció mejoras en las infraestructuras nacionales e introdujo políticas para estimular la industria francesa y el comercio exterior.
Véase también: Carga fiscal 64–65

PIERRE DE BOISGUILBERT
1646–1714

Aristócrata francés nacido en Rouen, Pierre Le Pesant, señor de Boisguilbert, se consagró a la carrera jurídica. Fue magistrado, luego juez, y en 1690 se convirtió en bailío, esto es, representante del rey a cargo de la administración y de la justicia en la ciudad de Rouen, puesto que ocupó hasta su muerte, en 1714. A la vista de los efectos de los impuestos en la economía local, se opuso al sistema tributario que introdujo Jean-Baptiste Colbert. Consideraba que tanto la producción como el comercio generaban riqueza, y propuso una reforma fiscal para estimular un comercio más libre.
Véase también: Carga fiscal 64–65

YAMAGATA BANTO
1748–1821

Yamagata Banto, uno de los intelectuales más reputados de la ciudad de Osaka (Japón), fue también mercader. Junto con otros miembros de la escuela de Kaitokudo de Osaka, introdujo en las instituciones japonesas el racionalismo occidental, lo que contribuyó al fin de la sociedad feudal, fundada en las ideas de Confucio. En su obra en varios volúmenes titulada *Yume no shiro* («En lugar de sueños») criticaba el antiguo sistema, que consideraba dominado por la «era de los dioses», y proponía una visión racional y científica de la estructura social, política y económica del Japón moderno, basado en la industria y el comercio.
Véase también: Ventaja comparativa 80–85

HENRI DE SAINT-SIMON
1760–1825

Claude Henri de Rouvroy nació en el seno de una familia noble de París, aunque renunció a su título de conde dado que abogaba por cierta forma de socialismo. El conocimiento de la nueva sociedad surgida en EE UU tras la revolución americana influyó en sus tesis. Sostenía que la pobreza podía ser erradicada mediante la cooperación y la innovación tecnológica, y que la educación podía suprimir la avaricia que lleva a la gente a buscar el privilegio social y a explotar a los demás. Su obra influyó en los pensadores socialistas del siglo XIX, particularmente en Karl Marx (p. 105).
Véase también: Economía marxista 100–105

FRIEDRICH LIST
1789–1846

List inició su carrera como funcionario en Reutlingen (Alemania), su ciudad natal, y medró rápidamente hasta alcanzar un alto cargo. Sin embargo, en 1822 fue encarcelado por

sus ideas sobre la reforma, y huyó a Francia y luego a Inglaterra. Emigró a EE UU y llegó a ser cónsul de este país en Hamburgo y Leipzig. En 1843 fundó un periódico para difundir sus ideas sobre un «Sistema Nacional», cuya unión aduanera podría unir a toda Alemania. Los últimos años de su vida se vio acosado por la enfermedad y los problemas financieros, y en 1846 se suicidó.
Véase también: Ventaja comparativa 80–85

JOSEPH BERTRAND
1822–1900

Hijo de un autor de divulgación científica francés, Joseph Bertrand mostró una precoz aptitud para las matemáticas. En 1856 obtuvo una plaza de profesor en la Escuela Politécnica de París. Se hizo un nombre en los campos de la teoría de números y de la probabilidad, y criticó la teoría del oligopolio descrita por su compatriota Antoine Augustin Cournot (p. 91) para proponer un modelo alternativo de competencia de precios.
Véase también: Efectos de la competencia limitada 90–91

CARL MENGER
1840–1921

Carl Menger, fundador de la escuela austriaca de economía, nació en Galicia, hoy parte de Polonia. Sus *Principios de economía política* (1871) presentan la teoría de la marginalidad (el valor de los bienes deriva del valor de cada unidad adicional), que fue clave en el pensamiento de la escuela austriaca. Siendo profesor de economía en la Universidad de Viena, escribió *El método de las ciencias sociales*, obra que supuso la ruptura definitiva respecto a la escuela historicista alemana, inspirada en los ideales románticos del siglo XIX.
Véase también: Liberalismo económico 172–177

LUJO BRENTANO
1844–1931

Nacido en Baviera (Alemania), Brentano se doctoró en derecho y en economía. En 1868 viajó a Gran Bretaña junto con el economista Ernst Engel (p. 125) para estudiar el sindicalismo, y sus ideas estaban bien asentadas en la experiencia. Aunque fue uno de los miembros de la escuela historicista alemana, desafió muchas de sus teorías y abogó por la reforma social, los derechos humanos y la responsabilidad estatal del bienestar público. Su influencia fue sobre todo evidente en la constitución de la economía social de mercado.
Véase también: Economía social de mercado 222–223

EUGEN VON BÖHM-BAWERK
1851–1914

Eugen von Böhm-Bawerk, uno de los miembros fundadores de la escuela austriaca de economía, nació en Brünn (Austria, hoy en la República Checa). Estudió derecho en la Universidad de Viena y realizó una exitosa carrera académica y política; en la década de 1890 ocupó en dos ocasiones la cartera de ministro de Finanzas, desde el cual pudo poner en práctica sus ideas de frugalidad presupuestaria. Sus teorías del interés y el capital y su crítica a la economía marxista tuvieron una gran influencia, especialmente entre algunos de sus alumnos como Joseph Schumpeter (p. 149) y Ludwig von Mises (p. 147).
Véase también: Planificación central 142–147

FRIEDRICH VON WIESER
1851–1926

Friedrich von Wieser nació en Viena. Al igual que su hermanastro Eugen von Böhm-Bawerk, empezó estudiando derecho, pero tras leer la obra de Carl Menger se pasó a la economía. Después de trabajar unos años como funcionario, en 1903 sucedió a Menger como profesor en la Universidad de Viena. Su primera gran aportación la realizó dentro del campo de la teoría del valor bajo la influencia de Léon Walras (p. 120) y de Vilfredo Pareto (p. 131); él acuñó el concepto de «utilidad marginal» (la satisfacción que aporta cada unidad adicional de un bien). Posteriormente se interesó por la aplicación de la teoría económica al ámbito de la sociología, y desarrolló el concepto de coste de oportunidad y la teoría de la economía social.
Véase también: Coste de oportunidad 133

THORSTEIN VEBLEN
1857–1929

Célebre como disidente entre los economistas estadounidenses, Thorstein Veblen era hijo de inmigrantes noruegos y creció en una granja de Minnesota (EE UU). Su peculiar procedencia le dio una interesante visión acerca de la sociedad estadounidense, que le llevó a rechazar la enseñanza convencional de sus profesores. Desarrolló un novedoso enfoque institucionalista que combinaba la sociología y la economía. En 1899 publicó *La teoría de la clase ociosa*, donde introdujo la idea del «consumo suntuario» y criticó la ineficiencia y la corrupción del sistema capitalista y de su «parasitaria» clase empresarial.
Véase también: Consumo suntuario 136

ARTHUR PIGOU
1877–1959

Nacido en Ryde, en la isla de Wight (Reino Unido), Arthur Pigou estudió historia en Cambridge, donde nació su interés por la economía. Fue alumno de Alfred Marshall (p. 110), a quien sucedió como profesor de economía política desde 1908 hasta 1940, con el paréntesis de la Primera Guerra Mundial. Es conocido fundamentalmente por los «impuestos pigouvianos», que concibió para compensar las externalidades (los costes o beneficios que «salpican» a terceros).
Véase también: Externalidades 137

NIKOLÁI DMÍTRIEVICH KONDRÁTIEV
1892–1938

Criado cerca de Kostroma (Rusia) y en el seno de una familia campesina, Nikolái Kondrátiev estudió economía en San Petersburgo y trabajó para el gobierno. Cuando en 1917 el zar Nicolás II fue destituido, Kondrátiev pertenecía al Partido Socialista Revolucionario y fue nombrado ministro de Suministros, pero un mes después, el gobierno provisional fue derrocado y volvió a la vida académica. Desarrolló una teoría que observaba ciclos de 50 a 60 años en las economías capitalistas, hoy llamada teoría de las ondas de Kondrátiev. En 1930, sus ideas cayeron en desgracia, y ocho años después fue arrestado y ejecutado.
Véase también: Auge y caída 78–79

RAGNAR FRISCH
1895–1973

Nacido en Christiana (Noruega), Ragnar Frisch fue pionero en la aplicación de las matemáticas y la estadística a la economía. Acuñó los conceptos de econometría, macroeconomía y microeconomía. Inicialmente, Frisch se formó como orfebre con el propósito de incorporarse a la empresa familiar, pero acabó estudiando economía y matemáticas en Francia e Inglaterra. En 1932 fundó el Instituto de Economía de la Universidad de Oslo, y en 1969 recibió el primer premio Nobel de economía de la historia junto con su colega Jan Tinbergen.
Véase también: Prueba de las teorías económicas 170

PAUL ROSENSTEIN-RODAN
1902–1985

Nacido en Cracovia, entonces bajo el dominio austriaco, en el seno de una familia polaca judía, Rosenstein-Rodan se formó en la escuela austriaca de economía. En 1930, huyendo del antisemitismo en su tierra natal, se trasladó a Londres, e ingresó como profesor en la London School of Economics. En la década de 1940 se interesó por la economía del desarrollo y propuso la teoría del «gran impulso». Tras la Segunda Guerra Mundial se instaló en EE UU, donde trabajó para el Banco Mundial y como asesor de los gobiernos de India, Italia, Chile y Venezuela.
Véase también: Economía del desarrollo 188–193

JAN TINBERGEN
1903–1994

Ganador del primer Nobel de economía junto con Ragnar Frisch en 1969, el holandés Jan Tinbergen comenzó estudiando matemáticas y física, y después se dedicó a aplicar los principios científicos a la teoría económica; así, puso los cimientos del nuevo campo de la econometría. Tinbergen fue profesor universitario y asesor de la Sociedad de Naciones y de la Oficina Central de Estadística de Holanda, donde, en 1936, desarrolló un nuevo modelo macroeconómico nacional, que posteriormente fue adoptado por otros gobiernos.
Véase también: Prueba de las teorías económicas 170

RICHARD KAHN
1905–1989

Aunque sus padres eran alemanes, Richard Ferdinand Kahn nació y creció en Londres. Estudió física en la Universidad de Cambridge, pero más tarde se interesó por la economía, y se graduó en un solo año bajo la tutela de John Maynard Keynes (p. 161). A la edad de 25 años publicó un importante artículo en que describía el multiplicador, elemento fundamental de la economía keynesiana. Economista práctico, durante la Segunda Guerra Mundial asesoró al gobierno británico. Posteriormente regresó a Cambridge, donde enseñó hasta su jubilación, en 1972.
Véase también: El multiplicador keynesiano 164–165

RAGNAR NURKSE
1907–1959

Nacido en Käru (Estonia, luego bajo dominio ruso), Ragnar Nurkse estudió derecho y economía en la Universidad de Tartu. Continuó sus estudios en Escocia y posteriormente en Viena. En 1934 empezó a trabajar como analista financiero para la Sociedad de Naciones, lo que aumentó su interés por la economía internacional y del desarrollo. Tras la Segunda Guerra Mundial, se trasladó a EE UU, e impartió clases en las universida-

des de Columbia y Princeton. Junto con Paul Rosenstein-Rodan (p. 336), fundó el moderno campo de la economía del desarrollo, y defendió la teoría del «gran impulso».
Véase también: Economía del desarrollo 188–193

JOHN KENNETH GALBRAITH
1908–2006

John Kenneth Galbraith, nacido en Ontario (Canadá), estudió economía en Canadá y EE UU. Después impartió clases en la Universidad de Cambridge (Reino Unido), donde recibió la influencia de John Maynard Keynes (p. 161). Durante la Segunda Guerra Mundial fue subdirector de la Oficina de Administración de Precios del gobierno de EE UU, pero su defensa del control de precios permanente le condujo a la dimisión en 1943. Trabajó como periodista, académico y asesor económico del presidente John F. Kennedy. Autor prolífico, su obra más popular es probablemente *La sociedad opulenta*, de 1958.
Véase también: Consumo suntuario 136

GEORGE STIGLER
1911–1991

Muy influido por las ideas de Frank Knight (p. 163), el director de su tesis en la Universidad de Chicago, George Stigler llegó a liderar la escuela de economistas surgida en esta universidad, en la que trabajó junto con su amigo Milton Friedman (p. 199). Conocido sobre todo por sus estudios de historia del pensamiento económico, también trabajó sobre la teoría de la elección pública (el análisis del comportamiento gubernamental), y fue uno de los primeros en explorar el campo de la economía de la información. En 1982 obtuvo el premio Nobel.
Véase también: Teoría de la búsqueda 304–305

JAMES TOBIN
1918–2002

Nacido en Illinois (EE UU), hoy en día es popularmente conocido por la llamada «tasa Tobin», que él propuso a fin de de desincentivar la especulación en las transacciones monetarias. Entre los economistas, no obstante, es más conocido como defensor de la economía keynesiana y por su trabajo académico sobre la inversión y la política fiscal. En 1935, Tobin se fue a estudiar a la Universidad de Harvard, donde conoció a John Maynard Keynes. En 1950 obtuvo una plaza de profesor en Yale, donde permaneció el resto de su vida. Como consultor de la administración Kennedy, contribuyó a configurar la política económica de EE UU en la década de 1960. En 1981 le concedieron el Nobel.
Véase también: Depresión y desempleo 154–161 ▪ El multiplicador keynesiano 164–165

ALFRED CHANDLER
1918–2007

Chandler, nacido en Guyencourt (Delaware, EE UU), se graduó en la Universidad de Harvard en el año 1940. Tras servir en la Armada de EE UU en la Segunda Guerra Mundial, escribió su tesis doctoral sobre estructuras administrativas, basada en unos documentos que le dejó su bisabuelo, el analista financiero Henry Varnum Poor. Desde la década de 1960 se centró en el estudio de la estrategia empresarial y de la organización de grandes corporaciones. Escribió numerosos libros, entre ellos *La mano visible* (1977), que describe el auge de las grandes empresas como una «segunda revolución industrial», y con el que ganó el premio Pulitzer.
Véase también: Economías de escala 132

ROBERT LUCAS
n. en 1937

Lucas, célebre economista de la escuela de Chicago, es además uno de los fundadores de la nueva macroeconomía clásica. Se formó en la Universidad de Chicago, donde es profesor desde 1974. Impugnó las ideas keynesianas, y su investigación sobre las expectativas racionales (la idea de que, como la gente está bien informada y toma decisiones racionales, sus acciones pueden alterar el curso previsto de las políticas gubernamentales) influyó enormemente en la política monetaria de la década de 1980.
Véase también: Expectativas racionales 244–247

EUGENE FAMA
n. en 1939

Eugene Fama, italoamericano de tercera generación, fue el primero de su familia en ir a la universidad. Empezó estudiando francés, pero luego sintió curiosidad por la ciencia económica y le cautivó. Obtuvo una beca para realizar un doctorado en Chicago, donde ha impartido clases desde entonces. Fama es conocido sobre todo por ser autor de la hipótesis del mercado eficiente –según la cual en un mercado con comerciantes bien informados, los precios reflejan toda la información disponible–, así como por haber demostrado la correlación entre la eficiencia y el equilibrio del mercado.
Véase también: Mercados eficientes 272

KENNETH BINMORE
n. en 1940

El académico británico Kenneth Binmore es un matemático y economista especializado en la teoría de juegos. Su obra ha sido pionera en la integración de la economía tradicional con las nuevas técnicas matemáticas y el uso de experimentos. Ha desarrollado diversas teorías acerca del comportamiento negociador y en el campo de la teoría evolutiva de juegos.
Véase también: Competencia y cooperación 273

PETER DIAMOND
n. en 1940

Diamond, economista estadounidense, se graduó en matemáticas en la Universidad de Yale, y se doctoró en economía en el Massachusetts Institute of Technology (MIT), donde ha enseñado durante la mayor parte de su carrera. Es conocido principalmente por sus estudios sobre la seguridad social, y ha sido asesor del gobierno en esta cuestión. Sus investigaciones sobre la teoría de la búsqueda en el mercado laboral le hicieron merecedor de compartir el Nobel de 2010 junto con Dale Mortensen y Christopher Pissarides (p. 339).
Véase también: Teoría de la búsqueda 304–305

MICHAEL TODARO
n. en 1942

El economista estadounidense Michael Todaro se graduó en el Haverford College de Pensilvania y después pasó un año en África con su mentor, el profesor Philip Bell, que le inspiró la pasión por la economía del desarrollo. Su tesis doctoral, de 1967, constituye la base de una teoría sobre la migración en los países en vías de desarrollo, y establece la que se ha llamado «paradoja de Todaro». Michael Todaro trabajó para la Fundación Rockefeller en África, y para el Population Council en Nueva York, antes de conseguir una plaza de profesor permanente en la Universidad de Nueva York.
Véase también: Economía del desarrollo 188–193

ALICE AMSDEN
1943–2012

La economista Alice Amsden se concentró en el estudio del desarrollo y la industrialización de las economías emergentes. Aunque se graduó en la Universidad de Cornell (EE UU), realizó el doctorado en la London School of Economics, y más tarde trabajó en el Banco Mundial y en la Organización para la Cooperación y el Desarrollo Económicos (OCDE), ocupando al mismo tiempo altos cargos académicos. En 2009 fue elegida para ocupar un puesto en las Naciones Unidas. Es famosa sobre todo por su desafío a las ideas convencionales sobre la globalización, patente en libros como *The Rise of «The Rest»* (2001).
Véase también: Los tigres asiáticos 282–287

ROBERT AXELROD
n. en 1943

Desde 1974, y durante la mayor parte de su carrera, el economista y politólogo estadounidense Robert Axelrod ha enseñado en la Universidad de Michigan. Es conocido sobre todo por su aportación a las teorías de la cooperación y la complejidad. Su indagación sobre el «dilema del prisionero» en la obra *La evolución de la cooperación* (1984) mostró que una estrategia de «ojo por ojo» puede suscitar conductas cooperativas en situaciones tanto hostiles como amistosas. Axelrod ha asesorado a las Naciones Unidas, el Banco Mundial y el Departamento de Defensa estadounidense en la promoción de la cooperación entre países.
Véase también: Competencia y cooperación 273

MICHAEL SPENCE
n. en 1943

Michael Spence nació en Nueva Jersey pero se crió en Canadá, debido a que su padre se estableció en Ottawa durante la Segunda Guerra Mundial. Estudió filosofía en la Universidad de Princeton y más tarde se doctoró en economía en Harvard. Ha desempeñado la mayor parte de su carrera docente en Harvard y Stanford. Su obra se ha centrado sobre todo en la economía de la información (cómo afecta la información a la economía) y en la idea de la «señalización» (la persona que busca empleo, por ejemplo, «señaliza» su capacidad para cierto trabajo mediante su cualificación académica). En 2001 compartió el Nobel con George Akerlof (p. 275) y Joseph Stiglitz por su trabajo sobre los mercados con información asimétrica.
Véase también: Incertidumbre del mercado 274–275

JOSEPH STIGLITZ
n. en 1943

Uno de los más influyentes (y a menudo controvertido) economistas de su generación, Joseph Stiglitz nació en Indiana (EE UU) en el seno de una familia a la que, según él, «le gustaba debatir sobre cuestiones políticas». Ha sido profesor en distintas universidades de EE UU y Reino Unido, ha asesorado a los presidentes estado-

unidenses Clinton y Obama, y llegó a ser economista jefe del Banco Mundial. Se hizo famoso en la década de 1970 por su trabajo sobre la economía de la información (cómo afecta la información a la economía), por el cual compartió el Nobel en 2001. En la década de 1990 se mostró crítico con el consenso de Washington (p. 329), especialmente con su aplicación en los países en vías de desarrollo.
Véase también: Incentivos y salarios 302

ROBERT BARRO
n. en 1944

El economista estadounidense Robert Barro se graduó en física y posteriormente se doctoró en economía. Ha enseñado en varias universidades de EE UU y en la actualidad es decano honorífico de la Academia de Economía de la Universidad Central de Pekín. Fue una de las figuras clave en la formación de la nueva macroeconomía clásica y en 1974 se dio a conocer con sus teorías sobre el préstamo y la tributación. Su trabajo posterior se ha centrado en la influencia de la cultura en la política económica.
Véase también: Préstamo y deuda 76–77

CHRISTOPHER PISSARIDES
n. en 1948

Nacido en Agros (Chipre), Pissarides se graduó en Essex (Reino Unido) en economía y, en 1973, se doctoró en la London School of Economics, donde ha trabajado desde 1976. Su aportación más destacada la ha realizado en el campo de la teoría de la búsqueda en el mercado laboral y en la cuestión del desempleo. En la década de 1990 desarrolló con Dale Mortensen un nuevo modelo de creación y destrucción de empleo. Pissarides y Mortensen, junto con Peter Diamond, recibieron el premio Nobel en 2010 por sus estudios sobre el desempleo.
Véase también: Teoría de la búsqueda 304–305

PAUL KRUGMAN
n. en 1953

Ganador del Nobel en 2008 gracias a sus análisis de los patrones de comercio, el economista estadounidense Paul Krugman es hoy famoso por su trabajo sobre comercio y finanzas internacionales, y por sus análisis de las crisis monetarias y la política fiscal. Ha impartido clases en diversas universidades y trabajó como asesor económico para la administración de Ronald Reagan en la década de 1980, si bien políticamente se considera de izquierdas. En la década de 1990 ideó un enfoque para el análisis del comercio internacional que actualmente se conoce como nueva teoría comercial.
Véase también: Comercio y geografía 312

DANI RODRIK
n. en 1957

Dani Rodrik nació en Estambul (Turquía), pero se trasladó a EE UU para realizar sus estudios universitarios. Actualmente imparte clases de economía política internacional en Harvard, y entre sus principales campos de interés destacan la economía del desarrollo e internacional. Ha trabajado como consultor para muchas organizaciones internacionales, como el Centre for Economic Policy Research, el Center for Global Development y el Institute for International Economics.
Véase también: Integración del mercado 226–231 ▪ Resistencia al cambio económico 328–329

HA-JOON CHANG
n. en 1963

Ha-Joon Chang, nacido en Corea del Sur, es en la actualidad un destacado crítico de la economía convencional. Se graduó en la Universidad Nacional de Seúl y posteriormente se trasladó al Reino Unido para doctorarse en la Universidad de Cambridge, donde continua investigando. Ha trabajado como consultor de varias agencias de Naciones Unidas, del Banco Mundial, del Banco Asiático de Desarrollo y de diversas agencias gubernamentales nacionales y ONG. Acostumbra a ser enormemente crítico con las políticas de desarrollo convencionales como las respaldadas por el Banco Mundial, y su libro *23 cosas que no te cuentan sobre el capitalismo* (2010) ha contribuido a popularizar diversas propuestas económicas alternativas.
Véase también: Los tigres asiáticos 282–287

RENAUD GAUCHER
n. en 1976

El pensador francés Renaud Gaucher –graduado en psicología, geografía, historia y economía– siempre ha tratado de integrar diversos elementos de las ciencias sociales en el pensamiento económico con el objetivo de conseguir un tipo de enfoque mucho más holístico. Ha investigado la psicología del dinero y la economía del comportamiento desde la perspectiva de la psicología positiva, dedicando una especial atención a la «economía de la felicidad», en la misma línea que otros economistas como Richard Easterlin, y valorando su importante papel en las políticas para el desarrollo y para frenar el cambio climático.
Véase también: Economía de la felicidad 216–219

Globalización Libre flujo de dinero, bienes y personas a través de las fronteras internacionales; progresiva interdependencia económica entre países debida a la integración de los mercados de bienes, trabajo y capital.

Gran Depresión Periodo de fuerte recesión económica a nivel mundial que comenzó en EE UU en 1929, con el Crack de Wall Street, y duró hasta mediada la década de 1930.

Hiperinflación Tasa muy elevada de inflación.

Impago Omisión de la devolución de un préstamo según las condiciones acordadas.

Impuesto Tributo exigido por el gobierno a individuos y empresas, cuyo pago es obligatorio por ley.

Inflación Situación en la que los precios de los bienes y servicios de una economía se hallan en ascenso.

Información asimétrica Desequilibrio de la información; por ejemplo, cuando el vendedor sabe más sobre el producto que sus compradores.

Inversión Inyección de capital destinada a aumentar la producción de una empresa; puede tratarse desde la compra de nueva maquinaria hasta la formación del personal.

Keynesianismo Escuela de pensamiento económico que se inspira en los planteamientos de John Maynard Keynes y que propone el gasto público como medio para sacar a las economías de la recesión.

Laissez-faire Expresión que se usa para referirse a la política económica de libre mercado. En francés significa «dejad hacer».

Liberalismo económico Doctrina que aboga por una economía de libre mercado y sostiene que el mayor bien se consigue cuando se da a la gente la máxima libertad de elección sobre su consumo.

Libre comercio Importación y exportación de bienes y servicios sin la imposición de aranceles o cuotas.

Limitación presupuestaria Límite sobre los bienes y servicios que una persona puede permitirse.

Liquidez Facilidad con la que un activo se puede emplear para comprar algo, sin que ello suponga una disminución de su valor. El dinero efectivo es el activo más líquido, dado que se puede usar de forma inmediata para comprar bienes o servicios, sin efecto alguno sobre su valor.

Macroeconomía Estudio de la economía en su conjunto, que atiende a factores económicos como los tipos de interés, la inflación, el crecimiento o el desempleo.

Mano invisible Concepto de Adam Smith según el cual el hecho de que la gente persiga su propio interés redunda en un beneficio colectivo para la sociedad, como si una «mano invisible» guiara el mercado.

Mercado alcista Etapa de auge del valor de acciones u otros productos.

Mercado bajista Periodo en el que se da un declive del valor de las acciones o de otros productos.

Mercantilismo Doctrina económica dominante entre los siglos XVI y XVIII en Europa occidental. Enfatiza la importancia del control estatal sobre el comercio exterior para mantener una balanza comercial positiva.

Microeconomía Estudio del comportamiento económico tanto a nivel individual como empresarial.

Moneda fiduciaria Moneda que no se halla respaldada por un bien físico como el oro, y que debe su valor a la confianza de la gente. Las principales monedas del mundo son fiduciarias.

Monetarismo Corriente de pensamiento económico que considera que la función primaria del gobierno es el control de la oferta de dinero. Se asocia al estadounidense Milton Friedman y a los gobiernos conservadores de las décadas de 1970 y 1980.

Monopolio Mercado que se encuentra bajo el dominio de una única empresa, que suele producir poca cantidad para vender a un alto precio.

Multiplicador keynesiano Teoría según la cual un aumento del gasto público produce un incremento aún mayor de los ingresos. Su nombre se debe a John Maynard Keynes.

Nueva macroeconomía clásica Escuela de pensamiento macroeconómico que emplea formas de análisis basadas enteramente en esquemas neoclásicos.

Oferta Cantidad de un producto disponible para su compra.

Oligopolio Mercado dominado por un pequeño número de empresas. En los oligopolios puede darse el peligro de que las empresas formen cárteles para fijar los precios.

Patrón oro Sistema monetario en el cual su moneda está respaldada por una reserva de oro y, en teoría, puede ser cambiada a petición por una cantidad de oro. Hoy día ningún país utiliza el patrón oro.

Planificación central Sistema en el que un gobierno centralizado controla la economía, y las decisiones relativas a la producción y distribución de los bienes son tomadas por comisiones gubernamentales.

Política fiscal Plan gubernamental de gastos e impuestos.

Política monetaria Medidas del gobierno para variar la oferta de dinero o los tipos de interés, a fin de estimular o desacelerar la economía.

Precio Cantidad de dinero o bienes que un comprador da a un vendedor en pago por un bien o servicio.

Presupuesto Plan financiero que recoge los gastos e ingresos previstos.

Producto Término genérico para designar cualquier bien o servicio con el que se puede comerciar.

Producto interior bruto (PIB) Medida de la renta nacional de un país durante un año. Se calcula sumando toda la producción anual del país, y suele usarse para medir su actividad económica y su riqueza.

Producto nacional bruto (PNB) Valor total de todos los bienes y servicios producidos a lo largo de un año por las empresas nacionales e internacionales de un país.

Proteccionismo Política económica destinada a restringir el comercio internacional, generalmente mediante la imposición de aranceles o cuotas sobre las importaciones.

Quiebra Declaración legal de insolvencia de un individuo o empresa.

Recesión Periodo en el que el rendimiento de una economía disminuye.

Relación inversa Aquella situación en la que una variable aumenta cuando otra disminuye.

Rendimientos marginales decrecientes Circunstancia en que cada unidad adicional de un producto determinado proporciona menores beneficios sucesivamente.

Restricción del crédito Reducción repentina de la disponibilidad de crédito en un sistema bancario. Se suele dar tras un periodo de amplia disponibilidad de crédito.

Rigidez salarial Lentitud de los salarios a la hora de variar en respuesta a las condiciones del mercado.

Sistema de Bretton Woods Sistema de tipos de cambio acordado en 1945 entre las principales naciones industriales del mundo. Vinculaba el valor del dólar estadounidense al oro, y el valor de otras monedas al dólar estadounidense.

Superávit En términos comerciales, exceso de las exportaciones sobre las importaciones. A nivel estatal, cuando la recaudación tributaria excede el gasto público se habla de superávit presupuestario.

Teoría de juegos Estudio de la toma de decisiones estratégicas por personas o empresas en interacción.

Teoría de la dependencia Teoría que sostiene que la riqueza y los recursos fluyen de los países pobres a los países ricos, de modo que los pobres son incapaces de desarrollarse.

Teoría del caos Rama de las matemáticas que explica cómo pequeños cambios en las condiciones iniciales pueden tener más adelante efectos mucho mayores.

Tipo (o tasa) de cambio Relación proporcional entre el valor de dos monedas. Indica el precio de una moneda en términos de otras monedas.

Tipo de interés Precio del préstamo de dinero. Suele expresarse como un porcentaje de la cantidad anual que debe ser reembolsada además de la suma prestada.

Trueque Sistema de intercambio en el que bienes o servicios se intercambian por otros directamente, sin usar un medio de cambio como el dinero.

Utilidad Unidad que mide la satisfacción o felicidad que se obtiene por el consumo de un bien o servicio.

Utilidad marginal Variación de la utilidad (o satisfacción) total que se deriva del consumo de una unidad adicional de un producto o servicio.

Utilitarismo Doctrina filosófica que identifica el sumo bien con aquello que aporta felicidad o satisfacción a un mayor número de personas.

Valor nominal Valor al contado que se expresa en la moneda corriente al valor actual. Los precios y los salarios nominales varían con la inflación, por lo que su comparación en diferentes periodos de tiempo no resulta útil.

Valor real Valor de algo medido en función de los bienes o servicios que se pueden comprar con ello.

Ventaja absoluta Capacidad de un país para producir un producto más eficientemente que otro.

Ventaja comparativa Capacidad de un país para producir de modo relativamente más eficiente un producto que otro, aun cuando el otro sea más eficiente en términos generales.

F

G

H

I

J

K

L

M

N

O

P

Q

R

S

T

U

V

WY

AGRADECIMIENTOS

Dorling Kindersley desea expresar su agradecimiento a Niyati Gosain, Shipra Jain, Payal Rosalind Malik, Mahua Mandal, Anjana Nair, Pooja Pawwar, Anuj Sharma, Vidit Vashisht y Shreya Anand Virmani por su colaboración en el diseño, y a Lili Bryant por la ayuda editorial.

CRÉDITOS FOTOGRÁFICOS

Los editores agradecen a las siguientes personas e instituciones el permiso para reproducir sus imágenes:

(Clave: a-arriba; b-abajo; c-centro; i-izquierda; d-derecha; s-superior)

20 Getty Images: Barcroft Media (bc). **23 Alamy Images:** The Art Gallery Collection (si). **Getty Images:** The Bridgeman Art Library (sd). **24 Getty Images:** AFP (cd). **25 Getty Images:** Nativestock / Marilyn Angel Wynn (bd). **27 Corbis:** Bettmann (sd). **28 Dorling Kindersley:** Judith Miller / The Blue Pump (sd). **Getty Images:** John Moore (bi). **29 Getty Images:** Jason Hawkes (bd). **31 Biblioteca del Congreso, Washington, D.C.:** (sd). **33 Getty Images:** Universal Images Group / Leemage (si). **35 Getty Images:** AFP / Fred Dufour (sd). **37 Alamy Images:** The Art Archive (bi). **Getty Images:** Hulton Archive (sd). **38 Corbis:** Heritage Images (bd). **42 Corbis:** The Gallery Collection (sc). **43** *Tableau Économique*, 1759, François Quesnay (bi). **44 Alamy Images:** The Art Gallery Collection (bi). **45 Getty Images:** Hulton Archive (sd). **47 Corbis:** Bettmann (sd); Hemis / Camille Moirenc (si). **53 Corbis:** Godong / Philippe Lissac (sd); John Henley (bi). **56 The Art Archive:** Museo de Londres / Sally Chappell (bi). **Corbis:** Johnér Images / Jonn (sd). **58 Getty Images:** The Bridgeman Art Library (b). **60 Corbis:** Robert Harding World Imagery / Neil Emmerson (bi). **61 Corbis:** Justin Guariglia (si). **Biblioteca del Congreso, Washington, D.C.:** (sd). **63 Corbis:** Sebastian Rich (bd). **65 Corbis:** The Art Archive / Alfredo Dagli Orti (sd). **Dreamstime.com:** Georgios Kollidas (bi). **67 Corbis:** Tim Pannell (si). **Getty Images:** AFP (bd). **68 Getty Images:** Paula Bronstein (bc). **69 Corbis:** Bettmann (sd). **71 Getty Images:** Bloomberg (sd). **73 Getty Images:** Bloomberg (bi). **Biblioteca del Congreso, Washington, D.C.:** (bd). **75 Corbis:** National Geographic Society (bc). **Biblioteca del Congreso, Washington, D.C.:** (sd). **77 Corbis:** EPA / Simela Pantzartzi (cd). **79 Getty Images:** Archive Photos / Lewis H. Hine (si). **83 Corbis:** Bettmann (bd). **84 Corbis:** Imaginechina (si). **Getty Images:** Hulton Archive (bi). **85 Corbis:** Cameron Davidson (bc). **95 Getty Images:** Hulton Archive / London Stereoscopic Company (sd); **Science & Society Picture Library** (bi). **97 Corbis:** Bettmann (si). **Getty Images:** Per-Anders Pettersson (bd). **98** *El carro de los idiotas de Flora*, c. 1640, Hendrik Gerritsz. Pot (bc). **102 akg-images:** Museo de historia alemana, Berlín (sd). **103 Getty Images:** Science & Society Picture Library (bi). **104 Corbis:** Michael Nicholson (si). **105 Corbis:** Bettmann (sd). **Getty Images:** CBS Photo Archive (bi). **110 Alamy Images:** INTERFOTO (bi). **112 Getty Images:** Yawar Nazir (bi). **113 Getty Images:** AFP (si). **115** *Popular Science Monthly*, volumen 11, 1877 (sd). **117 Corbis:** EPA / Abdullah Abir (sd); Imaginechina (si). **120 Alamy Images:** INTERFOTO (bi). **Dreamstime.com:** Ayindurdu (sd). **122 Getty Images:** Jeff J. Mitchell (sd). **124 Corbis:** Cultura / Frank and Helena (cd). **125 Alamy Images:** INTERFOTO (sd). **129 Getty Images:** Bloomberg (sd); Taxi / Ron Chapple (bi). **131 Biblioteca del Congreso, Washington, D.C.:** (sd). **132 Getty Images:** Photographer's Choice / Hans-Peter Merten (bc). **135 Getty Images:** Bloomberg (sd); Hulton Archive (bi). **136 Biblioteca del Congreso, Washington, D.C.:** (bc). **139 Getty Images:** Hulton Archive (bi); SuperStock (si). **141 Corbis:** Viviane Moos (bd). **Getty Images:** Hulton Archive (si). **145 Getty Images:** De Agostini Picture Library (sd). **147 Corbis:** Bettmann (bi). **Cortesía del Ludwig von Mises Institute, Auburn, Alabama, EE UU. 149 Corbis:** Bettmann (sd); Rolf Bruderer (bi). **156 Getty Images:** Hulton Archive (cd). **157 Getty Images:** Gamma-Keystone (sd). **159 Corbis:** Bettmann (sd). **160 Getty Images:** Ethan Miller (bi). **161 Corbis:** Bettmann (sd); Ocean (si). **163 Corbis:** Paulo Fridman (cd). **165 Corbis:** Xinhua Press / Xiao Yijiu (sc). **167 Corbis:** Macduff Everton (bc). **Biblioteca del Congreso, Washington, D.C.:** (sd). **168 Dreamstime.com:** Gina Sanders (bc). **169 Corbis:** Dennis Degnan (bd). **171 Corbis:** Darrell Gulin (bd). **175 Corbis:** Reuters / Korea News Service (bd). **177 Corbis:** Hulton-Deutsch Collection (sd). **Getty Images:** Bloomberg (si). **179 Corbis:** Heritage Images (sd). **Getty Images:** AFP (bi). **181 Getty Images:** The Agency Collection (bi); Hulton Archive / Express Newspapers (sd). **186 Corbis:** Hulton-Deutsch Collection (bc). **187 Corbis:** Reuters (bd). **192 Corbis:** Gideon Mendel (si). **193 Corbis:** Reuters / Carlos Hugo Vaca (bd). **Getty Images:** Photographer's Choice / Wayne Eastep (bi). **195 Getty Images:** AFP / Gabriel Duval (bi). **198 Biblioteca del Congreso, Washington, D.C.: U.S.** Farm Security Administration / Office of War Information / Dorothea Lange (s). **199 Corbis:** Bettmann (sd); Hulton-Deutsch Collection (sc). **201 Corbis:** Reuters (si). **Getty Images:** Brad Markel (bd). **203 Getty Images:** Dorothea Lange (cd). **205 Getty Images:** The Agency Collection / John Giustina (bi); Archive Photos / Bachrach (sd). **207 Getty Images:**

Andreas Rentz (sc). Universidad de Nebraska-Lincoln: (sd). **209 Corbis:** Bettmann (bi); Stuart Westmorland (si). **211 Corbis:** Imaginechina (bc). Getty Images: AFP (sd). **213 Getty Images:** Chris Hondros (bc). **215 Getty Images:** The Bridgeman Art Library (sd). **217 Corbis:** Blend Images / Sam Diephuis / John Lund (sd). **218 Corbis:** Christophe Boisvieux (bd). **219 Corbis:** Nik Wheeler (sd). **223 Corbis:** SIPA / Robert Wallis (sd). **225 Corbis:** Sygma / Ira Wyman (bi). **Getty Images:** AFP / Frederic J. Brown (sd). **228 Corbis:** The Gallery Collection (cd). **229 Getty Images:** Science & Society Picture Library (bd). **230 Corbis:** EPA / Udo Weitz (bd); Imaginechina (si). **233 Corbis:** Peter Turnley (sd). Cortesía del profesor János Kornai. **236 Dreamstime.com:** Artemisphoto (sd). **239 Corbis:** Reuters (sd). **Digital Vision:** (bi). **240 Corbis:** Lawrence Manning (bi). **241 Corbis:** Tim Graham (sd). **243 Corbis:** EPA / George Esiri (si). **245 Corbis:** Cultura / Colin Hawkins (sd). **246 Getty Images:** Photolibrary / Peter Walton Photography (si). **247 Corbis:** EPA / Justin Lane (bi). **249 Dreamstime.com:** Ivonne Wierink (s/urna); Zoommer (s/bolas). **253 Corbis:** George Hammerstein (sd). **254 Corbis:** Sygma / Regis Bossu (sd). **Getty Images:** Bloomberg (bi). **257 Getty Images:** AFP / Tony Karumba (sd); Jeff Christensen (bi). **263 Corbis:** Robert Essel NYC (bd). **264 Getty Images:** Glow Images, Inc. (si). **265 Dreamstime.com:** Zagor (bd). **267 Dreamstime.com:** Digitalpress (bd). **269 Getty Images:** Paula Bronstein (sd). **271 Corbis:** John Harper (sd). **273 Getty Images:** Konstantin Zavrazhin (bd). **275 Corbis:** Big Cheese Photo (sd). **Getty Images:** Dan Krauss (bi). **277 Corbis:** Reuters / Wolfgang Rattay (bi). **Getty Images:** Lisa Maree Williams (si). **278 Corbis:** Frans Lanting (bc). **279 Corbis:** Louis K. Meisel Gallery, Inc. (bd). **281 Corbis:** Ocean (cd). **285 Corbis:** Bettmann (si). **Dreamstime.com:** Leung Cho Pan (bd). **286 Corbis:** Justin Guariglia (si). **287 Corbis:** Topic Photo Agency (bd); Xinhua Press / Xu Yu (bi). **291 Corbis:** Reuters / Philimon Bulawayo (sd). **293 Corbis:** Xinhua Press / Guo Lei (bd). **295 Corbis:** Hemis / René Mattes (bd). **298 Corbis:** Bettmann (sd). **300 Getty Images:** The Image Bank / Stewart Cohen (bc). **301 Corbis:** Reuters / Shannon Stapleton (sd). **302 Corbis:** Bettmann (bc). **304 Corbis:** Images.com (cd). **305 Corbis:** EPA / Mondelo (bd). **307 Getty Images:** UpperCut Images / Ferguson & Katzman Photography (si). **309 Corbis:** Eye Ubiquitous / David Cumming (bd). **Getty Images:** Helifilms Australia (si). **311 Getty Images:** Stone / Bruce Ayres (si). **313 Corbis:** Roger Ressmeyer (bc). **315 Corbis:** EPA / Kim Ludbrook (cd). **Getty Images:** WireImage / Steven A. Henry (bi). **320 Biblioteca del Congreso, Washington, D.C.:** George Grantham Bain Collection (si). **321 Corbis:** Bettmann (sc). **323 Getty Images:** Archive Photos / Arthur Siegel (sc). **325 Getty Images:** Mark Wilson (sd). **327 Corbis:** Robert Harding World Imagery / Duncan Maxwell (cd). **Getty Images:** Bloomberg (bi). **329 Getty Images:** AFP / Issouf Sanogo (sd). **330 Getty Images:** Stone / Ryan McVay (cd). **331 Corbis:** Star Ledger / Mark Dye (bd)

Para más información, consulte:
www.dkimages.co.uk